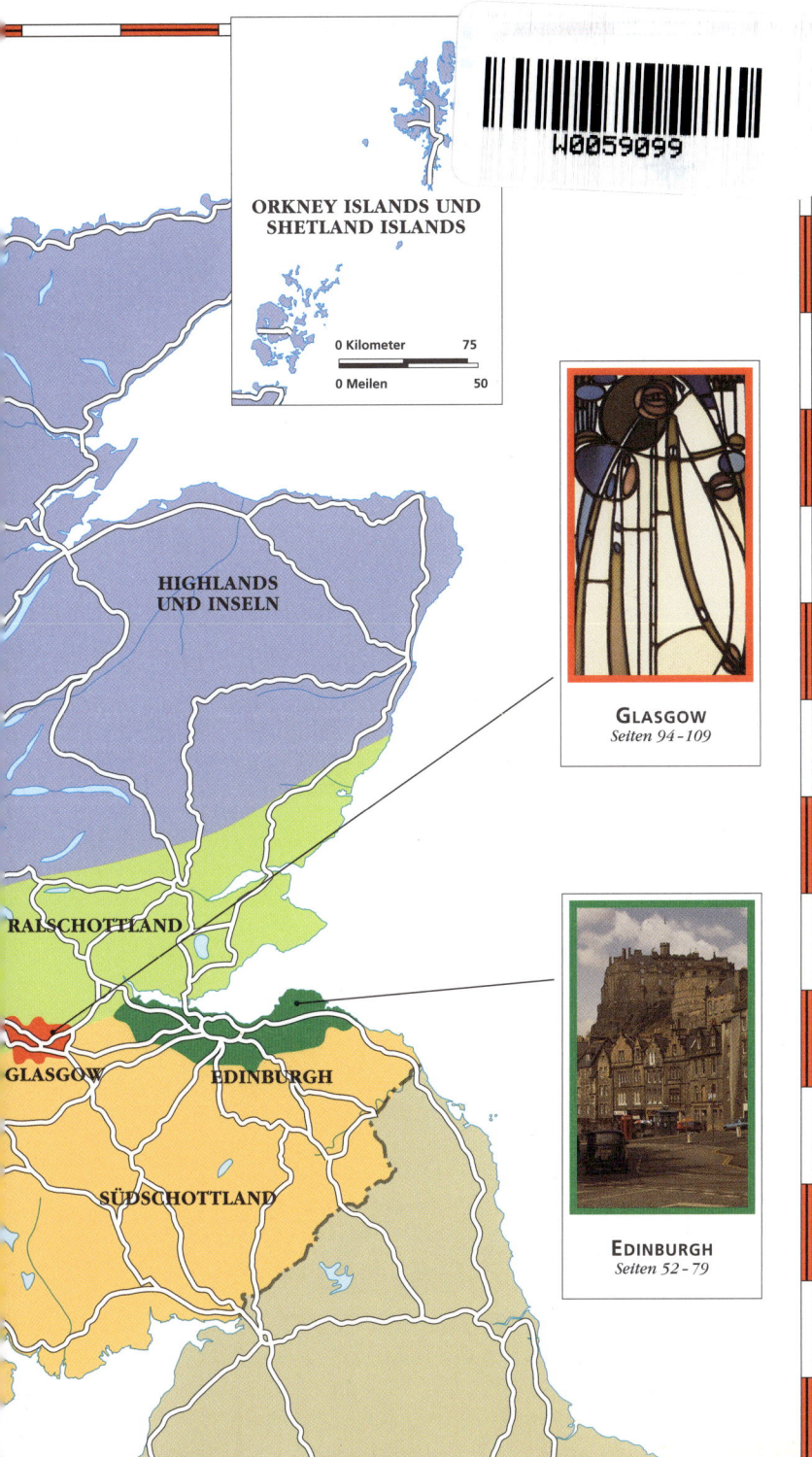

ORKNEY ISLANDS UND
SHETLAND ISLANDS

| 0 Kilometer | 75 |
| 0 Meilen | 50 |

HIGHLANDS
UND INSELN

GLASGOW
Seiten 94–109

RALSCHOTTLAND

GLASGOW   EDINBURGH

SÜDSCHOTTLAND

EDINBURGH
Seiten 52–79

VIS à VIS

SCHOTTLAND

SCHOTTLAND

Hauptautoren: JULIET CLOUGH, KEITH DAVIDSON,
SANDIE RANDALL, ALASTAIR SCOTT

DORLING KINDERSLEY
LONDON • NEW YORK • MÜNCHEN
MELBOURNE • DELHI
www.dk.com

Ein Dorling Kindersley Buch

www.travel.dk.com

TEXTE
Juliet Clough, Keith Davidson, Alan Freeman,
Sandie Randall, Alastair Scott, Roger Smith

FOTOGRAFIEN
Joe Cornish, Paul Harris, Stephen Whitehorn

ILLUSTRATIONEN
Richard Bonson, Gary Cross, Jared Gilby,
Paul Guest, Kevin Jones Associates, Claire Littlejohn,
Chris Orr & Associates, Ann Winterbotham

KARTOGRAFIE
Ben Bowles, Rob Clynes (Colourmap Scanning, London)

REDAKTION UND GESTALTUNG
Dorling Kindersley London: Rosalyn Thiro, Marisa Renzullo, Felicity
Crowe, Emily Green, Paul Jackson, Fay Franklin, Maite Lantaron,
Lee Redmond, Louise Bostock Lang, Annette Jacobs,
Helen Townsend, Vivian Crump, Gillian Allan, Douglas Amrine

•

Aktualisierte Neuauflage 2010/2011

•

PROGRAMMLEITUNG Dr. Jörg Theilacker, Dorling Kindersley Verlag
ÜBERSETZUNG Ursula Pesch und Cornelia Maier
REDAKTION Matthias Liesendahl, Berlin
SCHLUSSREDAKTION Philip Anton, Köln
SATZ UND PRODUKTION Dorling Kindersley Verlag, München
LITHOGRAFIE Colourscan, Singapur
DRUCK L. Rex Printing Co., Ltd., China

ISBN 978-3-8310-1543-6
7 8 9 10   12 11 10 09

Dieser Reiseführer wird regelmäßig aktualisiert. Angaben wie
Telefonnummern, Öffnungszeiten, Adressen, Preise und Fahrpläne
können sich jedoch ändern. Der Verlag kann für fehlerhafte oder
veraltete Angaben nicht haftbar gemacht werden. Für Hinweise,
Verbesserungsvorschläge und Korrekturen ist der Verlag dankbar.
Bitte richten Sie Ihr Schreiben an:

Dorling Kindersley Verlag GmbH
Redaktion Reiseführer
Arnulfstraße 124 • 80636 München

Beeindruckende Ruinen des Tantallon

INHALT

Gewölbe der Rosslyn Chapel in den Pentland Hills *(siehe S. 87)*

◁ **Ruhige Flüsse, üppiges Grün und schneebedeckte Gipfel: Glencoe in den Highlands** *(siehe S. 134)*
◁◁ **Umschlag: Kilchurn Castle am Loch Awe bei Argyll** *(siehe S. 132)*

Schottland
stellt sich vor

SCHOTTLAND ENTDECKEN

Schottland besticht durch seine wilde Schönheit. Die manchmal unwirtlich wirkende Landschaft, die Berge, Seen, Küsten und Inseln bilden ein abwechslungsreiches und außergewöhnliches Naturschauspiel. Für Kulturinteressierte sind die städtischen Museen und

Wilde Distel, Nationalblume

anderen Einrichtungen wahre Fundgruben. Der Geist der Nation spiegelt sich in der Architektur, Kunst und Tradition genauso wider wie im typischen Single-Malt-Whisky aus gemälzter Gerste, der u.a. mit dem klaren Wasser der Speyside gebrannt wird.

Jährliches Military Tattoo vor dem Edinburgh Castle *(siehe S. 37 u. 78f)*

EDINBURGH

- **Historische Royal Mile**
- **Georgianische New Town**
- **Museen und Galerien**
- **Internationales Festival**

Der neu verliehene Status als offizielle Hauptstadt Schottlands hat den bürgerlichen Stolz der Bewohner von Edinburgh auf ihre Stadt noch gesteigert. Das teure **Scottish Parliament Building** *(siehe S. 67)* ist die jüngste Ergänzung in der 1000-jährigen Geschichte der Royal Mile, die das **Edinburgh Castle** *(siehe S. 60f)* mit dem **Palace of Holyroodhouse** *(siehe S. 66f)* verbindet. Im Umkreis des Castle verlaufen die steilen engen Gassen der Old Town, im Norden der Princes Street wurde die städtisch elegante georgianische **New Town** *(siehe S. 64f)* entworfen. Ein modernes Gebäude ist der Sitz des **National Museum of Scotland** *(siehe S. 62f)*, die **National Gallery of Scotland** *(siehe S. 63)* stellt die Highlights nationaler Malerei aus. Wunderschöne Ausblicke über die Stadt hat man von

seinen natürlichen Balkonen, den vulkanischen Hügeln der Parks und Gärten. Im August ist das **International Festival** *(siehe S. 78f)* mit dem Military Tattoo und verschiedenen anderen Festivals nationaler Anziehungspunkt Nummer eins.

SÜDSCHOTTLAND

- **Abteien, Schlösser, Burgen**
- **Naturbelassene Küsten**
- **Themenwanderungen**
- **Idyllische Landschaften**

Zerstörte Abteien *(siehe S. 85)* und Burgen wie **Culzean** *(siehe S. 92f)* und **Caerlave-**

rock *(siehe S. 90)* zeugen von der einst turbulenten Nachbarschaftsbeziehung mit England. Die sanften grünen Hügel und die verlassenen Küsten und Strände sind ideal für Ausflüge. Folgen Sie den Literaten Sir Walter Scott und Robert Burns, oder besuchen Sie in den Pentland Hills die **Rosslyn Chapel** *(siehe S. 87)* aus dem 15. Jahrhundert. Sie tauchte sogar in der Verfilmung des *Da Vinci Code* auf. Alternativ können Sie durch den **Galloway Forest Park** *(siehe S. 90f)* oder das Naturschutzgebiet von **St Abb's Head** *(siehe S. 84)* wandern und die vielen verschiedenen Seevögelarten beobachten.

GLASGOW

- **Kulturelle Vielfalt**
- **Kunst und Architektur**
- **Maritimes Erbe**
- **Designershops**

Wie Phönix aus der Asche ist Glasgow aus seiner industriellen Vergangenheit auferstanden. Kulturell wie wirtschaftlich ist die Stadt zu einer ernst zu nehmenden Herausforderin ihrer Rivalin Edin-

Melrose Abbey in den schottischen Borders *(siehe S. 85–87)*

◁ **König David von Schottland in der Schlacht von Neville's Cross 1346 (siehe S.43)**, Illustration (15. Jh.)

Castle an der Südostküste *(siehe S. 71)*

DIE REGIONEN SCHOTTLANDS

Die schottische Königin Mary,
Queen of Scots (1542–1587)
(siehe S. 40 und S. 44)

Turmfalke

GRUND-INFORMATIONEN

Royal-Scots-Greys-Denkmal für
die Soldaten des Burenkrieges

Wanderer unternehmen eine Tour
im Gebiet des Glen Etive

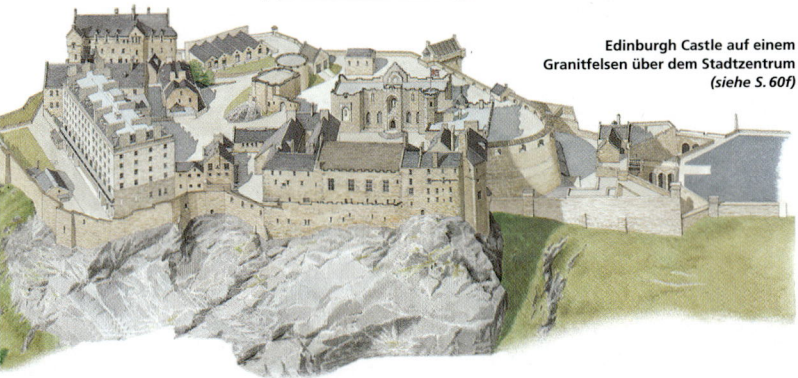

Edinburgh Castle auf einem
Granitfelsen über dem Stadtzentrum
(siehe S. 60f)

Kelvingrove Art Gallery, Glasgow

burgh geworden. Was auch immer Sie in puncto Musik, Kulinarik oder Mode erwarten, hier werden Sie fündig. 1990 war Glasgow europäische Kulturhauptstadt, im Jahr 1999 erhielt es den Titel »UK City of Architecture and Design«. Zu den bemerkenswerten Kunstmuseen zählen die **Burrell Collection** *(siehe S. 104f)*, die **Hunterian Art Gallery** *(siehe S. 102f)* und die renovierte **Kelvingrove Art Gallery** *(siehe S. 102)*. Das Millionenprojekt **Science Centre** *(siehe S. 102)* verleiht dem wiederbelebten Hafenviertel neue Dimensionen, Fans von Mackintosh lieben die **Glasgow School of Art** *(siehe S. 100)* und das **House for an Art Lover** *(siehe S. 103)*. Designerläden und ein vitales Nachtleben gehören ebenfalls zum modernen Glasgow.

ZENTRALSCHOTTLAND

• **Loch Lomond und der Trossachs National Park**
• **Stirling Castle**
• **Geschichtsträchtige Städte**
• **Wiege des Golfsports**

Schottlands Zentrum, das die anglizierten Lowlands von den gälischen Highlands trennt, wird von beiden Seiten durch den Firth of Forth und den Clyde vom Wasser eingeschlossen. Schön sind die Waldspaziergänge und die Blicke über den **Loch Lomond im Trossachs National Park** *(siehe S. 116f)*, historische Städte wie **Dundee** *(siehe S. 123)*, **Dunfermline** *(siehe S. 124f)* und **Culross** *(siehe S. 125)*

sowie die ruhigeren Inseln **Arran** *(siehe S. 114)* und **Bute** *(siehe S. 115)*. In **Stirling** *(siehe S. 120f)*, **Falkland** *(siehe S. 124)*, **Doune** *(siehe S. 122)* und **Glamis** *(siehe S. 122f)* gibt es alte Castles zu erkunden. Nicht zuletzt ist die Gegend berühmt für Golf. Die bekanntesten Golfdestinationen sind **St Andrews** *(siehe S. 123)*, wo das Spiel erfunden wurde, und **Gleneagles** *(siehe S. 124)*, das häufig internationale Meisterschaften ausrichtet.

Glamis Castle aus dem Mittelalter in Tayside *(siehe S. 122f)*

HIGHLANDS UND INSELN

• **Wilde Landschaften**
• **Ungeheuer von Loch Ness**
• **Whisky**
• **Inselausflüge**

Schottischer als hier, im abgelegenen Norden mit der geringsten Bevölkerungsdichte Großbritanniens, geht es nirgendwo zu. Die Natur ist wilder und spektakulärer als

anderswo, die Traditionen der Highlander mit ihrer Musik und ihren Crofts muten archetypisch an.

Zu den landschaftlichen Höhepunkten gehören die Westküste, an der sich wunderschöne Halbinseln dem Atlantik entgegenstrecken, und die **Road to the Isles** *(siehe S. 136f)*, die sich vom **Ben Nevis** *(siehe S. 135)* hin zum Hafenstädtchen **Mallaig** *(siehe S. 137)* windet, dem Sprungbrett zur **Isle of Skye** *(siehe S. 152f)*. Das **Glencoe** *(siehe S. 134)* ist bei Wanderern beliebt. Im Landesinneren locken die **Cairngorms** *(siehe S. 140f)* Wanderer, Kletterer und Skifahrer. Ein massiver Graben eines eiszeitlichen Gletschers teilt die Landschaft. Eine Kette von vier durch den Caledonian Canal verbundenen Lochs bildet das **Great Glen** *(siehe S. 148f)*. Loch Ness, berühmt für sein Ungeheuer Nessie, ist natürlich ein Muss. Die Ostküste ist wegen ihrer vielen und guten Whisky-Brennereien in der **Speyside** *(siehe S. 144f)* und dem ruppigen Charme von **Aberdeen** *(siehe S. 142f)* beliebt.

Durch Brücken, Fähren und kleine Flugzeuge verbunden, liegen 800 Inseln vor der britischen Hauptinsel: die **Orkney** *(siehe S. 158f)* und **Shetland Islands** *(siehe S. 160f)* mit ihren unüberschaubaren Vogelkolonien sowie die **Western Isles** *(siehe S. 162f)*, auf denen häufig noch Gälisch gesprochen wird.

Schneegepuderte Gipfel der Cairngorms in den schottischen Highlands

Schottland auf der Karte

Schottland bildet den über 78 000 Quadrat-kilometer großen nördlichen Landesteil Großbritanniens. Der höchste Gipfel Schottlands (und Großbritanniens) ist der Ben Nevis (1344 m). Der Küste sind rund 800 bewohnte und unbe-wohnte Inseln vorgelagert, die sich in drei Inselgruppen gliedern: Hebriden, Orkney und Shetland Islands. Edinburgh ist Schottlands Hauptstadt, Glasgow mit rund 580 000 Einwohnern die größte Stadt des Landes. In Schottland leben etwa fünf Millionen Menschen.

Satellitenbild von Schottland
Die Aufnahme zeigt die hohen, zerklüfteten Berge der Highlands und die vielen Inseln vor der schottischen Küste.

Lage in Europa
Schottland nimmt den Norden der Britischen Inseln ein: Im Süden grenzt es an England, im Südwesten (getrennt durch den North Channel) an Nord-irland. Im Osten bildet die Nordsee Schottlands natürliche Grenze.

ORKNEY UND SHETLAND ISLANDS

Unst
Yell
Shetland Islands
Mainland
Brae
Walls
Foula
nur Passagierfähren
Lerwick
Fair Isle
nur Passagierfähren

Westray
Sanday
Mainland
Stronsay
Stromness
Kirkwall
Orkney Islands
Hoy
Scrabster
Thurso
A836
Wick
A9
Aberdeen
Aberdeen

0 Kilometer 50
0 Meilen 50

Scrabster
Thurso
Wick
A897 A836 A9 A99
Helmsdale
A9
Kirkwall
Stromness
Lerwick

Elgin
Fraserburgh
A98
A96
A97
A98
Peterhead
A96
A941
A90
verness
A9
A95
A97
A96
ore
A939
A93
stus
Aberdeen
Braemar
A90
Dee
TTLAND
A90
itlochry
Forfar
Montrose
A92
A926
Arbroath
Dundee
A85
Perth
St Andrews
A91
A915
Stirling
A985
Kirkcaldy
Dunfermline
M9
M8
EDINBURGH
A71
ow
A7
Berwick-upon-Tweed
A68
A697
ide
A703
Galashiels
Peebles
A72
A702
A7
Hawick
A697
Jedburgh
A1
A708
Alnwick
A7
A68
2
A76
A696
umfries
M74
A69
Hexham
A69
Newcastle upon Tyne
tle
A710
Carlisle
ENGLAND
Sunderland
las
A596
A595
A69
Cockermouth
A66
Penrith
A686
ehaven
Keswick
A685
A595
Kendal
Barrow-in-Furness
Heysham
Lancaster
M6

NORDSEE

Stavanger
Bergen

LEGENDE

Autobahn
Hauptstraße
Fähre
Landesgrenze

0 Kilometer 50
0 Meilen 50

ENTFERNUNGSTABELLE

LONDON

111 / **179** BIRMINGHAM						
150 / **241**	**102** / **164** CARDIFF					
74 / **119**	**185** / **298**	**228** / **367** DOVER				
372 / **599**	**290** / **467**	**373** / **600**	**442** / **711** EDINBURGH			
389 / **626**	**292** / **470**	**374** / **602**	**466** / **750**	**45** / **72** GLASGOW		
529 / **851**	**448** / **721**	**530** / **853**	**600** / **965**	**158** / **254**	**167** / **269** INVERNESS	
184 / **296**	**81** / **130**	**173** / **278**	**257** / **414**	**213** / **343**	**214** / **344**	**371** / **597** MANCHESTER

10 = Entfernung in Meilen
10 = Entfernung in Kilometern

EIN PORTRÄT SCHOTTLANDS

Die Landschaften und die Burgen, aber vor allem Insignien wie Dudelsack, Kilt und Whisky haben Schottland seinen besonderen Ruf beschert. Das Land ist voller Kontraste und besitzt eine fast magische Aura, egal ob Nebel im Tal hängt oder sich ein majestätischer Berg in einem der zahlreichen Lochs spiegelt.

Das schottische Festland misst vom Süden bis zum Norden rund 440 Kilometer, seine Küstenlinie allerdings erstreckt sich über fast 10 000 Kilometer. Nahezu alle der 787 größeren Inseln liegen vor der Nord- oder der Westküste. Das gebirgige Schottland wird im Norden und Westen durch Moorlandschaften geprägt, im Landesinneren durch Kiefernwälder und Weideland. Im Osten gibt es fruchtbares Ackerland, im Süden findet man die grasbedeckten, sanften Hügel der Lowlands. Überall kann man malerische Lochs und Flüsse entdecken. Die Mehrzahl der fünf Millionen Einwohner lebt im Zentralgürtel des Landes. Schotten halten hartnäckig an den Unterschieden zwischen den Regionen fest – an ihren lokalen Sitten, ihren Dialekten und der gälischen Sprache. Vielleicht sind für die Schotten eher ihre Unterschiede als ihre Gemeinsamkeiten kennzeichnend, doch eines trifft auf sie alle zu: Sie sind stolz auf ihr Land und ihr Rechts- und Erziehungswesen. Manchmal sind sie mürrisch, manchmal sprühen sie geradezu vor Ideen, meist aber zeichnen sie sich durch ihren ansteckenden schwarzen Humor und ihre herzliche Gastfreundschaft aus.

Rothirsch in den Highlands

Blick vom Edinburgh Castle über die Dächer der Hauptstadt zum Calton Hill

◁ Einsame Häuser inmitten der Berge auf Skye *(siehe S. 152f)*, der größten Insel der Inneren Hebriden

POLITIK UND WIRTSCHAFT

Seit Unterzeichnung des Unionsvertrags 1707, der die Parlamente von Schottland und England zu einem Regierungsapparat mit Sitz in London vereinte, fühlt sich Schottland hintergangen und nicht ausreichend repräsentiert. Allerdings finden heute alle größeren Parteien des Königreichs auch in Schottland Unterstützung. Doch auch die Scottish National Party, die für völlige Unabhängigkeit kämpft, hat an Popularität gewonnen. 1997 stimmte die Bevölkerung für die Wiedereinsetzung eines schottischen Parlaments, das nun weitreichende administrative Befugnisse besitzt. Finanzkontrolle und Entscheidungen von nationaler Bedeutung bleiben allerdings weiterhin Westminster vorbehalten.

Hammerwerfer bei den Braemar Games

In den letzten 100 Jahren hat Schottlands Wirtschaft unter dem Verlust seiner Schwerindustrien – Schiffbau, Kohlebergbau und Stahl – gelitten. Die wichtigsten Einnahmequellen sind heute Ölförderung, Tourismus, der Dienstleistungssektor sowie ein breites Spektrum an Leichtindustrien. Führend sind hierbei die Hersteller elektronischer Bauelemente und Mikrochips, die der Industrie den Spitznamen »Silicon Glen« eingebracht haben. Angesichts der Globalisierung unterliegt dieser Zweig jedoch starken

Schwankungen. Die wichtigste Einnahmequelle ist die Whisky-Produktion, obwohl sie nur wenige Arbeitsplätze bietet. Die Landwirtschaft spielt nach wie vor eine Rolle, ihre Zukunft sieht allerdings alles andere als rosig aus. Auch die Fischindustrie ist noch wichtig, leidet aber zunehmend unter den schwindenden Beständen. Schottlands Arbeitslosenrate entspricht im Allgemeinen der des Königreichs, doch in einigen Regionen – beispielsweise den Western Isles – liegt sie mit 15 Prozent wesentlich höher.

GESELLSCHAFT

Die Schotten sind ein geselliges Volk. Sie genießen das fröhliche Zusammensein – ob bei einem Highland-*ceilidh* (wörtlich »Besuch«), in einem Pub oder beim samstäglichen Fußballspiel. Manchmal müssen sie dafür allerdings weit reisen: In den Highlands leben nur acht Menschen pro Quadratkilometer.

Überall gehen die Kirchenbesuche zurück. Ausnahme sind die Gebiete, in denen noch Gälisch gesprochen wird und Sonntag ein Ruhetag ist. In vielen Städten wird lieber bis in den Morgen getrunken und gefeiert, in ländlichen Gebieten sind die Öffnungszeiten kürzer.

Dudelsackspieler

Schottland ist als Heimat des Golfsports bekannt, doch Fußball gilt zweifellos als die nationale Leidenschaft. Aber auch Wandern, Skifahren, Rugby, *Shinty* und Curling sind populär. Die jährlichen Highland Games sind ein großes Fest mit viel Whisky und mitreißender Musik *(siehe S. 31)*.

In Schottland isst man gerne: Fleisch, fettiger Fisch und andere kalorienreiche Speisen führen zu einem

Wintersonnenwende *Up Helly Aa* auf Shetland

Schafstall auf den Western Isles

trie erlebte nach *Trainspotting* (1993) einen enormen Aufschwung. Gleiches gilt für die Musik – von der Oper über gälische Lieder, *pibroch* (klassische Dudelsackmusik) bis hin zu internationalen Acts wie Snow Patrol und Franz Ferdinand. Auch die elektronische Szene muss erwähnt werden. Die traditionelle Musik mit alten Instrumenten aus verschiedenen Kulturkreisen erlebt eine Renaissance. Bands wie Salsa Celtica verbinden gekonnt Dudelsack mit Jazz und lateinamerikanischem Sound – nicht verwunderlich, wenn man weiß, dass vier von fünf Schotten im Ausland leben. Auch die schottischen Volks-, die Highland- und *Ceilidh*-Tänze sowie Steptanz, eine Tradition, die aus der Bretagne wieder eingeführt wurde, erfahren einen Boom.

Übermaß an Herzproblemen. Zudem weist Schottland den höchsten Alkoholkonsum in Großbritannien auf. Immerhin geht der Tabakabsatz zurück, nachdem im März 2006 das Rauchen in öffentlichen Räumen verboten wurde.

KULTUR

Schottland bietet viele interessante Kulturveranstaltungen, die vom Scottish Arts Council unterstützt werden. Das Edinburgh Festival und The Fringe (*siehe S. 78f*) sind weltweit die größten Festivals ihrer Art. Die schottische Filmindus-

Edinburgh Festival Fringe Office, Detail

Obwohl nur etwa 50 000 Schotten Gälisch sprechen, wird die Sprache durch erhöhte Zuschüsse für gälische Radio- und Fernsehprogramme gefördert. Auch die zahlreichen angesehenen schottischen Autoren haben eine große Leserschaft gefunden und genießen teilweise großen internationalen Erfolg (*siehe S. 26f*).

Der Loch Achray im Zentrum der Trossach Mountains (*siehe S. 116f*), nördlich von Glasgow

Geologie

Schottland ist mit Millionen Jahre altem Gestein eine wahre Fundgrube für Geologen. Neben dem harten Granitgneis auf den Western Isles, der vor Beginn des Lebens auf der Erde entstand, zeugen die Felsen von Lava-Eruptionen, Gebirgsbildungen, Eiszeiten und sogar von einer Zeit, als Schottland durch den Iapetus-Ozean von England abgetrennt war. Vier Hauptverwerfungslinien durchziehen Schottland von Nordosten nach Südwesten und bilden die geologischen Hauptzonen.

Der Gabbro (*dunkler Fels*) *der Cuillin Hills auf Skye entstand im Tertiär aus unterirdischem Magma, als die Dinosaurier ausgestorben waren und die Säugetiere zunahmen.*

VERWERFUNGSLINIEN

– – Moine Thrust

– – Great Glen Fault (*siehe S. 148f*)

– – Highland Boundary Fault

– – Southern Uplands Fault

Felsschichten in Treppenform

Durch Einwirkung von Gezeiten und Wellen erodiert die vorhandene Küstenlinie.

KONTINENTALDRIFT

Schottland

Äquator

Iapetus-Ozean

England

▢ Alte Landmasse

Vor etwa 500 Millionen Jahren gehörte Schottland zum gleichen Kontinent wie Nordamerika, während England Teil Gondwanas war. Nach 75 Millionen Jahren der Kontinentalverschiebung stießen die beiden Länder nahe den heutigen Grenzen zusammen.

Skandinavien

Schottland

▢ Vereisung in der letzten Eiszeit

· · · Heutige Festlandgrenzen

Die letzte Eiszeit, die vor rund 10000 Jahren endete, ist das geologisch jüngste Kapitel in Schottlands Erdgeschichte. Zu dieser Zeit war Schottland wie Skandinavien vereist.

Plateaus auf den Hügeln der Insel sind die sichtbaren Reste eines einst gewaltigen Basalt-Lavastroms.

Lewisian Gneis *gehört zu den ältesten Gesteinen, die in der unteren Erdkruste vor drei Milliarden Jahren gebildet und aufgefaltet wurden. Hart, unfruchtbar und grau, formt er auf den Western Isles flache Hochebenen mit Tausenden von Lochs.*

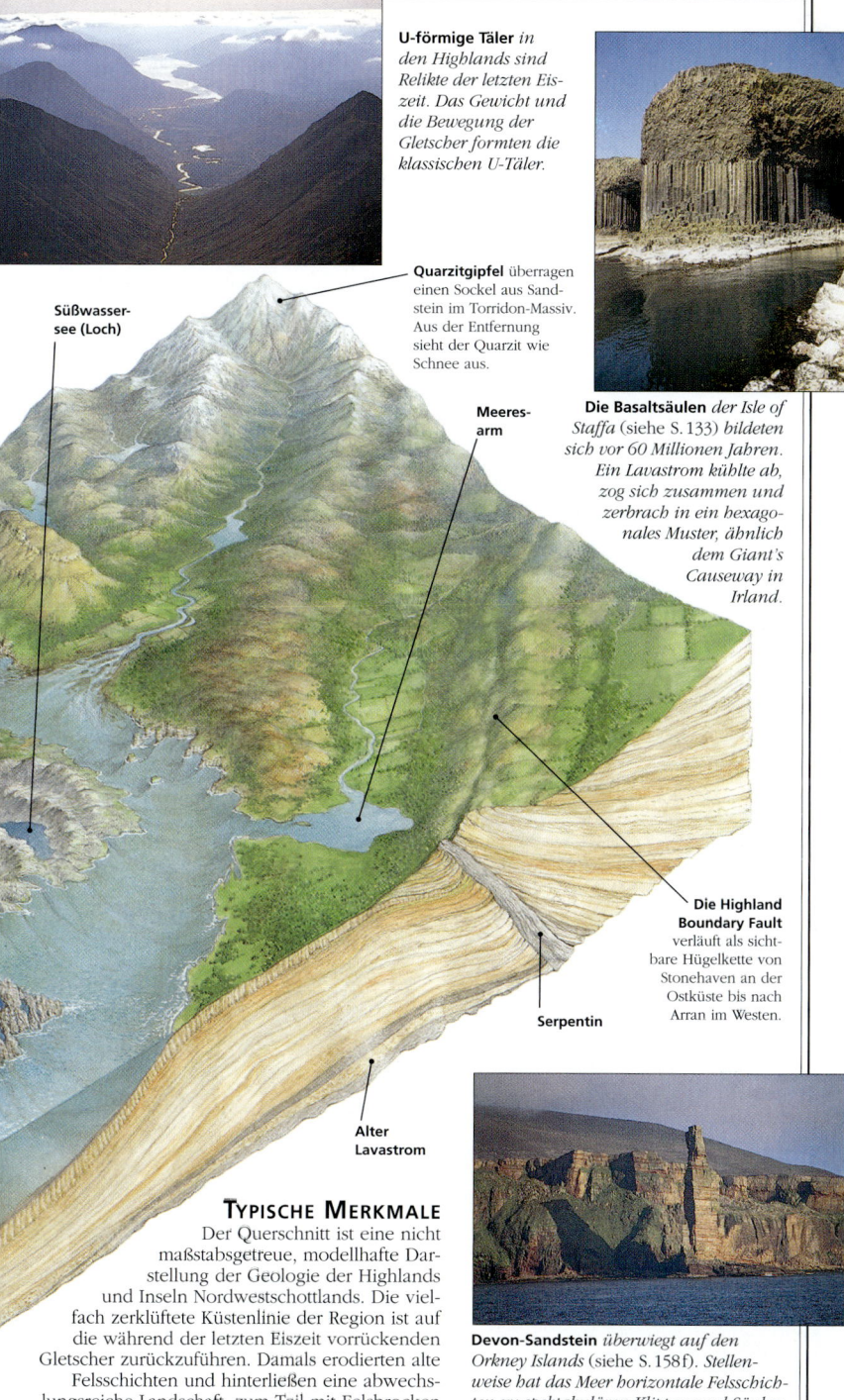

U-förmige Täler *in den Highlands sind Relikte der letzten Eiszeit. Das Gewicht und die Bewegung der Gletscher formten die klassischen U-Täler.*

Quarzitgipfel überragen einen Sockel aus Sandstein im Torridon-Massiv. Aus der Entfernung sieht der Quarzit wie Schnee aus.

Süßwassersee (Loch)

Meeresarm

Die Basaltsäulen *der Isle of Staffa (siehe S. 133) bildeten sich vor 60 Millionen Jahren. Ein Lavastrom kühlte ab, zog sich zusammen und zerbrach in ein hexagonales Muster, ähnlich dem Giant's Causeway in Irland.*

Die Highland Boundary Fault verläuft als sichtbare Hügelkette von Stonehaven an der Ostküste bis nach Arran im Westen.

Serpentin

Alter Lavastrom

TYPISCHE MERKMALE

Der Querschnitt ist eine nicht maßstabsgetreue, modellhafte Darstellung der Geologie der Highlands und Inseln Nordwestschottlands. Die vielfach zerklüftete Küstenlinie der Region ist auf die während der letzten Eiszeit vorrückenden Gletscher zurückzuführen. Damals erodierten alte Felsschichten und hinterließen eine abwechslungsreiche Landschaft, zum Teil mit Felsbrocken übersäte Täler sowie häufig sehr tiefe Seen.

Devon-Sandstein *überwiegt auf den Orkney Islands (siehe S. 158f). Stellenweise hat das Meer horizontale Felsschichten zu spektakulären Klippen und Säulen erodiert (Old Man of Hoy, 137 m).*

Flora und Fauna

Schottland ist ein Land der Gegensätze: Die raue Bergwelt der Highlands geht in die sanften grünen Täler und Landschaften der Lowlands über, steile Klippen kontrastieren mit dichten Wäldern. Tief in den Highlands und auf den Inseln trifft man am ehesten auf Schottlands reiche Tierwelt. Doch auch hier sind einst verbreitete Arten mittlerweile vom Aussterben bedroht – sie und ihren Lebensraum zu erhalten, hat zu Recht hohe Priorität.

Goldhähnchen

KÜSTEN

Die endlose, windgepeitschte Küste bietet eine einzigartige Gelegenheit, Schottlands Tierwelt zu beobachten. Inseln wie Skye *(siehe S. 152f)* sind Heimat unzähliger Seevögel wie Papageitaucher, Lummen und Dreizehenmöwen. Der Bass Rock vor der Ostküste nahe North Berwick beherbergt eine Tölpelkolonie. Auch Robben, Wale und Delfine sind hier zu Hause.

Papageitaucher

SEEN (LOCHS) UND FLÜSSE

In Schottland gibt es nicht nur viele Flüsse und Meeresarme, sondern auch zahlreiche Süßwasserseen: Alle sind Lebensräume für eine Vielzahl von Tier- und Insektenarten. Meeresarme wie jene auf North Uist beheimaten Wildlachse und Otter. Letztere kann man jedoch eher in Tierreservaten wie dem in Kylerhea auf der Insel Skye beobachten. Viele schottische Flüsse wie der Tay sind für Angler ein Paradies. Verbreitet sind u. a. Lachse und Forellen.

Libelle

Kegelrobben *sind an der schottischen Felsküste von Shetland und North Rona heimisch.*

Wilde Otter *leben an vielen Teilen der schottischen Küste und in den Meeresarmen. Anders als ihre asiatischen Vettern haben sie Schwimmhäute zum Fangen und Fressen der Beute.*

Dreizehenmöwen *mit ihrem weißgrauen Gefieder sind an der Küste weitverbreitet, von St Abb's Head an der Ostküste bis Handa Island vor der Nordwestküste (siehe S. 157).*

Lachse *schwimmen jedes Jahr zum Laichen in die Seen und Flüsse. Sie reisen meilenweit stromaufwärts und überwinden dabei sogar Wasserfälle.*

Shetland-Ponys *stammen von den nördlichen Inseln gleichen Namens, sind aber auch auf dem Festland heimisch. Sie sind klein und haben ein borstiges Fell.*

Hochlandrinder *werden seit dem 16. Jahrhundert in Schottland gezüchtet und haben lange Hörner und ein zottiges Fell.*

Der Steinadler *ist eines von Schottlands Wahrzeichen. Der majestätische Vogel fängt seine Beute in lautlosem Sturzflug.*

GEBIRGE UND MOORE

In den Hügeln und Gebirgen Schottlands gedeihen noch seltene arktische und alpine Pflanzen, in den Mooren und Lowlands wachsen Heide und Gras. Der landschaftliche Kontrast zieht sich von den Highlands bis zu den Inseln, wie hier auf Mull. Raubvögel, wie z.B. Adler und Turmfalken, bevorzugen dieses Terrain. Rotwild äst in der kargen Moorlandschaft.

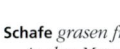

Turmfalke

WÄLDER UND WALDLAND

Einige der Wälder sind Teil eines Naturschutzparks. Waldland wie das in den Borders ist der Zufluchtsort für Rothörnchen und Goldhähnchen. Baummarder und Wildkatzen bevorzugen das felsigere Terrain der Highland-Wälder. Birken- und Eichenwälder verteilen sich über das Land.

Baummarder

Schafe *grasen frei in den Mooren und Bergen Schottlands, tragen aber Markierungen, damit sie der Züchter wiedererkennt.*

Wildkatzen *sind nur noch selten in Waldgebieten anzutreffen. Ihr stämmiger Körper, das dichte Fell und der kurze Schwanz unterscheiden sie von Hauskatzen.*

Rothörnchen *sieht man heutzutage viel seltener als Grauhörnchen. Beide Arten benutzen ihren buschigen Schwanz für die Fortbewegung und Verständigung.*

Rothirsche *sind in Europa weitverbreitet und können in den Highlands gut beobachtet werden. Ihre Signalfärbung leuchtet im Sommer am schönsten. Im Frühjahr verlieren die Hirsche ihr Geweih.*

Von der Burg zum Schloss

Es gibt kaum einen romantischeren Anblick in ganz Großbritannien als ein schottisches Schloss auf einer Insel oder an einem See. Früher, als Raubüberfälle und kriegerische Auseinandersetzungen zwischen den Clans zur Tagesordnung gehörten, dienten sie als sichere Schutzburgen. Von den frühen *brochs* der Pikten entwickelten sich über die normannische Burg im 14. Jahrhundert die typisch schottischen Turmbauten aus Stein. Wenige Jahrhunderte später, als die militärische Verteidigung kaum noch eine Rolle spielte, entstanden die herrlichen Schlösser.

Detail der Barockfassade, Drumlanrig Castle

BURG UND RINGMAUER

Der Burgtyp existiert seit dem 12. Jahrhundert. Die Burgen standen auf zwei Anhöhen: auf der oberen der Bergfried und Hauptturm des Chiefs, auf der unteren die Behausungen der übrigen Bewohner, beide durch eine Mauer oder einen Pfahlzaun geschützt.

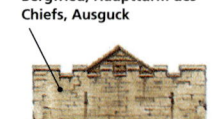

Bergfried, Hauptturm des Chiefs, Ausguck

Ruine von Duffus Castle, Morayshire

Duffus Castle
(ca. 1150) wurde entgegen den Gepflogenheiten der damaligen Zeit aus Stein gebaut und überragt das flache Land nördlich von Elgin.

Mitunter aufgeschüttete Anhöhe aus Erde oder Stein

Ringmauer zum Schutz der Burg

FRÜHE TURMBAUTEN

Die ersten Turmbauten, die als leichte Befestigungsanlagen dienten, stammen aus dem 13. Jahrhundert. Ursprünglich im Rechteck angelegt, thronte in der Mitte ein einzelner, in mehrere Stockwerke unterteilter Turm mit schlichtem Äußeren und wenigen kleinen Fenstern. Verteidigt wurde von oben. Wenn mehr Platz gebraucht wurde, baute man weitere Türme an.

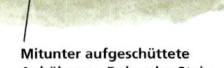

Brustwehr mit Zinnen für die Wachen

Claypotts Castle (um 1570) mit hervorstehenden Dachstuben

Braemar Castle (um 1630), ein Komplex aus mehreren Türmen

Neidpath Castle, *errichtet auf einem Felsvorsprung über dem Tweed, ist ein L-förmiger Turmbau aus dem 14. Jahrhundert. Die einstige Feste von Charles II weist heute noch Spuren der Belagerung durch Oliver Cromwell auf.*

Schmucklose, gerade Mauern mit Schießscharten als Fenster

SPÄTERE TURMBAUTEN

Obwohl sich niemand mehr verteidigen musste, wurde der alte Baustil lange beibehalten. Im 17. Jahrhundert fügte man dem ursprünglichen Turm Flügelanbauten hinzu, wodurch erstmals Burghöfe entstanden. Zinnenkränze und Mauertürmchen blieben zur Dekoration erhalten.

Drum Castle mit ursprünglichem Bergfried (13. Jh.) und Anbau (1619)

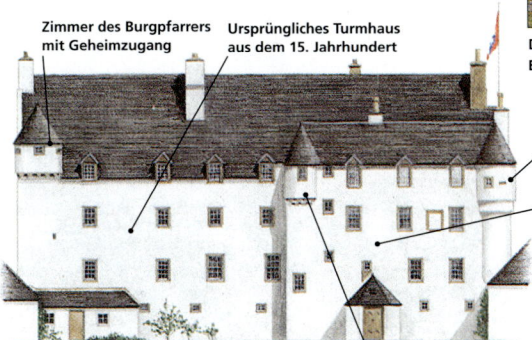

Zimmer des Burgpfarrers mit Geheimzugang

Ursprüngliches Turmhaus aus dem 15. Jahrhundert

Eckturm mit Treppenaufgang

Anbau aus dem 16. Jahrhundert

Hervorstehendes Ziertürmchen

Das Traquair House (siehe S. 87) *der Familie Tweed ist das älteste bewohnte Haus in Schottland. Das schmucklose Äußere geht auf das 16. Jahrhundert zurück, als an dem alten Turmbau eine Reihe von Anbauten vorgenommen wurden.*

Blair Castle *(siehe S. 139)* mit mittelalterlichem Turm

SCHLÖSSER

Beim Bau der zum Teil riesigen Schlösser wurde schließlich ganz auf die Funktion der militärischen Verteidigung verzichtet und nur noch nach ästhetischen Gesichtspunkten gebaut, auch wenn hin und wieder Einflüsse aus der Ritterzeit unverkennbar sind. Als Vorbilder dienten Schlösser aus ganz Europa, zumeist aus Frankreich.

Dunrobin Castle (um 1840), Sutherland

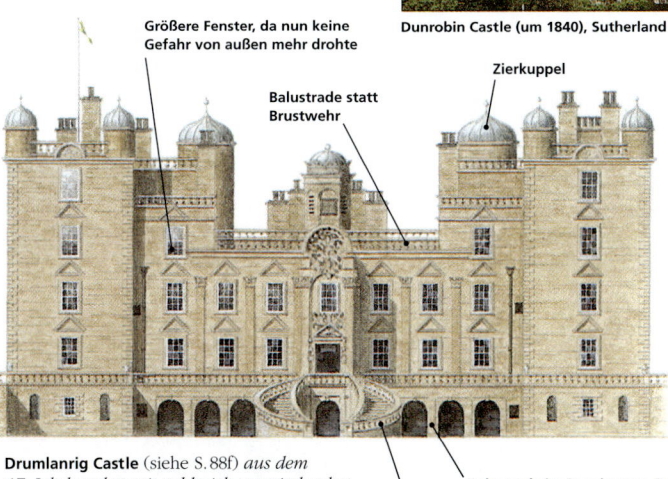

Größere Fenster, da nun keine Gefahr von außen mehr drohte

Balustrade statt Brustwehr

Zierkuppel

Drumlanrig Castle (siehe S. 88f) *aus dem 17. Jahrhundert mit zahlreichen typisch schottischen Merkmalen sowie Renaissance-Einflüssen wie geschwungener Treppe und Fassade.*

Kolonnade im Renaissance-Stil

Barock geschwungene Treppe

Schottische Gärten

Schottland besitzt eine Vielzahl an schönen Gärten. Manche, wie Pitmedden, sind wegen der Architektur berühmt, andere wegen ihrer besonderen Pflanzen. Sogar Rhododendren gedeihen im sauren, torfigen Boden. Der Royal Botanic Garden *(siehe S. 68)* in Edinburgh zeigt eine besondere Farbenpracht. Einige Gärten sind eindrucksvoll von Seen und Bergen umgeben oder um herrschaftliche Anwesen herum angelegt. Gärten im Einflussbereich des Golfstroms wie Inverewe überraschen durch subtropische Flora in nördlichen Breiten und zählen zu Schottlands prächtigsten.

Inverewe Gardens (siehe S. 156) *ist bekannt für seine üppige subtropische Flora. Farne, Lilien, riesige Vergissmeinnicht und Palmen sind nur einige der 2500 im milden Klima gedeihenden Arten.*

Die Crarae Gardens (siehe S. 130) *liegen an einem Hang mit Blick auf Loch Fyne und sind von altem Waldbestand umgeben. Alle Spazierwege führen im Zentrum über einen hübschen Bach. Im Frühling blühen die unzählbaren Rhododendren, im Herbst stehen die Bäume »in Flammen«.*

Die Botanic Gardens, Glasgow (siehe S. 103) *haben eine interessante Sammlung an Orchideen, Begonien und Kakteen. Kibble Palace, ein Gewächshaus mit Kuppeldach, das jüngst für mehrere Millionen renoviert wurde, zeigt Baumfarne aus aller Welt.*

Logan Botanic Garden, *ein Außenposten des Royal Botanic Garden in Edinburgh, beherbergt ein von Mauern umgebenes Areal mit Kohlpalmen und eine offene Waldlandschaft. Der milde Golfstrom lässt auch hier subtropische Pflanzen wachsen.*

Inverewe Gardens

Angus' Garden

Crarae Gardens

Arduaine Garden

Younger Botanic Garden

Bota Garde Glasg

Logan Botanic Garden

RHODODENDREN

Nebenstehend sehen Sie drei von 900 Arten. Die erste ist tropisch, in Schottland im Glashaus gezogen; die zweite eine immergrüne Sorte; die dritte eine Azalee, die früher als eigene Spezies galt. Man unterscheidet schuppenblättrige und nichtschuppenblättrige Rhododendren.

Macgregoriae

Augustini

Medway

Den Drummond Castle Gardens *verlieh man durch Buchsbaumhecken die Form eines Andreaskreuzes. Gelbe und rote Rosen sowie Löwenmaul sorgen für Farbe, eine Sonnenuhr bildet den Mittelpunkt.*

GOLFSTROM

Die schottische Westküste überrascht den Besucher mit zahlreichen Gärten voll blühender tropischer und subtropischer Pflanzen. Obwohl Schottland genauso weit nördlich liegt wie Sibirien, ist es hier wegen des Golfstroms wesentlich wärmer. Inverewe ist der berühmteste der »Golfstromgärten« mit Pflanzen aus Südamerika, Südafrika und dem Südpazifik. Weitere Anlagen sind Achamore auf der Isle of Gigha und Logan Botanic Garden nahe Stranraer.

Baumfarne, begünstigt vom Golfstrom, Logan Botanic Garden

Pitmedden Garden •

Crathes Gardens •

rummond
astle
ardens

• Royal Botanic
Garden, Edinburgh

Kailzie Gardens

Dawyck
Botanic
Garden

Priorwood
Gardens

0 Kilometer 50

0 Meilen 50

Pitmedden Garden *wurde 1675 angelegt und später als strenger französischer Garten wiederhergestellt. Auf zwei Ebenen liegen Blumenbeete, zwei Gartenlauben, Hecken und im Zentrum eine herrliche Fontäne.*

Die Crathes Gardens *bestechen durch in Form geschnittene und duftende Rabatten rund um das Turmhaus von Crathes Castle (siehe S. 145). Es gibt acht thematisch unterschiedliche Gärten, z. B. den im Stil von Gertrude Jekyll angelegten Golden Garden.*

Dawyck Botanic Garden *gehört ebenfalls zum Royal Botanic Garden Edinburghs und ist auf seltene Bäume wie die Dawyck-Buche sowie blühende Sträucher und Narzissen spezialisiert.*

Der Royal Botanic Garden, Edinburgh (siehe S. 68), *ist international bekannt als Forschungszentrum und berühmt für seine einmalige Pflanzenvielfalt. Eingebettet in gepflegte Rasenflächen wachsen hier fast 17000 verschiedene Arten. In den Glashäusern gedeihen exotische Pflanzen.*

Schottische Erfindungen

**Orangen-
marmelade**

Trotz seiner geringen Größe und Einwohner-
zahl hat Schottland bemerkenswert viele
Erfinder hervorgebracht. Das ausgehende
18. sowie das 19. Jahrhundert werden deshalb
auch die Periode der Schottischen Aufklärung
genannt. Viele technologische, medizinische
und mechanische Erfindungen stammen aus dieser Zeit, z.B. die Dampfmaschine, das Antisepti-
kum, das Telefon sowie die Marmelade, die in
Dundee das Licht der Welt erblickte. In Fabriken,
Labors und an Universitäten wirkten Männer, die zukunftsorien-
tiert dachten. Ihre revolutionären Ideen und Experimente haben
die moderne Gesellschaft entscheidend mitgeformt.

Logarithmentafeln *(1594)
wurden von John Napier für
das einfache Multiplizieren
und Dividieren von großen
Zahlen erstellt. Für diese Arbeit
benötigte er 20 Jahre.*

Elektrisches Licht
*(1834) wurde von
James Bowman Lind-
say erfunden, der
galvanische Zellen
neu anordnete.*

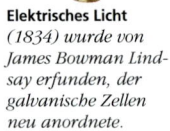

Parallelbewegung steuert
alle Ventile gleichzeitig.

**Ein
Schwungrad**
überträgt die
Energie, so-
dass die
Maschine
rund läuft.

Der Luftreifen
*(John Dunlop,
1887), zuerst von
R. W. Thomson
patentiert, wurde
später von Dun-
lop für Fahrräder
und schließlich
für Autos weiter-
entwickelt.*

**Kolben-
stange**

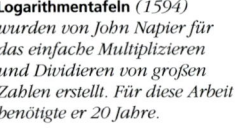

Golfschläger
*wurden ur-
sprünglich von
Schreinern wie
Old Tom Morris
aus Holz hand-
gefertigt. Ab 1890
wurden Schläger
mit Aluminium-
köpfen benutzt.*

Die Kolben-Dampfmaschine *(James Watt, 1782) war eine
Verbesserung der damaligen Dampfmaschine. Das neue Modell wurde als Antrieb für alle möglichen Maschinen bald zur
hervorstechenden Kraft der industriellen Revolution. Die neue
Leistungseinheit (Watt) wurde nach ihrem Erfinder benannt.*

Das Fahrrad *(Kirkpatrick
Macmillan, 1839), ehemals
bekannt als Veloziped, wurde
erst in den 1860er Jahren in
nennenswerten Mengen
produziert und verkauft.*

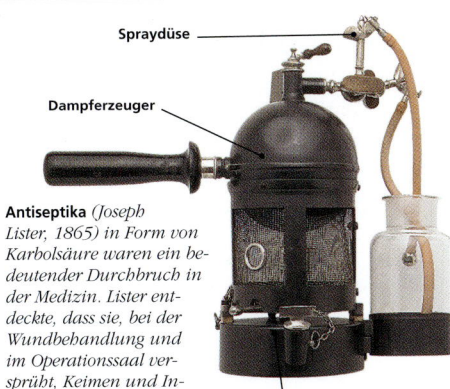

Spraydüse

Dampferzeuger

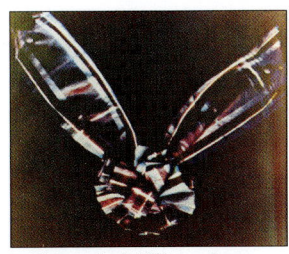

Farbfotografie *(1861) wurde von James C. Maxwell, einem schottischen Physiker, entwickelt, der als Erster mit der Dreifarbenfotografie experimentierte und koloriertes Wasser für ein Foto seines Tartans nutzte.*

Antiseptika *(Joseph Lister, 1865) in Form von Karbolsäure waren ein bedeutender Durchbruch in der Medizin. Lister entdeckte, dass sie, bei der Wundbehandlung und im Operationssaal versprüht, Keimen und Infektionen vorbeugten.*

Behälter für Karbolsäure

Die Thermosflasche *(von Sir James Dewar, 1892) war zunächst als Vakuumbehälter für Flüssiggase konzipiert. Später ging sie in Massenproduktion, da sie hervorragend die Temperatur heißer und kalter Getränke hält.*

Das Telefon *(Alexander Graham Bell, 1876) war ein technischer Durchbruch, der die Kommunikationsformen der Menschheit revolutionierte. Ton wird mittels Elektrizität übertragen.*

Penizillin *(Alexander Fleming, 1928) war eine Entdeckung, die die Medizin vollkommen veränderte. Es war das erste Antibiotikum, ab 1940 wurde es zur Behandlung von Soldaten im Zweiten Weltkrieg verwendet.*

Radar *(Robert Watson-Watt, 1935) wurde schon lange vor dem Zweiten Weltkrieg benutzt. 1935 hatte das Team um Watson-Watt bereits das erste funktionstüchtige Radarabwehrsystem fertiggestellt.*

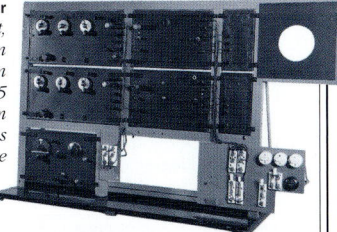

Der erste Fernseher *(John Logie Baird, 1926) war schwarz-weiß und konnte nicht Ton und Bild gleichzeitig senden. Dennoch wurde er als bedeutende Erfindung gefeiert. Zwei Jahre später gelang es Baird, farbige Bilder auszustrahlen.*

Dolly *wurde 1996 von einem Forscherteam des Edinburgher Roslin Institute geklont. Es war der erste erfolgreiche Klonversuch aus einem Schaf. Dolly gebar 1998 ein Junges, starb aber schon 2003.*

Dichter und Denker

Von mittelalterlichen Poeten über Robert Burns bis zu Irvine Welsh haben sich Autoren in den drei Sprachen Schottlands – Schottisch, Englisch und Gälisch – einen Platz in der Literaturgeschichte Schottlands wie Europas erobert. Drei Jahrhunderte nach Auflösung der letzten Volksvertretung verfügt das Land seit 1999 wieder über ein eigenes Parlament. Die politische Dezentralisierung folgt auf 30 Jahre innerer Unruhe, in denen die Literatur neue Erfolge errang.

Robert Burns, umrahmt von Illustrationen seiner Werke

GOLDENES ZEITALTER VOR DER AUFKLÄRUNG

Das Jahrhundert vor der Reformation von 1560 wird oft das Goldene Zeitalter der schottischen Literatur genannt. Es zeichnete sich durch enge Verbindungen zum Kontinent und eine reiche lyrische Tradition aus, die mit den Werken Wiliam Dunbars und Robert Henrysons ihren Höhepunkt fand. John Barbour schuf den Heldenmythos der Nation mit *The Bruce* (1375). Weitere frühe Werke waren *Kingis Quair* (um 1424) von James I und Blind Harrys *Wallace* (um 1478).

Dunbar stach mit seiner brillanten Dichtung heraus, von *Lament for the Makars* (1508), einer Elegie, bis hin zu seiner »Schimpf«-Poesie. Henrysons Werk zeigt Einfühlungsgabe, wenn er etwa in *The Testament of Cresseid* (1480) die Legende aus weiblicher Sicht erzählt. Gavin Douglas übersetzte 1513 Vergils *Äneis* ins Schottische. Das Goldene Zeitalter endete mit Sir David Lindsays Stück *A Satire of the Three Estates* von 1540. Die Balladentradition ist jedoch noch heute lebendig.

AUFKLÄRUNG UND ROMANTIK

Der Siegeszug der Aufklärung war auch ein Resultat des verbesserten Schulsystems. Zu den Denkern

der Zeit gehörten Adam Smith (1723–1790), der die Theorie der Wirtschaftslehre entwarf, und Adam Ferguson (1723–1816), Begründer der Soziologie. Auch William Robertson (1721–1793) und David Hume (1711–1776) prägten die moderne Geschichte entscheidend mit. Humes Einfluss auf die Philosophie war enorm – sein Empirismus verletzte die christliche Orthodoxie. Die Kontroverse »Glaube vs. Wissenschaft« begann. James Macpherson veröffentlichte 1760 die *Ossian Chronicles*,

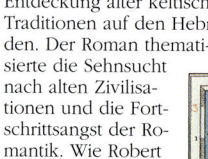

Der Philosoph David Hume

die Dokumentation seiner Entdeckung alter keltischer Traditionen auf den Hebriden. Der Roman thematisierte die Sehnsucht nach alten Zivilisationen und die Fortschrittsangst der Romantik. Wie Robert Fergusson schrieb auch Allan Ramsey seine Gedichte auf Schottisch.

Der gefeiertste Literat, Robert Burns (1759–1796), war ein Mensch seiner Zeit. Sein »heaventaught ploughman« passte sich der Mode an, verriet aber gute Ausbildung. Burns' Werk umfasst Liebeslyrik und Satire *(Holy Willie's Prayer)*, nationalistisch und radikal idealistische Titel *(A Man's a Man for a' That)*.

19. JAHRHUNDERT

Trotz der Bedeutung von Edinburgh für die schottische Kultur gehörte es zum guten Ton, des Ruhmes wegen nach London zu gehen. Vorbilder waren Mitte des 18. Jahrhunderts James Boswell und Tobias Smollett.

Die Dichtung Walter Scotts (1771–1832) hatte phänomenalen Erfolg. Seine Romane, besonders *Waverley* (1814), wurden in den höchsten Tönen gerühmt. Francis Jeffreys meinungsbildendem, liberalem *Edinburgh Review* stand das konservative Tory-Blatt *Blackwood's* gegenüber. Sein Herausgeber James Hogg schrieb später den Schauer-

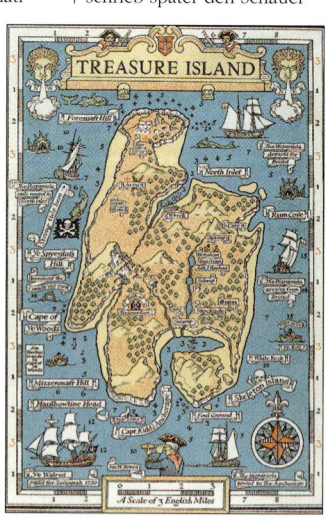

Karte von Robert Louis Stevensons *Schatzinsel*, **nach einer Insel im Firth of Forth**

roman *Private Memoirs and Confessions of a Justified Sinner* (1824). Großen Erfolg hatten auch Susan Ferrier und John Galt sowie Margaret Oliphant. Generell war das literarische Niveau dieser Zeit eher niedrig. Thomas Carlyle beschrieb Edinburgh um 1830 als provinziell.

Herausragend war Robert Louis Stevenson (1850–1894). Mit *Dr Jekyll and Mr Hyde* distanzierte er sich furios von der Sentimentalität der hausbackenen Heimatdichtung, die durch Autoren wie Barrie und Crockett vertreten wurde. Wie die *Sherlock-Holmes*-Krimis von Arthur Conan Doyle (1859–1930) bedienten Barries Dramen häufig den bourgeoisen Geschmack.

Arthur Conan Doyles Sherlock Holmes in *The Graphic* (1901)

Rob-Roy-Filmposter (1995), zu Walter Scotts Roman von 1817

FRÜHES 20. JAHRHUNDERT

George Douglas Browns gegen die Heimatdichtung gerichteter Roman *The House with the Green Shutters* (1901) läutete die Wiedergeburt seriöser Literatur ein, Hugh MacDiarmids Dichtung (1920er Jahre) den Aufbruch in die Moderne. *A Drunk Man Looks at the Thistle* (1926) verbindet schottische Dialekte mit politischem und sozialem Kommentar zu einem der großen symbolistischen Werke der Zeit. Auch Edwin Muir gewann internationale Anerkennung, gefolgt

von Sidney Goodsir Smith und William Soutar. Erzählerisches Format erreichten Neil Gunn (*Butcher's Broom*, 1933) und Lewis Grassic Gibbon (*A Scots Quair*, 1932–34). Andere Autoren waren Fionn MacColla, Nan Shepherd und Willa Muir. John Buchan schrieb Thriller. Nationalistische Impulse wurden durch den Faschismus verdrängt. Nach dem Zweiten Weltkrieg ging man neue Wege.

NACH 1945

Sorley Maclean schilderte in Gälisch den Verfall der alten Highland-Kultur. Norman MacCaig schrieb anfänglich in einem metaphysischen Manierismus. George Bruce und Robert Garioch kritisierten die Fesseln von Natur und sozialer Klasse.

Edwin Morgan feiert die Kunst und die Moderne (*Sonnets from Scotland*, 1984), Liz Lochhead kreiert originelle Dramen und Gedichte. Jackie Kay beschreibt die Erfahrungen schwarzer Bürger in Schottland. Impulse für das Theater kamen von James Bridie, Bill Bryden und John Byrne. Mit Romanen voller ironischem Humor gelang-

te Muriel Spark zu internationalem Ruhm (*The Prime of Miss Jean Brodie*, 1961). Realismus gab es bereits vor William MacIlvanneys Erfolg mit *The Big Man* (1985).

Nach Alasdair Grays bizarrem *Lanark* (1981) wurden die Inhalte der Literatur ins Jetzt verlegt, Iain Banks ist mit *The Crow Road* (1992) noch immer angesagt. Tom Leonards Gedichte regten zum Gebrauch städtischer Umgangssprache an. Letzterer verlieh James Kelman mit seinem preisgekrönten Werk *How Late it Was, How Late* (1994) neue Dimensionen.

Irvine Welshs Porträt der Drogenkultur ist zwar weltberühmt, doch fehlt den Nachfolgern von *Trainspotting* (1993) dessen Schwung. Auch die Lebensdramen in A.L. Kennedys Erzählungen und Romanen (*Day*, 2007) sind ergreifend. Ian Rankins Krimis (*Exit Music*, 2007) faszinieren ebenso wie J.K. Rowlings Harry-Potter-Bücher eine internationale Leserschaft.

Poster für die Filmversion von Irvine Welshs Roman

Clans und Tartans

Erstmals erwähnt werden Clans, vergleichbar mit einer Großfamilie, und ihre Oberhäupter, die Chiefs, im 12. Jahrhundert. Schon damals trugen die Highlander die bunt karierten Wolltücher mit dem Tartan genannten Muster. Alle Clan-Mitglieder hießen wie der Chief, auch wenn sie nicht mit ihm blutsverwandt waren. Sie befolgten einen Ehrenkodex und waren Krieger, die ihre Herden auch mit ihrem Leben verteidigten. Nach der berühmten Schlacht von Culloden *(siehe S. 146)* fiel das Land der Clans an die Krone, das Tragen der Kilts war nahezu 100 Jahre lang verboten.

Die Mackays, *auch als Morgan-Clan bekannt, kamen im Dreißigjährigen Krieg zu Ruhm und Ehre.*

Die MacLeods *sind norwegischer Herkunft. Ihr Chief bewohnt das Dunvegan Castle auf Skye.*

Die Mackenzies *erhielten 1362 von David II die Ländereien von Kintail* (siehe S. 151).

Die MacDonalds *galten als der mächtigste Clan und hielten den Titel »Lords of the Isles«.*

CHIEF

Der Chief war der uneingeschränkte Herrscher, zugleich Richter und Anführer in der Schlacht, dem absoluter Gehorsam entgegengebracht wurde. Um seine Männer zu den Waffen zu rufen, schickte der Chief einen Läufer mit brennendem Kreuz aus.

Bonnet mit Adlerfedern, Clan-Wappen und Pflanzenabzeichen.

Dolch

Beschlagene Felltasche aus Dachsfell.

Feileadh-mor, großes Umhängetuch um Schulter und Taille.

Mit Korbgriff versehener Säbel

Die Campbells, *ein gefürchteter Clan, der 1746 gegen die Jakobiten kämpfte* (siehe S. 147).

Das Black Watch Regiment, *das 1729 gegründet wurde, um den Frieden im Hochland zu sichern, gehörte zu den Regimentern, denen es erlaubt war, Tartans zu tragen. Der Zivilbevölkerung war dies bei Strafe untersagt.*

Die Sinclairs *kamen im 11. Jahrhundert aus Frankreich; 1455 wurden sie Earls of Caithness.*

Die Frazers *erreichten 1066 mit William the Conqueror das Land.*

George IV, *in der traditionellen Hochlandkleidung, besuchte Edinburgh 1822 im Jahr der Wiedereinführung des Kilts. Viele Tartankaros stammen aus dieser Zeit.*

Die Gordons *waren tapfere Soldaten. Ihr Motto lautete: »Mut anstatt List«.*

Die Stuarts, *Schottlands Königsfamilie, hatten das Motto: »Niemand fügt uns ungestraft Schaden zu.«*

CLAN-GEBIETE

Auf der Karte sind die zehn wichtigsten Clans eingezeichnet. Die Muster sind die modernen Versionen der originalen Designs.

Der Douglas-Clan *taucht in der schottischen Geschichte oft auf, sein Ursprung ist jedoch unbekannt.*

ABZEICHEN

Jeder Clan schmückte sich mit einer Pflanze. Man trug sie vor allem am Tag der Schlacht an der Mütze.

Die schottische Kiefer der MacGregors von Argyll.

Die Vogelbeere gehörte zum Clan Malcolm.

Efeu symbolisierte den Gordon-Clan von Aberdeenshire.

Die Kratzdistel war einst das Abzeichen der Stuarts.

Wollgras trugen die Hendersons.

CLANS HEUTE

Einst Alltagskleidung der Clan-Mitglieder, ist der Kilt auch heute noch ein Symbol des Nationalstolzes. Das einteilige *feileadh-mor* wurde durch das *feileadh-beag* (kleines Tuch) ersetzt. Es besteht aus etwa sieben Meter Stoff und wird vorn mit einer Silberspange befestigt. Auch wenn die Clans heute nur noch dem Namen nach bestehen, ist jeder Schotte auf seine Zugehörigkeit stolz. Viele Besucher aus Großbritannien können die Spur ihrer Vorfahren so bis in die Highlands zurückverfolgen.

Traditionelle Kleidung der Highlander

Highland Games und Musik

Die Highlands und Inseln Schottlands sind seit Jahrhunderten Zentren gälischer Kultur. Gälisch wird heute zwar nur noch selten gesprochen, doch das Erbe dieser Kultur lebt in der Musik und den Aktivitäten der Menschen fort. Der Dudelsack, das traditionelle Highland-Instrument, wird weltweit mit Schottland in Verbindung gebracht. Die Highland Games sind eine Synthese von gälischen Bräuchen in Musik, Tanz und Kräftemessen.

Pibroch *ist die klassische Musik in der Welt der Dudelsäcke. Solisten erzeugen mit ruhigen, melancholischen Melodien einen Klang, der für das Ohr angenehmer ist als der fast disharmonische einer Gruppe.*

Das Mundrohr braucht der Spieler, um den Sack so gleichmäßig wie möglich durch das Mundstück mit Luft zu füllen.

Der Kopfschmuck wird traditionell aus Straußenfedern gefertigt.

Die Spielpfeife ist ein Rohr mit acht Grifflöchern für die Melodie.

Die Brummer oder Stimmer sind drei Rohre, die die Tonlage angeben. Bass und die zwei höheren Brummer sind im Quint-Abstand zueinander gestimmt.

Der Sack aus Tierleder wird über das Mundrohr mit Luft gefüllt. Durch den Druck des Ellbogens wird sie wieder hinausgedrückt.

DUDELSÄCKE

Dudelsäcke geben seit Jahrhunderten den Highlands ihren traditionellen Klang. Ursprünglich sollen die Instrumente durch die Römer nach Großbritannien gekommen sein. Nach der Schlacht von Culloden 1746 wurden sie ebenso wie die schottische Tracht elf Jahre lang verboten. Der Dudelsack ist inzwischen neben dem Kilt eines der bekanntesten Wahrzeichen Schottlands.

TRADITIONELLE GÄLISCHE MUSIK

Musik spielte immer eine wichtige Rolle in den gälischen Gemeinden. Harfe und Akkordeon sind Soloinstrumente. *Ceilidh*-Gruppen hört man häufig.

Das Akkordeon *begleitet die ceilidhs, seit die Kleinpächter im Hochland und auf den Inseln Schottlands zu tanzen begannen.*

Die Harfe *stammt aus Irland, wurde aber um 1800 in Schottland eingeführt. Die clarsach erfreut sich neuer Popularität.*

Ceilidh-Gruppen *sind eine Alternative zur Akkordeonbegleitung des modernen ceilidh (gälisch für »Besuch«). Dazu gehören gewöhnlich Fiedel, Akkordeon und penny whistle (Blechflöte).*

HIGHLAND GAMES

Die schottischen Highlands sind sowohl für ihre Musik als auch für ihre Spiele berühmt. Letztere fanden erstmals vor Jahrhunderten statt und dienten wohl militärischen Zwecken. Die Clan-Chiefs konnten bei dem Kräftemessen die stärksten Männer auswählen. Alljährlich finden die Highland Games in Braemar *(siehe S. 38)* sowie in Oban und Dunoon statt. Bei anderen Veranstaltungen werden historische Schlachten und Aufstände nachgespielt.

Nachspielen von Schlachten *ist bei den modernen Clans eine sehr beliebte Art, des Freiheitskampfes ihrer Vorväter zu gedenken. Das Bild zeigt die Inszenierung der Schlacht von Culloden zum 250. Jahrestag.*

Die Highland Games (oder Gatherings) *in heutiger Form finden seit ca. 1820 statt. Wettbewerbe sind Baumstammschleudern, Gewichtewerfen, Dudelsackspielen, Singen, Tanzen und Hammerwerfen. Für Besucherneulinge ist das Durcheinander von Lärm und Aktivitäten überwältigend.*

Baumstammschleudern *gehört zu den bekanntesten Disziplinen und erfordert Kraft und Technik. Der Athlet muss den Stamm so werfen, dass er sich um 180 Grad dreht und der Länge nach landet.*

Hammerwerfen *bedeutet, durch eine kreisende Bewegung die Drehung des Hammers (ein Gewicht am Ende eines Stabes) zu beschleunigen, bevor er über das Feld geworfen wird. Gewinner ist derjenige, dessen Hammer am weitesten fliegt.*

Highland-Tänze *sind ebenso Teil der Spiele. Viele haben symbolische Bedeutung: So stellt der Kreis in einem reel den Kreislauf des Lebens dar. Beim Schwerttanz werden die Schwerter leichtfüßig ohne Berührung übersprungen.*

Gewichtewerfen *ist ein harter Test für Kraft und Ausdauer. Die Männer stehen mit dem Rücken zur Stange, über die sie das Gewicht werfen. Nach jedem erfolgreichen Versuch wird die Stange höher gelegt, bis nur noch ein Mann übrig bleibt.*

Schottischer Whisky

Whisky ist für Schotten das, was der Champagner für Franzosen ist. Ein Schottland-Besuch ist unvollständig, wenn man das feurige Getränk nicht mindestens einmal probiert hat. Alle Malt Whiskys werden ähnlich hergestellt. Es sind die Umgebung, Lagerung und Reifung sowie das verwendete Wasser, die jeder Sorte ihren unverkennbaren Charakter verleihen. Einen »besten« gibt es nicht, der eine eignet sich mehr als Drink, ein anderer eher als Aperitif. Alle genannten Destillerien produzieren hochwertige, von Kennern geschätzte Single Malt Scotch Whiskys.

Glenlivet wird zum nahe gelegenen Bahnhof transportiert (1920)

Talisker *hat einen scharfen, pfeffrig starken Geschmack.*

Glenmorangie *ist der meistverkaufte Whisky des Landes. Er duftet stark und schmeckt leicht und blumig.*

Highland Park

Lochnagar *war das Lieblingsgetränk von Queen Victoria, die oft im nahen Balmoral residierte. Ein süßer Whisky, der etwas an Sherry erinnert.*

Pulteney

Glen Ord

Glenmorangie

Siehe kleine Karte
SPEYSIDE

Glen Albyn

Balmenach

Lagavulin *ist ein Klassiker mit rauchigem Aroma. Auf der Insel Islay gibt es einige der besten Whisky-Hersteller.*

Talisker

CENTRAL HIGHLANDS

Lochnagar

EASTERN HIGHLANDS

Glenury

Dalwhinnie

Edradour

Blair Athol   Fettercairn

Aberfeldy

North Point

Tobermory

WESTERN HIGHLANDS

Glenturret

Edradour *ist der kleinste Whisky-Produzent des Landes, bekannt für seinen cremigen Whisky mit Minzgeschmack.*

SPEYSIDE-WHISKYS

Die Region Speyside *(siehe S. 144f)* ist übersät mit Gerstenfeldern. Hier sind mehr als die Hälfte aller schottischen Destillerien beheimatet.

Tullibardine

Littlemill

Rosebank

Auchentoshan

Glenkinchie

Lagavulin

Springbank

LOWLANDS

Glen Scotia

MALT-REGIONEN

Single Malts unterscheiden sich je nach verwendetem Wasser: Moor- oder Fließwasser. Die Karte zeigt die Whisky-Regionen Schottlands. Jeder Whisky ist durch kleine, aber feine Geschmacksvariationen charakterisiert.

Glen Moray   Linkwood

Dallas Dhu

Glenlossie   Glen Elgin

Glen Rothes   Speyburn

Macallan

Glendfiddich

Glenfarclas

Cragganmore   Mortlach

The Glenlivet

Tamnavulin

Bladnoch

Macallan *gilt gemeinhin als der »Rolls-Royce of Single Malts«. Er reift in Sherry-Fässern und besitzt einen vollmundigen Geschmack.*

Glenlivet *ist der bekannteste der Speyside-Malts. Er wird seit 1880 gebrannt.*

LEGENDE

• Single-Malt-Destillerien

WHISKY-HERSTELLUNG

Die traditionellen Zutaten sind Gerste, Hefe und Wasser. Auf Gälisch hieß der Whisky *usquebaugh*, was so viel wie Wasser des Lebens bedeutet. Die Destillation dauert drei Wochen, dann muss der Whisky in den großen Eichenfässern mindestens drei Jahre lagern, bevor er voll ausgereift ist. »Blended«, also verschnittener Whisky, wurde zuerst um 1860 in Edinburgh hergestellt.

Gerstenhalm

1 *Mälzen ist der erste Schritt. Die Gerste wird gewässert, auf die Vordarre verteilt und regelmäßig gewendet. Wenn die Gerste anfängt zu keimen, entsteht das Grünmalz. Beim Keimvorgang werden Enzyme freigesetzt, die die Stärke in Zucker umwandeln.*

2 *Nach zwölf Tagen wird die Gerste in einem Darrofen über Torffeuer getrocknet und der Keimvorgang unterbrochen. Der Torfrauch verleiht dem Malz und dem Whisky seinen unverkennbaren Geschmack. Das Malz wird gereinigt und gemahlen.*

3 *In riesigen Maischbottichen wird mit heißem Wasser die Maische angesetzt. Das Malz wird getränkt, löst sich auf und verwandelt sich in eine zuckerhaltige Flüssigkeit, genannt »Würze«, die für die anschließende Vergärung entnommen wird.*

4 *Die Gärung setzt ein, wenn der abgekühlten Würze in Holzbottichen die Hefe hinzugefügt wird. Die Mischung wird stundenlang gerührt, bis sich die Hefe in Alkohol verwandelt und eine klare Flüssigkeit, die vergorene Maische, übrig bleibt.*

5 *Nachdem die vergorene Maische in kupfernen Destillierapparaten zweimal gebrannt wurde, entsteht der junge Whisky mit 57 Volumenprozent Alkohol.*

6 *Die Reifung ist der letzte Schritt. Der Whisky lagert in Eichenfässern mindestens drei Jahre. Je länger, desto besser. Gute Sorten reifen um die zwölf, herausragende bis zu 50 Jahre.*

Traditionelle Trinkgefäße (*quaichs*) aus Silber

Blended Whiskys sind Verschnitte von bis zu 50 verschiedenen Sorten.

Single Malts *werden in einer Destillerie gebrannt und nicht verschnitten.*

Autotouren

Die zehn Routen auf der Karte zeigen empfehlenswerte Autoausflüge. Einige sind Rundtouren mit Start in einer größeren Stadt, andere können zu längeren Fahrten kombiniert werden. Hauptstraßen sind in den Highlands selten, doch der Zustand der Straßen ist generell gut. Außerhalb der Hochsaison von Juli bis August gibt es nur wenig Verkehr. Die in der Legende angegebene Fahrtdauer geht von normalen Bedingungen ohne längeren Aufenthalt aus. Mehr Informationen finden Sie auf den Seiten 230f.

Den hohen Nordwesten *befährt man auf einer Rundstrecke von Braemore Junction nahe Ullapool aus auf mehreren einspurigen Straßen Richtung Westen, vorbei an Crofter-Siedlungen und einigen der ältesten Felsen Britanniens. Bei Ullapool erreichen Sie die Hauptstraße.*

Von Kyle of Lochalsh *aus entdeckt man auf dieser Route entlang der Westküste großartige Gebirge und die Küste von Wester Ross mit Loch Carron, Torridon, Loch Maree, Gairloch und Inverewe Gardens.*

LEGENDE

— Die Border-Abteien u. Scott's View
195 km (120 Meilen), 3–4 Stunden

— Walter Scotts Land
185 km (115 Meilen), 3–4 Stunden

— Dörfer von Fife und bei St Andrews
195 km (120 Meilen), 3–4 Stunden

— Östliche Grampians u. Royal Deeside
180 km (110 Meilen), 4 Stunden

— Die Berge von Breadalbane
180 km (110 Meilen), 4 Stunden

— Loch Lomond und die Trossachs
225 km (140 Meilen), 5 Stunden

— Inveraray u. die Mountains of Lorne
225 km (140 Meilen), 4 Stunden

— Glencoe und Road to the Isles
160 km (100 Meilen), 3 Stunden

— Meeresarme der Westküste
195 km (120 Meilen), 4 Stunden

— Der hohe Nordwesten
160 km (100 Meilen), 3–4 Stunden

Die Road to the Isles (siehe
S. 136f) *beginnt in Crianlarich, führt durch das Rannoch Moor nach Glencoe (siehe S. 134) und vorbei an Fort William. Die raue Landschaft auf dem Bild sehen Sie am Ende der Route.*

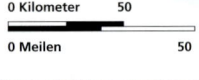

0 Kilometer   50

0 Meilen   50

Loch Lomond *ist die erste Sehenswürdigkeit auf der Fahrt nach Inverary und zu den Mountains of Lorne. Hinter Tarbet überquert man einen Pass, fährt zum Inveraray Castle (18. Jh., siehe S. 130) und vorbei an Kilchurn Castle.*

Unapool
Lochinver
Ulla
Poolewe
Gairloch   Braer
Torridon
Shieldaig   Achnashe
Kyle of
Lochalsh
Mallaig
Fort
Will
Crainla
Inveraray
Tarb

ROUTENINFOS

Gefahren: *Achten Sie auf scharfe Straßenkurven und Tiere auf der Fahrbahn. Auch der Lärm von tief fliegenden Jets kann ablenken. Manche Straßen sind nur einspurig. Bei Schnee können sie gesperrt sein.*

Tanken: *Tanken Sie lieber in der Stadt, auf dem Land gibt es nur wenige Möglichkeiten.*

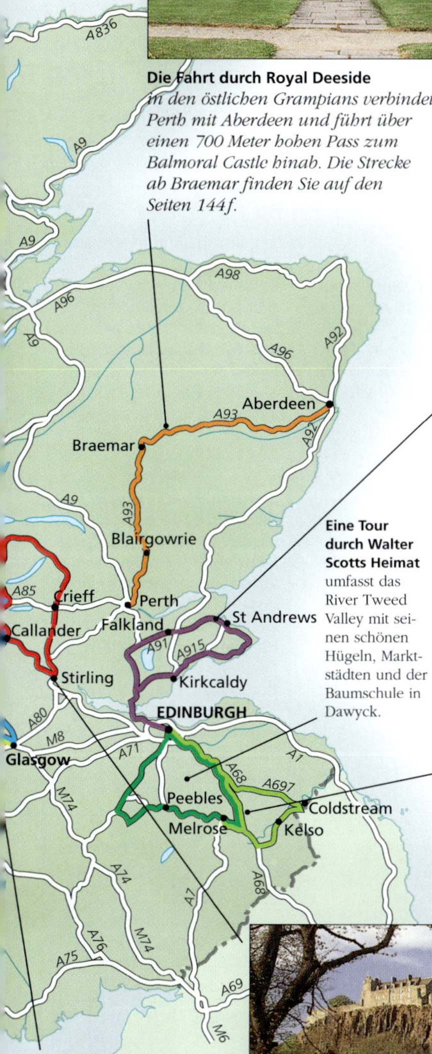

Die Fahrt durch Royal Deeside *in den östlichen Grampians verbindet Perth mit Aberdeen und führt über einen 700 Meter hohen Pass zum Balmoral Castle hinab. Die Strecke ab Braemar finden Sie auf den Seiten 144f.*

St Andrews (siehe S. 123) *und die historischen Fischerdörfer der Halbinsel Fife erreicht man von Edinburgh über die Forth Bridge, zurück geht es vorbei am Jagdschloss der Stuarts bei Falkland* (siehe S. 124).

Eine Tour durch Walter Scotts Heimat umfasst das River Tweed Valley mit seinen schönen Hügeln, Marktstädten und der Baumschule in Dawyck.

Melrose Abbey *ist eines der Highlights auf einer Tour durch Grenzland-Städte, zu den berühmten Abteien und Scott's View – einem der schönsten Aussichtspunkte Südschottlands. Details finden Sie auf Seite 85.*

Stirling *ist mit seinem Schloss der Ausgangspunkt für die Erkundung der Berge von Breadalbane. Die Route führt durch Callander, vorbei an Rob Roys Grab und am Loch Earn. Dann windet sich die Straße über einen Bergpass ins Glen Lyon hinab und führt weiter durch Crieff.*

Diese Route von Glasgow führt vorbei an Loch Lomond, an Lochearnhead und Balquhidder. Nördlich von Callander geht es westlich in die Trossachs. Zurück über Drymen gibt es eine Verbindung zum Loch Lomond.

Map labels: A836, A9, A9, A96, A96, A98, A96, A92, A93, A92, Aberdeen, Braemar, A9, A93, Blairgowrie, A85, Crieff, Perth, Falkland, St Andrews, Callander, A91, A915, Stirling, Kirkcaldy, A80, M9, EDINBURGH, Glasgow, M8, A71, A68, A1, A697, Peebles, Coldstream, Melrose, Kelso, M74, A74, A7, A76, M74, A75, A69, M6, A68

DAS JAHR IN SCHOTTLAND

Die meisten Besucher kommen zwischen Mai und August, um das lange Tageslicht und den Besuch von Weltklasse-Ereignissen wie z. B. dem Edinburgh International Festival oder dem Glasgow International Jazz Festival zu genießen. Die Landschaft lockt Urlauber wie Schotten gleichermaßen, sodass im Sommer z. B. Loch Ness (Ungeheuersuche) oder Royal Deeside (Balmoral Castle, die

**Poster für das
Edinburgh Fringe**

schottische Residenz der königlichen Familie) sehr überlaufen sind. Im Winter machen ergiebige Schneefälle in den Highlands sogar Snowboarden und Skifahren möglich. Die von Edinburgh organisierten Neujahrsfeiern – in Schottland Hogmanay genannt – erhöhen mittlerweile die Besucherzahl um die einstmals ruhige Jahreswende.

Fast jede Woche, im Sommer besonders konzentriert, findet irgendwo in Schottland ein Festival statt.

Farbenprächtiger Stechginster im Frühjahr

FRÜHLING

Ende April bereitet sich das Land auf Besucher vor. Es gibt exzellente Festivals und Sportereignisse. Die britische Sommerzeit, zu der die Uhren eine Stunde vorgestellt werden, beginnt Ende März.

MÄRZ

Cairngorm Snow Festival *(drittes Wochenende)*, Aviemore. Tagsüber Events im Cairngorm-Skigebiet, abends Umzüge in Aviemore.
Glasgow International Comedy Festival *(Mitte bis Ende März)*, mit internationalen Künstlern.

APRIL

Puppet and Animation Festival *(zwei Wochen, früher Apr)*. In 70 schottischen Orten finden Workshops und Ausstellungen statt.
International Science Festival *(zwei Wochen, früher Apr)*, Edinburgh. Weltgrößtes Wissenschaftsfestival.
Scottish Grand National *(Mitte Apr)*, Ayr Racecourse. Schottlands größtes Jagdrennen.
The Melrose Sevens *(Mitte Apr oder Anfang Mai)*, Melrose, Borders. Veranstaltung der Rugby-Union.
Glasgow Art Fair *(Ende Apr)*. Ausstellungen in verschiedenen Kunstgalerien; der Haupt-

pavillon liegt am George Square.
Beltane *(30. Apr)*, Calton Hill, Edinburgh. Heidnisches Fest zur Begrüßung des Sommers.
Scottish Rugby Union Cup Final *(30. Apr)*, Murrayfield Stadium, Edinburgh. Schottlands Rugbyveranstaltung.

MAI

Shetland Folk Festival *(Anfang Mai)*. Traditionelle schottische Musik vor Inselkulisse.
Scottish Cup Final *(Mitte Mai)*, Hampden Park, Glasgow. Höhepunkt der schottischen Fußballsaison.
International Children's Festival *(vierte Woche)*, Edinburgh. Darstellende Künste.
Wigtown Book Fair *(21./22. Mai)*, Wigtown, Dumfries und Galloway. *Die* Buchstadt Schottlands heißt Bibliophile und Sammler willkommen.

Rugbyspiel im Murrayfield Stadium, Edinburgh

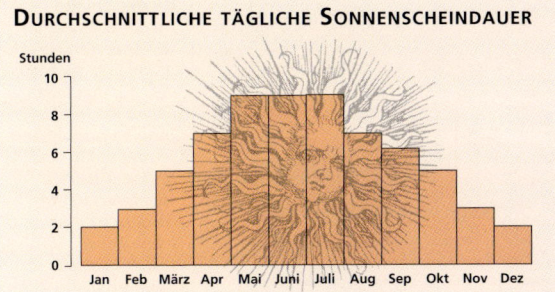

DURCHSCHNITTLICHE TÄGLICHE SONNENSCHEINDAUER

Stunden

Jan Feb März Apr Mai Juni Juli Aug Sep Okt Nov Dez

Sonnenschein

Auch wenn man Schottland nicht gleich mit Sonne verbindet: Im Sommer sind die Tage doch überraschend lang und hell. Grund dafür ist die nördliche Breitengradlage. Sie ist für die relativ hohe Anzahl an Sonnenstunden zwischen Mai und Juli verantwortlich.

SOMMER

Die aktivsten Monate sind Juni bis August. Viele Städte und Dörfer pflegen eine eigene Version der Highland Games. Die Tage sind lang – auf Shetland gibt es zur Sonnenwende keine richtige Nacht. Im Süden geht die Sonne um 4.30 Uhr auf und gegen 22 Uhr unter.

Traditionelles Baumstammwerfen bei den Highland Games

JUNI

Gardening Scotland *(Ende Mai/Anfang Juni)*, Edinburgh. Große Gartenausstellung.
Rockness Music Festival *(zweites Wochenende)*, Inverness. Rockmusik am Loch Ness.
Edinburgh International Film Festival *(Mitte Juni)*. Das weltweit älteste Filmfestival.
Glasgow International Jazz Festival *(Ende Juni)*, Konzerte in der ganzen Stadt.
St Magnus Festival *(dritte Woche)*, Orkney. Kunstfestival.
Royal Highland Show *(Ende Juni)*, Ingliston, Edinburgh.

Landwirtschafts- und Nahrungsmittelmesse.
Traditional Boats Festival *(letztes Wochenende)*, Hafen von Portsoy, Banffshire. Fischereiausstellung.

JULI

Game Conservancy Scottish Fair *(erstes Wochenende)*, Scone Palace, Perth. Jagd- und Angelveranstaltung.
T in the Park *(zweites Wochenende)*, Balado, Fife. Großes Rockfestival.
The Barclays Scottish Open *(Mitte Juli)*, Alexandria. Teil der Golftour.

AUGUST

Traquair Fair *(erstes Wochenende)*, Innerleithen, Borders. Folkmusik und Theater.
Eyemouth Maritime Festival *(12.–15. Aug.)*, Berwickshire. Musik, Kunst und Seafood.
Edinburgh Festival *(im Aug.)*. »The Festival« umfasst ein internationales Kunstfestival, das Fringe Festival und wei-

Moorhuhnschießen am »Glorious Twelfth« im August

tere Veranstaltungen zu Fernsehen, Comedy, Büchern, Jazz und Blues *(siehe S. 78f)*.
Edinburgh Military Tattoo *(ganzer Aug.)*. Musikparade und -schau auf der Edinburgh Castle Esplanade.
Glorious Twelfth *(12. Aug.)*. Beginn der Moorhuhnjagdsaison.
World Pipe Band Championships *(Mitte Aug.)*, Glasgow Green. Dudelsackwettbewerb mit Highland Games.
Great Scottish Run *(dritter So)*, Glasgow. Halbmarathon für jedermann.
Connect Festival *(variabel)*, Inveraray, Alternative zu T in the Park.

Trommeln und Märsche beim Edinburgh Military Tattoo im August

DURCHSCHNITTLICHE NIEDERSCHLÄGE (EDINBURGH)

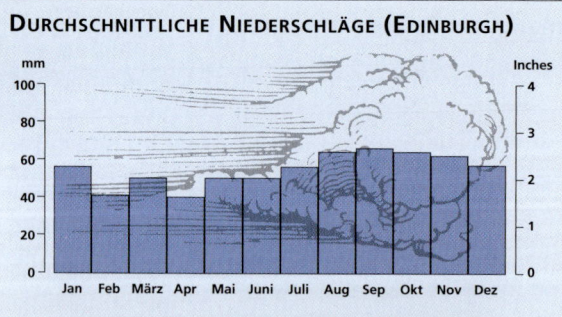

Niederschläge
An der Ostküste regnet es weniger als im Rest des Landes. Auf den nördlichen Inseln, den Inneren und Äußeren Hebriden und in den Western Highlands ist die Niederschlagswahrscheinlichkeit dreimal so hoch wie in Edinburgh, Tayside oder auf Fife.

Leuchtende Herbstfarben am Tay

HERBST

Erwischt man einen schönen Herbsttag auf dem Land, ist das Leuchten der Farben spektakulär. Schottlands Leben wird allmählich ruhig, doch der aufmerksame Besucher findet immer noch etwas Sehenswertes. Im Oktober gibt es eine Woche Schulferien, die traditionell dafür gedacht waren, dass die Kinder bei der Kartoffelernte mithelfen konnten.

SEPTEMBER

Ben Nevis Hill Race *(erster Sa)*, Fort William. Wettlauf auf den höchsten Berg von Großbritannien.
Braemar Gathering *(erstes Wochenende)*, Braemar, Aberdeenshire. Die führenden Highland Games *(siehe S. 31)*,

Kugelstoßer in Braemar

bei denen Mitglieder des Königshauses anwesend sind.
Leuchars Air Show *(Mitte Sep)*, RAF Leuchars, Fife. Flugschau mit Attraktionen.
Ayr Gold Cup *(Mitte Sep)*, Ayr Racecourse. Prestige-Flachrennen für Pferde.
Open Doors Day *(letzter Sa)*, Edinburgh. Organisiert von der Cockburn Association, sind einige der schönsten Privatgebäude der Stadt zur Besichtigung geöffnet. Nähere Informationen unter 0131 557 86 86 oder: www.doorsopendays.org.uk
Hairth O'Knokrach Festival *(Mitte Sep)*. Wochenende voller Live-Musik (keltisch und World Music), Gesang und Tanz auf der Craigshiels Meadow im Forest of Ae, Galloway Forest Park. Auch Workshops und Stände.

OKTOBER

Highland Feast *(erste Woche)*. Größtes Essfestival der Highlands mit Events in der ganzen Region.
Royal National Mod *(zweite Woche)*, jährlich wechselnder Veranstaltungsort. Förderung der gälischen Sprache und Kultur.

NOVEMBER

St Andrew's Week *(letzte Woche)*, St Andrews. An vielen Orten finden zwanglose Feiern *(ceilidhs)* mit schottischem Essen und Getränken statt.
St Andrew's Night *(30. Nov)*. Nationaltag des schottischen Schutzpatrons. Viele Abendgesellschaften.

FEIERTAGE

Gesetzliche Feiertage gelten für ganz Schottland.

New Year, Neujahr *(1.–2. Jan)*; zwei Tage in Schottland.

Good Friday, Karfreitag *(Ende März/Anfang Apr)*; Ostermontag ist kein Feiertag in Schottland.

May Day, Maifeiertag *(erster Mo im Mai)*.

Spring Bank Holiday *(letzter Mo im Mai)*.

Summer Bank Holiday *(erster Mo im Aug)*.

Christmas Day, 1. Weihnachtsfeiertag *(25. Dez)*.

Boxing Day, 2. Weihnachtsfeiertag *(26. Dez)*.

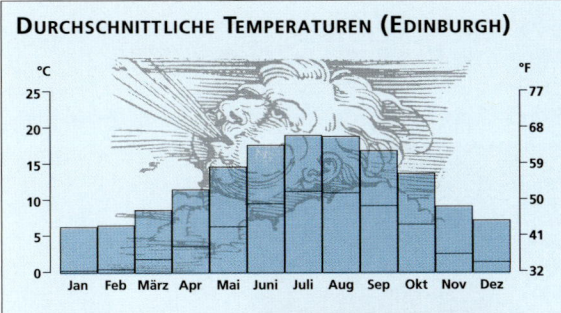

Durchschnittliche Temperaturen (Edinburgh)

Temperaturen
Das Diagramm zeigt das mittlere Minimum und Maximum der monatlichen Temperaturen in Edinburgh. Der Westen Schottlands ist eher wärmer als der Osten, während die Highlands arktisch kalt sein können, teilweise fällt dort auch viel Schnee.

Winter

In der Jahreszeit der kurzen Tage und der Kälte sind Weihnachts- und Neujahrsfeiern ein Highlight. Der *Haggis*-Konsum steigt Ende Januar zu der Burns Night merklich an. Die ruhige Zeit eignet sich jedoch auch bestens für ausgiebige Besuche der Museen und Galerien.

Dezember

Edinburgh's Hogmanay *(Ende Dez bis Anfang Jan).* Die größte Neujahrsfeier der Welt. An mehreren Tagen Veranstaltungen, auch Prozessionen und Theater. Höhepunkt ist die große Straßenparty zu Silvester.

Edinburghs Royal Mile voller Menschen, die Hogmanay feiern

Januar

The Ba' Game *(1. Jan)*, Kirkwall, Orkney Islands. Eine uralte Tradition, das neue Jahr willkommen zu heißen.

Mit Ballspiel der jungen Männer in den Straßen.
Celtic Connections *(zweite Hälfte des Monats)*, Glasgow. Zwei Wochen Musik und *ceilidhs* zu einem keltischen Leitmotiv.
Burns Night *(25. Jan).* Schottland feiert die Geburt seines Nationaldichters mit Lesungen und »Burns Suppers«. *Haggis*, Kartoffeln, Rüben und Whisky gehören auf jeden Fall dazu.
Up Helly Aa *(letzter Do)*, Lerwick, Shetland Islands. Feuerfest zur Wintermitte.

Februar

Glasgow Film Festival *(Mitte Feb)*, Glasgow. Beliebtes Festival mit Blockbustern und unabhängigen Produktionen.

Schnee und Eis bedecken die Hochlagen der Highlands im Winter

DIE GESCHICHTE SCHOTTLANDS

Schottland wurde durch Religion und Innenpolitik gespalten, von einem reicheren, mächtigeren Nachbarn begehrt und 400 Jahre lang als Partner im Machtkampf zwischen England, Frankreich und Spanien genauso umworben wie bestraft. Es erlebte Aufstieg und Fall, begegnete der Tragödie mit Romantik, der bitteren Armut mit Genialität und wahrte immer seinen kämpferischen Geist.

»Sie verbringen ihre Zeit in Kriegen, und wenn es keinen Krieg gibt, bekämpfen sie einander«, lautet eine Beschreibung der Schotten um 1500. Für heutige Besucher ist ein Großteil dieser turbulenten Geschichte noch greif- und sichtbar.

Die frühesten Siedler in der Region waren vermutlich keltische Iberer, die ihren Weg von der Mittelmeer- über die Atlantikküste nach Schottland fanden und dort vor rund 8000 Jahren landeten. Etwa 2000 v. Chr. errichteten ihre Nachfahren majestätische Monolithe, die man

Kunstvoll gravierter piktischer Stein in Aberlemno, Angus

über das ganze Land verstreut findet. Deren Anordnung bei Callanish auf den Western Isles zeugt von einer fortgeschrittenen Kenntnis astronomischer Zusammenhänge. Damals baute man auch unterirdische Rundhäuser und Forts, die auf Invasionen und Kriege schließen lassen.

82 n. Chr. drangen die Römer in »Kaledonien«, wie sie das Land nannten, ein. Tacitus berichtete von Siegen gegen die Pikten (das »bemalte Volk«) sowie andere Stämme. Trotz-

dem gelang es den Römern mit ihren begrenzten Mitteln nicht, Kaledonien zu erobern. Stattdessen bauten sie den Hadrianswall von Wallsend an der Ostküste bis Bowness-on-Solway im Westen und später weiter nördlich den kürzeren Antoniuswall, um die Kaledonier auszugrenzen. Obwohl das Land vom übrigen Britannien isoliert war, geht man davon aus, dass der ursprüngliche schottische Kilt auf die römische Tunika oder Toga zurückgeht. 400 n. Chr. hatten die Römer ihre nördlichen Vorposten verlassen, Schottland wurde in vier Stämme mit je eigenem König aufgeteilt: die Reiche der Pikten, Briten und Angeln im Süden des Landes sowie der Schotten, der kleinsten, ursprünglich aus Irland stammenden Gruppe, im Südwesten.

Im späten 4. Jahrhundert reiste der Schotte St Ninian nach Rom und baute nach seiner Rückkehr in Whithorn eine Kirche. In »Dalriada«, dem Königreich der Schotten, führte er das Christentum ein.

ZEITSKALA

Skara Brae

300 v. Chr. Beginn der Eisenzeit: Waffen werden verbessert

82–84 n. Chr. Vorstoß der Römer; Eroberung von »Kaledonien« scheitert

121 n. Chr. Bau des Hadrianswalls

4000 v. Chr.	2500 v. Chr.	1000 v. Chr.	500 n. Chr.

3100 v. Chr. Skara-Brae-Siedlung, Orkney, nach Sturm verschüttet

2900–2600 v. Chr. Monolithe bei Callanish und andernorts zeugen von fortgeschrittener astronomischer Kenntnis

Römische Münze

400 n. Chr. Römer verlassen kaledonische Vorposten. Pikten, Schotten, Briten und Angeln gründen eigene Königreiche

◁ **Rückkehr von Mary, Queen of Scots, nach Edinburgh 1561** von James Drummond (1816–1877)

CHRISTENTUM UND VEREINIGUNG

Das Christentum, das zunächst in der Gegend um Whithorn an der Solway Coast verbreitet wurde, setzte sich durch, als der große Krieger-Missionar aus Irland, St Columban, nach Schottland kam und 563 auf der Hebrideninsel Iona ein Kloster gründete. Von seinem Eifer beflügelt, breitete sich die neue Religion rasch aus. Bis zum Jahr 800 hatte Iona großen Einfluss gewonnen, Columbans Mönche arbeiteten in ganz Europa.

Die keltische, am klösterlichen Leben orientierte Kirche blieb ihrem Wesen nach einsiedlerisch. Im Zentrum standen Andacht und Gelehrsamkeit. Zu Kunstwerken aus dieser Zeit gehört das berühmte *Book of Kells*. Die reich verzierte Handschrift wurde wohl zwischen 7. und 9. Jahrhundert auf Iona geschrieben und wegen der Wikingereinfälle zur Aufbewahrung nach Irland gebracht.

Die allen gemeinsame Religion erleichterte die Verschmelzung der Stämme. 843 vereinigten sich Pikten und Skoten unter deren König Kenneth MacAlpin. Dabei verloren die ehemals so starken Pikten ihre Eigenständigkeit. Geblieben sind ihre herrlichen Steingravuren mit verwobenen Mustern und eine wundersame Mythologie.

890 begannen die verheerenden Wikingerüberfälle. Danach waren die Western Isles (Äußeren Hebriden) 370 Jahre lang, die Shetland und Orkney Islands fast 600 Jahre lang besetzt. Die Überfälle veranlassten die Briten, sich »Scotia« anzuschließen. 1018 wurden die Angeln besiegt, Schottland war zum ersten Mal ein vereintes Königreich.

Eine Seite aus dem reich verzierten *Book of Kells*, nun aufbewahrt im Trinity College, Dublin

FEUDALISMUS UND CLANS

Unter dem Einfluss von Margaret, seiner englischen Frau, vollzog Malcolm III (1057–93) die Abkehr von der gälischen Kultur und Sprache, die den größten Teil Schottlands prägten, und wandte sich der englischen Kultur zu. Die Kluft wurde unter dem »guten König« David I (1124–53) noch größer. Auf seinem Land entstanden Städte *(Burghs)*, die für Abgaben an den König Handelsprivilegien erhielten. David I führte ein nationales Rechtssystem, Gewichte und Maße sowie in den Lowlands ein anglo-normannisches Feudalsystem ein. Seine Macht basierte auf einer meist französisch sprechenden Aristokratie und einem System der Landpacht. Der Versuch, dieses Sys-

Wikinger-axt

ZEITSKALA

563 Columban gründet ein Kloster auf Iona und verbreitet das Christentum, eine Hilfe bei der Einigung der Stämme

Kreuz des hl. Martin, Iona

1018 König Malcolm von Scotia schlägt die Angeln. Sein Enkel Duncan vereint Schottland; ausgeschlossen bleiben die von Wikingern besetzten Inseln

600	700	800	900	1000

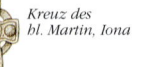

685 Der Piktenkönig Bruide schlägt die Angeln von Northumbria bei Forfar in Angus

843 Pikten und Schotten werden unter Kenneth MacAlpin vereint; Untergang der Kultur der Pikten

890 Besetzung der Northern und Western Isles durch die Wikinger

tem auch dem Norden aufzuzwingen, scheiterte, denn dort hatte man seine eigenen »Könige«, die Lords der Inseln. In den Highlands entwickelte sich ein auf Verwandtschaft, d.h. auf Clans basierendes System. Der Chief war ein Patriarch, der im Namen seines Volkes Land besaß. Die Position war vererbbar, das Oberhaupt musste sich jedoch seinem Clan gegenüber verantworten und konnte – im Gegensatz zu den Feudalherren – durch gemeinsamen Beschluss abgesetzt werden. Dieser Unterschied spiegelte sich auch auf nationaler Ebene wider: In England hieß der Monarch »King of England«, in Schottland »King of Scots«.

Der Löwe von Schottland, 1222

UNABHÄNGIGKEITSKRIEGE UND SCHLACHT VON BANNOCKBURN

Der Löwe des schottischen Wappens erschien erstmals 1222 auf dem Siegel Alexanders II in einer relativ friedlichen Periode einer ansonsten von Unruhen gekennzeichneten Zeit, in der Schottland mehrmals auseinanderzubrechen drohte. Als die Tochter Alexanders III 1290 im Kindesalter starb, gab es keinen Thronfolger. Edward I von England setzte einen Marionettenkönig ein, ordnete 1296 eine Invasion an und verschleppte den »Schicksalsstein«, den schottischen Krönungsthron, nach London. Schottland war am Boden und schien verlo-

ren. Doch William Wallace führte einen Aufstand an und entfachte bis zu seiner Gefangennahme und Hinrichtung sechs Jahre später die Hoffnung der Schotten neu. Robert the Bruce stellte eine Armee auf, die mit ihrem Sieg über die Engländer in der Schlacht von Bannockburn bei Stirling am 23. Juni 1314 den Lauf der Geschichte veränderte: Die Schotten sahen sich einer übermächtigen englischen Armee gegenüber, die weitaus bessere Waffen besaß. Doch Bruce hatte Schauplatz und Strategie klug gewählt: Trotz der geschickten Bogenschützen und der Kavallerie Englands errangen die Schotten den Sieg. Die Unabhängigkeit Schottlands war zurückgewonnen, doch erst 1329 wurde der souveräne Status durch eine päpstliche Bulle anerkannt. Die Kriege mit England dauerten jedoch weitere 300 Jahre an.

Robert the Bruce im Kampf in der Schlacht von Bannockburn (1314)

STUARTS

1371 begann die Dynastie der Stuarts, einer mit Intelligenz und Gespür gesegneten, aber für Tragödien anfälligen Familie. James I führte Rechtsreformen durch und gründete die erste Universität. James III heiratete die Tochter von König Christian von Norwegen und gewann damit Orkney und Shetland. James IV beendete seine Herrschaft durch eine Fehleinschätzung in der Schlacht von Flodden, in der 10 000 Schotten umkamen. Die berühmteste der Stuarts war Mary, Queen of Scots (1542–1587), die den Thron schon als Kind bestieg.

Die in Frankreich erzogene Mary war schön, intelligent und geistreich, ihre Herrschaft aber nicht unproblematisch. Sie war Katholikin in einem Land, das zum Protestantismus überwechselte, und eine Bedrohung für Elizabeth I, deren Anspruch auf den englischen Thron umstritten war. Marys unkluge Wahl ihrer Ehemänner befremdete potenzielle Anhänger.

Als sie mit 18 nach Schottland zurückkehrte, war sie bereits die Witwe des französischen Thronerben. Nur sechs turbulente Jahre war sie Schottlands Königin. Sie heiratete erneut, es kam jedoch zu einem Skandal, als ihr zweiter Ehemann ihren Sekretär ermordete und danach sich selbst. Sie schloss ein drittes Mal den Ehebund, jedoch akzeptierten weder die Kirche noch die Öffentlichkeit den Schritt. Nach ihrer Entthronung und Gefangennahme floh Mary nach England, wo sie 18 Jahre lang eingesperrt und schließlich auf Befehl ihrer Cousine Elizabeth hingerichtet wurde.

Der protestantische Märtyrer George Wishart stirbt 1546 auf dem Scheiterhaufen

Mary, Queen of Scots, aus dem Hause Stuart

REFORMATION

Bis zu Marys Herrschaft war in Schottland wie auch im übrigen Europa die römisch-katholische die offizielle Religion. Die Kirche Roms war mächtig, selbstsüchtig und hatte sich vom Volk entfernt. Als Martin Luther 1517 in Deutschland die Reformation einleitete, griff der Protestantismus auch auf Schottland über. Führend war hier der aufwieglerische Prediger John Knox (siehe S. 58), der nicht zögerte, Mary zu denunzieren.

Es folgte eine lange Ära voller religiöser Konflikte, zunächst zwischen den Anhängern Roms und Protestanten. Als man den Katholizismus, abgesehen von uneinnehmbaren Hochburgen in den Highlands und auf den Inseln, vollständig verdrängt hatte, flammten die Konflikte zwischen Presbyterianern und Episkopalen auf. Dabei ging es um Kirchenstrukturen und die Form der Andacht. Ihre Fehden dauerten 150 Jahre an.

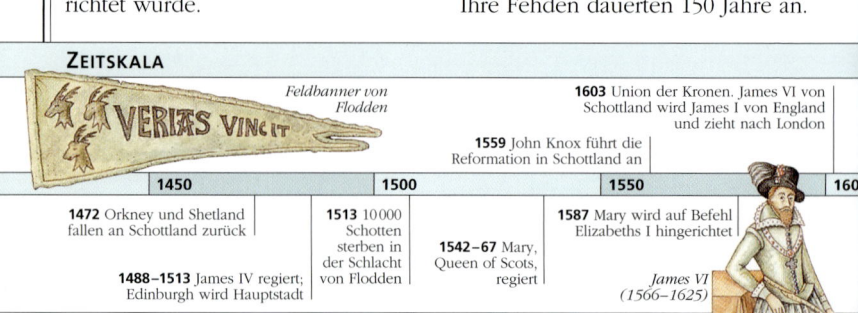

ZEITSKALA

VERITAS VINCIT

Feldbanner von Flodden

1603 Union der Kronen. James VI von Schottland wird James I von England und zieht nach London

1559 John Knox führt die Reformation in Schottland an

| 1450 | 1500 | 1550 | 1600 |

1472 Orkney und Shetland fallen an Schottland zurück

1513 10 000 Schotten sterben in der Schlacht von Flodden

1542–67 Mary, Queen of Scots, regiert

1587 Mary wird auf Befehl Elizabeths I hingerichtet

1488–1513 James IV regiert; Edinburgh wird Hauptstadt

James VI (1566–1625)

UNION MIT ENGLAND

Marys Sohn, James VI, hatte 36 Jahre lang regiert, als er englischer Thronfolger wurde. 1603 verlegte er seinen Hof nach London (wohin er seine Golfschläger mitnahm). Schottland behielt zwar sein eigenes Parlament, der eigenständige Handel wurde wegen der restriktiven englischen Gesetze aber immer schwieriger für das Land. 1698 versuchte man, das englische Außenhandelsmonopol zu brechen, indem man eine eigene Kolonie in Panama gründete. Der Plan scheiterte, Schottland war finanziell praktisch am Ende.

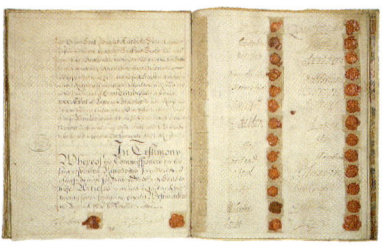

Englisch-schottischer Unionsvertrag, unterzeichnet am 22. Juli 1706 und angenommen 1707

Der Prediger John Knox

Der Vorschlag, die beiden Parlamente zu einigen, wurde von der Öffentlichkeit abgelehnt. Einflussreiche Schotten sahen die Union jedoch als Garantie für gleiche Handelsrechte. England betrachtete sie als Sicherung der protestantischen Thronfolge, da die abgesetzten Stuarts drohten, den katholischen Zweig wieder einzusetzen. James VII wurde 1689 abgesetzt und floh nach Frankreich. 1707 wurde im Act of Union die Vereinigung ausgerufen und das schottische Parlament aufgelöst.

BONNIE PRINCE CHARLIE UND DIE JAKOBITEN

1745 landete Prinz Charles Edward Stuart, Enkel James' VII, mit sieben Männern heimlich an der westlichen Highland-Küste. Die von Frankreich versprochene militärische Unterstützung blieb jedoch aus.

Sein Aufruf zur Entmachtung des hannoveranischen Usurpators George II stieß bei den Highland-Chiefs auf wenig Resonanz. Zudem wurde sein erstaunlich erfolgreicher Vorstoß durch die unentschlossene Führung vereitelt. Die Rebellenarmee stand schon 200 Kilometer vor London, als sie sich plötzlich mutlos zurückzog. Bei Culloden, nahe Inverness, besiegte die hannoveranische Armee (mit vielen Schotten, da dies keine Frage des Nationalismus war) die Jakobiten (Stuarts) am 16. April 1746. Bonnie Prince Charlie wurde sechs Monate lang fieberhaft verfolgt, trotz einer ausgeschriebenen Belohnung von 30 000 Pfund aber nie verraten.

Schottische Jakobiten mit Federhut werden von Royalisten bei Glen Shiel in den Highlands angegriffen, 1719

MacDonald-Schild

1642 Bürgerkrieg in England

1692 Massaker von Glencoe – Ermordung der MacDonalds durch Soldaten Campbells soll Exempel statuieren

1745/46 Jakobitenaufstand; Bonnie Prince Charlie will den Thron zurückgewinnen, verliert aber die Schlacht von Culloden und flieht

1650	1700	1750

1689 James VII verliert bei dem Versuch, den Katholizismus wieder einzuführen, seinen Thron

1746 Abschaffung feudaler Rechtsprechung

1726 Straßenbau unter General Wade

1698 1. Darien-(Panama-)Expedition, um Handelskolonie zu gründen; Bank of Scotland gegründet

1706/07 Union der Parlamente; schottisches Parlament aufgelöst

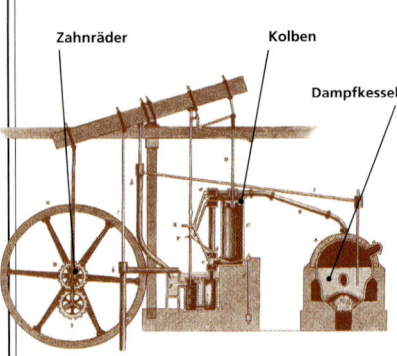

Zahnräder   **Kolben**

Dampfkessel

James Watts Dampfmaschine führte zur Verlagerung von der Wasser- zur Dampfkraft

NACHSPIEL VON CULLODEN UND »SÄUBERUNGSWELLE«

Culloden war der Wendepunkt in der Geschichte der Highlands. Die Schlacht wurde mit unglaublich repressiven Maßnahmen vergolten. Ein Gesetz verbot das Tragen von Tartans und Waffen sowie das Dudelsackspielen. Die Blutsbande zwischen Oberhaupt und Volk wurden zerschlagen und eine Gesellschaftsform vernichtet. Die Chiefs übernahmen die Rolle der Feudalherren. Das Land, das sie einst im Namen des Volkes besessen hatten, wurde ihr Privateigentum. Als sie befanden, dass ihr Land günstig für die Schafzucht sei, wurden die dort lebenden Menschen verjagt (»Highland Clearances«).

Die Ausweisung oder »Entvölkerung« begann um 1760. Manchmal ging sie dank finanzieller Anreize friedlich vonstatten, meist wurde sie aber mit Gewalt und Brandschatzung erzwungen. Die bekannteste fand 1814 auf den Ländereien des Herzogs von Sutherland statt. Als um 1860 durch Queen Victoria Highlands und Hirschjagd populär wurden, waren die Täler Schottlands so gut wie verlassen.

INDUSTRIALISIERUNG UND SCHOTTISCHE AUFKLÄRUNG

Während die Highlands entvölkert wurden, erlebte der Süden einen ungeahnten Aufschwung. Im 18. Jahrhundert waren Glasgows Tabaklords lange Zeit in Europa marktbeherrschend. Leinen, Baumwolle und Kohle wurden zu wichtigen nationalen Industrien.

Die Wirtschaft und Gesellschaft verändernde industrielle Revolution, angestoßen durch James Watts Erfindung der Dampfmaschine, brachte der Nation Reichtum, jedoch auf Kosten von Gesundheit und sozialen Bedingungen. Glasgow wurde zur »Werkstatt des Empire« und behielt diesen Ruf bis zum Verfall der Schiffbauindustrie im 20. Jahrhundert.

Im 18. Jahrhundert brachte Schottland viele Dichter und Denker hervor *(siehe S. 26f)*, z. B. den Philosophen David Hume, den Ökonomen Adam

Eine Werft in Clydeside, nun geschlossen

ZEITSKALA

1769 James Watt patentiert die Dampfmaschine

1832 Sir Walter Scott wird in der Dryburgh Abbey begraben

Frühes Telefon

1886 Crofters-Gesetz sichert Pachtbesitz und faire Pacht

1814 »Das Jahr der Brände« oder die Sutherland-Säuberungswelle

1775	1800	1825	1875

1786 Robert Burns veröffentlicht *Poems, Chiefly in the Scots Dialect*

1840 Eine blühende Schiffbau- und Baumwollindustrie lassen Glasgows Bevölkerung auf 200 000 ansteigen

1848 Queen Victoria nutzt Balmoral als Rückzugsort; schottische Kultur kommt bei Engländern in Mode

1876 Alexander Graham Bell erstes Telefon patentiert

Smith und den »Barden der Menschlichkeit« Robert Burns. Im 19. Jahrhundert war Schottlands Architektur führend in ganz Europa, wovon die Entwicklung von Edinburghs New Town *(siehe S. 64f)* zeugt. Den kühnen Plan, ein Wohnzentrum abseits der übervölkerten Altstadt zu bauen, verwirklichte man 1770. Die groß angelegte Erweiterung von 1822 war ein Modell, dessen Eleganz seinesgleichen sucht. Zu den berühmten Bewohnern

Ölbohrinseln sorgten Ende des 20. Jahrhunderts für Wohlstand

der georgianischen Häuser zählte Sir Walter Scott (1771–1832), einer der frühen Bestseller-Autoren.

In der als Schottische Aufklärung bekannten Ära tat sich Thomas Telford im Ingenieurwesen hervor. Zugleich suchten immer mehr Schotten ihr Glück in der Erforschung und Erschließung fremder Länder.

schwankt. Die Förderung von Nordseeöl seit Ende der 1960er Jahre stärkte Schottlands Wirtschaft und seine finanzielle Fähigkeit zur Selbstregierung. 1997 stimmten die Schotten bei einem Referendum der Labour-Regierung für die Wiedereinsetzung eines eigenen Parlaments. Die 1999 gewählte Volksvertretung kann nur beschränkt Steuern erheben, ihr unterstehen aber die Bereiche Erziehung, Gesundheit, Soziales, Wohnungsbau, Transport, Recht, wirtschaftliche Entwicklung, Innenpolitik, Umwelt, Landwirtschaft, Forstwirtschaft, Fischerei, Sport und Künste. »Erster Minister« Schottlands ist seit 2007 Alex Salmond von der SNP. Viele Schotten sehen im eigenen Parlament einen Neubeginn, der ihrer Kultur, ihrer Identität und ihrem Erbe zu neuer Blüte verhelfen wird.

PROZESS DER DEZENTRALISIERUNG

Die praktische Umsetzung des Unionsvertrags von 1707 *(siehe S. 45)* machte deutlich, dass England und Schottland keinesfalls gleichberechtigt sein sollten. Politisches Zentrum war nun Westminster. Somit wurde jeder politisch ambitionierte Schotte gezwungen, Schottland zu verlassen. Dieses systemimmanente Ungleichgewicht zugunsten Englands führte zum Gefühl der Ohnmacht. Zahlreiche Reformen hoben zwar die Unausgewogenheit auf, nicht aber das Gefühl der politischen Entfremdung. Die 1934 gegründete Scottish National Party (SNP) gilt bei vielen als zu extrem, ihre Popularität

SNP-Demonstrationen 1977 ermutigten die Wähler, »Ja« zur schottischen Dezentralisierung zu sagen

DIE REGIONEN SCHOTTLANDS

Schottland im Überblick

Die schottische Landschaft, die sich von saftigen Weiden in den Borders bis zu den Western Isles in fast arktischen Breiten erstreckt, bietet eine in Großbritannien einzigartige Diversität. Glasgow und Edinburgh sind vitale Städte mit vielen kulturellen Sehenswürdigkeiten. Der Nordosten zeichnet sich durch eine vielfältige Tierwelt aus. Je weiter man nach Norden fährt, umso gebirgiger wird die Landschaft. Auf den Hebriden finden sich die ältesten historischen Zeugnisse Schottlands.

Western Isles

HIGHLANDS UND INSELN
Seiten 126–16

Skye (siehe S. 152f) *ist bekannt für einzigartige Felsformationen. Die Küste ist eine der schönsten Schottlands. An der Ostseite ergießt sich ein Wasserfall über Kilt Rock. Das Muster der Klippen aus Basalt erinnert an die schottische Nationaltracht – daher der Name des Felsens.*

Strathclyde

GLASGO
Seiten 94 –

The Trossachs (siehe S. 116f) *sind ein wunderschönes Hügelland zwischen den Highlands und den Lowlands. In ihrem Herzen erheben sich die bewaldeten Hänge von Ben Venue über die stillen Wasser des Loch Achray.*

Culzean Castle (siehe S. 92f), *erbaut von Schottlands berühmtestem Architekten Robert Adam (1728–1792), thront auf einem Felsvorsprung am Firth of Clyde inmitten eines ausgedehnten Landschaftsparks.*

◁ **Loch Lomond in den Highlands** *(siehe S. 116f)*

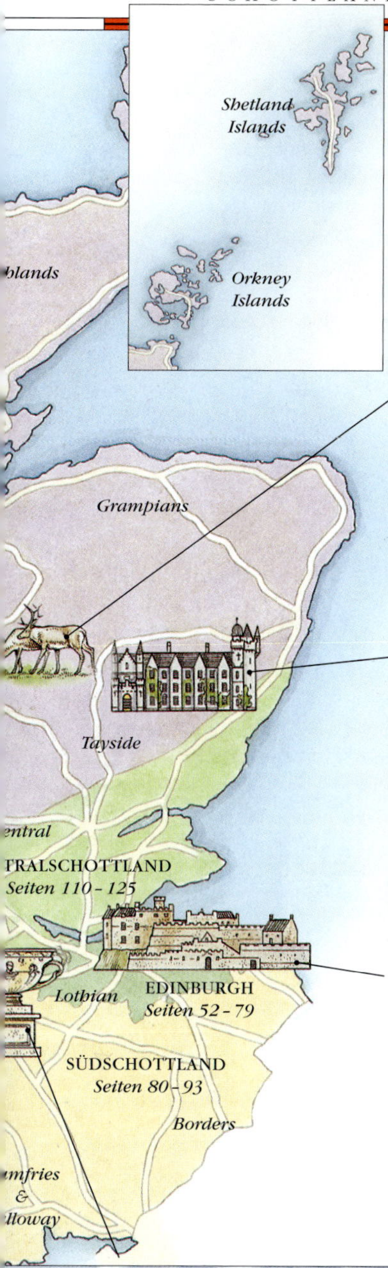

*Shetland
Islands*

*Orkney
Islands*

...*lands*

Grampians

Tayside

**...TRALSCHOTTLAND
Seiten 110–125**

**EDINBURGH
Seiten 52–79**

Lotbian

**SÜDSCHOTTLAND
Seiten 80–93**

Borders

...*mfries
&
...lloway*

Die Cairngorm Mountains (siehe S. 140f) *sind berühmt für ihre Flora und Fauna sowie zahlreiche historische Denkmäler, darunter auch der Steinbogen bei Carrbridge aus dem 18. Jahrhundert.*

Royal Deeside (siehe S. 144f) *in den Grampians wird seit 1852 mit der Königsfamilie assoziiert, als Königin Victoria Balmoral Castle kaufte.*

Edinburgh (siehe S. 52–79) *ist die Hauptstadt Schottlands. Zwischen mittelalterlicher Burg und Palace of Holyroodhouse liegt die Royal Mile mit historischen Gebäuden, dem schottischen Parlamentsgebäude und dem Haus von John Knox. In der Neustadt dominieren georgianische Herrenhäuser.*

Die Burrell Collection (siehe S. 104f) *ist in einem geräumigen, gläsernen Bau aus dem Jahre 1983 am südlichen Stadtrand von Glasgow untergebracht. Sie beherbergt eine der größten Kunstsammlungen der Stadt.*

0 Kilometer	50
0 Meilen	50

EDINBURGH

Die historische Bedeutung Edinburghs, der Hauptstadt Schottlands, ist unbestritten. Überall in der Stadt finden sich alte Gebäude, das schottische Parlament tagt nahe der königlichen Residenz Palace of Holyroodhouse. Die Vielfalt historischer und kultureller Attraktionen lockt Besucher aus aller Welt an.

Der Burgberg Edinburghs ist schon seit etwa 1000 v. Chr. befestigt, was angesichts seiner strategischen Lage über dem Firth of Forth nicht verwundert. Die Burg beherbergt das älteste Gebäude der Stadt, St Margaret's Chapel (11. Jh.). Nur etwas später gründete Margarets Sohn, König David I, eine Meile östlich davon die Holyrood Abbey. Die Stadt, die sich entlang der »Royal Mile«, der Verbindungsstraße zwischen den beiden Gebäuden, ausbreitete, wurde eine beliebte Adelsresidenz, gleichwohl Edinburgh erst unter James IV (1488–1513) die Hauptstadt Schottlands wurde. 1498 ließ der König den Palace of Holyroodhouse als königlichen Wohnsitz errichten und machte Edinburgh zum Verwaltungszentrum.

Die Übervölkerung der Altstadt zwang Reich und Arm, auf engstem Raum zusammenzuleben. Der Bau der georgianischen New Town im späten 18. Jahrhundert bot den Wohlhabenden eine Ausweichmöglichkeit, doch noch heute verbindet man Edinburgh mit sozialen Extremen. Die Stadt besitzt hohe Gerichtshöfe und ist nach London das wichtigste Finanzzentrum Großbritanniens sowie Sitz des schottischen Parlaments. Bankiers und Anwälte geben den Ton an: Die kühnsten Bauprojekte der vergangenen Jahre wurden von Finanzunternehmen in Auftrag gegeben. Die nach dem Zweiten Weltkrieg errichteten Siedlungen erinnern jedoch noch heute an die einstige Armut in der Altstadt. Edinburgh verfügt über viele Museen und Galerien. Während des Festivals im Sommer kommen zu Edinburghs 471 000 Einwohnern noch mindestens ebenso viele Besucher hinzu.

Auftritt eines Jongleurs beim alljährlichen Edinburgh Festival *(siehe S. 78f)*

◁ Der Grassmarket, überragt vom imposanten Edinburgh Castle *(siehe S. 60f)*

Überblick: Edinburgh

Das Zentrum Edinburghs wird durch die Princes Street, die Haupteinkaufsstraße, in zwei Hälften geteilt. Im Süden liegt die Old Town, die sich vom Burgberg im Westen bis zum Palace of Holyroodhouse im Osten entlang der Royal Mile erstreckt. Ende des 18. Jahrhunderts begann man im Norden der Princes Street mit dem Bau der New Town. Das Viertel mit seinen eleganten Fassaden und breiten Straßen gilt bis heute als erstklassiges Beispiel georgianischer Stadtarchitektur. In der Princes Street finden sich Läden, Kunstgalerien, das Scott Monument, der Uhrenturm des Balmoral Hotels sowie Waverley Station, der Hauptbahnhof der Stadt.

Königliche Soldaten des Edinburgh Castle

North Bridge (1772), die Hauptverbindung zwischen Old Town und New Town

St Paul FOR
St Georg

ALBANY STREET
DUBLIN ST LANE
YORK
PLACE
YORK LA

St Mary's Cathedral

ABERCROMBY PLACE
Scottish National Portrait Gallery ⑧
ELDER ST

ROW
QUEEN ST
St James Shopping Centre

HERIOT
QUEEN STREET GARDENS
DUNDAS ST
QUEEN ST
NTH ST DAVID ST
ST ANDREW ST
CLYDE ST
🚌 Bus Station
Royal Bank of Scotland

FORRES PL
WEMYSS PL
FREDERICK STREET
STREET
THISTLE STREET
HANOVER ST
ST ANDREW
St Andrew & St George
Bank of Scotland
W REGISTER ST
Register House

QUEEN ⑨ NEW TOWN
Georgian House
YOUNG ST
HILL STREET
NORTH CASTLE ST
STREET
SQUARE
WATERLOO

GLENFINLAS STREET
CHARLOTTE
Freemason's Hall
GEORGE STREET
ROSE STREET
Assembly Rooms und Music Hall
STREET
Scott Monument ⑦
🛈 Princes Mall
NORTH BRIDGE STREET
Wav Sta

West Register House
SQUARE
SOUTH CASTLE ST
The National Trust for Scotland HQ
PRINCES
STREET
Floral Clock
Royal Scottish Academy
The Weston Link
National Gallery of Scotland ⑥
The Fruitmarket Gallery
City Art Centre

RUTLAND STREET
Open Air Theatre
WEST PRINCES STREET GARDENS
PRINCES STREET GARDENS
THE MOUND
RAMSAY GDS
BANK
MARKET STREET
COCKBURN ST
The Real Mary King's Close
City Chambers

LOTHIAN ROAD
St John St Cuthbert
CASTLE
KING'S STABLES ROAD
The Tartan Weaving Mill & Exhibition
Gladstone's Land
Camera Obscura
LAWN MARKET
HIGH ST (ROYAL MILE)
Festival Fringe Office

The Exchange ③
CAMBRIDGE ST
Traverse Theatre 🅿
TERRACE
② Edinburgh Castle
CASTLE
Scotch Whisky Heritage Centre
The Writers' Museum
The Hub
High Kirk of St Giles
Parliament House
COWGATE

🅿 Usher Hall Royal Lyceum
GRINDLAY ST
SPITTAL STREET
JOHNSTON TERRACE
VICTORIA ST
GEORGE IV BRIDGE
National Library
CANDLEMAKER ROW
St Patrick
Adam House Theatre
Greyfriars Bobby
CHAMBERS STREET
The Coll

🅿
🅿
SEMPLE ST
BREAD ST
LADY LAWSON ST
WEST PORT
GRASSMARKET
OLD TOWN
Greyfriars Kirk ④
FORREST RD
BRISTO
Royal Museum und National Mus of Scotland ⑤
LOTHIAN ST

FOUNTAINBRIDGE
HIGH RIGGS
LAURISTON ST
College of Art
KIER ST
HERIOT
LAURISTON PLACE
TEVIOT PL
Student Centre

🅿 Sacred Heart
Chalmers Hospital
University
GEORGE SQUARE

IN EDINBURGH UNTERWEGS

Edinburghs Zentrum lässt sich bequem zu Fuß erkunden. Alternativ kann man den Bus oder ein Taxi nehmen. Lassen Sie den eigenen Wagen stehen: Die Straßen sind in der Regel verstopft und Parkplätze Mangelware. Bis 2011 soll der erste Abschnitt einer neuen Tramlinie fertiggestellt werden. Auf allen Hauptstraßen gibt es eigene Spuren für Busse, Taxis und Fahrräder. Auch die Vororte der Stadt haben ein gut ausgebautes Netz an Fahrradwegen.

SEHENSWÜRDIGKEITEN AUF EINEN BLICK

Historische Viertel, Straßen und Gebäude

Edinburgh Castle S. 60f ②
The Exchange ③
Greyfriars Kirk ④
New Scottish Parliament ⑬
New Town S. 64f ⑨
Palace of
    Holyroodhouse ⑪
Royal Mile S. 56 – 59 ①

Denkmal

Scott Monument ⑦

Wahrzeichen

Calton Hill ⑩
Holyrood Park
    und Arthur's Seat ⑭

Museen, Ausstellungen und Sammlungen

National Gallery of Scotland ⑥
Our Dynamic Earth ⑫
Royal Museum und National
    Museum of Scotland ⑤
Scottish National
    Portrait Gallery ⑧

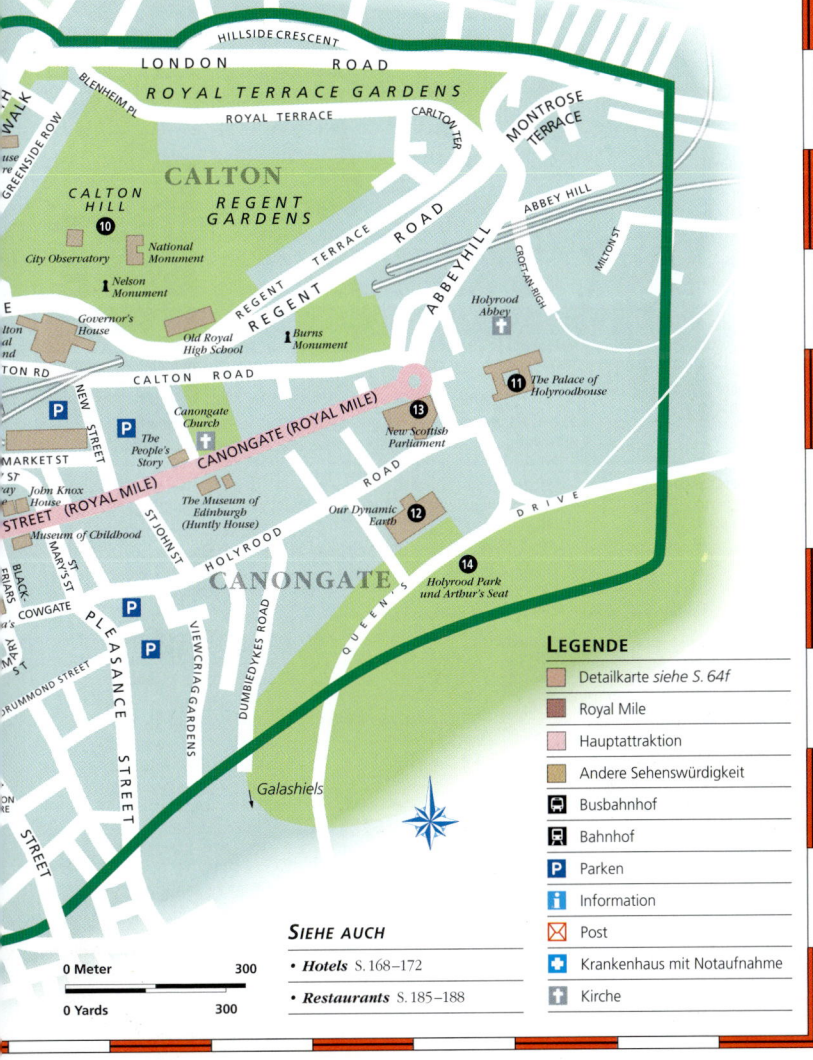

LEGENDE

	Detailkarte *siehe S. 64f*
	Royal Mile
	Hauptattraktion
	Andere Sehenswürdigkeit
🚌	Busbahnhof
🚉	Bahnhof
P	Parken
i	Information
✉	Post
✚	Krankenhaus mit Notaufnahme
✚	Kirche

0 Meter 300
0 Yards 300

Royal Mile ❶: Westlicher Teil

Adler vor Gladstone's Land

Die Royal Mile erstreckt sich über vier alte Straßen (vom Burgberg bis Canongate). Bereits im Mittelalter war sie die wichtigste Durchgangsstraße der Stadt. Sie verbindet die Burg mit dem Palace of Holyroodhouse. Die »Old Town« war von Stadtmauern eingezwängt und wuchs deshalb in die Höhe. Manche Miethäuser hatten bis zu 20 Etagen. In den 66 Gassen und Höfen, die sich ein wenig abseits der Hauptstraße ausdehnen, kann man die mittelalterliche Vergangenheit Edinburghs noch immer erahnen.

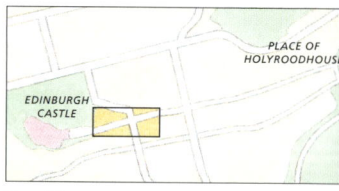

ZUR ORIENTIERUNG

Im Scotch Whisky Heritage Centre erfährt man alles über das Nationalgetränk.

Die Camera Obscura, deren Observatorium eine gute Sicht auf die Stadt bietet.

Gladstone's Land ist ein restauriertes Kaufmannshaus (17. Jh.).

← Edinburgh Castle

CASTLEHILL

LAWNMARKET

Writer's Museum
Dieses Haus (17. Jh.) zeigt Leben und Werke der Schriftsteller Burns, Scott und Stevenson.

The Hub ist das Zentrum des Edinburgh Festival.

🏛 Camera Obscura
📞 *0131 226 37 09.* ⏱ *Juli, Aug: 9.30–19.30 Uhr; Apr–Juni, Sep, Okt: 9.30–18 Uhr; Nov–März: 10–17 Uhr.* 📷♿

Die unteren Stockwerke des Gebäudes stammen aus dem

Schlafzimmer in Gladstone's Land

frühen 17. Jahrhundert. Hier lebte einst der Laird of Cockpen. 1852 fügte Maria Short die obere Etage, die Aussichtsterrasse und die Camera Obscura hinzu, eine große Lochkamera, die das Treiben in der Stadt zeigt. Sie ist noch immer eine Attraktion.

🏛 Gladstone's Land
(NTS) 477B Lawnmarket.
📞 *0844 493 21 20.* ⏱ *Juli, Aug: 10–19 Uhr; Apr–Juni: Mo–Sa 10–17, So 14–17 Uhr.* 📷♿

Das ansprechend restaurierte Kaufmannshaus (17. Jh.) zeigt das Leben in einem typischen Altstadtgebäude, bevor die Reichen wegen der Übervölkerung in die nordwestlich gelegene New Town zogen.

»Lands« nannte man damals hohe, schmale, auf kleinen Grundstücken errichtete Gebäude. Das sechsstöckige Haus von 1617 wurde nach dem Erbauer, dem Kaufmann Thomas Gladstone, benannt. An der Stadtseitenfassade sieht man noch die ursprünglichen Arkadenlauben.

Das Haus ist extravagant möbliert, enthält aber auch Gegenstände wie hölzerne Überschuhe, die man in den schmutzigen Straßen tragen musste und die an die unerfreulichen Seiten des damaligen Altstadtlebens erinnern.

Eine Truhe in der herrlichen Painted Chamber soll das Geschenk eines holländischen Kapitäns an einen schottischen Kaufmann sein, der ihn vor Schiffbruch bewahrte.

Das ähnliche Morocco's Land *(siehe S. 59)* liegt östlich auf dem Canongate.

Die Signet Library mit ihren herrlichen Innenräumen kann auf schriftliche Anfrage hin besucht werden.

St Giles Cathedral mit der schönen Thistle Chapel und einem Dudelsack spielenden Engel über dem Eingang.

Die City Chambers wurden um 1750 von John Adams entworfen.

Das Heart of Midlothian ist eine Anordnung von Granit-Pflastersteinen auf dem ehemaligen Gefängnisgelände.

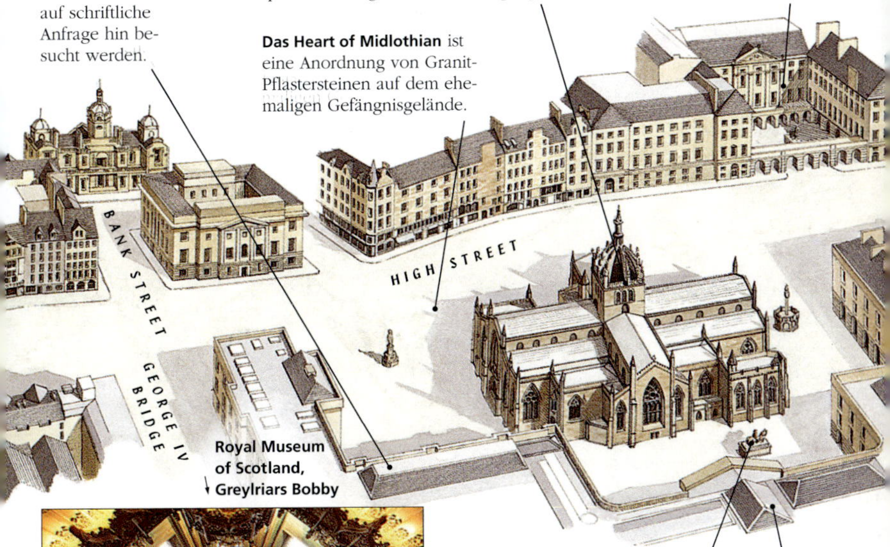

BANK STREET

HIGH STREET

GEORGE IV BRIDGE

Royal Museum of Scotland, Greylriars Bobby

Die Statue Charles' II zollt dem Monarchen Tribut, der 1679 die Covenanters in der Schlacht von Bothwell Brig besiegte.

Das Parliament House entstand 1639. Das schottische Parlament tagte hier von 1640 bis zu seiner Auflösung nach der Vereinigung beider Parlamente im Jahr 1707.

Rippengewölbe in der Thistle Chapel, St Giles Cathedral

🏛 Writers' Museum

Lady Stair's Close. **[** *0131 529 49 01.* ◯ *Mo–Sa 10–17 Uhr (Aug zusätzl.: So 12–17 Uhr).*
Die prächtige Stadtvilla entstand 1622 in der Old Town. Um 1720 erwarb sie Elizabeth, Dowager Countess of Stair, seither heißt sie Lady Stair's House. Der offizielle Name verweist auf das Museum mit Erinnerungsstücken von Robert Burns, Sir Walter Scott und Robert Louis Stevenson.

⚜ Parliament House

Parliament Sq, High St. **[** *0131 225 25 95.* ◯ *Mo–Fr 13–17 Uhr.* ♿ *eingeschränkt.*
Das italienisch anmutende Gebäude wurde um 1630 für das schottische Parlament errichtet. Seit der Union der Parlamente *(siehe S. 45)* im Jahr 1707 tagt hier der schottische Gerichtshof. Ein Besuch lohnt nicht nur wegen der vielen Advokaten mit ihren Roben und Perücken, sondern auch wegen der wunderschönen Buntglasfenster in der Halle, die an die Eröffnung des Zivilgerichts durch König James V im Jahr 1532 erinnern.

⛪ St Giles Cathedral

Royal Mile. **[** *0131 225 94 42.* ◯ *Mai–Sep: Mo–Sa 9–19, Sa 9–17, So 13–17 Uhr; Okt–Apr: Mo–Sa 9–17, So 13–17 Uhr.* ♿
Offiziell heißt sie High Kirk of Edinburgh, die Bezeichnung als Kathedrale entbehrt nicht einer gewissen Ironie: Die Kirche war zwar im 17. Jahrhundert zweimal Bischofssitz, doch dann führte John Knox von hier aus die Reformation an, die das von der Autorität der Bischöfe unabhängige Gemeindeleben betonte. Eine Tafel zeigt an, wo die Händlerin Jenny Geddes 1637 einen Sieg für die Covenanters errang, als sie ihren Stuhl einem englischen Prediger entgegenschleuderte.

Das gotische Äußere von St Giles wird durch einen Turm (15. Jh.) geprägt, der von der Restaurierung im 19. Jahrhundert verschont blieb. Innen ist die Thistle Chapel mit dem Schnitzwerk am Ziergiebel sehenswert. Die Kapelle ehrt die Ritter des Order of the Thistle (Distelorden). Auf der Bank im Preston-Flügel nimmt Elizabeth II bei Edinburgh-Besuchen Platz.

Dudelsack spielender Engel, Kathedrale

Royal Mile: Östlicher Teil

Zwischen High Street und Canongate führt die Royal Mile an zwei Denkmälern der Reformation vorbei: am Haus von John Knox und an der Tron Kirk. Canongate war einst ein unabhängiger Bezirk, der den Kanonikern der Abbey of Holyrood gehörte. Teile der Südseite wurden schön restauriert. Jenseits von Morocco's Land erstreckt sich der zweite, 800 Meter lange Straßenabschnitt zum Palace of Holyroodhouse.

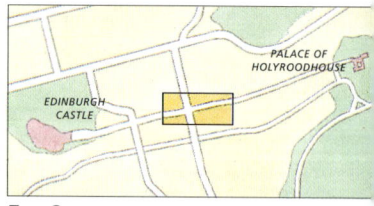

ZUR ORIENTIERUNG

HIGH STREET

SOUTH BRIDGE STREET

Mercat Cross markiert das Stadtzentrum. Hier wurde Bonnie Prince Charlie *(siehe S. 153)* 1745 zum König ernannt.

Die Tron Kirk
wurde 1630 für die Presbyterianer erbaut, die St Giles Cathedral verließen, als dort der Bischof von Edinburgh regierte.

⚑ John Knox House
45 High St. 📞 0131 556 95 79.
🕐 Mo–Sa 10–16.30 Uhr; Juni–Aug:
So 12–18 Uhr. ♿ eingeschränkt. 📷
📷 nach Vereinbarung.
John Knox (1513–1572), der Führer der protestantischen Reformation und Pfarrer von St Giles, war eine der bedeutendsten Persönlichkeiten Schottlands. Der 1536 zum Priester geweihte Knox war von der Notwendigkeit des religiösen Wandels überzeugt. Nach der Besetzung von

St Andrews Castle durch die Protestanten 1547 verbüßte er eine zweijährige Strafe als Galeerensklave der französischen Marine. Danach ging er nach London und Genf, um für den Protestantismus zu werben.
1559 kehrte er nach Edinburgh zurück. In seinem Stadthaus von 1450 auf der Royal Mile verbrachte er die letzten Monate seines Lebens. Es gehört zu den wenigen aus dieser Zeit erhaltenen Gebäuden. Ausstellungsstücke verdeutlichen Knox' Leben im Kontext der politischen und religiösen Unruhen.

🏛 Museum of Childhood
42 High St. 📞 0131 529 41 42. 🕐
Mo–Sa 10–17, So 12–17 Uhr. ♿ eingeschränkt. **www.cac.org.uk**
Weit mehr als eine Spielzeugsammlung, bietet das »Kindheitsmuseum« Einblicke in Freud und Leid der Kinderwelt. Das 1955 von Stadtrat

Patrick Murray gegründete Museum war das erste weltweit, das sich mit der Kindheit befasste. Die Sammlung umfasst Arzneien, Schulbücher und Spielzeug. Mit seiner Musikbox und den alten Spielautomaten gilt das Museum als das lauteste der Welt.

🏛 Canongate Tolbooth: The People's Story Museum
163 Canongate. 📞 0131 529 40 57.
🕐 Juni–Sep: Mo–Sa 10–18 Uhr; Okt–Mai: Mo–Sa 10–17 Uhr (So während Edinburgh Festival).
Edinburghs Museum der Sozialgeschichte ist im Canon-

Mann-im-Mond-Roboter (1880), Museum of Childhood

John Knox House

Im ältesten Haus der Stadt (1450) lebte in den 1560er Jahren der Prediger John Knox. In dem Zimmer, in dem er gestorben sein soll, erinnern Exponate an sein Leben.

Morocco's Land ist die Reproduktion einer Mietskaserne aus dem 17. Jahrhundert. Es verdankt seinen Namen der Statue eines Mauren, die den Eingang schmückt.

Museum of Edinburgh
Canongate Tolbooth

CANONGATE

Museum of Childhood

Obgleich es von einem Stadtrat, der Kinder nicht mochte, für Erwachsene gegründet wurde, zieht dieses lebendige Museum nun Scharen von jungen Besuchern an.

Im Moubray House sollte 1707 der Unionsvertrag unterschrieben werden, doch das Volk zwang die Oberen zum Rückzug an einen anderen Ort.

gate Tolbooth von 1591 untergebracht. Das Gebäude mit dem Uhrenturm war Zentrum der Burgh (Freien Stadt) of Canongate und bis Mitte des 19. Jahrhunderts auch Gericht, Gefängnis und Tagungsort des Stadtrats. Seit 1954 beherbergt es das Museum, in dem verschiedenste Exponate vom Leben des einfachen Bürgers zwischen dem späten 18. Jahrhundert und der Gegenwart erzählen. Themen sind auch die Unruhen, Krankheiten und die Armut des 19. Jahrhunderts. Bereiche wie Krieg, Fußball und Punkrock vervollständigen den Einblick in das Edinburgher Leben.

**Zelle im Canongate Tolbooth:
The People's Story Museum**

LEBEN UNTER DER OLD TOWN

Bis zum 18. Jahrhundert lebten die meisten Einwohner von Edinburgh an oder unter der Royal Mile und der Cowgate. In den alten verlassenen Kellern und Untergeschossen, in denen es weder richtige Wasserversorgung noch Tageslicht und Belüftung gab, wurde gewohnt wie gearbeitet. Cholera, Typhus und Pocken waren hier an der Tagesordnung. Mary King's Close, unter den City Chambers, wurde um 1645 von einer Pestepidemie heimgesucht, die keiner der Anwohner überlebte. Viele dieser Räume sind seit 2003 der Öffentlichkeit wieder zugänglich. Führungen organisiert The Real Mary King's Close, 0870 243 99 01 60.

🏛 Museum of Edinburgh

142–146 Canongate. 📞 *0131 529 41 43.* ⭕ *Mo–Sa 10–17 Uhr (Aug: auch So 12–17 Uhr).*

Huntly House wurde im frühen 16. Jahrhundert erbaut und während des Überfalls der Engländer auf Edinburgh 1544 zerstört. Nach der anschließenden Restaurierung diente es erst als Familienstadthaus und dann als Miets-

haus, bis es im 19. Jahrhundert verfiel. 1924 kaufte die Stadt das Gebäude und eröffnete 1932 das Museum.

Die Sammlung zur Regionalgeschichte enthält Exponate wie neolithische Axtblätter, römische Münzen und Glaswaren. Eine Abteilung ist Feldmarschall Earl Haig, dem Obersten Befehlshaber der Armee im Ersten Weltkrieg, gewidmet.

Edinburgh Castle ❷

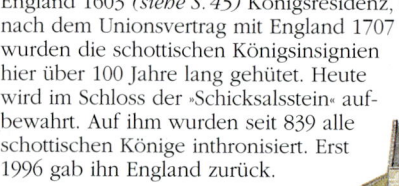

Deckenbalken im Palas

An dem auf einem Felsen aufragenden Schloss mit seiner wechselvollen Geschichte – es war Burg, königliche Residenz, Militärgarnison und Gefängnis – wurde mehrere Jahrhunderte lang immer wieder gebaut. Schon in der Bronzezeit soll hier eine Befestigungsanlage gestanden haben. Die Anfänge des Schlosses gehen jedoch auf König Edwin of Northumbria (6. Jh.) zurück, nach dem auch die Stadt benannt worden sein soll. Das Schloss war bis zur Union mit England 1603 *(siehe S. 45)* Königsresidenz, aber erst nach dem Unionsvertrag mit England 1707 wurden die schottischen Königsinsignien hier über 100 Jahre lang gehütet. Heute wird im Schloss der »Schicksalsstein« aufbewahrt. Auf ihm wurden seit 839 alle schottischen Könige inthronisiert. Erst 1996 gab ihn England zurück.

The Honours of Scotland
Die Krone wurde 1540 für James V neu gestaltet.

Militär-gefängnis

Governor's House
Das 1742 für den Gouverneur errichtete Haus mit den typischen Treppengiebeln dient heute dem Schlossregiment als Offiziersmesse.

Mons Meg

Vor St Margaret's Chapel steht die Kanone Mons Meg, die 1449 in Belgien für den Herzog von Burgund gegossen wurde und als Geschenk an dessen Neffen James II von Schottland überging. James setzte sie 1455 auf Threave Castle gegen die Familie Douglas ein *(siehe S. 89)*, James IV richtete sie gegen Norham Castle in England. 1682 zersprang sie bei einem Salut zu Ehren des Duke of York, später lagerte sie im Londoner Tower, bis sie auf Wunsch von Walter Scott 1829 nach Edinburgh zurückgebracht wurde.

Verliese
Die französischen Wandzeichnungen von 1780 erinnern an die vielen Gefangenen, die während der Kriege gegen Frankreich (18. und 19. Jh.) hier einsaßen.

NICHT VERSÄUMEN

★ Great Hall

★ Palast

INFOBOX

Castle Hill. 0131 225 9846.
Apr–Sep: tägl. 9.30–18 Uhr;
Okt–März: tägl. 9.30–17 Uhr
(letzter Einlass 45 Min. vor Schlie-
ßung).
www.edinburghcastle.gov.uk

Argyle Battery
Von diesem Wall bietet sich ein Blick nach Norden über die Princes Street auf die New Town.

★ **Palast**
Mary Stuart brachte in diesem Palast (15. Jh.) ihren Sohn, den späteren James VI, zur Welt. Hier werden die schottischen Kronjuwelen aufbewahrt.

Eingangstor

Royal Mile →

Die Esplanade ist der militärische Parade-platz *(siehe S. 79).*

Die Half Moon Battery wurde um 1570 zur Verteidigung des Ost-flügels errichtet.

★ **Great Hall**
In der von einer Holzdecke geschmückten, im 15. Jahrhundert errichteten Great Hall kam bis 1639 das schottische Parlament zusammen.

St Margaret's Chapel
Das Buntglasfenster zeigt die heiliggesprochene Königin, die Frau Malcolms III, der die Kapelle geweiht ist. Die höchstwahrscheinlich von ihrem Sohn David I erbaute Kapelle ist das älteste Gebäude der Burg.

Standard Life Building im Finanzzentrum der Stadt

The Exchange ❸

Lothian Rd, West Approach Rd und Morrison St.

The Exchange ist das wichtigste neue Sanierungsgebiet im Zentrum Edinburghs. Der einst unansehnliche Bezirk erhielt 1985 mit dem Festival Square und dem Sheraton Grand Hotel ein neues Gesicht. Drei Jahre später plante die Stadt, das Viertel in ein Finanzzentrum zu verwandeln. Die Vermögensverwaltungsgesellschaft Baillie Gifford eröffnete 1991 Rutland Court auf der West Approach Road. Das 1995 eingeweihte **Edinburgh International Conference Centre** auf der Morrison Street entwarf Terry Farrell. Standard Life eröffnete 1997 eine neue Zentrale in der Lothian Road. Mittlerweile hat sich The Exchange zu einer In-Gegend mit vielen Shops und dem berühmten Filmhouse gemausert.

ℹ Edinburgh International Conference Centre
☎ 0131 300 30 00. ♿
www.eicc.co.uk

Greyfriars Kirk ❹

Greyfriars Place. ☎ 0131 226 54 29.
⏷ Apr–Okt: Mo–Fr 10.30–16.30 Uhr
(Sa bis 14.30 Uhr); Nov–März:
Do 13.30–15.30 Uhr. ♿ 🗷

Greyfriars Kirk spielt eine Schlüsselrolle in Schottlands Geschichte: Hier schlossen sich 1638 die Protestanten zum National Covenant zusammen, um König Charles I an der Durchsetzung einer Episkopalkirche zu hindern. Greyfriars war erst wenige Jahre zuvor (1620) auf dem Gelände eines Franziskanerklosters entstanden.

Im von Blutvergießen und religiöser Verfolgung geprägten 17. Jahrhundert diente der Kirchhof als Massengrab für die hingerichteten Covenanters und die Kirche als Gefängnis für Covenanter-Truppen, die nach der Schlacht von Bothwell Brig 1679 festgenommen wurden. Ein Märtyrerdenkmal erinnert an die Zeit. Die ursprüngliche Kirche brannte 1845 ab und wurde später wieder aufgebaut.

In erster Linie verdankt Greyfriars Kirk ihre Bekanntheit dem Hund Bobby, der von 1858 bis 1872 am Grab seines Herrn lebte. Sein Denkmal steht vor der Kirche.

Denkmal für Greyfriars Bobby

Royal Museum und National Museum of Scotland ❺

Chambers St. ☎ 0131 225 75 34.
⏷ tägl. 10–17 Uhr. ♿ 🗷
www.nms.ac.uk

Die beiden Gebäude, die nebeneinander an der Chambers Street stehen, könnten unterschiedlicher nicht sein. Das ältere **Royal Museum** ist ein viktorianischer Palast. Das von Captain Francis Fowke entworfene Gebäude wurde 1888 fertiggestellt. Zunächst war es ein Museum über das industrielle Leben, schloss jedoch später eine große Auswahl an Exponaten ein: von ausgestopften Tieren bis hin zu ethnografischen und technologischen Gegenständen. Alles ist in Räumen zu sehen, die von der großen, atemberaubenden Haupthalle abgehen. Für Schottlands beeindruckende Antiquitätensammlung gab es jedoch keinen Platz. Deshalb zwängte man sie in die National Portrait Gallery in der Queen Street oder lagerte sie in Magazinen. Bereits in den 1950er Jahren gab es Vorschläge, ein neues Gebäude für die historischen Schätze des Landes zu errichten. Die Regierung subventionierte das Projekt aber erst 1989. Die Arbeiten auf einem Grundstück neben dem Royal Museum an der Chambers Street begannen im Jahr 1993, die Bauzeit betrug fünf Jahre. Das Ergebnis ist das **National Museum of Scotland**, ein überzeugender, zeitgenössischer Entwurf der Architekten Gordon Benson und Alan Forsyth. Es wurde im Dezember 1998 eröffnet und gilt heute als einer der wichtigsten Neubauten Schottlands in der zweiten Hälfte des 20. Jahrhunderts.

Das Museum informiert über die Geschichte des Landes, angefangen bei seiner Geologie und Naturgeschichte über die frühen Völker, die Jahrhunderte, in denen Schottland ein eigenständiges Königreich war, bis hin zur industriellen Entwicklung. Unter anderem kann man St Fillan's

Monymusk-Reliquienschrein (9. Jh.) in Edinburghs National Museum of Scotland

Hotels und Restaurants in Edinburgh siehe Seiten 168–172 und 185–188

Crozier betrachten, das 1314 bei Bannockburn vor der schottischen Armee hergetragen worden sein soll. Auch der Monymusk-Reliquienschrein aus dem Jahr 800 ist hier ausgestellt. Angeblich birgt er die sterblichen Überreste des christlichen Missionars St Columban *(siehe S. 42)*. Wegen Renovierung bleiben einige Teile des Museums bis 2011 geschlossen.

National Gallery of Scotland ❻

The Mound. 📞 0131 604 62 00. ⏲ Mo–Sa 10–17 Uhr (Do bis 19 Uhr), So 12–17 Uhr. ♿ 📷 📱 💻 www.nationalgalleries.org

Die National Gallery of Scotland ist eine der schönsten Kunstgalerien des Landes. Hinter einer Fülle von Statuen und anderen Kunstwerken hängen britische und europäische Gemälde aus dem 15. bis 19. Jahrhundert an dunkelroten Wänden. Zu den Highlights schottischer Werke gehören die Gesellschaftsporträts von Allan Ramsay und Henry Raeburn, z. B. Raeburns *Reverend Robert Walker Skating on Duddingston Loch*, das zu Beginn des 19. Jahrhunderts entstand.

Zur Sammlung altniederländischer Werke zählt Gerard Davids fast comicartige Behandlung der Nikolauslegende *Drei Legenden des hl. Nikolaus*, ein Gemälde, das Anfang des 16. Jahrhunderts entstand. Neben Werken von Raphael, Tizian und Tintoretto findet man auch die anderer europäischer Maler, so Velázquez' *Alte Frau beim Eierkochen* (1620). Ein ganzer Raum ist den *Sieben Sakramenten* (um 1640) von Nicolas Poussin gewidmet. Zu den ausgestellten flämischen Malern gehören Rembrandt, van Dyck und Rubens. Wichtige britische Werke stammen von Ramsay, Reynolds und Gainsborough.

Rev Robert Walker Skating on Duddingston Loch

Scott Monument ❼

Princes Street Gardens East. ⏲ Apr–Sep: Mo–Sa 9–18 Uhr, So 10–18 Uhr; Okt–März: Mo–Sa 9–15 Uhr, So 10–15 Uhr. 📷 www.cac.org.uk

Sir Walter Scott (1771–1832) wurde in Edinburgh geboren und gehört zu den wichtigsten Figuren der schottischen Literaturgeschichte *(siehe S. 86)*. Scott arbeitete zunächst als Jurist, widmete sich aber wegen des Erfolgs seiner Balladen und historischen Romane bald ganz der Literatur. Seine Werke erzählen von Abenteuern, Ehre und Ritterlichkeit und halfen, dieses Bild Schottlands im Ausland zu verbreiten.

Sir Walter war nicht nur ein gefeierter Romancier. Als bedeutende Persönlichkeit des öffentlichen Lebens organisierte er 1822 den Besuch König Georges IV in Edinburgh. Nach Scotts Tod 1832 wurde ihm zu Ehren das Denkmal auf der Princes Street errichtet. Der gotische Turm, von George Meikle Kemp entworfen und 1840 fertiggestellt, ist 61 Meter hoch. Im Erdgeschoss steht eine Statue von Sir Walter Scott, ein Werk von Sir John Steell. 287 Stufen führen zur obersten Plattform. Dort wird man mit einer Aussicht über das Zentrum und über den Forth bis nach Fife belohnt.

Das imposante gotische Scott Monument auf der Princes Street

Scottish National Portrait Gallery ❽

1 Queen St. 📞 0131 556 89 21. ⏲ bis Ende 2011 wg. Renovierung. ♿ www.nationalgalleries.org

Die Ausstellung zur Geschichte von zwölf Stuart-Generationen, von Robert the Bruce bis zu Königin Anne, ist ein Höhepunkt der Sammlung. Zu den Memorabilien gehören Schmuck von Mary, Queen of Scots, und das Kochgeschirr, das Bonnie Prince Charlie *(siehe S. 153)* in der Schlacht von Culloden zurückließ. Im Obergeschoss hängen viele Porträts berühmter Schotten. Eine Auswahl der Gemälde ist während der Renovierung des Museums in der National Gallery zu sehen.

Van Dyck, *Princess Elizabeth and Princess Anne*, National Portrait Gallery

Im Detail: New Town ❾

Albert Monument, Charlotte Square

Der erste Abschnitt von Edinburghs New Town wurde im 18. Jahrhundert gebaut, um die überbevölkerte mittelalterliche Altstadt zu entlasten. Als Glanzpunkt der ersten Bauphase gilt Charlotte Square, dessen neues architektonisches Konzept die weitere Planung beeinflusste. Besonders beeindruckend ist das Moray Estate – eine Reihe großer Häuser bildet einen Halbmond, ein Oval und ein Polygon. Der hier vorgeschlagene Spaziergang führt zu Beispielen monumentaler georgianischer Architektur.

Moray Place
Das Polygon, Glanzstück des Moray Estate, besteht aus imposanten Häusern. Viele Teile sind noch bewohnt.

Dean Bridge
Die Brücke wurde 1829 nach einem Entwurf von Thomas Telford erbaut. Von ihr blickt man auf den Water of Leith und flussaufwärts auf die Wehre und alten Mühlen von Dean Village.

The Water of Leith, ein kleiner Fluss, schlängelt sich durch eine Schlucht unterhalb der Dean Bridge. Ein Uferweg führt nach Stockbridge.

Ainslie Place, ein von Stadthäusern gebildetes Oval und Herzstück des Moray Estate, verbindet Randolph Crescent und Moray Place.

NICHT VERSÄUMEN

★ Charlotte Square

★ The Georgian House

NEW-TOWN-ARCHITEKTEN

Die treibende Kraft hinter der Entstehung der New Town war George Drummond (1687–1766), Edinburghs Bürgermeister. 1766 gewann James Craig (1744–1795) den Wettbewerb für den Gesamtentwurf. Robert Adam (1728–1792) bereicherte Charlotte Square um klassische Elemente. Robert Reid (1774–1856) entwarf Heriot Row und Great King Street und William Playfair (1790–1857) den Royal Circus. Die monumentalen Bauten des Moray Estate waren das Werk von James Gillespie Graham (1776–1855).

Robert Adam

No. 14 war von 1813 bis 1843 Residenz von Richter und Chronist Lord Cockburn.

0 Meter		100

0 Yards		100

LEGENDE

--- Routenempfehlung

★ The Georgian House

No. 7 gehört dem National Trust for Scotland und ist der Öffentlichkeit zugänglich. Das Haus wurde in den ursprünglichen Farben restauriert und mit Antiquitäten möbliert, sodass man die Atmosphäre der Edinburgher Oberschicht des 18. Jahrhunderts nachvollziehen kann.

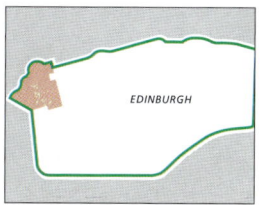

ZUR ORIENTIERUNG

Siehe Karte Edinburgh S. 54 f

Bute House ist die offizielle Residenz des *First Ministers* des schottischen Parlaments.

★ Charlotte Square

Der Platz wurde 1792–1811 angelegt. Ringsherum entstanden feudale Stadthäuser für vermögende Kaufleute. Die meisten Gebäude beherbergen heute Büros.

No. 39 Castle Street war das Zuhause des Romanciers Sir Walter Scott *(siehe S. 86).*

Princes Street Gardens

Die Princes Street entstand in der ersten Bauphase der New Town. Die Nordseite wird von Läden gesäumt; die Gärten liegen im Süden unterhalb der Burg.

No. 9 war von 1870 bis 1877 das Haus des Chirurgen Joseph Lister *(siehe S. 25).* Er entwickelte Methoden zur Verhinderung von Infektionen während und nach Operationen.

West Register House war ursprünglich St George's Church, entworfen von Robert Adam.

Blick von Edinburgh Castle über die Türme der Stadt bis hin zu dem in der Ferne gelegenen Calton Hill

Calton Hill ⑩

Stadtzentrum Ost, via Waterloo Pl.

Auf dem Calton Hill, am östlichen Ende der Princes Street, thront eines von Edinburghs denkwürdigsten Wahrzeichen: ein halb fertiger Parthenon. Mit dem Bau des Nationalmonuments für die Toten der Napoleonischen Kriege begann man 1822, doch die Mittel versiegten, sodass es nie vollendet wurde. In den letzten 170 Jahren hat man sich dann allmählich an den unfertigen Zustand des Monuments gewöhnt.

Glücklicherweise wurde der nahe Turm, der an den Sieg von Trafalgar erinnert, schon 1816 fertiggestellt. Er trägt den Namen das **Nelson Monument** und sollte einem Teleskop ähneln. Von ihm hat man einen herrlichen Blick über Edinburgh und Umgebung.

Das klassische Thema setzt sich auf der Spitze des Calton Hill mit dem **City Observatory** fort, das 1818 von William Playfair entworfen wurde. Wegen wiederholter Sachbeschädigung ist das Gebäude derzeit nicht zugänglich, aber ein Blick von außen lohnt durchaus.

Ein weiteres klassizistisches Gebäude an der Regent Road ist die alte **Royal High School**, um 1820 von Thomas Hamilton nach dem Vorbild des Theseus-Tempels in Athen entworfen. Der Bau wurde oft als möglicher Sitz des schottischen Parlaments in Erwägung gezogen und war Mittelpunkt der Vigil for Scottish Democracy, die zwischen 1992 und 1997 für die Selbstverwaltung eintrat. Die Steinpyramide östlich des National Monument auf dem Calton Hill erinnert daran. Sie enthält einige »Geschenk«-Steine, u. a. einen Auschwitz-Stein, der an den dort ermordeten schottischen Missionar erinnert.

Die letzte Ruhestätte von Thomas Hamilton befindet sich südlich des Waterloo Place auf dem **Old Calton Cemetery**. Hier wurden auch der Philosoph David Hume sowie andere Persönlichkeiten Edinburghs bestattet.

🚇 **Nelson Monument**
📞 0131 556 27 16. ◯ Apr–Sep: Mo 13–18, Di–Sa 10–18 Uhr; Okt–März: Mo–Sa 10–15 Uhr. ♿

🏛 **City Observatory**
Calton Hill. 📞 0131 556 43 65.
● für die Öffentlichkeit.

Die prachtvolle Fassade des Holyrood Palace, nach einem Feuer (17. Jh.) vollständig renoviert

Palace of Holyroodhouse ⑪

Ostende der Royal Mile. **Palace und Queen's Gallery** 📞 0131 556 10 96. ◯ Nov–März: tägl. 9.30–16.30 Uhr; Apr–Okt: tägl. 9.30–16 Uhr. ♿ ✎

Die offizielle schottische Residenz von Königin Elizabeth II wurde 1498 unter James IV auf dem Gelände einer Abtei erbaut. Später lebten hier James V und seine Frau, Mary of Guise. In den 1670er Jahren baute man die Burg für Charles II um. Die königlichen Gemächer (einschließlich Thronsaal und Speisesaal) werden für festliche Amtseinführungen und Bankette genutzt, wenn die

City Observatory, Beispiel strenger klassizistischer Architektur

Queen den Palast besucht. Ein Gemach im James V Tower wird vor allem mit der Herrschaft Marys, der Queen of Scots (siehe S. 44), assoziiert: Lord Darnley, Marys eifersüchtiger Ehemann, ließ wahrscheinlich hier 1566 David Rizzio, den getreuen italienischen Sekretär seiner Gattin, ermorden. Mary war im sechsten Monat schwanger, als sie Zeugin des Mordes wurde. David Rizzios Leiche wies 56 Stichwunden auf.

Der letzte Anwärter auf den englischen Thron, Bonnie Prince Charlie, hielt zu Beginn des Jakobitenaufstands 1745 (siehe S. 45) in Holyroodhouse Hof und blendete die Edinburgher Gesellschaft mit prunkvollen Festen.

Die neu eröffnete Queen's Gallery zeigt Ausstellungsstücke der Royal Collection.

Our Dynamic Earth ⑫

Holyrood Road. 📞 0131 550 78 00. 🕐 Apr–Okt: tägl. 10–18 Uhr; Nov–März: Mi–So 10–17 Uhr. 📷 📹 ♿ www.dynamicearth.co.uk

Our Dynamic Earth ist eine Dauerausstellung über unseren Planeten. Der Besucher reist von den geologischen Anfängen der Erde bis hin zum ersten Auftreten von Leben. Schwerpunkte sind auch die Klimazonen der Erde und verschiedene dramatische Naturerscheinungen, etwa Flutwellen und Erdbeben. Hochmoderne Beleuchtung, interaktive Techniken und Spezialeffekte lassen die 90 Minuten mit informativem und unterhaltsamem Inhalt nicht langweilig werden.

Das mit 1000 Sitzen bestuhlte Amphitheater vor dem Ausstellungsgebäude hat ein lichtdurchlässiges zeltartiges Dach und wurde von Sir Michael Hopkins entworfen. Die moderne Silhouette des Museums unterhalb der Salisbury Crags kontrastiert mit der Landschaft ringsherum.

New Scottish Parliament ⑬

Holyrood. 📞 0131 348 52 00. 🕐 Di, Do 9–18.30 Uhr; Apr–Sep: Mo, Fr 10–17.30 Uhr; Okt–März: Mo, Fr 10–16 Uhr. www.scottish.parliament.uk

Der jahrzehntelange Ruf nach größerer politischer Selbstbestimmung wurde 1997 erhört: Per Volksentscheid wurde die Wiedereinführung des – allerdings nur teilweise eigenständigen – schottischen Parlaments beschlossen und 1998 im Scotland Act umgesetzt (siehe S. 47). Der Parlamentssitz wurde von Enric Miralles (1955–2000) entworfen, der durch seine Entwürfe zu den Olympischen Spielen 1992 in Barcelona bekannt wurde. Elizabeth II eröffnete das Gebäude im Oktober 2004. Trotz der hohen Baukosten gilt es als eines der architektonisch innovativsten öffentlichen Bauwerke in ganz Großbritannien.

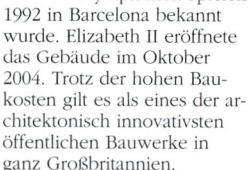

Wappen James' V, Holyroodhouse

Holyrood Park und Arthur's Seat ⑭

Haupteingang via Holyrood Park Rd, Holyrood Rd und Meadowbank Terrace.

Der an den Palace of Holyroodhouse angrenzende Park umfasst 260 Hektar. Der 250 Meter hohe Hügel, bekannt als Arthur's Seat, ist eigentlich ein Vulkan, der jedoch bereits seit 350 Millionen Jahren erloschen ist. Das Gebiet ist bereits seit der Zeit König Davids I, der 1153 starb, königlicher Jagdgrund und seit dem 16. Jahrhundert zugleich königlicher Park.

Der Name »Holyrood«, der heiliges Kreuz bedeutet, geht auf eine Episode im Leben von David I zurück. Als 1128 während der Jagd ein Hirsch den König von seinem Pferd stieß, hielt David I, so die Legende, plötzlich ein Kreuz in den Händen, um das Tier abzuwehren. Aus Dankbarkeit gründete der König die Holyrood Abbey.

Der Name »Arthur's Seat« ist wohl eine Verfälschung von Archer's Seat (»Sitz der Bogenschützen«), der Hügel hat also nichts mit dem legendären König Arthur zu tun.

Im Park gibt es drei kleine Seen. St Margaret's nahe dem Palast ist mit seinen Schwänen und seiner Lage unterhalb der Ruinen von St Anthony's Chapel der romantischste. Dunsapie Loch, der abgeschiedenste, liegt 112 Meter über dem Meeresspiegel an der Ostseite des kleinen Berges. Duddingston Loch, an der Südseite des Parks, ist Heimat von vielen Wildvögeln.

Die **Salisbury Crags** mit ihrem dramatischen Profil sind ebenso wie Arthur's Seat kilometerweit sichtbar. Die Crags bilden eine Parabel aus roten Felsen, die sich vom Holyrood Palace über die Steilseite des Hügels hinaufwindet. Ein unbefestigter Weg, die Radical Road, führt am Fuß des Hügels entlang.

Arthur's Seat und die Salisbury Crags überragen die Stadt

Abstecher

Obwohl Leith in Edinburgh übergeht, bestehen die Einwohner darauf, dass sie nicht in der Stadt selbst wohnen, und neben den Docks gibt es in Leith auch viele andere Attraktionen. In der Nähe liegt der Royal Botanic Garden. Dean Village besticht durch Galerien und Antiquitätenläden. Westlich der Stadt kann man das Hopetoun House und den Linlithgow Palace besuchen, im Osten Haddington und eine wildromantische Küste.

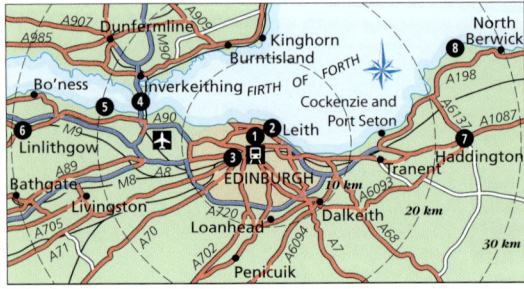

10 km = ca. 6 Meilen

LEGENDE

▢ Stadtgebiet Edinburgh

✈ Flughafen

🚉 Bahnhof

— Eisenbahn

▬ Autobahn

▬ Hauptstraße

═ Nebenstraße

SEHENSWÜRDIGKEITEN AUF EINEN BLICK

Dean Village ❸

East Lothian Coast ❽

Forth Bridges ❹

Haddington ❼

Hopetoun House ❺

Leith ❷

Linlithgow Palace ❻

Royal Botanic Garden ❶

Ein Exemplar aus dem Palmen-haus im Royal Botanic Garden

Royal Botanic Garden ❶

Inverleith Row. 📞 0131 552 71 71. 🚌 🕐 Apr–Sep: tägl. 10–19 Uhr; März, Okt: 10–18 Uhr; Nov–Feb: 10–16 Uhr. ♿ 📷 www.rbge.org.uk

Der herrliche Garten liegt nördlich der New Town jenseits des Water of Leith, der von den Pentland Hills durch Edinburgh fließt und

bei Leith in den Firth of Forth mündet. Der Garten ersetzte einen Heilkräutergarten nahe Holyroodhouse, den zwei Ärzte 1670 anlegten. 1820 wurde er an seinen jetzigen Ort verlegt und seitdem fort-laufend vergrößert. Zugang hat man von Osten (mit guten Busverbindungen) und vom Westen (mit besseren Park-möglichkeiten). Der Garten liegt auf einem Hügel, der eine schöne Aussicht auf die Stadt bietet.

Im südöstlichen Bereich ist ein fantastischer Felsgarten angelegt, im nordöstlichen gibt es eine informative über-dachte Ausstellung. Gewächs-häuser in traditionellem wie modernem Stil sind den unterschiedlichen Klimazonen gewidmet. An Regentagen bieten sie hervorragenden Unterschlupf. Lassen Sie sich nicht die alpine Ausstellung oder die blühenden Rhodo-dendren entgehen.

Leith ❷

Nordwestlich des Stadtzentrums, über den Leith Walk erreichbar.

Leith hat einen historischen Hafen und trieb jahrhun-dertelang Handel mit Skandi-navien, dem Baltikum und den Niederlanden. Erst 1920 wurde Leith in die Stadt ein-gegliedert.

Im mittelalterlichen Kern enger Gassen und Kais befin-den sich einige historische Lager- und Kaufmannshäuser aus dem 13. und 14. Jahrhun-dert. Im 19. Jahrhundert wur-den die Docks wesentlich er-weitert. Viele Hafengebäude stammen aus dieser Zeit.

Schiffbau und Hafenum-schlag sind rückläufig, doch in den letzten Jahren lebte Leith durch den Umbau von Lagerhäusern in Bürogebäu-de, Wohnhäuser, Restaurants und Bars wieder auf. Am Shore and Dock Place findet man eine Reihe verschiedener Restaurants und die meisten Meeresfrüchte-Bistros Edin-burghs (siehe S. 187f).

Die ehemalige britische **Royal Yacht Britannia**, die man in Leiths Ocean Terminal besichtigen kann, macht den Hafen für Besucher umso at-traktiver.

⚓ **Royal Yacht Britannia**
Ocean Terminal, Leith Docks.
📞 0131 555 55 66. 🕐 Apr–Okt: tägl. 10–16.30 Uhr; Nov–März: tägl. 10–15.30 Uhr. 📷 ♿ 🍴
www.royalyachtbritannia.co.uk

Die britische Royal Yacht Britannia am Ocean Terminal von Leith

Légers *The Team at Rest* (1950), Scottish Gallery of Modern Art

Dean Village ❸

Nordwestlich des Stadtzentrums.

Das ruhige Gebiet liegt im Tal des Water of Leith, nur wenige Minuten nordwestlich des Charlotte Square *(siehe S. 54)*. Die Wassermühlen am Fluss wurden durch attraktive Gebäude aus verschiedenen Epochen ersetzt. Nach Dean Village gelangt man vom Randolph Crescent aus über die Bell's Brae. Ein Uferweg schlängelt sich zwischen historischen Gebäuden hindurch und überquert mehrmals den Fluss.

Flussaufwärts erreicht man von Dean Village aus nach wenigen Minuten eine Fußgängerbrücke und eine Treppe, über die man zur **Scottish Gallery of Modern Art and Dean Gallery** gelangt. Der Haupteingang für Fahrzeuge sowie für weniger ambitionierte Fußgänger befindet sich an der Belford Road.

Flussabwärts von Dean Village führt der Uferweg unter der großartigen, von Thomas Telford entworfenen Hochbrücke hindurch am St Bernard's Well vorbei zum dörflichen Stockbridge. Antiquitäten, Schmuck und gebrauchte Kleidung bieten die Shops auf der Südseite des Flusses in der St Stephen Street. Der Uferweg führt weiter nach Nordwesten, vorbei am Royal Botanic Garden. Via Royal Circus und Howe Street erreicht man bald das Stadtzentrum.

Steinhäuser (17. Jh.) an der Bell's Brae

🏛 **Scottish Gallery of Modern Art and Dean Gallery**
75 Belford Road. 📞 0131 624 62 00. 🕐 tägl. 10–17 Uhr. 🎫 nur für Sonderausstellungen. ♿
www.nationalgalleries.org

Forth Bridges ❹

Lothian. 🚆 🚌 *Dalmeny, Inverkeithing.*

Charakteristisch für die kleine Stadt South Queensferry sind die beiden großen Brücken, die den Forth über eine Länge von 1,5 Kilometern überspannen und den Ort mit Inverkeithing verbinden. Die Eisenbahnbrücke, weltweit die erste größere Stahlbrücke, wurde 1890 eröffnet. Sie ist eine der großartigsten technischen Errungenschaften der spätviktorianischen Ära.

Ihre massiven Ausleger werden von Millionen Nieten zusammengehalten, der gestrichene Bereich umfasst etwa 55 Hektar. Der Ausspruch »als würde man die Forth Bridge streichen« hat heute die Bedeutung von unermüdlichem Bemühen. Die Eisenbahnbrücke inspirierte den Schriftsteller Iain Banks *(siehe S. 27)* 1986 zu *The Bridge*.

Die Straßenbrücke war bei ihrer Eröffnung 1964 durch Elizabeth II die größte Hängebrücke außerhalb der USA. Heutzutage macht ihr diesen Rang die Humber Bridge in England streitig. Den besten Blick auf die Brücken hat man von der Promenade in South Queensferry. Die Stadt verdankt ihren Namen Königin Margaret *(siehe S. 61)*, die eine Fähre benutzte, um von Edinburgh zu ihrem Palast in Dunfermline zu gelangen *(siehe S. 124f)*. Ab 2011 soll eine neue Forth Bridge gebaut werden.

Blick von South Queensferry auf die riesige Forth-Eisenbahnbrücke

Hopetoun House ❺

West Lothian. 📞 *0131 331 24 51.*
🚆 *Dalmeny, dann Taxi.* ⬤ *Mitte
Apr–Sep: tägl. 10.30–17 Uhr.* 🎟 ♿
🖳 www.hopetounhouse.com

Inmitten einer großen Parklandschaft am Firth of Forth
liegt eines der schönsten
Schlösser Schottlands. Das im
Stil von Versailles angelegte
Gebäude wurde 1707 vollendet. Von ihm ist allerdings
nur der Mittelteil erhalten, der
später in William Adams Erweiterung integriert wurde.

Der hufeisenförmige Grundriss und das üppige Innere
sind ein Musterbeispiel für die
klassizistische Architektur des
18. Jahrhunderts. Besonders
beeindruckend sind die roten
und gelben Salons mit ihren
Rokoko-Stuckverzierungen
und Kaminsimsen. Der jetzige
Bewohner des Schlosses, der
Marquess of Linlithgow, ist ein
Nachfahre des ersten Earl of
Hopetoun, für den das Haus
gebaut wurde.

Eine Holztafel über der Haupttreppe zeigt das Hopetoun House

Linlithgow Palace ❻

Kirk Gate, Linlithgow, West Lothian.
📞 *01506 84 28 96.* 🚆 🚌
⬤ *Apr–Sep: tägl. 9.30–17.45 Uhr;
Okt–März: tägl. 9.30–15.45 Uhr.* 🎟
♿ *eingeschränkt.*

Am Ufer des Linlithgow
Loch steht ein ehemaliger
königlicher Palast, der zu den
meistbesuchten Ruinen Schottlands zählt. Die Überreste
stammen größtenteils von

Brunnen in den Ruinen von Linlithgow Palace

einem Gebäude, das James I
1425 nach einem Feuer bauen
ließ; einige Teile sind älter
(14. Jh.). Die 28 Meter lange
Great Hall mit riesigem Kamin
und großen Fenstern lässt die
Größe des Palastes erahnen.
Den Hofbrunnen schenkte
James V 1538 seiner Frau zur
Hochzeit. Ihre Tochter Mary,
Queen of Scots *(siehe S. 44)*,
kam 1542 hier zur Welt.

Die angrenzende Church of
St Michael ist Schottlands
größter vorreformatorischer
Kirchenbau, ein Musterbeispiel
für die schottische Gotik. Die
Kirche (13. Jh.) wurde durch
den Brand von 1424 zerstört.
Das heutige Gebäude stammt
aus dem 16. Jahrhundert.

Haddington ❼

East Lothian. 🛈 *Edinburgh &
Lothians 0845 225 51 21.*

Das attraktive Städtchen
liegt 24 Kilometer östlich
von Edinburgh. Während der
Unabhängigkeitskriege des
13. und 14. Jahrhunderts wurde es mehrmals zerstört, ein

weiteres Mal im
16. Jahrhundert.
Die agrarische
Revolution verhalf Haddington
zu Reichtum.
Davon zeugen
historische Häuser, Kirchen und
andere öffentliche Gebäude.
Restaurierungsarbeiten halfen,
den Charakter
der Stadt zu erhalten. Der Tyne
umfließt die
Stadt und lädt zu
schönen Uferspaziergängen
ein (das Heft *A Walk around
Haddington* ist bei Zeitschriftenhändlern erhältlich). Die
Pfarrkirche St Mary's südöstlich des Zentrums stammt von
1462 und ist eine der größten
der Region. Teile der alten,
während der Belagerung von
1548 zerstörten Kirche wurden in jüngster Zeit wieder
aufgebaut. Südlich der Stadt
liegt das **Lennoxlove House**
mit seinem alten Turmhaus.

🏰 **Lennoxlove House**
📞 *01620 82 37 20.* ⬤ *Ostern–Okt:
Mi–Do und Sa, So nachm.* 🎟 🖳

East Lothian Coast ❽

🛈 *Edinburgh & Lothians 0845 225
51 21.* www.visitscotland.com

Die Küste von East Lothian,
die sich östlich von Musselburgh über 65 Kilometer
erstreckt, lädt zum Windsurfen, Golfspielen und Wandern
ein. Strände, Wälder, Golfplätze, Klippen und Ackerland
wechseln sich hier ab. Ob

Die historisch bedeutende und heute ruhige Stadt Haddington am Tyne

wohl die A198 und die A1 nur kurz an der Küste entlangführen, kann man hier auf einigen öffentlichen Parkplätzen (im Sommer gegen geringe Gebühr) halten, von denen man zum Ufer gelangt. Der wohl beste Strand für Wassersport ist Gullane. Yellowcraig nahe Dirleton, eine weitere hübsche Bucht, liegt etwa 400 Meter vom Parkplatz entfernt. Der Limetree Walk in der Nähe von Tyninghame führt zum Strand Ravensheugh Sands (10 Minuten zu Fuß über einen Waldweg). Belhaven Bay, westlich von Dunbar, ist ein langer Strand, von dem aus man an der Mündung des Tyne entlangspazieren kann. In Barns Ness, östlich von Dunbar, gibt es einen geologischen Naturpfad und einen

Tantallon Castle mit Blick auf die Nordsee

Leuchtturm. Skateraw Harbour ist trotz des Atomkraftwerks Torness im Osten eine hübsche kleine Bucht. Der schöne Strand bei Seacliff ist über eine private Mautstraße erreichbar, die etwa drei Kilometer östlich von North Berwick die A198 verlässt. Die geschützte Bucht bietet eine fantastische Sicht auf das

glitzernde Weiß des Bass Rock, Heimat einer der größten Tölpelkolonien Großbritanniens.

Will man den Felsen aus der Nähe sehen, kann man von North Berwick aus eine Bootsfahrt unternehmen (nur im Sommer). Im städtischen **Scottish Seabird Centre** ist es möglich, das Vogelleben vom Felsen und von der Insel Fidra aus zu filmen. Weitere Attraktionen sind das **Dirleton Castle** und das auf einem Felsen nahe des Seacliff-Strands gelegene **Tantallon Castle**. Ein kleines Industriemuseum bei Prestonpans und Vogelbeobachtungen in der Aberlady Bay lohnen ebenso wie North Berwick und Dunbar einen Besuch.

Scottish Seabird Centre
01620 89 02 02. ☐ tägl.
www.seabird.org
Dirleton Castle
01620 85 03 30. ☐ tägl.
Tantallon Castle
01620 89 27 27. ☐ Sa–Mi 9.30–16.30 Uhr. ☐ Do, Fr.

EAST LOTHIAN COASTAL WALK

Ein überaus attraktiver Küstenspaziergang ist der Fußweg von der Gullane Bay nach North Berwick. Der Pfad folgt der Küstenlinie und führt an Sandstränden und niedrigen, felsigen Landspitzen entlang sowie über grasiges Heideland. Unterwegs kann man die im Norden gelegene Küste von Fife und viele kleine Inseln erkennen. Auf dem letzten Wegstück nach North Berwick fällt der Blick auf die weißen Hänge des Bass Rock im Osten.

ROUTENINFOS

Start: Gullane Bay.
Ziel: North Berwick.
Länge: 10 km (6 Meilen); 3 Std.
Anfahrt: per Auto. Der Bus von Edinburgh nach North Berwick hält am Start- und Zielpunkt.
Schwierigkeitsgrad: leicht.

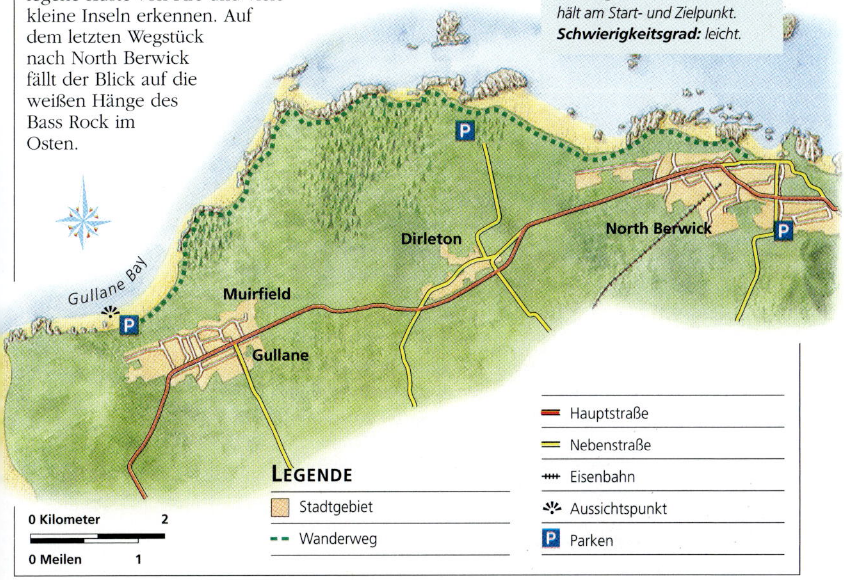

North Berwick

Dirleton

Muirfield

Gullane Bay

Gullane

LEGENDE

☐ Stadtgebiet

Hauptstraße

Nebenstraße

Eisenbahn

Aussichtspunkt

Parken

- - - Wanderweg

0 Kilometer 2

0 Meilen 1

SHOPPING

Obwohl in den Außenbezirken der Stadt neue Einkaufszentren entstehen, gehört die Princes Street nach wie vor zu den interessantesten Shopping-Meilen auf den Britischen Inseln. Mit dem alten Schloss, das sich an der Südseite oberhalb der Gärten erhebt, ist sie eine malerische Einkaufsstraße. Neben Ladenketten rühmt sich die Stadt

Buntes Wemyssware-Porzellan

eines eigenen großartigen Kaufhauses, Jenners, das seit über 150 Jahren hier ansässig ist. Lohnenswerte Shopping-Ziele außerhalb der Princes Street sind Valvona & Crolla, Schottlands bester Delikatessenladen, eine Reihe von hervorragenden Fachgeschäften und Ausstattern für Highland-Kleidung sowie mehrere ausgezeichnete Weinhandlungen.

KAUFHÄUSER

Entlang der Princes Street gibt es gute Kaufhäuser, von denen das **House of Fraser** zu den besten zählt. **Jenners** gegenüber dem Scott Monument – Ende der 1830er Jahre an einer anderen Stelle gegründet und später hierher verlegt – gehört zu den Top-Adressen von Edinburgh. Berühmt ist sein Weihnachtsbaum in der Vorhalle. **John Lewis**, Teil einer landesweiten Kette, befindet sich in einem architektonisch interessanten Gebäude an der Leith Street. Auch eine Filiale des bekannten Kaufhauses **Harvey Nichols** gibt es in Edinburgh.

MODE

Designermode für Männer und Frauen findet man bei Jenners und im House of Fraser. **Corniche** auf der Jeffrey Street bietet interessante, attraktive Mode für Frauen

Princes Street, gesehen vom Calton Hill

Traditionelle Highland-Tracht und Zubehör, angeboten auf der Royal Mile

von Designern wie Jean-Paul Gaultier und Vivienne Westwood, während **Jane Davidson** ein traditionelleres Angebot hat. In der George Street liegen einige Geschäfte für Frauen, z. B. **Phase Eight** und **Whistles. Cruise** hat getrennte Shops für Damen- und Herrenmode. Schicke Anzüge findet man auch bei **Thomas Pink** und **Austin Reed**. Die Kette **Schuh** führt modisches Schuhwerk für Männer und Frauen. Läden auf der Royal Mile wie **Ragamuffin** verkaufen interessante Strickwaren. Auch einige Ausstatter für maßgeschneiderte Kilts findet man auf der Royal Mile, **Hector Russell** gehört zu den besten. **Kinloch Anderson** in Leith ist ebenfalls ausgezeichnet und informiert zudem über die Geschichte des Tartan. **Graham Tiso** ist führend im Bereich Outdoor-Bekleidung. In seinem Shop bekommt man neben Regenkleidung auch Stiefel und Rucksäcke.

DELIKATESSEN

Edinburgh hat den Ruf, die besten Restaurants Schottlands zu besitzen, und zeichnet sich auch durch erstklassige Lebensmittelgeschäfte aus. **Valvona & Crolla**, ein Delikatessenhandel in Familienhand, gilt als einer der führenden in ganz Großbritannien und erst recht in Schottland. Er hat gutes Brot und ein preisgekröntes Angebot italienischer Weine. Neben der Kette **Peckham's** gibt es noch **Glass & Thompson**, die die New Town mit Delikatessen versorgen. **Iain Mellis'** Stammhaus verkauft köstlichen Käse, **MacSweens** fertigen fantastischen *haggis*, und **Real Foods** gehört zu den ältesten Bioläden Edinburghs.

Erstklassige Weinhändler sind **Peter Green** und **Cockburns of Leith**, aber auch Ketten wie **Oddbins**, während **Cadenheads** seltene Whisky-Sorten verkauft. **Justerini & Brooks** ist der angesehenste Wein- und Spirituosenhändler im Stadtzentrum. **Hendserson**

Hotels und Restaurants in Edinburgh *siehe Seiten 168–172 und 185–188*

Wines bietet eine breite Auswahl an Wein, Bier und edlen Whisky-Sorten.

BÜCHER UND ZEITSCHRIFTEN

Zwei Filialen der Kette **Waterstone's** findet man auf der Princes Street, die westlich gelegene hat ein Café. Eine dritte Filiale liegt nicht in der George Street. Daneben gibt es mehrere kleine Buchhandlungen wie **Analogue Books** und **Beyond Words**, die sich auf Fotografiebücher spezialisiert haben. **The International Newsagents** auf der High Street führen viele ausländische Zeitungen und Magazine, darunter auch einige deutschsprachige.

KUNST, DESIGN UND ANTIQUITÄTEN

Originalkunstwerke bieten eine Reihe von Galerien an. **The Scottish Gallery** in der New Town verkauft alles von Schmuck zu unter 100 £ bis zu Werken bekannter schottischer Künstler für Preise von 10 000 £ an aufwärts. Die Waren im **Printmakers Workshop** sind etwas günstiger. Hier findet man eine gute Auswahl an Drucken, in der **Collective Gallery** experimentelle Kunst. **Inhouse** führt Designermöbel. Antiquitätenliebhaber sollten sich in Victoria Street, St Stephen's Street, Grassmarket und Causewayside umsehen. Wer sich über schottischen Geschmack informieren will,

hat im **Edinburgh Architectural Salvage Yard** viel Auswahl, von viktorianischen Badewannen bis hin zu Türen.

Schön gemustertes Edinburgh-Kristall, ein beliebtes Souvenir

AUF EINEN BLICK

KAUFHÄUSER

Harvey Nichols
30–34 St Andrew's Sq, EH2 2AD.
📞 0131 524 83 88.

House of Fraser
145 Princes St, EH2 4YZ.
📞 0844 800 37 24.

Jenners
48 Princes St, EH2 2YJ.
📞 0844 800 37 25.

John Lewis
69 St James Centre, EH1 3SP.
📞 0871 432 13 35.

MODE

Austin Reed
39 George St, EH2 2HN.
📞 0131 225 67 03.

Corniche
2 Jeffrey St, EH1 1DT.
📞 0131 556 37 07.

Cruise (Herren)
94 George St, EH2 3DF.
📞 0131 226 35 24.

Cruise (Damen)
31 Castle St, EH2 3DN.
📞 0131 220 44 41.

Graham Tiso
41 Commercial St, EH6 6JD. 📞 0131 554 08 04.

Hector Russell
137–141 High St, EH1 1SG.
📞 0131 558 12 54.

Jane Davidson
52 Thistle St, EH2 1EN.
📞 0131 225 32 80.

Kinloch Anderson
Commercial St, EH6 6EY.
📞 0131 555 13 90.

Phase Eight
47b George St, EH2 2HT.
📞 0131 226 40 09.

Ragamuffin
276a Canongate, EH8 8AA.
📞 0131 557 60 07.

Schuh
32 North Bridge, EH1 1QG.
📞 0131 225 65 52.

Thomas Pink
32a Castle St, EH2 3 HT.
📞 0131 225 42 64.

Whistles
97 George St, EH2 3 ES.
📞 0131 226 43 98.

DELIKATESSEN

Cadenheads
172 Canongate, EH8 8BN.
📞 0131 556 58 64.

Cockburns of Leith
Cockburns House, Abbey Hill Industrial Estate,

Abbey Lane, EH8 8HL.
📞 0131 661 84 00.

Glass & Thompson
2 Dundas St, EH3 6HZ.
📞 0131 557 09 09.

Henderson Wines
109 Comiston Rd, EH10 6AQ.
📞 0131 447 8580.

Iain Mellis
30a Victoria St, EH1 2JW.
📞 0131 226 62 15.

Justerini & Brooks
14a Coates Cres., EH3 7AF. 📞 0131 226 42 02.

MacSweens
Dryden Rd, Bilston Glen, Loanhead, EH20 9LZ.
📞 0131 440 25 55.

Oddbins
Elm Row, 94–96 Brunswick St, EH7 5HN.
📞 0131 556 40 75.

Peckham's
155 Bruntsfield Place, EH10 3DG.
📞 0131 229 70 54.

Peter Green
37a Warrander Park Rd, EH9 1HJ.
📞 0131 229 59 25.

Real Foods
37 Broughton St, EH1 3JU.
📞 0131 557 19 11.

Valvona & Crolla
19 Elm Row, EH7 4AA.
📞 0131 556 60 66.

BÜCHER UND ZEITSCHRIFTEN

Analogue Books
102 West Bow, EH1 2HH.
📞 0131 220 06 01.

Beyond Words
42–44 Cockburn St, EH1 1PR.
📞 0131 226 66 36.

The International Newsagents
351 High St, EH1 1PW.
📞 0131 225 48 27.

Waterstone's
128 Princes St, EH2 4AD.
📞 0131 226 26 66.

KUNST, DESIGN, ANTIQUITÄTEN

Collective Gallery
28 Cockburn St, EH1 1NY.
📞 0131 220 12 60.

Edinburgh Architectural Salvage Yard
31 West Bowling, Green St, EH6 5NX.
📞 0131 554 70 77.

Inhouse
28 Howe St, EH3 6TG.
📞 0131 225 28 88.

Printmakers Workshop
23 Union St, EH1 3LR.
📞 0131 557 24 79.

The Scottish Gallery
16 Dundas St, EH3 6HZ.
📞 0131 558 12 00.

Souvenirs

Schottische Tabakmischung

Schottland lockt den Besucher mit einer großen Auswahl an Waren und Souvenirs. Die meisten Delikatessen findet man in Edinburghs Lebensmittelläden sowie Wein- und Spirituosenhandlungen, die auch Tabak führen. Einige Fachgeschäfte verkaufen ungewöhnlichere schottische Produkte, von handgefertigtem Schmuck bis zu Kleidungsstücken, z. B. Tartan-Kilts und Strickwaren. Manche Gebiete Schottlands sind auf ein bestimmtes Kunsthandwerk spezialisiert: Orkney auf Schmuck, Caithness und Edinburgh auf elegante Glasgravuren.

Briefbeschwerer aus Caithness-Glas

Edinburgher Kelchglas

Amethyst-Brosche

Keltische Brosche

Schottisches Glas *ist schön verziert. In den Caithness-Glasfabriken in Oban, Perth und Wick kann man bei der Herstellung der feinen Muster zusehen.*

Keltische Ohrringe

Schottischer Schmuck *spiegelt entweder das Herstellungsgebiet, eine Kultur (z. B. die keltische) oder eine Kunstrichtung wider. Die ineinander verwobenen Muster des oben gezeigten Schmucks sind ebenso typisch für den Jugendstil wie für keltische Formen.*

Aus Hirschhorn *werden Gebrauchsgegenstände wie dieser Aschenbecher und dekorative Objekte geschnitzt.*

Dolch (»sgian dubh«)

Felltasche　　Gürtel

Klassischer schottischer Kilt

Tartan-Krawatte und -Schal

Schottische Tartans *hatten ursprünglich die Form eines feileadh-mor (»großes Plaid«), das man um die Schulter und um die Taille legte. Die Highlander trugen sie so im 15. und 16. Jahrhundert. Heute versteht man unter Tartan ganz bestimmte, in Wollstoff eingewebte Muster. Sie basieren auf jahrhundertealten Entwürfen.*

Schottische Textilien *mit ganz eigenem Charakter sind die dicken Strickwaren von den Inseln, Stoffe wie Harris-Tweed mit seinem feinen Karo, Kaschmir, aus dem Pullover, Jacken und Schals hergestellt werden, sowie Schaffellteppiche.*

Wollpullover

Tweedjacke

ABGEPACKTE LEBENSMITTEL

Lebensmittel werden von Schottland-Besuchern gerne als Souvenir oder Geschenk gekauft. Die Teestunde mit Leckereien wie Dundee Cake, Butter Shortbread, Abernethy-Keksen, Pfannkuchen und Ingwerkeksen ist bei den Schotten sehr beliebt. Haferkekse werden traditionell zu Käse, aber auch zu Pasteten verzehrt und mit Honig oder Marmelade bestrichen. Auch getoastet und mit viel Butter serviert schmecken sie äußerst köstlich.

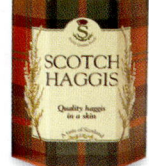

Vegetarischer *haggis*   **Traditioneller** *haggis*

Haggis, *das berühmteste schottische Gericht* (siehe S. 184), *besteht aus Schafsinnereien und Hafermehl. Es gibt auch fleischlose und mit Rehfleisch oder Whisky verfeinerte Sorten.*

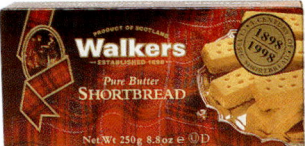

Traditionelles Butter Shortbread   **Haferkekse**

Schottische Abernethy-Kekse

Fudge *ist ein extrem süßes Konfekt, das fast ausschließlich aus Zucker und Kondensmilch besteht. Es gibt viele unterschiedliche Sorten, u. a. Rum, Rosinen, Walnuss, Schokolade, Whisky.*

Milch-Vanille-Fudge   **LochRanza-Whisky-Fudge**

GETRÄNKE

Als Heimat vieler Destillerien und Brauereien wird Schottland wohl am ehesten mit alkoholischen Getränken assoziiert. Das vielfältige Angebot umfasst u. a. regional gebraute Biere, viele Sorten schottischen Whisky (siehe S. 32f) und eine Reihe von Spirituosen und Likören, z. B. Drambuie und Glayva. Doch Schottland ist auch berühmt für sein Bergquellwasser, das mit oder ohne Kohlensäure sowie mit Obstgeschmack von Birnen oder Melonen angeboten wird.

Bier und Ale *spielen in Schottland eine wichtige Rolle. Im Pub trinkt man gerne ein oder zwei Pints, man kann die Biere aber auch in Flaschen kaufen. Eine Besonderheit sind die nach alten Highland-Rezepten gebrauten Obst- und Heide-Ales.*

Historische Ale-Sorten

Kaledonisches Quellwasser

Whisky *ist die berühmteste schottische Spirituose. Es gibt eine riesige Auswahl an Sorten, jede mit einzigartigem Aroma* (siehe S. 32f). *Drambuie ist ein auf Whisky basierender Likör mit Kräutergeschmack.*

Drambuie   **Glenfiddich**   **LochRanza**   **Glen Ord**   **Bell's**

UNTERHALTUNG

Die meisten Leute assoziieren Unterhaltung in Edinburgh mit den im August stattfindenden Festivals. Die Hauptstadt ist aber auch Musik-, Tanz- und Theaterzentrum. Das Filmhouse ist ein bedeutender Treffpunkt für Kunstfilmfans. Kenner beider Szenen schätzen Edinburghs Nachtclubs heute so gut wie die in

Eine Postkarte wirbt für das Edinburgh Festival

Glasgow ein. Viele Bars bieten eine große Auswahl an schottischem Whisky und Ale, während die in den letzten Jahren entstandenen Café-Bars garantieren, dass man auch zu später Stunde noch eine gute Tasse Kaffee bekommt. Schottlands nationales Stadion, Murrayfield, ist Gastgeber internationaler Rugbyspiele.

INFORMATION

Im Kunst- und Unterhaltungsmagazin *The List* findet man alle Events in Edinburgh und Glasgow. Die Zeitschrift *The Skinny* liegt kostenlos in Restaurants oder Clubs aus.

THEATER UND TANZ

Das **The King's Theatre** in Edinburgh bietet Pantomime und Aufführungen von Theaterensembles. Das Management hat auch das Edinburgh Festival Theatre *(siehe Klassische Musik und Oper)* unter sich, das vorrangig Ballett und zeitgenössischen Tanz zeigt, aber auch Shows für Kinder und Aufführungen im Varietéstil. Im **Edinburgh Playhouse** laufen oft international erfolgreiche Musicals (z. B. *Mamma Mia* oder *Chicago*). **The Traverse** stellt eher experimentelle Werke vor und fördert junge schottische Autoren. **The Royal Lyceum** hat

Prunkvoller Saal des King's Theatre, eröffnet 1906

Edinburgh Festival Theatre, Bühne für Tanz, Musik und Oper

meist klassische Stücke und Adaptionen auf dem Spielplan, zeigt aber auch neuere Stücke. Das Theaterensemble der Universität Edinburgh tritt im **Bedlam** auf. Innovative Produktionen kann man vom **Theatre Workshop** und von **St Bride's** erwarten.

KLASSISCHE MUSIK UND OPER

Aufführungen der Scottish Opera und des Royal Scottish National Orchestra, beide mit Sitz in Glasgow, finden im imposanten **Edinburgh Festival Theatre** statt, das 1994 eröffnet wurde. Edinburgh ist Heimat des international anerkannten Scottish Chamber Orchestra, das in **The Queen's Hall** auftritt. Auch an kleineren Veranstaltungsorten gibt es Konzerte, z. B. in der **Reid Concert Hall** der Edinburgh University und in **St Cecilia's Hall**. Die **St Giles Cathedral** bietet die Kulisse für Konzerte kleiner Gruppen, z. B. Streichquartette.

ROCK, JAZZ UND WORLD MUSIC

Größere Rockkonzerte finden im Murrayfield Stadium *(siehe Sport)* statt. Auch das Edinburgh Playhouse *(siehe Theater und Tanz)* ist Bühne für bekannte Popstars, ebenso das **Cabaret Voltaire** und **The Liquid Room**. Einige Nachtclubs der Stadt veranstalten kleinere Sessions – einschließlich Jazz und World Music *(siehe Café-Bars, Bars und Clubs)*. In der Queen's Hall *(siehe Klassische Musik und Oper)* werden auch ausgefallenere Shows aufgeführt. Folk- und Jazzmusiker treten im **The Tron** oder in **Henry's Cellar Bar** auf. In einigen Pubs kann man Folk- und Jazzmusik live erleben – hierüber informiert *The List.* **The Assembly Rooms** veranstalten *ceilidhs* (traditionelle Highland-Tanzabende).

KINO

Edinburgh hat heute wie viele Großstädte Multiplex-Kinos. **Cineworld** und das **Odeon Multiplex** sind relativ weit vom Zentrum entfernt. Das Odeon Edinburgh ist dem Zentrum am nächsten. Nur wenige Minuten sind es von der Princes Street zum **OMNI** mit seinen zwölf Leinwänden. Das altmodische **The Dominion** ist in Familienbesitz. **The Cameo** zeigt Late-Night-Shows und moderne Klassiker. Das Filmkunsttheater **The Filmhouse** ist Zentrum des International Film Festival.

Logo des Film Festival

Hotels und Restaurants in Edinburgh *siehe Seiten 168–172 und 185–188*

Eröffnungsfeier eines Fünf-Nationen-Rugbyturniers, Murrayfield

SPORT

Das imposante **Murrayfield Stadium** ist das nationale Rugbyzentrum, in dem von Ende Januar bis März internationale Spiele stattfinden. Im Sommer werden hier auch Leichtathletik-Wettbewerbe ausgetragen. In der Stadt spielen zwei Fußballteams, **Heart of Midlothian** im Westen und **Hibernian** in Leith. Im **Meadowbank Stadium and Sports Centre** werden die Spiele der Basketball-Liga ausgetragen.

CAFÉ-BARS, BARS UND CLUBS

Café-Bars findet man vor allem in der Broughton Street. Einige sind eher auf Nachtleben ausgerichtet, z. B. **Assembly**, **Indigo Yard**, **Po-Na-Na** und **The City Café**. Gute Beispiele für herkömmliche Bars sind **The Café Royal**, **Bennet's**, **The Cumberland** und **The Bow Bar**. Alle servieren Ale vom Fass und eine breite Palette an schottischen Malt Whiskys. Clubs mit gutem Ruf, in denen von Zeit zu Zeit Live-Bands auftreten, sind **The Bongo Club**, **The Liquid Room** *(siehe Rock, Jazz und World Music)* und **Opal Lounge**, ein stilvoller Club mit Speisegastronomie.

AUF EINEN BLICK

THEATER UND TANZ

Bedlam
11b Bristow Place, EH1 1E2.
[0131 225 98 93.

Edinburgh Playhouse
18–22 Greenside Place, EH1 3AA.
[0870 606 34 24.

The King's Theatre
2 Leven St, EH3 9LQ.
[0131 529 60 00.

The Royal Lyceum
30b Grindlay St, EH3 9AX.
[0131 248 48 00.

St Bride's
10 Orwell Terrace, EH11 2DZ.
[0131 346 14 05.

Theatre Workshop
34 Hamilton Place, EH3 5AX.
[0131 226 54 25.

The Traverse
10 Cambridge St, EH1 2ED.
[0131 228 14 04.

KLASSISCHE MUSIK UND OPER

Edinburgh Festival Theatre
13–29 Nicolson St, EH8 9FT.
[0131 529 60 00.

The Queen's Hall
85–89 Clerk St, EH8 9JG.
[0131 668 20 19.

Reid Concert Hall
Bristo Sq, EH8 9AG.
[0131 650 43 67.

St Cecilia's Hall
Niddry St, EH1 1LG.
[0131 668 20 19.

St Giles Cathedral
High St, EH1 1RE.
[0131 225 94 42.

ROCK, JAZZ UND WORLD MUSIC

Assembly Rooms
54 George St, EH2 2LR.
[0131 220 43 48.

Cabaret Voltaire
36 Blair St, EH1 1QR.
[0131 220 61 76.

Henry's Cellar Bar
8–16a Morrison St, EH3 8BJ.
[0131 221 12 88.

The Liquid Room
9c Victoria St, EH1 2HE.
[0131 225 25 64.

The Tron
9 Hunter Sq, EH1 1QW.
[0131 225 37 84.

KINO

The Cameo
38 Home St, EH3 9LZ.
[0131 228 28 00.

Cineworld
130 Dundee St, EH1 1AF.
[0871 200 20 00.

The Dominion
18 Newbattle Terrace, EH10 4RT.
[0131 447 4771.

Edinburgh Odeon
118 Lothian Rd, EH3 3BG.
[0871 224 40 07.

The Filmhouse
88 Lothian Rd, EH3 9BZ.
[0131 228 26 88.

Odeon Multiplex
120 Wester Hailes Rd, EH14 1SW.
[0871 224 40 07.

OMNI Edinburgh
Greenside Place, EH1 3BN.
[0871 224 02 40.

SPORT

Heart of Midlothian
Tynecastle Stadium, Gorgie Rd, EH11 2NL.
[0131 200 72 00.

Hibernian Football Club Ltd
12 Albion Place, EH7 5QG.
[0131 661 21 59.

Meadowbank Stadium and Sports Centre
139 London Rd, EH7 6AE.
[0131 661 53 51.

Murrayfield Stadium
Murrayfield, EH12 5PJ.
[0131 346 50 00.

CAFÉ-BARS, BARS UND CLUBS

Assembly
41 Lothian St, EH1 1HB.
[0131 220 42 88.

Bennet's
8 Leven St, EH3 9LG.
[0131 229 51 43.

The Bongo Club
37 Hollyrood Rd, EH8 8BA.
[0131 558 76 04.

The Bow Bar
80 West Bow, EH1 2HH.
[0131 226 76 67.

The Café Royal
19 W Register St, EH2 2AA.
[0131 556 18 84.

The City Café
19 Blair St, EH1 1QR.
[0131 220 01 25.

The Cumberland
1–3 Cumberland St, EH3 6RT.
[0131 558 31 34.

Indigo Yard
7 Charlotte Lane, EH2 4QZ.
[0131 220 56 03.

Opal Lounge
51a George St, EH2 4HT.
[0131 226 22 75.

Po-Na-Na
43b Frederick St, EH2 1EP.
[0131 226 22 24.

Edinburgh Festival

**Fringe-Straßen-
künstler mit Maske**

Der August in Edinburgh steht ganz im Zeichen des »Festivals«. Mit Theater, Tanz, Oper, Musik und Ballett gehört es zu den führenden Kunstevents der Welt. Parallel zum offiziellen Edinburgh International Festival entwickelte sich das »Fringe«. Beide sind seit über 60 Jahren international bekannt, ebenso wie das Edinburgh International Film Festival, das bereits im Juni stattfindet. Das Military Tattoo ist das größte Musikfestival des Landes. Seit mehreren Jahren finden auch das Edinburgh Book Festival und das Jazz & Blues Festival im August statt. Die Festivals locken über eine Million Besucher an.

musste man nichts weiter tun, als im August einen Platz in der Stadt zu ergattern. Schon seit Längerem gibt es ein für das Festival verantwortliches Verwaltungsgremium, in jüngster Zeit ziehen professionell organisierte Veranstaltungen die Besuchermassen an.

In den Assembly Rooms in der George Street (*siehe S. 77*) und im Pleasance Theatre in The Pleasance werden Shows gezeigt, die sich vom offiziellen Programm des International Festival abheben.

Trotz seiner Popularität ist das Fringe Festival ursprünglich geblieben. In Gemeindehallen und an anderen Orten wird eine breite Palette an Aufführungen angeboten, die von Musicals, aufgeführt von Schulkindern, bis hin zu gewagten Interpretationen von Kafka-Werken reicht.

**Eingang zum Fringe-Informations-
büro auf der Royal Mile**

deutendsten der Welt. Das Programm umfasst klassische Musik, traditionelles Ballett, zeitgenössischen Tanz, Oper und Drama. Die Veranstaltungsorte sind über die ganze Stadt verstreut (*siehe S. 77*).

Das alljährliche Finale ist ein großartiges Schauspiel: Rund 250 000 Menschen drängen sich dann im Stadtzentrum zusammen, um ein herrliches Feuerwerk zu erleben. Die wenigen Glücklichen mit Karten für den Ross Bandstand können in den Princes Street Gardens dem Feuerwerkskonzert des Scottish Chamber Orchestra lauschen.

**Besucher genießen Sonne und
Straßenkunst auf der Royal Mile**

EDINBURGH INTERNATIONAL FESTIVAL

Als kulturellen Kontrapunkt zu den Entbehrungen im Nachkriegseuropa, in dem viele Städte zerstört waren und Lebensmittelrationierungen sogar die Siegermächte betrafen, veranstaltete Edinburgh 1947 sein erstes Kunstfestival. Es gewann zunehmend an Größe und Ansehen und gehört nun zu den be-

THE FRINGE

Das Fringe Festival begann mit wenigen Aufführungen als Alternative zum offiziellen International Festival ebenfalls im Jahr 1947. Ein Jahrzehnt später gehörte es zum Pflichtprogramm von Amateuren, studentischen Theatergruppen und anderen alternativen Gruppen, an dem Festival teilzunehmen. Dazu

EDINBURGH INTERNATIONAL FILM FESTIVAL

Das seit 1947 alljährlich organisierte Filmfestival war eines der ersten internationalen Events dieser Art. Es findet im Juni statt.

Obwohl der Schwerpunkt zunächst auf Dokumentarfilmen lag, wurde das Programm bald um Kunst- und populäre Kinofilme erweitert. Das Festival erfand »Die Retrospektive« als Mittel, die komplette Arbeit eines Regisseurs zu studieren. Filme von Woody Allen und Steven Spielberg hatten hier Premiere. Seit seinem Neuanfang

Beim Fringe drängen sich die Massen um die Straßenkünstler

Hotels und Restaurants in Edinburgh *siehe Seiten 168–172 und 185–188*

Beim Military Tattoo im Edinburgh Castle schauen Tausende zu

1995 ist das Festival in vier Hauptbereiche unterteilt. Die Kategorien gliedern sich in: Arbeiten junger britischer Talente, Weltpremieren, Filmstudie und Retrospektive.

Die Filme werden in erster Linie im Filmhouse in der Lothian Road gezeigt, doch in gewissem Maße nimmt mittlerweile jedes Kino im Stadtzentrum an dem Festival teil (siehe auch S. 77).

EDINBURGH MILITARY TATTOO

Das großartige Military Tattoo erfreut sich seit 1950 besonderer Beliebtheit. In jenem Jahr beschloss das Militär, an Edinburghs International Festival im August mit Vorführungen martialischer Tapferkeit, einer bunten Parade und Musik auf der malerischen Castle Esplanade teilzunehmen.

Auf der tribünengesäumten Esplanade begeistern sich im Sommer rund 200 000 Besucher für das Tattoo. Das beeindruckende Schauspiel ist Vorbote der anderen im August stattfindenden Kunstfestivals. Musikkapellen und Musiker der Streitkräfte anderer Länder werden regelmäßig eingeladen, beim Tattoo mitzuwirken. Highlight ist das von den Burgzinnen vorgetragene pibroch (siehe S. 30) eines Solo-Dudelsackspielers.

Bücherverkauf in einem Festzelt beim Edinburgh Book Festival

EDINBURGH BOOK FESTIVAL

Alljährlich im August wird in der georgianischen Umgebung des Charlotte Square im Stadtzentrum ein Minidorf aus Festzelten errichtet. Zwei Wochen lang kann man hier Lesungen und Vorträgen von Schriftstellern, Romanciers und Lyrikern bis hin zu Kochbuch- und Kinderbuchautoren lauschen. Schottische Autoren sind natürlich stets gut vertreten. Zunächst fand das Book Festival nur alle zwei Jahre statt, seit 1998 ist es zu einem festen Bestandteil der August-Festivals geworden.

EDINBURGH JAZZ & BLUES FESTIVAL

Ende Juli/Anfang August kommt eine Reihe internationaler Jazzmusiker nach Edinburgh, um zusammen mit den führenden Jazzmusikern Schottlands aufzutreten. The Hub, das Jazz Centre at The Lot und das Spiegelzelt sind Hauptveranstaltungsorte dieser Konzerte. Am Eröffnungssamstag gibt es ein kostenloses Open-Air-Konzert auf dem Grassmarket in der Old Town. Die Blues-Gigs haben eigene Veranstaltungsorte, sind ebenfalls sehr beliebt und locken viele Musiker aus England und den USA an.

AUF EINEN BLICK

Edinburgh International Book Festival
5a Charlotte Square, EH2 4DR.
☎ 0845 373 58 88.
www.edbookfest.co.uk

Edinburgh International Festival
The Hub, Edinburgh's Festival Centre, Castlehill, Royal Mile, EH1 2NF.
☎ 0131 473 20 99 (Info).
☎ 0131 473 20 00 (Karten).
www.eif.co.uk

Edinburgh International Film Festival
88 Lothian Rd, EH3 9BZ.
☎ 0131 228 40 51.
www.edfilmfest.org.uk

Edinburgh Jazz & Blues Festival
Assembly Direct,
89 Giles St, EH6 6BZ.
☎ 0131 467 52 00.
☎ Vorverkauf: 0131 473 20 00.
www.edinburghjazzfestival.co.uk

The Fringe
The Fringe Office,
180 High St, EH1 1QS.
☎ 0131 226 00 26.
www.edfringe.com

Military Tattoo
Edinburgh Tattoo,
32 Market St, EH1 1QB.
☎ 0131 225 11 88.
www.edintattoo.co.uk

Ein Straßenkünstler, als unbewegliche Statue verkleidet

SÜDSCHOTTLAND

*S**üdschottland vereint malerische Landschaften mit historischen Burgen und Abteien. Infolge der Grenzkriege des 13. Jahrhunderts sind viele der alten Gebäude befestigt. Die sanften Hügel von The Scottish Borders (Grenzlandregion) und die zerklüfteten Gipfel von Dumfries & Galloway waren am stärksten vom jahrhundertelangen Konflikt zwischen Schottland und England betroffen.*

1296 begannen die Unabhängigkeitskriege der Schotten gegen die Engländer, unter denen Südschottland am meisten zu leiden hatte. Der Zwist dauerte 300 Jahre an, da zunächst die Unabhängigkeit Schottlands und später die Allianz mit Frankreich für Spannungen zwischen Schottland und England sorgten. Dryburgh, eine der schönsten Grenzland-Abteien der Region (12. Jh.), wurde 1322 von den Engländern niedergebrannt, ein zweites Mal im Jahr 1544.

Die quasi faktische Unabhängigkeit des Border District führte zu neuen Konflikten. Hier regierten mächtige Familien gemäß des Mitte des 12. Jahrhunderts eingeführten Ortsrechts. Wenn die schottischen Könige nicht gegen England kämpften, griffen sie das Grenzland an, um es wieder unter ihre Kontrolle zu bringen.

Über die Jahrhunderte spielten sich große Dramen der schottischen Geschichte im Süden ab: Die Guerillas von Robert the Bruce besiegten die Engländer 1307 in Glen Trool, Flodden bei Coldstream dagegen war 1513 Schauplatz der größten militärischen Niederlage – König James IV von Schottland und Tausende seiner Männer fielen im Kampf.

Heute wirken die Marktstädte der Borders und der Berglandschaft in Dumfries & Galloway durch und durch friedlich, doch an die bewegte Vergangenheit erinnern noch die Ruinen der großen Abteien, die Burgen und Schlachtfelder. Das Gebiet hat sich mit Textilindustrie einen Namen gemacht, aber auch als literarisches Zentrum, denn Sir Walter Scott lebte in Abbotsford bei St Boswell.

Angeln in den ruhigen Wassern des Tweed, der sich durch das Grenzland schlängelt

◁ Majestätische Ruinen und bunte Gärten von Melrose Abbey, einer der großen Grenzland-Abteien *(siehe S.86)*

Überblick: Südschottland

Eine vielfältige Landschaft und charaktervolle Städtchen prägen Südschottland, doch die Region wird von Besuchern, die es nach Edinburgh, Glasgow oder in die Highlands zieht, noch immer gerne übersehen. Glen Trool in Dumfries & Galloway liegt zwischen zerklüfteten Bergen. Die Hügel im Grenzland weiter östlich sind sanfter, bieten dafür klassische Panoramen wie Scott's View nahe Melrose. Mit vielen Urlaubsorten lockt die Ayrshire-Küste. Die malerisch gelegene Solway-Firth-Küste ist ein weiteres beliebtes Ausflugsziel.

Die gotische Abtei in Melrose ist eine der reichsten Schottlands

In Südschottland unterwegs

In Ost-West-Richtung oder umgekehrt zu reisen, kann schwierig sein, da alle Hauptrouten von Edinburgh und Glasgow in Nord-Süd-Richtung verlaufen. Die Busverbindungen lassen etwas zu wünschen übrig, doch von Edinburgh und Glasgow gibt es gute Zugverbindungen entlang der Ostküste in Richtung Ayrshire sowie eine Verbindung von Glasgow nach Stranraer, dem Hafen für Fähren nach Nordirland. Um landschaftlich schöne Gebiete abseits der Küste zu erkunden, nimmt man am besten ein Auto.

Legende

═══ Autobahn

─── Schnellstraße

─── Hauptstraße

═══ Nebenstraße

─── Panoramastraße

─── Eisenbahn (Hauptstrecke)

─── Eisenbahn (Nebenstrecke)

△ Gipfel

Klarer Wintertag in den Pentland Hills

Sehenswürdigkeiten auf einen Blick

Siehe auch

- *Hotels* S. 172f
- *Restaurants* S. 188–190

0 Kilometer   20

0 Meilen   15

Weitere Zeichenerklärungen *siehe hintere Umschlagklappe*

Klippen und Felsen von St Abb's Head

St Abb's Head ❶

The Scottish Borders. 🚂 Berwick-upon-Tweed. 🚌 ab Edinburgh.
📞 01890 77 14 43. ⭕ Ostern–Okt: tägl. 10–17 Uhr.

Die Klippen von St Abb's Head, die an der Südspitze von Schottland 90 Meter hoch emporragen, bieten einen wunderbaren Blick auf die Vogelwelt. Im Mai und Juni nisten in diesem 80 Hektar großen Naturschutzgebiet mehr als 50 000 Vögel, darunter Eissturmvögel, Seetaucher, Dreizehenmöwen und Papageitaucher.

Der alte Hafen im Dorf St Abb's ist als einer der wenigen an der Ostküste Schottlands noch in Betrieb. Wer sich zum Klippenspaziergang entschließt, beginnt am besten beim Visitors' Centre, das über alles Wissenswerte informiert.

Kelso ❷

The Scottish Borders. 🚶 6000. 🚌
ℹ️ The Square 0870 608 04 04.
www.visitscottishborders.com

Kelso hat einen hübschen Ortskern. Sein Hauptplatz ist von georgianischen und viktorianischen Gebäuden gesäumt. Auf dem **Kelso Race Course** werden regelmäßig Pferderennen abgehalten. Die Attraktion der Stadt ist die Ruine einer **Abtei** aus dem 12. Jahrhundert. Das von David I gegründete Kloster war eines der ältesten und reichsten der Region. Es wurde im Krieg gegen England 1545 beschädigt. **Floors Castle** am Nordrand von Kelso erlitt weniger Schäden. Die 1720 von William Adam erbaute Burg wurde von William Playfair 1837 umgestaltet.

Kelso Race Course
📞 01668 280 800. ♿
🏰 **Floors Castle**
📞 01573 22 33 33.
⭕ März–Okt: tägl. ♿

Jedburgh ❸

The Scottish Borders. 🚶 4000. 🚌
ℹ️ Murray's Green 01835 86 34 35.
www.visitscottishborders.com

Inmitten des Städtchens thront das in den 1820er Jahren erbaute pseudomittelalterliche **Jedburgh Castle**. Es diente erst als Gefängnis, heute ist es ein Museum mit Exponaten zur Geschichte der Region und einer Ausstellung über das Leben in einem Gefängnis des 19. Jahrhunderts.

Um 1500 wurde das **Mary, Queen of Scots' House** erbaut, das man nach dem Besuch der Königin im Jahr 1566 so benannte. Das Haus wurde 1987 (zum 400. Jahrestag der Hinrichtung der Königin) in ein Museum zu Marys Leben umgewandelt. Unter den Exponaten befindet sich eine Kopie ihrer Totenmaske.

Jedburgh Abbey ist eine der vier im 12. Jahrhundert erbauten Grenzland-Abteien (die anderen sind Dryburgh, Kelso und Melrose) und hat eine sehenswerte Klosterkirche.

🏰 **Jedburgh Castle**
📞 01835 86 32 54. ⭕ Ostern–Okt: tägl. (So nur nachmittags). ♿
🏛️ **Mary, Queen of Scots' House**
📞 01835 86 33 31.
⭕ März–Nov: tägl. ♿
⛪ **Jedburgh Abbey**
📞 01835 86 39 25. ⭕ tägl. ♿

Blick auf die Eildon Hills im Spätsommer

Eildon Hills ❹

The Scottish Borders. 🚌
ℹ️ Melrose 0870 608 04 04.

Die drei Gipfel der Eildon Hills beherrschen die Landschaft der Borders. Mid Hill ist mit 422 Metern der höchste. North Hill war bereits in der Bronzezeit eine Festung und später ein Römerlager. Der bekannteste Name der Region ist wohl der des Dichters Sir Walter Scott *(siehe S. 86)*, der für diese Hügel eine besondere Zuneigung empfand. Die nach ihm benannte Aussicht **Scott's View** liegt östlich von Melrose, nahe Dryburgh Abbey. Von hier hat man einen schönen Panoramablick auf das Tweed Valley.

Jedburghs Abteikirche bildet das Zentrum der attraktiven Stadt

Tour durch das Grenzland ❺

Das Grenzland (The Borders) ist mit Resten alter Gebäude übersät, die einst im Konflikt zwischen England und Schottland zerstört wurden. Am eindrucksvollsten sind die Abteien, deren Architektur ein Zeugnis von der einstigen geistigen und politischen Macht der Kirche ablegt. Viele Abteien wurden im 12. Jahrhundert, zur Regierungszeit Davids I, gegründet und 1545 durch Henry VIII zerstört.

Kelso Abbey ②
Als größte Abtei im Grenzland wurde Kelso 1128 gegründet, die Fertigstellung dauerte 84 Jahre.

Melrose Abbey ⑥
In diesem vormals reichsten Kloster Schottlands wurde das Herz von Robert the Bruce bestattet *(siehe S. 86).*

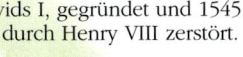
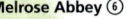

Melrose Abbey
⑥
• *Melrose*

Floors Castle ①
Unweit des Tweed liegt das Schloss der Dukes of Roxburgh (18. Jh.). Es ist von Ostern bis Oktober zu besichtigen.

Floors Castle ①

Kelso Abbey ②

BERWICK-UPON-TWEED

Scott's View ⑤
Hier stand Walter Scott am liebsten und blickte über die Borders. Als man ihn zur letzten Ruhe geleitete, machte auch der Trauerzug hier halt.

SELKIRK

Dryburgh Abbey ④

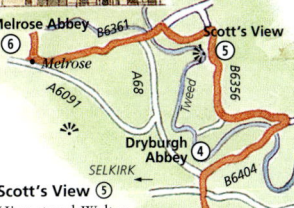

Dryburgh Abbey ④
Das, was hier am Ufer des Tweed übrig geblieben ist, stellt vielleicht die eindrucksvollste Klosterruine Schottlands dar. Walter Scott liegt hier begraben.

LEGENDE

▬▬▬	Routenempfehlung
═══	Andere Straße
☀	Aussichtspunkt

Bonjedward •

Jedburgh
③ Jedburgh Abbey

ROUTENINFOS

Länge: *50 km.*
Rasten: *Lassen Sie Ihr Auto bei Dryburgh Abbey stehen, und gehen Sie nördlich zur Fußgängerbrücke über den Tweed.*

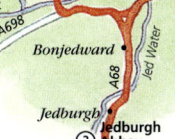

Jedburgh Abbey ③
Das Kloster stammt im Wesentlichen aus dem 12. Jahrhundert, Teile gehen jedoch auf die Kelten (9. Jh.) zurück. Im Visitors' Centre erfährt man Wissenswertes über die Augustinermönche.

0 Kilometer	5
0 Meilen	3

Ruinen von Melrose Abbey

Melrose Abbey ❻

Melrose, The Scottish Borders. 📞
01896 82 25 62. ⭕ *Apr–Sep: tägl.*
9.30–17.30 Uhr; Okt–März: tägl.
9.30–16.30 Uhr. 📷 ♿ *eingeschränkt.*
www.historic-scotland.gov.uk

Die rosafarbenen Ruinen des schönen Klosters in den Borders zeugen vom Schicksal derer, die sich den englischen Invasoren in den Weg stellten. Das 1136 von König David I für den Orden der Zisterzienser von Yorkshire erbaute Kloster wurde mehrmals beschädigt, so auch in den Jahren 1322 und 1385. Wie viele andere wurde es unter Henry VIII im Jahr 1545 endgültig zerstört – als Strafe, da die Schotten einer Heirat zwischen seinem Sohn und der jungen schottischen Königin Mary nicht zugestimmt hatten. Zu erkennen sind noch heute die Umrisse von Kloster, Küche sowie der Abteikirche mit dem hoch aufragenden Ostfenster und den mittelalterlichen Mauerverzierungen. Zu den gut erhaltenen Steinmetzarbeiten an der Südseite gehören ein wasserspeiendes Schwein, das den Dudelsack spielt, sowie weitere Figuren, darunter ein Koch mit Suppenkelle.

Das einbalsamierte Herz, das 1920 hier entdeckt wurde, wird Robert the Bruce zugeschrieben. Er hatte verfügt, dass sein Herz nach seinem Tod mit einem Kreuzzug ins Heilige Land gebracht werden sollte. Nachdem James Douglas, der das Herz mit sich führte, in Spanien umgekommen war, fand es seine Heimat jedoch wieder in Melrose Abbey *(siehe S. 89).*

Abbotsford House ❼

Galashiels, The Scottish Borders. 📞
01896 75 20 43. 🚌 *ab Galashiels.*
⭕ *Mitte März–Mai u. Okt: tägl. 14–17 Uhr (So nachm.); Juni–Sep: tägl. 10–17 Uhr.* 📷 📷 ♿ *eingeschränkt.*

Nur wenige Häuser spiegeln den Charakter ihres Besitzers so sehr wider wie Abbotsford House, in dem Walter Scott die letzten 20 Jahre seines Lebens verbrachte. 1811 kaufte er hier eine Farm, die er im Andenken an die Mönche der Melrose Abbey, die hier den Tweed überquerten, »Abbotsford« nannte.

Statt des ursprünglichen Hauses ließ sich der Dichter an gleicher Stelle mit den Einnahmen, die er mit seinen Romanen erzielte, einen schlossartigen Herrensitz erbauen.

Scotts Bibliothek zählt rund 9000 seltene Bücher. Seine Sammlung an Antiquitäten weist ihn als Liebhaber der heroischen Vergangenheit aus. Die Wände zieren Rüstungen und Waffen, u. a. Rob Roys Schwert *(siehe S. 117).* Auch ein Kruzifix von Mary Stuart sowie eine Haarlocke von Bonnie Prince Charlie sind zu entdecken. Das überraschend kleine Arbeitszimmer des Dichters und das Zimmer, in dem er 1832 starb, können besichtigt werden.

SIR WALTER SCOTT

Scott (1771–1832) war von Beruf Anwalt. Zu Ruhm gelangte er jedoch als Schriftsteller, dessen Gedichte und Romane (v. a. die *Waverley*-Romane), in denen er das Leben der Clans verklärte, zu einem neuen schottischen Nationalbewusstsein führten. Seine Organisation des Besuchs von George IV in Edinburgh war eine Sympathiewerbung für die Nationaltracht des Landes, deren Tragen danach wieder erlaubt wurde. Er arbeitete bei Gericht im Parliament House *(siehe S. 57)* und war 30 Jahre lang Sheriff von Selkirk. Er liebte das schottische Grenzland, besonders die Trossach Mountains *(siehe S. 116 f)*, denen er mit seinem Roman *Die Dame vom See* (1810) ein Denkmal setzte. Seine letzten Jahre verbrachte er mit dem Abtragen der Schulden (über 114 000 Pfund), die ihm der Bankrott seines Verlegers eingebracht hatte. Er starb schließlich schuldenfrei und wurde in der Dryburgh Abbey begraben.

Great Hall von Abbotsford, mit Waffen und Rüstungen geschmückt

Traquair House ❽

Peebles, The Scottish Borders.
☎ 01896 83 03 23. 🚌 ab Peebles.
🕐 Apr, Mai, Sep: 12–17 Uhr; Juni,
Juli, Aug: 10.30–17 Uhr; Okt: 11–
16 Uhr; Nov: 11–15 Uhr. 🏷 👌 eingeschränkt. www.traquair.co.uk

Das älteste bewohnte Haus
Schottlands ist untrennbar
mit der religiösen und politischen Geschichte der letzten
900 Jahre verbunden.
Der zunächst be-
festigte Turmbau
und spätere Her-
rensitz *(siehe S. 21)*
galt 500 Jahre lang
als Hochburg der
Stuarts. Auch Mary
Stuart weilte hier, ihr
Bett ziert eine Decke,
die sie selbst bestickt
hat. Zahlreiche persön-
liche Briefe und eine
Sammlung von gra-
vierten Gläsern der
Jakobiten erinnern
an die Zeit der High-
land-Aufstände.

Marys Kreuz, Traquair House

Die großen Gitter-
tore (»Bear Gates«), die 1745
nach dem Besuch von Bonnie
Prince Charlie geschlossen
wurden, sollen erst wieder
geöffnet werden, wenn wieder ein König aus dem Hause
Stuart den Thron besteigt.

An der geheimen Treppe
zur Kammer des Priesters
sieht man, wie schwer es die

katholischen Familien hatten,
bevor ihr Glaube schließlich
um 1829 legalisiert wurde.

Peebles ❾

The Scottish Borders. 🚉 8000.
🚌 ab Galashiels. 🛈 23 High St
0870 608 04 04.

Das charmante Städtchen in
den Borders bietet faszi-
nierende Sehenswürdigkeiten,
darunter das **Tweeddale Museum and Gallery**. In dessen
Chambers' Room sind
nicht nur Abgussteile
des Parthenon-Frieses
ausgestellt, sondern auch
Abgüsse eines Frieses mit
einer Darstellung des Ein-
zugs Alexanders des Großen
nach Babylon. In der Nähe
kann man im **Scottish
Museum of Ornamental
Plasterwork** herrliche
Deckenverzierungen be-
trachten. Die umzäunten
Kailzie Gardens sind ein
beliebtes Ziel für Tages-
ausflügler aus Edinburgh.

🏛 **Tweeddale Museum and
Gallery**
☎ 01721 72 48 20.
🕐 Mo–Sa. 🏷
🏛 **Scottish Museum of
Ornamental Plasterwork**
☎ 01721 72 02 12. 🕐 Mo–Fr.
⬤ erste 2 Wochen im Aug. 🏷 👌
🌿 **Kailzie Gardens**
☎ 01721 72 00 07. 🕐 tägl. 🏷 🏷

Pentland Hills ❿

The Lothian. 🚉 Edinburgh, dann
Bus. 🛈 Regional Park Headquarters,
Edinburgh 0131 445 33 83.

Der lang gestreckte Höhenzug südwestlich von Edin-
burgh gehört zu den schönsten Wandergebieten im ganzen Tiefland. Die Spaziergänger können zwischen vielen
markierten Wanderwegen
auswählen, während die
Sportlicheren den Lift hinauf
auf die Skipiste nehmen, um
von dort zum 493 Meter
hohen Allermuir zu gelangen.
Alle begeisterten, geübten
Bergwanderer können sich an
die Gipfelroute von Caerket-
ton nach West Kip wagen.

Östlich der A703 steht die
kunstvoll verzierte **Rosslyn
Chapel** aus dem 15. Jahrhundert. Ursprünglich sollte sie
als Kirche dienen, aber nach
dem Tod ihres Erbauers, William Sinclair, wurde sie zur
Grabstätte für seine Nach-
kommen. Der grazil gewun-
dene Apprentice Pillar erinnert an den Lehrling, der den
Pfeiler verzierte und anschließend aus Neid über das ge-
lungene Werk von seinem
Meister erschlagen wurde.

🏠 **Rosslyn Chapel**
☎ 0131 440 21 59.
🕐 tägl. 🏷 👌
www.rosslynchapel.com

Reich verziertes Deckengewölbe der Rosslyn Chapel

Klassische Arbeiterhäuser (18. Jh.) in New Lanark am Ufer des Clyde

New Lanark ⓫

Clyde Valley. 🚶 185. 🚆 🏠 Lanark.
ℹ Horsemarket, Ladyacre Rd, Lanark
01555 66 16 61.
www.seeglasgow.com

Gegründet wurde die an den malerischen Wasser-fällen des Clyde gelegene Stadt 1785 von dem Industriellen David Dale. Dank der ein-

DAVID LIVINGSTONE

Schottlands großer Missio-nar, Arzt und Entdecker wurde 1813 in Blantyre geboren und arbeitete be-reits mit zehn Jahren in ei-ner Baumwollfabrik. Nach 1840 reiste er zur »Förde-rung des Handels und der Christenheit« dreimal nach Afrika. Berühmtheit erlang-te er als erster Europäer, der die Victoria-Fälle sah. 1873 starb er auf der Suche nach der Nilquelle. Bestat-tet ist Livingstone in West-minster Abbey in London.

fachen Versorgung der was-serbetriebenen Mühlen ent-wickelte sich New Lanark bis um 1800 zum bedeutendsten Zentrum der Baumwollpro-duktion in Großbritannien. Die sozialen und wirtschaft-lichen Reformen von Dale sowie seinem Nachfolger und Schwiegersohn Robert Owen zeigten, dass wirtschaftlicher Erfolg nicht zu Lasten der Arbeiter gehen musste.
Die **New Millennium Expe-rience** erlaubt einen Blick in die Lebensumstände des Ar-beitslebens im frühen 19. Jahrhundert.

Umgebung: 24 Kilometer nördlich von New Lanark liegt Blantyre. Das David Living-stone Museum in dem Ge-burtshaus des Entdeckers er-innert an den berühmtesten Sohn des Clyde-Tals.

> 🏛 **New Millennium Experience**
> New Lanark Visitor Centre. 📞 01555 66 13 45. 🕐 tägl. 11–17 Uhr. 🏷
> ♿ 🅿 nach Vereinbarung.

Sanquhar ⓬

Dumfries & Galloway. 🚶 2500.
🚆 🏠 ℹ Abington 01864
50 24 36.

Die kleine Stadt spielte ei-ne wichtige Rolle in der Geschichte der Presbyterianer. Um 1680 wurden hier zwei Schriften gegen die Position

der Bischöfe ans Marktkreuz geschlagen, an dessen Stelle heute ein Obelisk aus Granit steht. Der erste Protest ging von einem Lehrer namens Richard Cameron aus, dessen Anhänger sich im Cameronian Regiment zusammenschlos-sen. Das georgianische **Tol-booth** wurde 1735 vom Archi-tekten William Adam erbaut und beherbergt heute eine heimatkundliche Sammlung und das Fremdenverkehrsamt. Das Postamt von 1763 ist das älteste erhaltene Postgebäude Großbritanniens.

Drumlanrig Castle ⓭

Thornhill, Dumfries & Galloway. ℹ
01848 33 15 55. 🚆 🏠 Dumfries, wei-ter mit dem Bus. 🕐 Ostern–Aug.: tägl.
12–17 Uhr. ● Mai, Juni: Fr. 🏷 ♿

Drumlanrig Castle entstand zwischen 1679 und 1691 an der Stelle einer Feste der Familie Douglas (15. Jh.). Hin-ter den vielen Türmen und Er-kern verbergen sich eine wert-volle Kunstsammlung und vie-le Andenken an die Jakobiten,

Geschwungene Treppe und Eingang von Drumlanrig Castle

Hotels und Restaurants in Südschottland siehe Seiten 172 f und 188–190

z.B. Bonnie Prince Charlies Feldkessel, Schärpe und Geldbörse. Zu den Kunstschätzen in den eichengetäfelten Zimmern gehören Werke von da Vinci, Holbein und Rembrandt. Das Wappen mit dem gekrönten und geflügelten Herzen erinnert an den berühmten Douglas-Vorfahren The Good Sir James, auch Black Douglas genannt. Ihm war das Herz von Robert the Bruce während des Kreuzzugs anvertraut. Als er bereits tödlich verwundet war, schleuderte er das Herz den Mauern entgegen, um das Gelöbnis des früheren Königs zu erfüllen.

Die stolze Inselburg Threave Castle am Dee

Threave Castle ⑭

(NTS) Castle Douglas, Dumfries & Galloway. 📞 01556 50 26 11.
🚉 Dumfries. ⬤ Apr–Sep: tägl. 📷
www.aboutscotland.co.uk

Der riesige Turm von Black Douglas aus dem 14. Jahrhundert steht auf einer Insel im Dee und dominiert den bestausgerüsteten mittelalterlichen Flusshafen Schottlands.
Douglas' Kämpfe gegen die Stuarts führten nach zwei Monaten Belagerung 1455 zur Aufgabe – nachdem James II die Kanone Mons Meg *(siehe S.60)* eingesetzt hatte. Threave Castle wurde endgültig zerstört, als die presbyterianischen Belagerer die katholische Burg bezwangen. Im Inneren sind nur noch die Wände einiger weniger Räume erhalten geblieben.

Fassade des Burns Cottage, Geburtsort von Robert Burns

Burns Heritage Trail ⑮

South Ayrshire, Dumfries & Galloway.
ℹ️ Dumfries 01387 25 38 62, Ayr 0845 225 51 21.
www.dumfriesandgalloway.co.uk

Robert Burns (1759–1796) hinterließ ein enorm breit gefächertes Werk, von satirischer Poesie bis hin zu Liebesliedern. Sein Status als Nationaldichter ist seit Langem unangefochten. Ein offizieller Burns Heritage Trail führt Besucher zu den Orten, an denen der Dichter in Südwestschottland gelebt hat.
In Dumfries beschäftigt sich das **Robert Burns Centre** mit seinen Jahren in der Stadt. Im **Burns House**, in dem er von 1793 bis 1796 lebte, sind Erinnerungsstücke ausgestellt. Sein Grab befindet sich auf dem St Michael's Churchyard.
Die **Ellisland Farm** zeigt Memorabilien des Dichters. Das **Burns House and Museum** in einem seiner früheren Wohnhäuser liegt in Mauchline, 18 Kilometer östlich von Ayr. Alloway, südlich von Ayr, ist das Zentrum des Burns Trail.

Im **Tam O'Shanter Experience** werden auf Burns' Hexengedichten basierende Filme und Videos vorgeführt. **Burns Cottage** ist das Geburtshaus. Die Ruine der Alloway Kirk strahlt noch heute den Geist jener Zeit aus.

🏛 **Robert Burns Centre**
Mill Rd, Dumfries. 📞 01387 26 48 08. ⬤ Apr–Sep: Mo–Sa 10–20, So 14–17 Uhr; Okt–März: Di–Sa 10–17 Uhr.

🏛 **Burns House**
Burns St, Dumfries. 📞 01387 25 52 97. ⬤ Apr–Sep: Mo–Sa 10–17, So 14–17 Uhr.

🏛 **Ellisland Farm**
Holywood Rd, Auldgirth. 📞 01387 74 04 26. ⬤ Apr–Sep: Mo–Sa 10–17, So 14–17 Uhr; Okt–März: Di–Sa 10–17 Uhr. 📷 ♿ ♿

🏛 **Burns House and Museum**
Castle St, Mauchline. 📞 01290 55 00 45. ⬤ tägl. 10–17 Uhr. 📷 ♿ eingeschränkt.

🏛 **Tam O'Shanter Experience**
Murdoch's Lane, Alloway. 📞 01292 44 37 00. ⬤ Apr–Okt: 9.30–17.30 Uhr; Nov–März: 10–17 Uhr. 📷 ♿ 📷 nach Vereinbarung.

🏛 **Burns Cottage**
Alloway. 📞 01292 44 37 00. www.robertburns.org ⬤ tägl. 10–16 Uhr. 📷 ♿

SCHOTTISCHE STOFFE

Die Tradition der Tuchweberei in den Borders reicht bis ins Mittelalter zurück. Flämische Mönche begannen damals erfolgreich, Handel mit dem Festland zu treiben. Im 19. Jahrhundert, als der Handwebstuhl durch Maschinen ersetzt wurde, gelangte das Clyde-Tal durch Baumwoll-Erzeugnisse zu Wohlstand und Ansehen. Die Paisley-Muster gehen auf indische Vorlagen zurück.

Farbenfrohes Paisley-Muster

Das märchenhafte Caerlaverock Castle

Caerlaverock Castle ⑯

Bei Dumfries, Dumfries & Galloway. ℹ 01387 77 02 44. ◯ Apr–Sep: tägl. 9.30–17.30 Uhr; Okt–März: tägl. 9.30–16.30 Uhr. 🎫 ♿ 📷 📖 www.historic-scotland.gov.uk

Die imposante Festung aus rotem Stein und mit Wassergraben steht 14 Kilometer südlich von Dumfries. Sie ist die schönste mittelalterliche Burg im Südwesten Schottlands. Um 1270 wurde sie aus dem Mauerwerk einer älteren Burg errichtet.

Caerlaverock wurde in den Unabhängigkeitskriegen berühmt, als Edward I, König von England, es 1300 belagerte und einen Präzedenzfall im mehr als 300 Jahre langen Kampf schuf. Chronisten der Abenteuer Edwards beschreiben die Burg bereits fast so, wie man sie heute vorfindet, obwohl sie von englischen und schottischen Truppen zwischen dem 14. und 16. Jahrhundert teilweise zerstört und einige Male wieder aufgebaut wurde. In dieser Zeit war Caerlaverock Castle die Festung der Familie Maxwell, deren Wappen über der Tür prangt. Der Kampf zwischen Robert Maxwell, dem ersten Earl of Nithsdale und Anhänger Charles' I, und seinen Gegnern führte 1640 zur Zerstörung der Burg.

Kirkcudbright ⑰

Dumfries & Galloway. 🚶 3600. 🏢 ℹ Harbour Sq 01557 33 04 94, Feb–Okt: tägl. www.kirkcudbright.co.uk

Die Kleinstadt an der Spitze der Kirkcudbright Bay und der Mündung des Dee hat eine lange künstlerische Tradition. Der Tolbooth (Amtsgericht; 16. Jh.) fungiert nun als **Tolbooth Art Centre** mit Ausstellungen regionaler Künstler aus der Zeit von 1880 bis heute. Der berühmteste unter ihnen ist Edward Hornel (1864–1933), ein Freund der Glasgow Boys, der prächtige Bilder japanischer Frauen malte, die auch in seinem ehemaligen Zuhause, dem Broughton House (High Street), zu sehen sind.

MacLellan's Castle im Stadtzentrum wurde 1582 vom damaligen Bürgermeister von Kirkcudbright gebaut. Die Ruinen der Dundrennan-Abtei stammen aus dem 12. Jahrhundert. Mary, Queen of Scots, flüchtete von hier aus im Mai 1568 nach England.

🏛 **Tolbooth Art Centre**
High St. 📞 01557 33 15 56. ◯ Mo–Sa 11–16 Uhr (Juni–Sep: auch So 14–17 Uhr). 🎫 ♿

♜ **MacLellan's Castle**
📞 01557 33 18 56. ◯ März–Okt: tägl. 9.30–18.30 Uhr. 🎫

Whithorn ⑱

Dumfries & Galloway. 🚶 1000. 🚉 Stranraer. 🏢 ℹ Dashwood Sq, Newton Stewart 01671 40 24 31. www.dumfriesandgalloway.co.uk

Der Name der ersten christlichen Andachtsstätte Schottlands (Whithorn bedeutet »weißes Haus«) geht auf eine 397 von St Ninian gebaute weiße Kapelle zurück, von der keine Relikte übrig geblieben sind. Archäologische Ausgrabungen bezeugen jedoch Siedlungen der Wikinger und Northumbrier ab dem 5. Jahrhundert. Das Informationszentrum **The Whithorn Story** dokumentiert multimedial die Arbeiten und zeigt eine Sammlung behauener Steine, darunter einem von 450.

🏛 **The Whithorn Story**
45–47 George St. 📞 01988 50 05 08. ◯ Ostern–Okt: tägl. 10.30–17 Uhr. 🎫 📷 ♿ www.whithorn.com

Galloway Forest Park ⑲

Dumfries & Galloway. 🚉 Stranraer. ℹ Clatteringshaws Visitor Centre 01644 42 02 85, Glen Trool Visitor Centre 01671 40 24 20, Kirroughtree Visitor Centre 01671 40 21 65. www.forestry.gov.uk

Einzigartige Schönheit prägt diesen wildesten Landstrich Südschottlands, der

Traditionelle Steinbauten an der Küste bei Kirkcudbright

Hotels und Restaurants in Südschottland siehe Seiten 172 f und 188–190

Loch Trool, Schauplatz eines Sieges von Robert the Bruce

The Rhinns
of Galloway ⑳

Dumfries & Galloway. 🚆 *Stranraer.*
🚌 *Stranraer, Portpatrick.* 🚢 *Stranraer.* ℹ️ *28 Harbour St, Stranraer 01776 70 25 95.*

Die Halbinsel im äußersten Südwesten Schottlands wird durch Loch Ryan und die Luce Bay vom übrigen Land getrennt. Zu den Sehenswürdigkeiten gehört der **Logan Botanic Garden**, der 1900 bei Port Logan angelegt wurde. Das durch den Golfstrom milde Klima lässt subtropische Pflanzen gedeihen.

Stranraer am Loch Ryan ist ein Wirtschaftszentrum und der Fährhafen für Nordirland. Das nahe gelegene **Portpatrick** ist hübscher. Zu sehen sind hier eine Kirchenruine von 1629 und die Ruinen des Dunskey Castle (16. Jh.).

🌿 **Logan Botanic Garden**
Bei Port Logan, Stranraer. 📞 *01776 86 02 31.* ⏰ *März–Okt: tägl.* ♿

auch historisch interessant ist. Der Park erstreckt sich über 670 Quadratkilometer direkt nördlich von Newton Stewart. Landschaftlicher Höhepunkt ist Loch Trool. Bei Caldons Wood am Westufer des Sees steht das Martyrs' Monument an dem Ort, wo 1685 sechs Covenanter beim Gebet getötet wurden. Bruce's Stone am Nordufer erinnert an das Jahr 1307, als Robert the Bruce die englischen Truppen besiegte. Die Erhebungen nördlich von Loch Trool sind bemerkenswert hoch. Der Bennan misst 562, der Benyellary 719 Meter. Mit 843 Metern ist der Merrick der höchste Berg Südschottlands. Der Rundweg von Loch Trool bis zum Gipfel des Merrick und zurück über den silberfarbenen Sand des Loch Enoch im Osten ist 15 Kilometer lang. Er führt über unebene Pfade, lohnt sich aber.

WANDERUNG DURCH DEN GALLOWAY FOREST

Die Wanderung führt durch wilde Hügellandschaften vorbei an schönen Lochs. Geeignetes Schuhwerk, wasserfeste Kleidung und eine Karte sind notwendig. Vom Parkplatz geht es zu einer Hütte hinunter. Überqueren Sie die Brücke und nehmen Sie nordöstlich den Pfad durch ein Feld. Nach 1,5 Kilometern durch das Gairland-Burn-Tal gelangen Sie zum Loch Valley. Weiter nördlich liegt Loch Neldricken. Von dort aus können Sie die gleiche Route zurück nehmen. In diesem Gebiet wechseln sich einst vergletscherte Hügel und kleine Bergseen ab. Ist die Zeit knapp oder das Wetter schlecht, nehmen Sie den kürzeren Weg um Loch Trool.

LEGENDE

- - - Wanderweg
═══ Zufahrtsstraße
🌿 Aussichtspunkt
🅿 Parken

ROUTENINFOS

Start: *Parkplatz bei Bruce's Stone, Nordseite von Loch Trool.*
Länge: *10 km.*
Anfahrt: *Auf der A 714, ca. 14 km nördlich von Newton Stewart abbiegen, dann 8 km (5 Meilen) auf Zufahrtsstraße.*

Loch Enoch

Loch Aaron

Loch Neldricken

Buchan Burn

Buchan Hill
▲
493 m

Loch Valley

Long Loch of Glenhead

Round Loch of Glenhead

🅿

Loch Trool

0 Kilometer   2

0 Meilen   1

Culzean Castle ㉑

Robert Adam von
George Willison

Die Felsenburg liegt inmitten eines riesigen Parks. Im 15. Jahrhundert war sie der Landsitz der Earls of Cassillis. Zwischen 1777 und 1792 wurde sie von dem Architekten Robert Adam umgebaut. 1970 wurde die Burg umfassend restauriert. Der umgebende Park war 1969 der erste öffentliche Landschaftspark Schottlands, in dem Landwirtschaft und kunstvoll angelegte Gärten gleichermaßen vertreten sind. So soll das Nebeneinander von Arbeit und Muße auf einem herrschaftlichen Landsitz verdeutlicht werden.

Culzean Castle von Nasmyth (um 1815)

State Bedroom & Dressing Room mit der für das 18. Jahrhundert typischen Einrichtung, einschließlich Ankleidezimmer.

Im Uhrenturm mit der Uhr aus dem 19. Jahrhundert befanden sich ursprünglich die Ställe, in denen auch die Kutschen untergebracht waren. Heute beherbergt das Gebäude Wohn- und Unterrichtsräume.

GRUNDRISS VON CULZEAN CASTLE

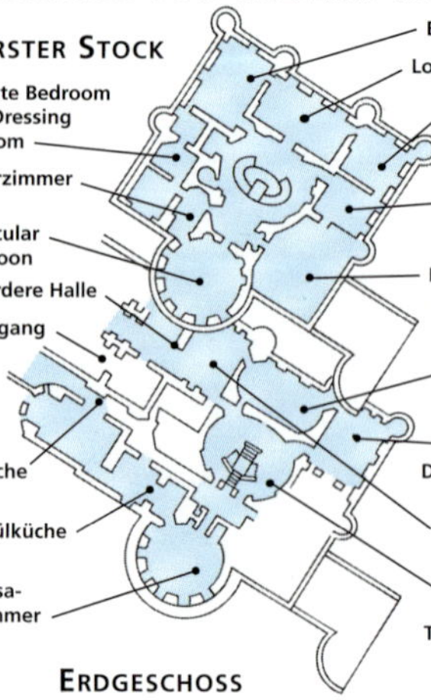

ERSTER STOCK

- State Bedroom & Dressing Room
- Vorzimmer
- Circular Saloon
- Vordere Halle
- Eingang
- Blauer Salon
- Long Drawing Room
- Lady Ailsas Boudoir
- Ankleidezimmer
- Eisenhower-Ausstellung
- Bibliothek

- Küche
- Spülküche
- Ailsa-Zimmer
- State Dining Room
- Waffensaal
- Ovales Treppenhaus

ERDGESCHOSS

NICHT VERSÄUMEN

★ Circular Saloon

★ Ovales Treppenhaus

Waffensaal

An den Wänden hängen Bajonette und Feuerstein-pistolen – Ausrüstung des West Lowland Fencible Regiment vor dem drohenden Einfall Napoléons.

Die Eisenhower-Ausstellung ehrt den General, der wegen seiner Verdienste im Zweiten Weltkrieg lebenslanges Wohnrecht auf Culzean Castle genoss.

INFOBOX

(NTS) 6 km von Maybole, Ayrshire. ☎ 01655 88 44 55. ➤ Ayr, dann Bus. **Burg** ◷ Apr–Okt: tägl. 10.30–17 Uhr. **Gelände** ◷ 9 Uhr bis Sonnenuntergang.
www.culzeanexperience.org

Fountain Court

Dieser etwas tiefer angelegte Garten ist ein guter Ausgangs-punkt für eine Besichtigungstour.

Kutschenweg

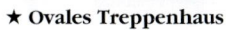

★ Circular Saloon

Der Salon liegt 46 Meter hoch auf einem Felsen über dem Firth of Clyde und wurde in den Originalfarben des 18. Jahrhunderts restauriert. Neben Louis-XVI-Stühlen wird eine Kopie des von Adam entworfenen runden Teppichs ausgestellt.

★ Ovales Treppenhaus

Das Treppenhaus mit dem großen Oberlicht und den ionischen und korinthischen Säulen gilt als eine der Meisterleistungen Adams.

NTS: National Trust for Scotland *siehe Seite 216*

GLASGOW

*G*lasgow punktet mit der frischen Architektur seiner neuen Gebäude, z. B. der ausgefallenen Erweiterung des Scottish Exhibition Centre, dem Angebot an Designershops und der Schlagfertigkeit seiner freundlichen Bewohner. In den 1970er Jahren war die Stadt grau und orientierungslos, geprägt durch die verblassende industrielle Geschichte, doch seither hat sich viel getan.

Glasgows Stadtzentrum am Nordufer des Clyde ist seit Urzeiten bewohnt. Die Kelten nannten es »Glas cu«. Schon vor über 2000 Jahren kamen die Römer in die Region, im 6. Jahrhundert ließ sich hier eine Religionsgemeinschaft nieder. Vom 12. Jahrhundert an spielte Glasgow eine wichtige Rolle als Handelsstadt.

Historische Gebäude wie das Stadthaus Provand's Lordship (15. Jh.) erinnern an die vorindustriellen Wurzeln, doch das moderne Glasgow gedieh durch den Reichtum des britischen Empire und der industriellen Revolution. Im 18. Jahrhundert importierte man Zucker, Rum und Tabak aus den Kolonien, im 19. Jahrhundert wurde Glasgow zum Zentrum der Baumwollproduktion. Später verlegte man sich auf den Schiffs- und Maschinenbau. Viele arme Menschen aus den Highlands, von den Inseln und aus Irland zogen in die Stadt. Zwischen 1780 und 1880 stieg die Bevölkerungszahl von 40 000 auf über 500 000 an. Die Stadtgrenzen verlagerten sich. Trotz einer Wirtschaftskrise zwischen den beiden Weltkriegen klammerte man sich bis in die 1970er Jahre, als traditionelle Fertigkeiten nicht mehr gefragt waren, an den Status des Industriegiganten. Es galt, schwere Zeiten zu überwinden, doch Glasgow meldete sich zurück: 1990 war es Europäische Kulturhauptstadt und 1999 Architekturhauptstadt Großbritanniens. Im Rahmen eines gigantischen Projekts wird nun das Hafengebiet für 500 Millionen Pfund umgestaltet.

Moderne Brasserien in der herausgeputzten Merchant City von Glasgow

◁ Buntglasfenster, eine der Arbeiten des Architekten und Designers Charles Rennie Mackintosh *(siehe S. 101)*

Überblick: Glasgow

Die Straßen in Glasgows Stadtzentrum verlaufen rasterartig von Ost nach West und von Nord nach Süd am Nordufer des Clyde entlang. Hier liegen auch die wichtigsten Bahnhöfe, Shops und die Information (George Square). Außerhalb des Zentrums ist die Byres Road westlich des Kelvingrove Parks mit ihren Bars und Restaurants nahe der Universität Mittelpunkt des West End. Im Pollok Country Park im Südwesten findet man die wunderbare Burrell Collection.

Detail der modernen Fassade des Mungo Museum

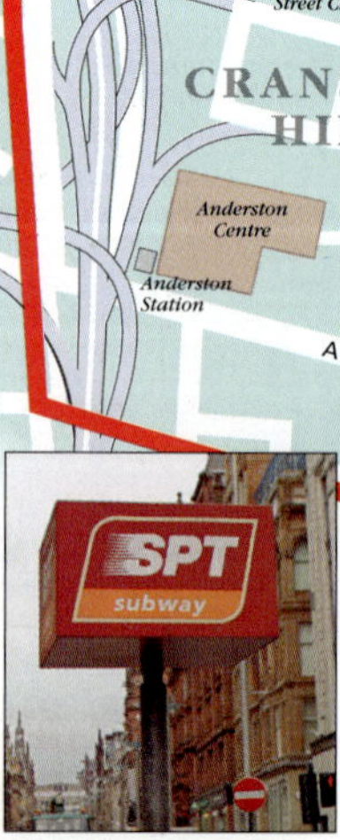

DOBBIE'S

COWCADDENS

M St Georges Cross

ST. GEORGE'S ROAD

NEW CITY ROAD

SHAMROCK ST

WEST GRAHAM STREET

Cowcaddens

M Police Station

STEWART ST

MAITLAND ST

RENTON STREET

PORT DUNDAS ROAD

BUCCLEUCH STREET

9 Tenement House

GARNETHILL

MILTON STREET

Passport Office

GARNET STREET

HILL STREET

SCOTT STREET

STREET

STREET

STREET

DALHOUSIE STREET

ROSE STREET

COWCADDENS

Piping Centre 6

MCPHATER ST

RENFREW

Glasgow School of Art

8

CAMBRIDGE STREET

Royal Scottish Academy of Music and Drama

Theatre Royal

Glasg Caledo Univer

SAUCHIEHALL STREET

Film Theatre

RENFREW

Television Studio

R O

NORTH STREET

Mitchell Library and Theatre

NEWTON STREET

King's Theatre

BATH STREET

BLYTHSWOOD STREET

7

SAUCHIEHALL

STREET

Pavilion Theatre

P

Bucha Bus Sta

Charing Cross Station

Police Headquarters

Willow Tea Room

Royal Concert Hall

KILLE STR

INDIA ST

ELMBANK STREET

HOLLAND ST

PITT STREET

BLYTHSWOOD SQUARE

WEST

REGENT STREET

STREET

BATH STREET

STREET

STREET

NILE ST

WEST

STREET

Buchanan St M

WEST

GEORGE

STREET

St George's Tron

Qu St Sta

St Vincent Street Church

ST VINCENT

CAMPBELL STREET

STREET

HOPE STREET

RENFIELD STREET

WEST STREET

Stock Exchange

CRANSTON HILL

DOUGLAS ST

BOTHWELL

WATERLOO

WEST STREET

STREET

ST VINCENT PLACE

SQ

Anderston Centre

CADOGAN STREET

GORDON ST

UNION STREET

ROYAL EXCHANGE SQUARE

1 Gallery of Modern Art

Anderston Station

HOLM STREET

WELLINGTON STREET

MITCHELL STREET

BUCHANAN STREET

QUEEN STREET

MILLER STREET

ARGYLE

STREET

Central Station

Princes Square Shopping Centre

St Enoch

ARGYLE STREET

SPT-Schild an der U-Bahn-Station St Enoch

In Glasgow unterwegs

Zwischen Glasgow und seinen Vororten bestehen gute Zugverbindungen. Das städtische U-Bahn-System verläuft nördlich und südlich des Clyde in einer Schleife um das Zentrum. Die Autobahn M8 führt durch das Zentrum und verbindet Inverclyde und den westlich gelegenen Flughafen mit Edinburgh im Osten. Busse und Taxis sind geeignete Alternativen.

SEHENSWÜRDIGKEITEN AUF EINEN BLICK

**Historische Straßen
und Gebäude**
George Square ❷
Glasgow Cathedral
  und Necropolis ❺
Pollok House ⓱
Willow Tea Room ❼

Museen und Sammlungen
Burrell Collection S. 104f ⓲
Gallery of Modern Art ❶
Glasgow Science Centre ❿
Hunterian Art Gallery ⓭
Kelvingrove Art Gallery
  and Museum ⓫

Museum of Transport ⓬
People's Palace ⓯
Provand's Lordship ❸
St Mungo Museum of
  Religious Life and Art ❹
Tenement House ❾

Parks und Gärten
Botanic Gardens ⓮

Kunstzentren
Glasgow School of Art ❽
House for an Art Lover ⓰
Piping Centre ❻

Sauchiehall Street, das Herz des
geschäftigen Einkaufsviertels

SIEHE AUCH

• *Hotels* S. 173–175

• *Restaurants* S. 190–192

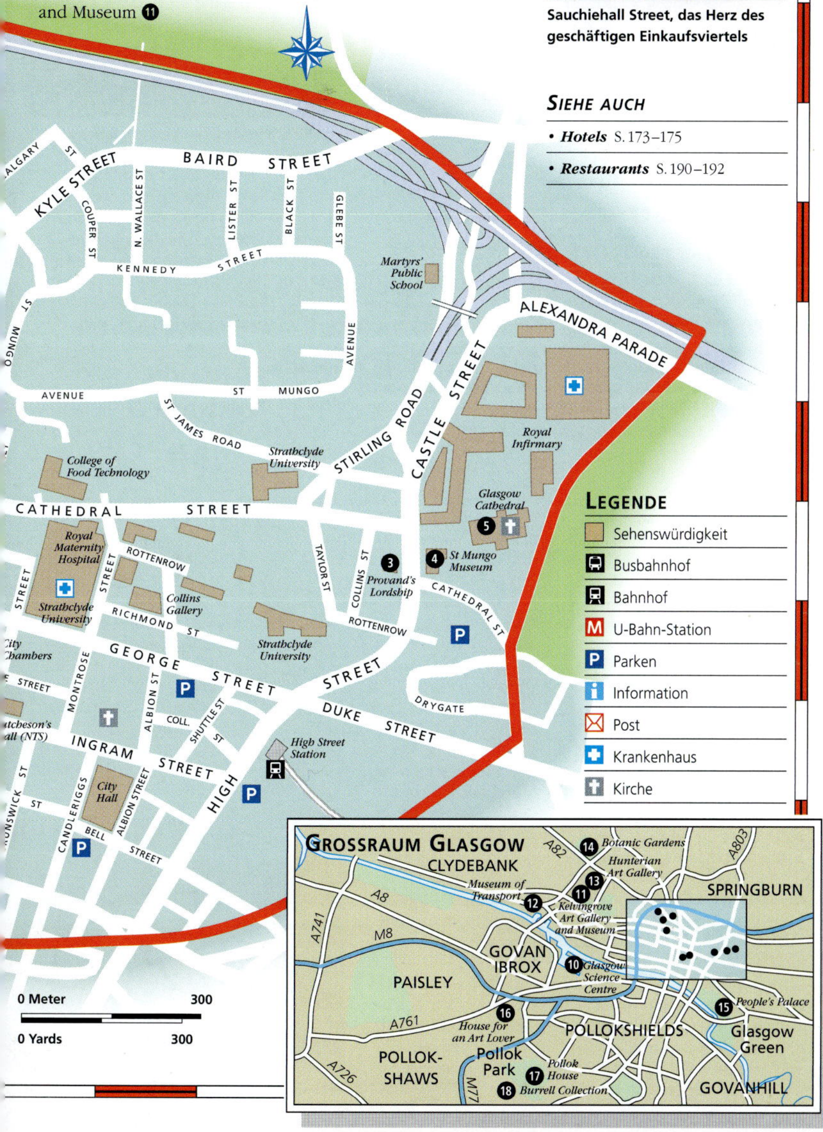

LEGENDE

▢	Sehenswürdigkeit
🚌	Busbahnhof
🚉	Bahnhof
Ⓜ	U-Bahn-Station
Ⓟ	Parken
ℹ	Information
✉	Post
✚	Krankenhaus
✝	Kirche

0 Meter   300

0 Yards   300

Die imposanten City Chambers auf dem George Square: Eine Statue von Sir Walter Scott krönt die Hauptsäule

Gallery of Modern Art ❶

Royal Exchange Sq. ☎ 0141 287 30 50. ◯ Mo–Mi u. Sa 10–17 Uhr, Do 10–20 Uhr, Fr u. So 11–17 Uhr. ♿ ☑ www.glasgowmuseums.com

Der frühere Sitz der Royal Exchange von Glasgow (der Börsenplatz der Stadt) wurde 1829 errichtet. Teil des Gebäudes ist eine hier am Ende des 18. Jahrhunderts erbaute Villa. Direkt nach Ende des Zweiten Weltkriegs übernahm die Stadtverwaltung das Gebäude, das dann viele Jahre als Bibliothek diente. Schließlich wurde 1996 die GoMA eröffnet. Sie zählt zu den bedeutendsten Museen für zeitgenössische Kunst in Großbritannien.

Prunkvoller Turm der Gallery of Modern Art

Die GoMA präsentiert eine beeindruckende Sammlung von Werken herausragender Glasgower Künstler. Zu sehen sind zudem Wechselausstellungen mit Gemälden schottischer wie internationaler Künstler. Viele von ihnen setzen sich mit aktuellen sozialkritischen Themen auseinander. Oft stehen von der Gesellschaft ausgegrenzte Randgruppen im Mittelpunkt der engagierten Werke.

George Square ❷

Stadtzentrum. **City Chambers** ☎ 0141 287 20 00. ☑ Mo–Fr 10.30 und 14.30 Uhr. ♿ **Merchant House** ☎ 0141 221 82 72. ☑ nach Vereinbarung.

Der George Square wurde im späten 18. Jahrhundert als Wohnviertel angelegt, seine Sanierung in der viktorianischen Ära sicherte ihm jedoch den Status als Mittelpunkt der Stadt. Von der Umgestaltung Ende des 19. Jahrhunderts blieb lediglich das Millennium Hotel (1807) an der Nordseite des Platzes verschont.

In den 1870er Jahren entstanden viele Gebäude, u.a. die ehemalige Post (1876) an der Südseite sowie das **Merchant House** (1877) an der Westseite. Letzteres ist Sitz von Glasgows Handelskammer. Die 1781 gegründete Organisation ist die älteste ihrer Art im Königreich.

Das imposanteste Gebäude auf dem George Square sind die **City Chambers** auf der Ostseite. Sie wurden von William Young im Stil der italienischen Renaissance entworfen und 1888 von Königin Victoria eröffnet. Das prunkvolle Gebäude mit den eleganten, marmor- und mosaikverzierten Räumen gehört zu den beeindruckendsten in Schottland.

Provand's Lordship ❸

3 Castle St. ☎ 0141 287 26 99. ◯ Mo–Do, Sa 10–17, Fr, So 11–17 Uhr.

Provand's Lordship wurde 1471 für den Kanonikus gebaut. Das älteste Haus Glasgows ist heute ein Museum. Die niedrigen Decken und die karge Einrichtung vermitteln einen guten Eindruck vom Leben einer wohlhabenden Familie im 15. Jahrhundert. Mary, Queen of Scots *(siehe S. 44)*, mag hier gewohnt haben, als sie 1566 ihren Cousin und Ehemann, Lord Darnley, in Glasgow besuchte.

Provand's Lordship, Glasgows ältestes Gebäude

St Mungo Museum of Religious Life and Art ❹

2 Castle St. 📞 0141 276 16 25. ⏰
Mo–Do, Sa 10–17, Fr, So 11–17 Uhr.
♿ 📷 nach Vereinbarung. 💻 🏛

Glasgow hat tiefe religiöse Wurzeln. Die Stadt entwickelte sich aus einer Siedlung. Deren erster Bau war ein im 6. Jahrhundert von dem Priester Mungo gegründetes Kloster. Mungo starb Anfang des 7. Jahrhunderts und liegt heute unterhalb der Kathedrale von Glasgow begraben. Das Gotteshaus selbst stammt aus dem 12. Jahrhundert, steht aber auf von St Ninian 397 gesegnetem Grund.

Detail am St Mungo Museum

Die steigende Anzahl an Besuchern der Kathedrale in den letzten Jahren legte die Einrichtung eines Informationszentrums nahe. Da aber trotz der Bemühungen der Society of Friends of Glasgow Cathedral nicht genügend finanzielle Mittel aufgebracht werden konnten, beschloss die Stadtbehörde, ein noch größeres Projekt, das Museum of Religious Life and Art, zu finanzieren. Das neben der Kathedrale auf dem ehemaligen Burggelände der Bischöfe von Glasgow (13. Jh.) ansässige Museum sieht einem jahrhundertealten befestigten Haus täuschend ähnlich, obwohl es erst 1993 fertiggestellt wurde.

Im Obergeschoss wird von der Religionsgeschichte des Landes in einer bewusst neutralen Art und Weise erzählt. Katholizismus, Protestantismus und andere Glaubensrichtungen des modernen Schottland sind hier vertreten. Berichtet wird auch über das Leben der umfangreichen muslimischen Gemeinde, die seit 1984 ihre eigene Moschee hat, wie auch über die Gläubigen aus Glasgow, die zum Bahaismus übergetreten sind.

Die anderen Etagen sind der Kunst gewidmet. Unter den Ausstellungsstücken sticht das Werk *Cruxifixion VII* von Craigie Aitchison heraus. Neben religiösen Kunstwerken wie Grabscheiben aus dem neolithischen China (2000 v.Chr.) und zeitgenössischen Gemälden der Aborigines Australiens kann man auch schottisches Buntglas vom Beginn des 20. Jahrhunderts bewundern.

Anhand weiterer Ausstellungsstücke werden Fragen von zentraler Bedeutung für Angehörige aller Glaubensrichtungen (Krieg, Verfolgung, Tod, Leben nach dem Tod) diskutiert sowie Themen aus entfernten Kulturen wie Westafrika und Mexiko erörtert. Im Park des Museums gibt es einen von Yasutaro Tanaka geschaffenen Zen-Garten. Seit Beginn des 16. Jahrhunderts bestehen solche schönen Anlagen als Kontemplationshilfe in jedem japanischen buddhistischen Tempel.

Ein imposantes Buntglasfenster im St Mungo Museum of Religious Life and Art

Blick vom Südwesten auf die mittelalterliche Kathedrale

Glasgow Cathedral und Necropolis ❺

Cathedral Square. **Cathedral** 📞 0141
552 68 91. ⏰ Apr–Sep: Mo–Sa 9.30–
17.30, So 13–17.30 Uhr; Okt–März:
Mo–Sa 9.30–16, So 13–16 Uhr. ♿
Necropolis ⏰ tägl. 24 Std.
www.glasgowcathedral.org.uk

Als eine der wenigen Kathedralen, die der Zerstörung während der schottischen Reformation *(siehe S. 44)* entgingen, ist die Glasgow Cathedral ein seltenes Beispiel einer fast vollständig erhaltenen Kirche des 13. Jahrhunderts.

Sie wurde auf dem Gelände einer vom heiligen Mungo, Bischof von Strathclyde (6. Jh.) und Schutzpatron der Stadt, gegründeten Kapelle errichtet. Einer Legende nach legte dieser unter den Leichnam eines Heiligen namens Fergus auf einen von Stieren gezogenen Karren. Dort, wo die Tiere anhielten, baute Mungo seine Kirche.

Wegen der Hanglage wurde die Kathedrale auf zwei Ebenen erbaut. Die Krypta beherbergt das Grab des heiligen Mungo, das von einer Phalanx reich verzierter Bündelpfeiler umgeben ist. Der Blacader Aisle soll über einem vom heiligen Ninian geweihten Friedhof erbaut worden sein.

Hinter der Kathedrale blickt der Reformer John Knox *(siehe S. 44)* von einer Säule über einen viktorianischen Friedhof auf die Stadt. Die Nekropole ist mit zum Teil prächtigen Denkmälern für die Toten der Glasgower Kaufmannsfamilien gefüllt.

Piping Centre 6

30–34 McPhater St. 📞 0141 353 02 20. 🕐 tägl. 10–16.30 Uhr. ♿ www.thepipingcentre.co.uk

D as Dudelsackzentrum eröffnete 1996 in einer umgebauten Kirche. Es illustriert die Geschichte der Dudelsackmusik in Schottland und beherbergt u. a. das **National Museum of Piping**, das die Herkunft des Instruments dokumentiert. Die Exponate zeigen, dass bereits im 14. Jahrhundert Dudelsäcke hergestellt wurden. Doch erst im 17. und 18. Jahrhundert erlebte das Instrument

Traditioneller Dudelsack

in den Highlands seine Blüte. Dies war die Ära der Mac-Crimmons of Skye (Dudelsackspieler der Chiefs des Clans MacLeod), die komplexe Melodien (*ceol mor*, »große Musik«) für Clan-Treffen oder Schlachten komponierten.

Willow Tea Room 7

217 Sauchiehall St. 📞 0141 332 05 21. 🕐 Mo–Sa 9–17, So 11–16.15 Uhr. www.willowtearooms.co.uk

D er Salon ist der einzig verbliebene einer ganzen Reihe von Tea Rooms, die Charles Rennie Mackintosh (*siehe S. 101*) für die Restaurantbesitzerin Miss Kate

Von Mackintosh geschaffenes Interieur im Willow Tea Room

Cranston gestaltete. Jedes Detail im Raum wurde vom Designer selbst entworfen.

Besonders der **Room de Luxe** von 1904 zeigt die Exzentrik seines Schöpfers: Silbernes und malvenfarbenes Mobiliar sowie buntes Glas schaffen ein Ambiente, in dem man wunderbar dekadent seinen Nachmittagstee genießen kann. Vor Kurzem wurde ein weiterer Willow Tea Room in der Buchanan Street eröffnet.

Fassade der Glasgow School of Art, ein Meisterwerk Mackintoshs

Glasgow School of Art 8

167 Renfrew St. 📞 0141 353 45 00. 🕐 Mo–Sa (nach Vereinbarung). 📷 ♿ eingeschränkt. www.gsa.ac.uk

D ie Glasgow School of Art gilt allgemein als die beste architektonische Leistung in der an Höhepunkten reichen Karriere des Charles Rennie Mackintosh. Sie wurde zwischen 1897 und 1909 erbaut, als Ergebnis eines gewonnenen Architekturwettbewerbs. Wegen finanzieller Probleme wurde sie in zwei Bauabschnitten realisiert. Die zuerst gebaute Osthälfte erscheint sehr streng und wurde von einem zeitgenössischen Kritiker mit einem Gefängnis verglichen. Die spätere Westhälfte mutet etwas sanfter an.

Architekturstudenten führen Sie durch die Furniture Gallery, den Board Room und die Bibliothek, ein Meisterwerk

der Raumkomposition. Welche Teile des wunderbaren Gebäudes zur Besichtigung offenstehen, hängt vom Lehrplan der Studenten ab, denn das Haus ist in erster Linie immer noch eine überaus aktive und erfolgreiche Kunsthochschule.

Tenement House 9

(NTS) 145 Buccleuch St. 📞 0141 333 01 83. 🕐 März–Okt: tägl. 13–17 Uhr. 📷 nach Vereinbarung.

T enement House ähnelt mehr einer Zeitkapsel als einem Museum: Die Besucher können erleben, wie sich das Leben in einem Glasgower Mietshaus des frühen 20. Jahrhunderts abgespielt hat. Glasgow verdankt einen großen Teil seiner Vitalität und Nachbarschaftlichkeit dem Leben in den Mietshäusern. Leider haben diese viktorianischen und edwardianischen Häuser heute einen schlechten Ruf und wurden vielfach einfach abgerissen.

Das Tenement House war das Zuhause von Miss Agnes Toward, die hier von 1911 bis 1965 lebte. Während dieser Zeit wurde es kaum verändert. Weil Agnes einfach nichts wegwerfen konnte, ist das Haus heute ein Schatzkästchen der Sozialgeschichte. Im Salon, den man nur bei besonderen Anlässen benutzte, ist noch das Teegeschirr zu bestaunen. Die Küche mit Kohleofen und Etagenbett ist vollgestopft mit Utensilien längst vergangener Zeiten, etwa einem altmodischen Waffeleisen, einem Waschbrett und einer Wärmflasche aus Stein. Lavendelwasser und Medizin der Bewohnerin sind noch immer im Bad zu sehen, so als wäre Agnes vor 70 Jahren nur kurz ausgegangen.

Die erhaltene edwardianische Küche im Tenement House

Hotels und Restaurants in Glasgow siehe Seiten 173–175 und 190–192

»Glasgow Boys«

Ende des 19. Jahrhunderts war Glasgow mit Malern wie Sir James Guthrie und Robert McGregor Künstlerhochburg. Doch der Snobismus der Edinburgher Szene vertrieb viele Künstler aus Schottland. Der Begriff der »Glasgower Schule« kam nach der Londoner Ausstellung 1890 auf, die Akteure selbst bezeichneten sich lieber als »Glasgow Boys«. Auch das Jugendstilgenie Charles Ren-

Detail am House for an Art Lover

nie Mackintosh trug viel zum kreativen Leben der Stadt sowie zu der neuen Glasgow School of Art bei. Die Kunsthochschule wurde in zwei Phasen 1899 und 1909 erbaut. In jüngerer Zeit meint man mit dem Begriff »Glasgow Boys« jene Künstler, die in den 1970er und 1980er Jahren die Glasgow School of Art besuchten. Zeitgenössische Künstler aus Glasgow sind Ken Currie und Peter Howson.

Stirling Station **von William Kennedy** *(1859–1918) zeigt Wartende auf einem Bahnsteig. Die bunten Farben und der Dampf der Lokomotiven tragen zur lebendigen Atmosphäre des dargestellten Bahnhofs bei.*

A Star **(1891) von Sir John Lavery** *ist ein typisches Werk des Porträtmalers. Er wurde in Belfast geboren, studierte in Glasgow und war Vertreter der von Whistler und den Impressionisten beeinflussten Glasgower Schule.*

The Wayfarer **von Edward Arthur Walton** *(1860–1922) lenkt den Blick des Betrachters mithilfe des sich schlängelnden Wegs in die Ferne.*

Das House for an Art Lover *(siehe S. 103) wurde 1901 von Mackintosh entworfen, aber erst 1996 gebaut. Gebäude und Interieur basieren auf den Originalplänen.*

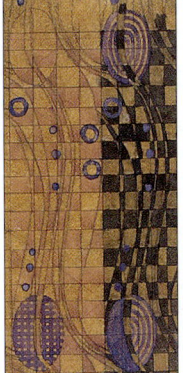

Mackintoshs Tulpen *auf schachbrettartigem Hintergrund sind ein Musterbeispiel für Jugendstil-Dekor und zeigen den Gegensatz organischer und geometrischer Formen.*

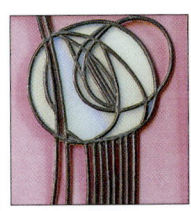

Mackintoshs typische runde Formen *erkennt man auf diesem Detail einer Glastür im House for an Art Lover.*

CHARLES RENNIE MACKINTOSH

Glasgows berümtester Designer (1868–1928) kam 1884 auf die Glasgow School of Art. Nach dem Erfolg des Willow Tea Room entwickelte er sich zum führenden Vertreter des Jugendstils. Seine Mischung aus geschwungenen und geraden Linien ist für das frühe 20. Jahrhundert typisch.

Glasgow Science Centre ❿

50 Pacific Quay. ☎ *0141 420 50 00.*
◻ *tägl. 10–17 Uhr.* 🎦 ♿
www.glasgowsciencecentre.org

Der beeindruckende glänzende Turm dieses neuen Technologieparks ist ein unverwechselbares Erkennungszeichen der Stadt. 2001 wurde der mit Titan verkleidete Komplex am Südufer des Clyde eröffnet. Der Bau kostete 75 Millionen Pfund.

Das dreistöckige Zentrum zeigt die Welt der gewöhnlichen Technologie sowie eine Vielzahl an dynamischen, interaktiven Ausstellungen und Multimedia-Vorstellungen. Das einzige IMAX-Kino Schottlands befindet sich gleich nebenan und zeigt atemberaubende Bilder aus Natur und Wissenschaft. Weitere Attraktion ist ein Labor, in dem man eigene Haut und Haare untersuchen kann. Der sich drehende 127 Meter hohe Turm ist der höchste frei stehende Schottlands.

Kelvingrove Art Gallery and Museum ⓫

Argyle St, Kelvingrove. ☎ *0141 276 95 99.* **McLellan Galleries** Sauchiehall St. ☎ *0141 565 41 37.* ◻ *Mo–Do, Sa 10–17, Fr, So 11–17 Uhr.* 🏛
www.glasgowmuseums.com

Das imposante rote Backsteingebäude beherbergt Schottlands populärste Kunstgalerie und eine großartige

George Henrys *Japanese Lady with a Fan* **(1894), Kelvingrove**

Sammlung. Kelvingrove wurde nach umfassenden Umbauarbeiten 2006 wiedereröffnet. Kunstliebhaber können in den McLellan Galleries in der Nähe des Stadtkerns mehr als 200 Gemälde bewundern. Die Werke repräsentieren verschiedene Themen der Hauptsammlung und wurden entsprechend angeordnet. Britische Maler des 19. Jahrhunderts finden sich hier, z. B. Turner und Constable, sowie französische Impressionisten und holländische Renaissance-Meister. Schottischen Künstlern *(siehe S. 101)* wird ebenso ausreichend Raum gewidmet. Höhepunkte sind zwei Arbeiten des Glasgower Designers Mackintosh. Von Dalí kann *Christ of St John of the Cross* bestaunt werden. Darüber hinaus findet man eine große naturhistorische Sammlung.

Museum of Transport ⓬

1 Bunhouse Rd. ☎ *0141 287 27 20.* ◻ *Mo–Do u. Sa 10–17, Fr u. So 11–17 Uhr.* ♿ 🎦

Mit Sitz in Kelvin Hall spiegelt das Museum den einstigen rasanten industriellen Aufschwung der Stadt wider. Schiffsmodelle, Dampfmaschinen, Autos und Motorräder wecken Erinnerungen an das 19. und frühe 20. Jahrhundert, als Glasgow zweitwichtigste Industriestadt des British Empire war. Das alte Glasgow wird durch Originalfilme zum Leben erweckt: Die Rekonstruktion einer Straße von 1938 mit Jugendstil-Fassaden, Kino und U-Bahn-Station fasziniert jeden.

Rekonstruktion einer Straße von 1938 mit U-Bahn-Station, Museum of Transport

Hunterian Art Gallery ⓭

82 Hillhead St. ☎ *0141 330 54 31.* ◻ *Mo–Sa 9.30–17 Uhr.* ● *24. Dez– 4. Jan.* ● **www**.hunterian.gla.ac.uk

Ursprünglich wurde die Galerie errichtet, um Gemälde unterzubringen, die der frühere Student und Mediziner Dr. William Hunter (1718–1783) der Universität hinterließ. Heute ist hier Schottlands bedeutendste Gemäldesammlung zu sehen mit europäischen Künstlern ab dem 16. Jahrhundert. Die Sammlung mit Werken von Charles Rennie Mackintosh *(siehe S. 101)* wird durch eine Rekonstruktion des Hauses Nr. 6 Florentine Terrace vervoll-

Kelvingrove Art Gallery und die Glasgow University, von Süden gesehen

Hotels und Restaurants in Glasgow *siehe Seiten 173–175 und 190–192*

ständigt, in dem der Künstler 1906–14 lebte. Schottische Malerei ist vertreten durch William McTaggart (1835–1910). Zu sehen sind zudem Werke von James McNeill Whistler (1834–1903), der zahlreiche Maler der Glasgower Schule beeinflusste.

Whistlers *Sketch for Annabel Lee* (um 1869), Hunterian Art Gallery

Botanic Gardens ⑭

Great Western Rd. 📞 0141 334 24 22. 🕐 7 Uhr–Sonnenuntergang. ♿ 📷 nach Vereinbarung.

Der Park liegt am Ufer des Kelvin. Ursprünglich wurde ein Botanischer Garten 1817 an anderer Stelle angelegt, aber schon 1842 eröffneten die Botanic Gardens an ihrem heutigen Standort. Neben den Gewächshäusern mit Palmen und tropischen Pflanzen ist vor allem der **Kibble Palace** einen Besuch wert.

Eines der Gewächshäuser der Botanic Gardens in Glasgow

Dieser Glaspalast wurde vom viktorianischen Ingenieur John Kibble am Loch Long in den Highlands erbaut und 1870 an den heutigen Platz gebracht. Fleischfressende Pflanzen, Orchideen und Baumfarne erfreuen Besucher.

People's Palace ⑮

Glasgow Green. 📞 0141 271 29 51. 🕐 Mo–Do, Sa 10–17 Uhr, Fr, So 11–17 Uhr. ♿

Das viktorianische Sandsteingebäude wurde 1898 als Kulturmuseum für die Bewohner des Glasgower East End erbaut. Es gibt einen Überblick über die Stadt und ihre Bewohner vom 12. bis zum 20. Jahrhundert und zeigt Exponate von Gewerkschaftsflaggen über Plakate der Suffragetten bis hin zu den bananenförmigen Stiefeln des Komikers Billy Connolly. Der exotische Wintergarten mit Tropenpflanzen und Vögeln lädt zum Ausruhen ein.

House for an Art Lover ⑯

Bellahouston Park, Dumbreck Rd. 📞 0141 353 47 70. 🕐 Mo–Mi 10–16, Do–So 10–13 Uhr. ● Fr; bei Veranstaltungen. 📷 ♿ 📷 nach Vereinb.

Die Pläne für das »Haus für einen Kunstliebhaber« wurden 1900 von Charles Rennie Mackintosh und seiner Partnerin Margaret Macdonald

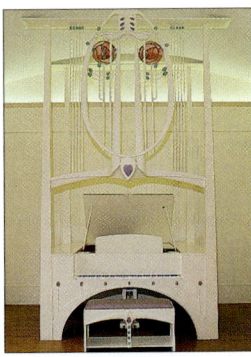

Mackintosh-Klavier im Musikzimmer, House for an Art Lover

als Wettbewerbsbeitrag bei einem deutschen Magazin eingereicht. Es ging darum, einen Landsitz für einen eleganten und gebildeten Kunstliebhaber zu entwerfen. Da es sich um eine rein theoretische Übung handelte, konnte das Designerpaar ohne Rücksicht auf Kosten und Logistik planen und gewann für seinen Entwurf einen Sonderpreis.

Mehr als 80 Jahre blieben diese Entwürfe ungenutzt, bis sich der Ingenieur Graham Roxburgh, der bereits andere Mackintosh-Interieurs in Glasgow renoviert hatte, entschloss, das House for an Art Lover zu bauen. 1989 begannen die Bauarbeiten, fertiggestellt wurde das Haus 1996. Es ist Sitz eines Design-Studios und eines Studienzentrums für Studenten der Glasgow School of Art, daran angeschlossen ist ein Café.

Die Räume im Erdgeschoss geben einen hervorragenden Einblick in die Visionen von Mackintosh und das künstlerische Talent seiner Partnerin Macdonald. Der Oval Room mit seinen harmonischen Proportionen erstrahlt in einer einzigen hellen Farbe und war als Rückzugsort für die Damen geplant. Blickfang des Musikzimmers ist das ausgefallene Piano.

Die Haupthalle führt zum Speisesaal mit großer Tafel und steinernem Kamin. Im gesamten Haus beeindruckt die Liebe zum Detail – selbst die Außenfassade stellt eine außergewöhnliche künstlerische Meisterleistung von C. R. Mackintosh dar.

Blick aus südlicher Richtung auf das georgianische Pollok House

Pollok House ⑰

(NTS) 2060 Pollokshaws Rd. 🅲
0844 493 22 02. ⬭ tägl. 10–17 Uhr.
🔲 nur Apr–Okt. 🔲 ♿

Das Pollok House zählt zu den schönsten Wohnhäusern des 18. Jahrhunderts und beherbergt eine der wertvollsten Sammlungen spanischer Malerei in Großbritannien. Das schlichte Äußere des 1750 fertiggestellten neoklassizistischen Mittelteils verrät nichts von dem pompösen Inneren. Die Familie Maxwell bewohnt das Haus seit dem 13. Jahrhundert, die männliche Linie starb jedoch mit John Maxwell aus, der die Eingangshalle hinzufügte sowie Garten und Park entwarf. Über dem Familiensilber, Porzellan, geschliffenem Glas und handbemalten chinesischen Tapeten hängen Gemälde der holländischen und britischen Schule, u. a. William Blakes *Sir Geoffrey Chaucer and the Nine and Twenty Pilgrims* (1745) und William Hogarths Porträt von James Thomson, dem Verfasser des Textes von *Rule Britannia*.

Die spanische Sammlung mit Werken aus dem 16. bis 19. Jahrhundert wird angeführt von El Grecos *Frau mit Pelz* (1541), das in der Bibliothek hängt. Im Salon sind Werke von Goya und Estéban Murillo zu sehen. 1966 übergab Anne Maxwell Macdonald das Haus samt Grundstück an die Stadt Glasgow. Auf dem Gelände befindet sich auch die Burrell Collection.

NTS: National Trust for Scotland *siehe Seite 216*

Burrell Collection ⑱

Dem reichen Schiffsreeder William Burrell (1861–1958) verdankt Glasgow diese wundervolle Sammlung mit wertvollen Kunstgegenständen verschiedenster Art. Das Juwel unter Glasgows Sammlungen ist in einem 1983 eigens dafür errichteten Gebäude untergebracht. Wenn die Sonne scheint, erstrahlen die Buntglasfenster in den herrlichsten Farben, während die gedämpften Tapeten mit dem Park zu verschmelzen scheinen.

Hutton Castle Drawing Room
Nachbildung des Malzimmers von Burrells Hutton Castle (16. Jh.) in der Nähe von Berwick-upon-Tweed. Eingangshalle und Speisesaal sind ebenfalls zu besichtigen.

Stierkopf
Dieser in der Türkei gefundene Bronzekopf (7. Jh. v.Chr.) war Teil eines Kesselhenkels.

Hornby Portal
Dieser Teil des Torbogens zeigt ein Wappen. Das Portal (14. Jh.) stammt aus dem Hornby Castle in Yorkshire.

Haupteingang

Statue eines Lohan
Dieser als Gott verehrte Heilige stammt aus der Ming-Dynastie (1484).

NICHT VERSÄUMEN

★ Buntglasfenster
★ Wandteppiche

Rembrandt
*Dieses 1632 signierte
Selbstporträt gehört zu
den Meisterwerken der
holländischen Malerei
des 16. und 17. Jahr-
hunderts.*

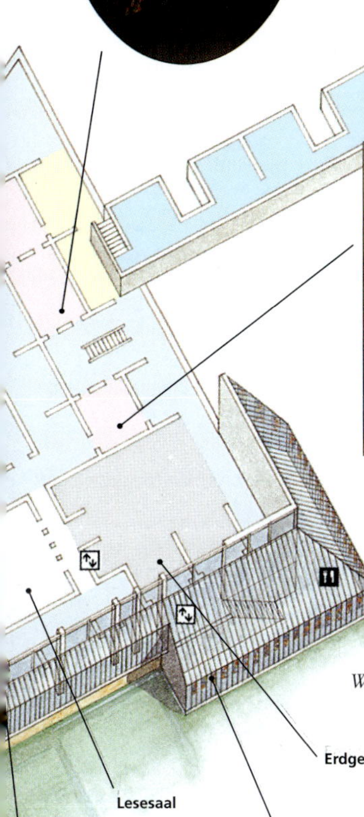

Zwischen-
geschoss

INFOBOX

2060 Pollokshaws Rd, Glasgow.
0141 237 25 50.
Pollokshaws West. 45, 47,
48, 57 *von Glasgow.* Mo–Do,
So 10–17 Uhr, Fr, So 11–17 Uhr.

KURZFÜHRER
*Bis auf die Alten Meister (Zwi-
schenebene) befinden sich alle
Sammlungen im Erdgeschoss.
Die Räume rechts der Ein-
gangshalle sind Wandteppi-
chen, Buntglas und Skulp-
turen gewidmet, der Bereich
hinter der Eingangshalle dem
Altertum und der Moderne.*

LEGENDE

	Altertum
	Fernöstliche Kunst
	Europäische Kunst des Mittel- alters und Spätmittelalters, Buntglas, Wandteppiche
	Moderne Sammlungen
	Hutton Castle Rooms
	Gemälde und Zeichnungen
	Wechselausstellungen

Matthijs Maris
*Der Stil des holländi-
schen Malers war im
späten 19. Jahrhun-
dert sehr beliebt.
Das Gemälde* Die
Schwestern *(1875)
ist eines von 50 Maris-
Werken in der Burrell
Collection.*

Erdgeschoss

Lesesaal

★ Buntglasfenster
*Der sich am Feuer wär-
mende Mann ist eines
der vielen Motive. Das
Buntglasfenster aus dem
15. Jahrhundert schmückte
vorher eine Kirche in Suffolk.*

★ Wandteppiche
*Dieser Ausschnitt
der* Szenen aus dem
Leben der Jungfrau
Maria, *einer Schwei-
zer Arbeit in Wolle
und Leinen (um
1450), repräsentiert
nur einen Teil der
vielen Tapisserien.*

SHOPPING

Glasgow selbst hat etwa 580 000 Einwohner, doch als Zentrum eines großen Ballungsgebietes im westlichen Zentralschottland ist es die Haupteinkaufszone für fast die Hälfte der schottischen Bevölkerung. Seine Beliebtheit verdankt Glasgow dem Ruf als modebewussteste schottische Stadt. Zusam-

Ortak-Brosche

men mit dem wirtschaftlichen Aufschwung in den 1990er Jahren führte dies zur Eröffnung vieler sehr schöner Läden, Boutiquen und Malls. Im Gegensatz dazu ist der Besuch des farbenfrohen Barras-Straßenmarkts am Wochenende ein traditionelleres, wenn auch ein wenig »anarchisches« Einkaufserlebnis.

St Enoch Centre, eine der Einkaufspassagen

EINKAUFSZENTREN

Die imposanten Buchanan Galleries sind der Sitz von Läden und Kaufhäusern wie **John Lewis**. Das **Italian Centre** in **Princes Square** umfasst Designer-Boutiquen, das St Enoch Centre beherbergt das Warenhaus **Debenhams**. Das traditionellste Kaufhaus ist das **House of Fraser**.

MÄRKTE

Ein Muss ist der Besuch des Wochenmarkts **The Barras** im östlichen Stadtzentrum. Der Name ist eine dialektale Variante von »The Barrows« (Karren) aus der Zeit, als Waren noch vom Karren verkauft wurden.

Auf dem heutigen Platz zwischen Gallowgate und London Road wird seit den 1920er Jahren ein Markt veranstaltet. Jedes Wochenende kommen Tausende von Schnäppchenjägern auf der

Jagd nach Trödel, preiswerter Kleidung oder CDs vorbei.

MODE

Viele Designerläden befinden sich in den Einkaufspassagen im Zentrum. Daneben verkauft **Cruise** Designermarken für Männer und Frauen. **Diesel** hat ein Outlet in der Buchanan Street. Dort finden Sie auch **Karen Millen**, einen Shop für die schicke, berufstätige Frau. In den Buchanan Galleries gibt es bei **Schuh** ein großes Angebot an Schuhen für beide Geschlechter. **Pied à Terre** führt Damenschuhe. **Ella Bulloch** ist der beste Ort, um Hüte zu kaufen oder zu leihen. Luxuriöse Unterwäsche bietet **Pampas Lingerie** an.

Überall in der Stadt gibt es auch Secondhand-Läden. **Mr Ben** verkauft Kleidung mit dem amerikanischen Chic der 1950er Jahre, **Starry Starry Night** pflegt Klassischeres.

Graham Tiso ist der beste Laden für Outdoor-Kleidung. Von Stiefeln bis hin zur Bergsteigerausrüstung findet man hier alles. Tartan-Liebhaber sollten **Hector Russell** einen Besuch abstatten, einem Highland-Ausstatter, der maßgeschneiderte Kilts verkauft.

Im West End kann man in vielen kleinen Boutiquen stöbern, z. B. bei **Pink Poodle**, wo man hippe Mode und Accessoires findet.

DELIKATESSEN

Glasgows bestes Delikatessengeschäft ist **Fratelli Sarti**, ein traditionsreicher italienischer Laden, der auch gute Weine verkauft. Die Delikatessenkette **Peckham's** hat eine Verkaufsstelle in der Glassford Street. Der als bester Käsehändler im Land geltende **Iain Mellis** eröffnete 1995 einen Laden in Glasgow. Er ist *das* Geschäft im Westen Schottlands für Käse aus nichtpas-

Glenlivet
Whisky

Traditioneller »Karren«-Obststand auf Glasgows Barras Market

Hotels und Restaurants in Glasgow *siehe Seiten 173–175 und 190–192*

teurisierter Milch. **Roots & Fruits** ist Glasgows führender Obst- und Gemüseladen. **Grass Roots** verkauft leckeres Brot. Neben Ketten wie **Oddbins**, die Bier, Wein und Spirituosen führen, gibt es **The Whisky Shop** im Zentrum und den **Ubiquitous Chip Wine Shop** im West End.

BUCHLÄDEN

Glasgow hat viele Buchhandlungen. **Borders Books** in der Buchanan Street und **Waterstone's** in der Sauchiehall Street sind Filialen mit einer großen Auswahl und netten Cafés. **Caledonia Books** im West End verkauft gebrauchte und antiquarische Bücher aus allen erdenklichen Themenbereichen. Hier sollte man unbedingt ein wenig in den Regalen stöbern.

Argyle Street: eine typische Glasgower Einkaufsstraße

KUNST UND DESIGN

Zahlreiche kleine Galerien residieren in den Straßen hinter dem Tron Theatre, beispielsweise das **Glasgow Print Studio** und **Art Exposure**. Auch die **Redcoat Gallery** hält Überraschendes bereit. Bei der **Glasgow Art Fair**, die En- de April in Glasgows Galerien stattfindet, kann man zeitgenössische Kunstwerke erstehen. Für Antiquitätenliebhaber gibt es das große **Heritage House** am Yorkhill Quay am Fluss Clyde. Möbel und Innenausstattung haben **Designworks** oder auch **Dallas and Dallas** im Angebot.

AUF EINEN BLICK

EINKAUFSZENTREN

Debenhams
97 Argyll St, G2 8AR.
℡ 0141 221 00 88.

House of Fraser
45 Buchanan St, G1 3HR.
℡ 0141 221 38 80.

Italian Centre
7 John St, G1 1HP.
℡ 0141 552 63 68.

John Lewis
Buchanan Galleries,
G1 2GF.
℡ 0141 353 66 77.

Princes Square
48 Buchanan St, G1 3JX.
℡ 0141 221 03 24.

MODE

Cruise
180 Ingram St, G1 1DN.
℡ 0141 572 32 32.

Diesel
116–120 Buchanan St,
G1 2JW.
℡ 0141 221 52 55.

Ella Bulloch
461 Clarkston Rd,
G44 2LW.
℡ 0141 633 00 78.

Graham Tiso
129 Buchanan St, G1 2JA.
℡ 0141 248 48 77.

Hector Russell
110 Buchanan St,
G1 2JN.
℡ 0141 221 02 17.

Karen Millen
36 Buchanan St,
G1 3JX.
℡ 0141 243 21 36.

Mr Ben
Studio 6, 101 King St,
G1 5RB.
℡ 0141 553 19 36.

Pampas Lingerie
74 Hyndland Rd,
G12 9UT.
℡ 0141 357 23 83.

Pied à Terre
45 Buchanan St,
G1 3JN.
℡ 0141 221 04 63.

Pink Poodle
181 Byres Rd,
G12 8TS.
℡ 0141 357 33 44.

Schuh
112–114 Argyle St,
G2 8BH.
℡ 0141 248 73 31.

Starry Starry Night
19–21 Dowanside Lane,
G12 9BZ.
℡ 0141 337 18 37.

DELIKATESSEN

Fratelli Sarti
133 Wellington St, G2
2XD. ℡ 0141 248 22 28.

Grass Roots
20 Woodlands Road, G3
6UR. ℡ 0141 353 32 78.

Iain Mellis
492 Great Western Rd,
G12 8EW.
℡ 0141 339 89 98.

Oddbins
132 Woodlands Rd,
G3 6LF.
℡ 0141 332 16 63.

Peckham's
61–65 Glassford St,
G1 1UG.
℡ 0141 553 06 66.

Roots & Fruits
351 Byres Rd, G12 8AU.
℡ 0141 339 51 64.

**Ubiquitous Chip
Wine Shop**
12 Ashton Lane, G12
8SJ. ℡ 0141 334 50 07.

The Whisky Shop
220 Buchanan St, G1
2GF. ℡ 0141 331 00 22.

BUCHLÄDEN

Borders Books
98 Buchanan St, G1.
℡ 0141 222 77 00.

Caledonia Books
483 Great Western Rd,
G12 8HL.
℡ 0141 334 96 63.

Waterstone's
153–157 Sauchiehall St,
G2 3EW.
℡ 0141 332 91 05.

KUNST UND DESIGN

Art Exposure
19 Parnie St, G1 5RJ.
℡ 0141 552 77 79.

Dallas and Dallas
18 Montrose St, G1 1RE
℡ 0141 552 29 39.

Designworks
38 Gibson St, G12 8NX.
℡ 0141 339 95 20.

Glasgow Art Fair
℡ 0141 204 44 00.

Glasgow Print Studio
22 King St, G1 5QP.
℡ 0141 552 07 04.

Heritage House
3b Yorkhill Quay Estate,
G3 8QE.
℡ 0141 334 49 24.

Redcoat Gallery
323 North Woodside Rd,
G20 6RY.
℡ 0141 341 00 69.

UNTERHALTUNG

Eine Flagge feiert Glasgow als »die freundliche Stadt«

Die Dance Music der 1990er Jahre hatte mit Glasgow, der Stadt mit dem aufregendsten Nachtleben Schottlands, ein ideales Zentrum gefunden. Mit den Veranstaltungsorten im Scottish Exhibition and Conference Centre und dem Barrowlands ist die Musikszene auch heute gut vertreten. Die Stadt hat eine Reihe Mainstream-Kinos sowie das Glasgow Film Theatre, ein Zentrum für Filmkunstfreunde. In der Stadt finden viele Kultur-Events statt, darunter das jährliche Celtic Connections Festival für internationales Folk. Einige große Orchester, das Scottish Ballet und die Scottish Opera haben in der Stadt ihren Sitz. Das Citizens' ist ein angesehenes Theater, Tramway und Arches bieten große, innovative Produktionen.

Eugen-Onegin-Aufführung der Scottish Opera im Theatre Royal

INFORMATION

Das Magazin *The List* führt alle in Glasgow und Edinburgh stattfindenden Ereignisse auf. Die Zeitschrift *The Skinny* liegt kostenlos ist Restaurants und Clubs aus.

KLASSISCHE MUSIK UND OPER

Schottlands Nationaloper, die Scottish Opera, ist im **Theatre Royal** untergebracht und führt etwa acht Opern pro Spielzeit auf.

Die **Glasgow Royal Concert Hall** ist die Hauptspielstätte des Royal Scottish National Orchestra. Hier treten auch große internationale Orchester auf. Die Spielzeit dauert von Oktober bis April, mit weiteren klassischen Konzerten während des Jahres. Kleinere Veranstaltungen finden in den beiden Hallen der **Royal Scottish Academy of Music and Drama** statt. An zahlreichen weiteren Orten in der Stadt werden Theaterstücke und Konzerte aufgeführt.

ROCK, JAZZ UND WORLD MUSIC

Rockbands treten an mehreren Orten auf: im Auditorium sowie im **Armadillo** des **Scottish Exhibition and Conference Centre**. Die meisten Konzerte finden jedoch im **Barrowlands** statt. Daneben gibt es das **King Tut's Wah Wah Hut**, wo Oasis entdeckt wurden, und die **O_2 Academy**.

Musiker vor den City Chambers während eines Jazzfestivals

Jazz-Fans gehen ins **Cottier's** und ins The ABC. Die Royal Concert Hall veranstaltet das Celtic Connections Festival und wie der **Old Fruitmarket** auch internationale Konzerte.

KINO

Das **Cineworld** hat 18 Kinosäle, das **Odeon at the Quay** am Südufer des Clyde wartet mit immerhin zwölf auf. Das **Glasgow Film Theatre**, kurz GFT, zeigt Kunstfilme sowie fremdsprachige Filme. Einen Besuch lohnt außerdem das neue **IMAX-Theatre**.

Die schicke Café-Bar im Tron Theatre im Stadtzentrum

THEATER UND TANZ

Das schottische Ballett hat seinen Sitz im Theatre Royal *(siehe Klassische Musik und Oper)*. Hier gastieren auch klassische und zeitgenössische ausländische Tanzensembles und bekannte Theatergruppen aus anderen britischen Städten auf ihren Tourneen.

Das **Citizens' Theatre** spielt gute Stücke, von griechischen Tragödien bis zu modernen Dramen, und rühmt sich zu Recht, Schottlands bestes

Theater zu sein. **Tramway** und **Arches** sind berühmt für ihre experimentelle Kunst. Im **Tron** und im Cottier's Theatre *(siehe Rock, Jazz und World Music)* sieht man kleinere Produktionen. Kommerzielle Events wie Musicals und Pantomime finden im beliebten **King's** statt.

Altes Straßenschild für das West End

BARS UND CLUBS

Der Besucher kann zwischen traditionellen Pubs mit Altstadt-Flair und hippen Bars wählen. Die Einheimischen treffen sich gerne in den altmodischen Pubs, z.B. im **Horseshoe** im Zentrum, im **Griffin** in der Bath Street und im **Halt**. Moderne Bars gibt es erst seit Kurzem: Das **Home** und die **Bar 91** in der Merchant City sowie die Bar in der ersten Etage des **Radio** im West End sind gut besucht. Auch **Bar Soba** ist eine empfehlenswerte Cocktailbar. Die Clubkultur der Stadt ist weit über ihre Grenzen berühmt. Jeder Club bietet an den einzelnen Abenden verschiedene Musikstile an, z.B. Hip-Hop, House, Techno oder Drum 'n' Bass. Arches *(siehe Theater und Tanz)*, **Sub Club**, **The Tunnel**, **The Soundhaus**, **Artá** und **Mas** gehören sicherlich zu den besten.

SPORT

Glasgow hat die erfolgreichsten Fußballclubs des Landes: **Celtic** und die **Glasgow Rangers**. Jeder der beiden Vereine hat ein großes, beeindruckendes Stadion. Während der Fußballsaison von August bis Mai findet in der Regel mindestens ein Spiel pro Woche statt. Schottlands renoviertes **Hampden National Stadium** ist Austragungsstätte der inländischen Cup-Finals und großer internationaler Fußballspiele.

Celtic-Fans auf den Tribünen feuern ihr Fußballteam an

AUF EINEN BLICK

KLASSISCHE MUSIK UND OPER

Glasgow Royal Concert Hall
2 Sauchiehall St, G2 3NY.
0141 353 80 00.
www.glasgowconcert
halls.com

Royal Scottish Academy of Music and Drama
100 Renfrew St, G2 3DB.
0141 332 50 57.

Theatre Royal
282 Hope St, G2 3QA.
0141 332 90 00.
www.ambassadortickets.
com

ROCK, JAZZ UND WORLD MUSIC

Barrowlands
244 Gallowgate, G4 0TT.
0141 552 46 01.

Cottier's
93 Hyndland St, G11 5PX.
0141 357 58 25.

King Tut's Wah Wah Hut
272a St Vincent St, G2 5RL.
0141 221 52 79.

O₂ Academy
121 Eglington St, G5 9NT.
0141 418 30 00.

Old Fruitmarket
Albion St, G1 1NQ.
0141 353 80 80.

Scottish Exhibition and Conference Centre/Armadillo
Finnieston, G3 8YW.
0141 248 30 00.

KINO

Cineworld
7 Renfrew St, G1 2LR.
0141 353 66 99.

Glasgow Film Theatre
12 Rose St, G3 6RB.
0141 332 81 28.

IMAX-Theatre
50 Pacific Quay, G51 1FA.
0141 420 50 00.

Odeon at the Quay
Paisley Road West,
G5 8NP.
0871 224 40 07.

Odeon City Centre
56 Renfield St, G2 1NF.
0141 332 34 13.

THEATER UND TANZ

Arches
253 Argyll St, G2 8DL.
0870 240 75 28.

Citizens' Theatre
119 Gorbals St, G5 9DS.
0141 429 00 22.

King's
297 Bath St, G2 4JN.
0141 240 11 11.

Tramway
25 Albert Drive, G41 2PE.
0845 330 35 01.

Tron
63 Trongate, G1 5HB.
0141 552 42 67.

BARS UND CLUBS

Artá
13 Walls St, G1 IDA.
0141 552 21 01.

Bar 91
91 Candleriggs, G1 1NP.
0141 552 52 11.

Bar Soba
11 Mitchell Lane, G1 3NU.
0141 204 24 04.

Griffin
266 Bath St, G2 4JP.
0141 331 51 71.

Halt
160 Woodlands Rd,
G3 6LF.
0141 352 99 96.

Home
80 Albion St, G1 1NY.
0141 552 17 34.

Horseshoe
17 Drury St, G2 5AE.
0141 229 57 11.

Mas
Royal Exchange Sq, G1.
0141 248 44 20.

Radio
44–46 Ashton Lane, G12
8SJ. 0141 334 66 88.

The Soundhaus
47 Hyde Park St, G3 8BW.
0141 221 46 59.

The Sub Club
22 Jamaica St, G1 4QD.
0141 248 46 00.

The Tunnel
84 Mitchell St, G1 3NA.
0141 204 10 00.

SPORT

Celtic
Celtic Park,
95 Kerrydale St, G40 3RE.
0870 161 18 88.

Glasgow Rangers
Ibrox Stadium,
G51 2YX.
0141 600 19 93.

Hampden National Stadium
Hampden Park,
Letherby Drive, G42 9BA.
0141 620 40 00.

ZENTRALSCHOTTLAND

Zentralschottland ist voller Kontraste: Wilden, malerischen Landschaften stehen große, moderne Industriestädte gegenüber. Durch die Region verlief einst die Grenze zwischen den englischsprachigen Lowlands und den gälischen Highlands. Noch heute spürt man bei einer Reise nach Norden die Gegensätze.

Der Highland Boundary Fault verläuft durch Zentralschottland, von Arran im Südwesten bis nach Stonehaven an der Nordostküste. Die Bruchlinie bildet die Grenze zwischen den Highlands und den Lowlands. Hier kontrastieren karge Berglandschaft und grünes Weideland. Jahrhundertelang trafen an dieser natürlichen Grenze zwei unterschiedliche Kulturen aufeinander: Im Norden und Westen sprach man Gälisch und fühlte sich den Clan-Chiefs verpflichtet. Eine Lebensweise, die allerdings im 18. Jahrhundert mit zunehmender Dominanz der englisch geprägten Lowlands zur Randerscheinung wurde.

In den Lowlands, deren Bewohner in Gebieten wie Lanarkshire und den Lothians über Kohlevorräte verfügten, gedieh die Industrie prächtig, während die Highlands entvölkert und schließlich nur noch zum Jagen und für die Schafzucht genutzt wurden.

In Zentralschottland liegen die Gegensätze von Highland und Lowland, vorindustrieller Vergangenheit und Industrie noch immer eng nebeneinander, etwa Stirling Castle (16. Jh.), das am Oberlauf des Forth nicht weit entfernt von petrochemischen Fabriken und Kraftwerken emporragt. Vom industrialisierten Glasgow, der größten Stadt Schottlands, gelangt man schnell zu den fast unberührten Trossachs und den Hügeln von Arran. Das erste mit einem Kohlehochofen betriebene Eisenwerk Schottlands wurde 1759 in Carron errichtet, unweit von Falkirk, wo Bonnie Prince Charlie 13 Jahre zuvor einen seiner letzten Militärsiege als britischer Thronanwärter errang. Perth und Dundee, zwei Handelszentren, liegen nahe an der wilden Landschaft der südlichen Highlands.

Blick von der Goat Fell Ridge, nahe Brodick, über die Berge von Arran

◁ **Zeitgemäße Nutzung: Golfplatz auf einem herrschaftlichen Anwesen in Zentralschottland**

Überblick: Zentralschottland

Zentralschottland ist bemerkenswert kontrastreich. Auf der Isle of Arran, die vor der Westküste liegt, lockt der Höhenzug des Goat Fell mit den aufregendsten Wanderwegen Schottlands, während die Isle of Bute im Norden ein eher beschauliches Ausflugsziel ist. Auf dem Festland hebt sich die wildromantische Bergregion der Trossachs nahe Callander vom Tiefland des Forth Valley weiter östlich ab. Am Ende des Forth thront Stirling Castle im Schatten der Ochil Hills, am Tay findet man Perth in ähnlicher Lage. Weiter meerwärts am Firth of Tay, wo man den Blick weit schweifen lassen kann, lädt Dundee, Schottlands viertgrößte Stadt, zu einem Besuch ein.

Loch Katrine in den Trossach Mountains

IN ZENTRALSCHOTTLAND UNTERWEGS

Die Hauptzentren auf dem Festland wie Stirling, Perth und Dundee sind bequem von Edinburgh oder Glasgow aus mit dem Zug oder über die Autobahn zu erreichen, doch für die Berge im Binnenland (z. B. für The Trossachs) empfiehlt sich ein Auto. Arran oder Bute erreicht man mit dem Auto oder dem Zug von Glasgow und dann per Autofähre von den Häfen an der Ayrshire-Küste (Ardrossan, Wemyss Bay). Die Inseln sind ideal für Fahrradtouren.

SIEHE AUCH

- *Hotels* S. 175–177
- *Restaurants* S. 192–194

Aberdeen

Stonehaven

Fettercairn

A92

A90

Inverbervie

St Cyrus

Brechin

South Esk

Montrose

Kirriemuir

Forfar

Inverkeilor

Ballater

9

GLAMIS CASTLE

Pitlochry

Coupar Angus

A93

A90

Arbroath

A92

nkfoot

A9

New Scone

DUNDEE **10**

Carnoustie

PERTH 8

A90

A92

Leuchars

terarder

M90

A91

11 ST ANDREWS

Cupar

A915

Fife Ness

EAST NEUK

13 **FALKLAND PALACE**

Kinross

Anstruther

12

Pittenweem

Loch Leven

Glenrothes

St Monans

Isle of May

ll Hills

A92

Kirkcaldy

ROSS

14 DUNFERMLINE

North Berwick

Firth of Forth

Dunbar

M9

Edinburgh

A1

Gifford

A720

Lammermuir Hills

A702

Pathhead

A68

Eyemouth

A1

Biggar

Peebles

A7

Melrose

Preston

Berwick-upon-Tweed

Dundee am Ufer des Tay

0 Kilometer 20

0 Meilen 15

LEGENDE

▬▬	Autobahn
▬▬	Schnellstraße
▬▬	Hauptstraße
═══	Nebenstraße
▬▬	Panoramastraße
┈┈	Eisenbahn (Hauptstrecke)
┈┈	Eisenbahn (Nebenstrecke)
△	Gipfel

SEHENSWÜRDIGKEITEN AUF EINEN BLICK

Antoniuswall **16**

Arran **2**

Bute **3**

Culross **15**

Doune Castle **7**

Dundee **10**

Dunfermline **14**

East Neuk **12**

Falkirk Wheel **17**

Falkland Palace **13**

Firth of Clyde **1**

Glamis Castle **9**

Loch Lomond **4**

Perth **8**

St Andrews **11**

Stirling S. 120f **6**

The Trossachs S. 116f **5**

Weitere Zeichenerklärungen *siehe hintere Umschlagklappe*

Firth of Clyde ❶

Grafschaften westlich von Glasgow.
🚉 *Helensburgh und Dumbarton im Norden; Troon und Ayr im Süden.*
⛴ *von Largs nach Great Cumbrae; von Gourock nach Dunoon.*
ℹ️ *Largs 0845 225 51 21; Dumbarton 01389 74 23 06.*

Vieles am Firth of Clyde erinnert an die industrielle Vergangenheit – kein Wunder bei einer Wasserstraße, die Glasgow, das einstige Wirtschaftszentrum des British Empire *(siehe S. 46)*, mit der Irischen See und dem Atlantik verbindet. **Greenock**, etwa 40 Kilometer westlich von Glasgow gelegen, war einst ein bedeutendes Schiffsbauzentrum. Die Stadt ist nicht sehr schön, doch auf jeden Fall lohnt sich ein Besuch in der **McLean Museum and Art Gallery**, die über den Ingenieur James Watt *(siehe S. 24)* informiert. Am Princes Pier starten die Ausflugsfahrten über den Clyde.

Dumbarton am Nordufer, 24 Kilometer von Glasgow entfernt, wurde im 5. Jahrhundert gegründet. Das Schloss thront auf einem Felsen hoch über der Stadt. Der Firth ist L-förmig, verbreitert sich im Nordwesten hinter der Erskine Bridge und geht dann auf der Höhe von Gourock Richtung Süden in offeneres Gewässer über. Kip Marina im nahen **Inverkip** ist ein wichtiger Yachthafen. Viele Orte an der Ayrshire-Küste sind seit viktorianischer Zeit Ferienorte. In **Largs**, wo sich 1263 Schotten und Wikinger bekämpften, befindet sich ein Multimedia-Zentrum über die Wikinger.

Der alte Hafen in Brodick, dahinter die Goat-Fell-Bergkette

Mit der Fähre gelangt man zu der nicht weit vor der Küste liegenden **Great Cumbrae Island**, deren größte Stadt Millport an einer malerischen Bucht liegt.

Der Westen des Firth of Clyde, dessen Berge und Lochs an die Cowal-Halbinsel grenzen, ist relativ wenig erschlossen. Die einzige nennenswerte Stadt ist **Dunoon**, die einst ein viktorianisches Urlaubsgebiet war und noch immer vom Fremdenverkehr lebt. Lange Zeit waren hier am Holy Loch Atom-U-Boote der USA stationiert, sodass ein starker amerikanischer Einfluss zu spüren war. Heute ist der Militärstützpunkt geschlossen.

🏛 **McLean Museum and Art Gallery**
15 Kelly St, Greenock. 📞 *01475 71 56 24.* 🕐 *Mo–Sa 10–17 Uhr.*

Arran ❷

North Ayrshire. 👥 *4500.* ⛴ *von Ardrossan nach Brodick; von Claonaig (Isle of Mull) nach Lochranza (nur Apr–Okt).* ℹ️ *Ayr 01292 29 03 00.*
www.ayrshire-arran.com

Arran ist seit Ende der letzten Eiszeit besiedelt. Das zeigen die neolithischen Grabkammern auf der Insel, etwa die bei **Torrylinn** nahe Lagg im Süden. Um **Machrie** an der Westküste stehen Steinkreise aus der Bronzezeit.

Um 800 n.Chr. kamen die Wikinger und hinterließen ihre Spuren. Nach der Schlacht von Largs 1263, als Alexander III die Normannen schlug, kaufte Schottland den Wikingern 1266 Arran ab.

Heute ist Arran bei Besuchern vor allem wegen seiner Golfplätze in Brodick, der Whiting Bay und Lamlash beliebt. Auch geangelt wird hier gerne. Brodick ist die einzige echte Stadt auf der Insel. In den anderen, eher bergigen Gegenden findet man die besten Bergwanderwege Zentralschottlands. Die **Goat Fell Ridge** östlich des Glen Rosa und westlich von **Beinn Tarsuinn** ist eine zerklüftete Landschaft von wilder Schönheit.

Robert the Bruce weilte nach seiner Heimkehr nach Schottland 1307 auf Arran. Sein Gefolge hatte zuvor die Garnison im **Brodick Castle** überfallen, das von Anhängern des Königs von England besetzt war. Man sagt, Bruce habe von Arran aus das Signalfeuer an der Ayrshire-Küste gesehen. Es war ein Zeichen für die Möglichkeit seiner Rückkehr auf das Festland und eines Feldzugs gegen die Engländer *(siehe S. 43)*. Trotz vieler Anbauten stammen Teile des Schlosses noch aus dem 13. Jahrhundert.

Golfer auf der Isle of Arran

⚓ **Brodick Castle**
(NTS) Brodick. 📞 *01770 30 22 02.*
Castle 🕐 *Apr–Sep: tägl 11–16 Uhr.*
Park 🕐 *tägl.* 🚫 📷 ♿

Anlegestelle in Largs für die Fähren zur Great Cumbrae Island

Hotels und Restaurants in Zentralschottland *siehe Seiten 175–177 und 192–194*

Majestätisch thront Ben Lomond mit seinem Schneegipfel über dem Loch Lomond

Bute ❸

Argyll & Bute. 🚶 7000. 🚢 von der Wemyss Bay nach Rothesay; von Colintraive nach Rhubodach. 🚌 von Dunoon. 🛈 Rothesay 01700 50 21 51.

Die Insel Bute ist fast eine Verlängerung der Halbinsel Cowal. Die kleine Fähre von Colintraive benötigt nur fünf Minuten für die Fahrt über die Kyles of Bute nach Rhubodach. Da Bute von Glasgow schwer zu erreichen ist, wählen die meisten den Weg über die Wemyss Bay am Firth of Clyde zur Hauptstadt der Insel, Rothesay.

Bute ist seit der Bronzezeit besiedelt. Die Insel ist nur 25 Kilometer lang und maximal acht Kilometer breit. Die Ruinen der Kapelle am St Ninian's Point an der Westküste stammen aus dem 6. Jahrhundert. **Rothesay Castle**, heute ebenfalls eine Ruine, stammt

aus dem 12. Jahrhundert. Im 13. Jahrhundert kämpften die Inselbewohner gegen die Wikinger. Seit den letzten 120 Jahren ist Bute hauptsächlich Erholungsort.

Eine seiner Hauptattraktionen ist das **Mount Stuart House** fünf Kilometer südlich von Rothesay. Das große, 1877 vom dritten Marquis of Bute erbaute Herrenhaus liegt in einem Park aus dem 18. Jahrhundert. Im schönen gotischen Gebäude spiegelt sich das Interesse des Marquis an Mythologie, Religion und Astronomie wider.

♣ Rothesay Castle
Castle Hill St, Rothesay. 📞 01700 50 26 91. ⬜ Apr–Sep: tägl. 9.30–17.30 Uhr; Okt–März: Sa–Mi 9.30–16.30 Uhr. 🎫

♣ Mount Stuart House
Mount St. 📞 01700 50 38 77. ⬜ tägl. ⬤ Mai–Sep: Di und Do. 🎫 📷 ♿

Bute mit dem Kames Castle (14. Jh.) an der Spitze der Kames Bay

Loch Lomond ❹

West Dunbartonshire, Argyll & Bute, Trossachs. 🚆 Balloch, Tarbet. 🚌 Balloch, Balmaha. 🛈 Balloch 08707 20 06 07.

Von Schottlands Lochs ist Lomond wohl der bekannteste. Er liegt nur 30 Kilometer nordwestlich von Glasgow und ist damit leicht erreichbar. Der See ist das größte Süßwasserreservoir der Britischen Inseln. Er ist 35 Kilometer lang und misst an seiner breitesten Stelle im Süden acht Kilometer. Auf manchen seiner 30 Inseln stehen Ruinen. Das Nordende ist schmaler und tiefer.

Vom Duncryne aus, einem kleinen Hügel fünf Kilometer nordöstlich von **Balloch** an der Südküste, hat man einen exzellenten Blick auf Loch Lomond. Ein Großteil des Gebiets wurde 2002 zu Schottlands erstem Nationalpark erklärt, der am neuen Besucherzentrum **Loch Lomond Shores** in Balloch beginnt. Die Westküste ist mit Dörfern wie **Luss** und **Tarbet** erschlossen und zieht viele Besucher an.

Der Kontrast zwischen dem Loch und dem **Ben Lomond** (974 m) ist beeindruckend. Viele Wanderer kommen hierher, denn an seinem Ostufer führt die beliebteste Fernwanderweg Schottlands entlang, der West Highland Way (siehe S. 207) von Glasgow nach Fort William. Vom Balloch Pier starten regelmäßig Ausflugsboote. Rennboote, Kajaks und Jetski kann man sich ausleihen, für Wassersportfans ist also gesorgt.

NTS: National Trust for Scotland siehe Seite 216

The Trossachs ❺

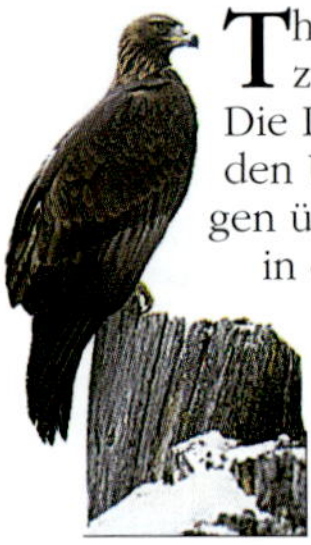

Steinadler

The Trossachs bilden die Grenze zwischen High- und Lowlands. Die Landschaft ist geprägt durch den Übergang von schroffen Bergen über einsame Wälder und Seen in eine idyllische Kulturlandschaft. Die Schönheit der Natur und die Vielfalt ihrer Fauna mit Goldadlern, Wanderfalken, Rotwild und Wildkatzen haben zahlreiche Schriftsteller inspiriert. Unter ihnen ist Sir Walter Scott *(siehe S. 86)*, der hier die Handlung mehrerer Romane angesiedelt hat. Ein Großteil des Gebiets wurde 2002 zum ersten Nationalpark Schottlands erklärt, dem Loch Lomond and The Trossachs National Park.

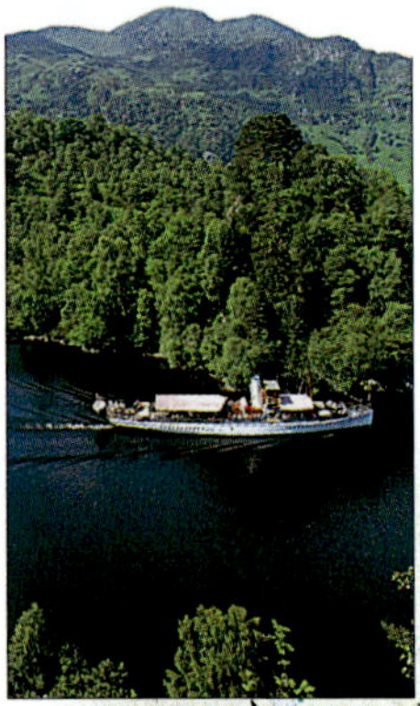

Loch Katrine
Der Schauplatz von Walter Scotts Gedicht Das Fräulein vom See *(1810) kann auf einem Dampfer erkundet werden, der den Namen des Autors trägt.*

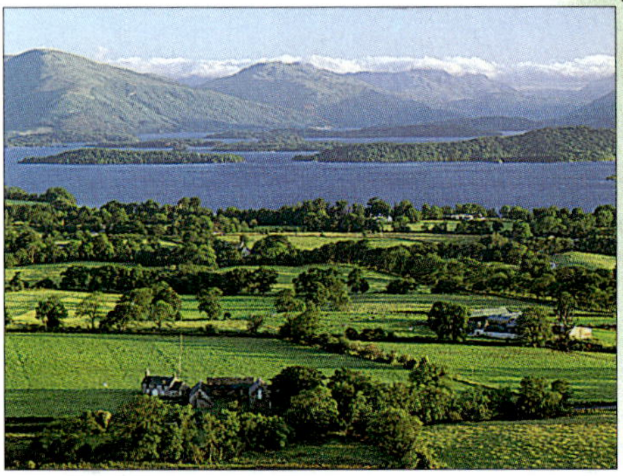

Loch Lomond
Der größte Süßwassersee Großbritanniens ging durch die Ballade eines fern der Heimat sterbenden Jakobitensoldaten in die Geschichte ein. Statt wie seine Kameraden die high road *müsse er bei seiner Rückkehr die* low road, *die »Straße der Toten«, nehmen.*

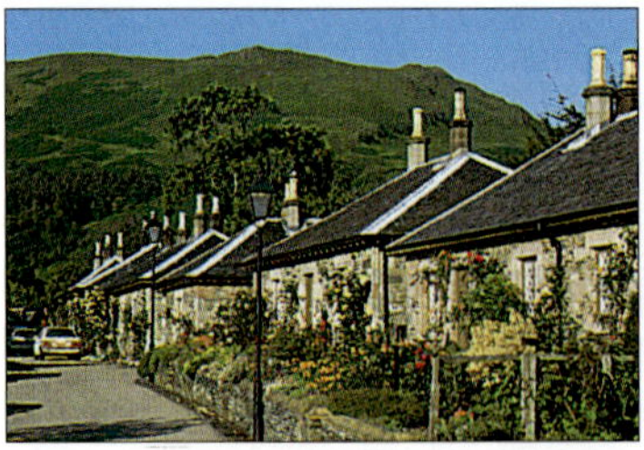

Luss
Schmucke Reihenhäuser kennzeichnen Luss, das am Westufer des Loch Lomond zwischen grünen Hügeln liegt. Für viele Schotten zählt Luss zu den schönsten Orten in Zentralschottland.

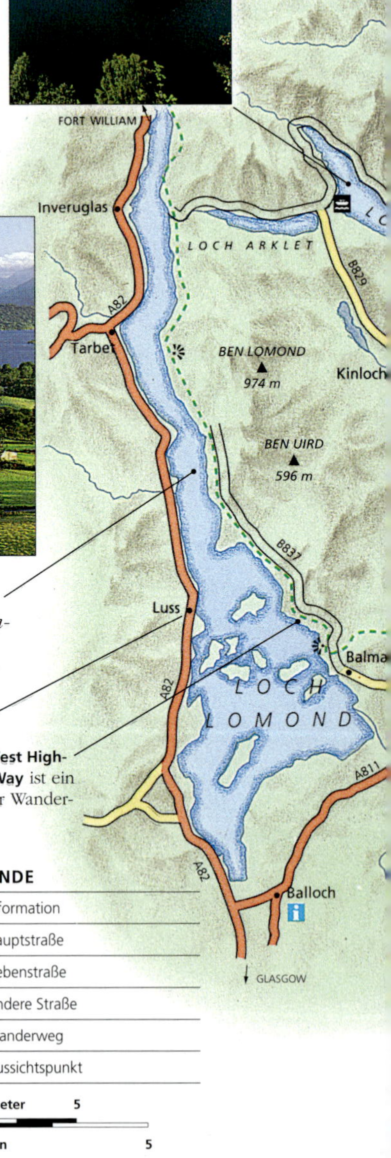
FORT WILLIAM
Inveruglas
LOCH ARKLET
B829
A82
Tarbet
BEN LOMOND
974 m
Kinloch
BEN UIRD
596 m
B837
Luss
Balma
LOCH LOMOND
A82
A811
Balloch
GLASGOW
LEGENDE
Information
Hauptstraße
Nebenstraße
Andere Straße
Wanderweg
Aussichtspunkt
0 Kilometer 5
0 Meilen 5

Der West Highland Way ist ein idealer Wanderweg.

Hotels und Restaurants in Zentralschottland *siehe Seiten 175–177 und 192–194*

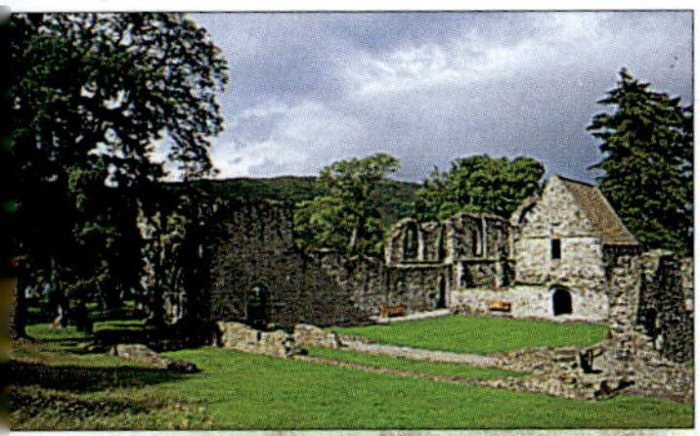

Inchmahome Priory
Mary Stuart versteckte sich vor ihrer Flucht nach Frankreich in diesem Inselkloster vor den Soldaten Henrys VIII.

INFOBOX

Central. *Stirling.* *Callander.* *Ancaster Sq, Callander 08707 20 06 28.* *tägl.* **Inchmahome Priory**, *nahe Aberfoyle an der A81.* *0131 668 88 00.* *Apr–Sep: tägl.* *eingeschränkt.* **Sir Walter Scott Steamer**, *Katrine Pier.* *01877 376 316.*

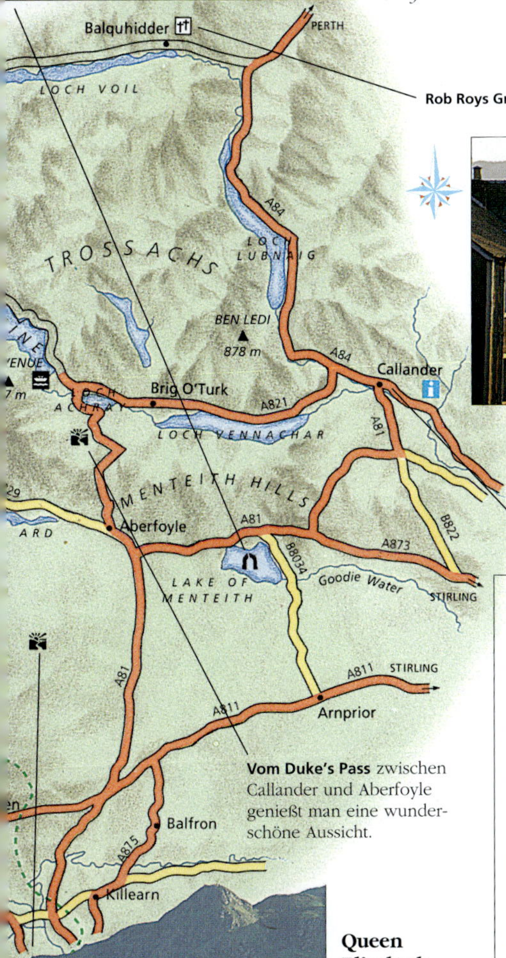
Balquhidder
PERTH
LOCH VOIL
A84
LOCH LUBNAIG
TROSSACHS
BEN LEDI
878 m
A84
Callander
Brig O'Turk
LOCH ACHRAY
A821
LOCH VENNACHAR
A81
MENTEITH HILLS
B822
Aberfoyle
A81
A873
ARD
LAKE OF MENTEITH
B8034
Goodie Water
STIRLING
A81
A811
STIRLING
A811
Arnprior
Balfron
A875
Killearn

Rob Roys Grab

Vom Duke's Pass zwischen Callander und Aberfoyle genießt man eine wunderschöne Aussicht.

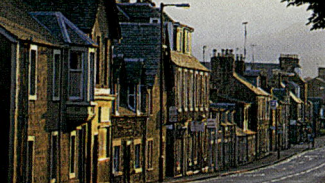

Callander
Wer von hier aus das Gebiet erkundet, sollte sich im Rob Roy and Trossachs Visitor Centre informieren.

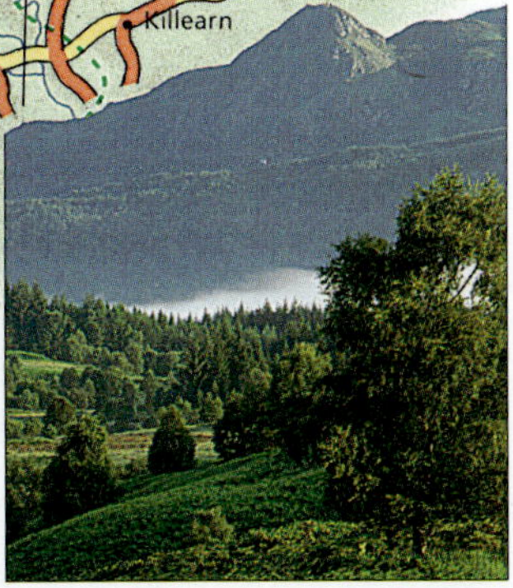

Queen Elizabeth Forest Park
Viele Wanderwege durchziehen dieses waldreiche Bergland zwischen Loch Lomond und Aberfoyle, in dem Moorhuhn und Rotwild beheimatet sind.

ROB ROY (1671–1734)

Robert MacGregor, besser bekannt als Rob Roy oder Red Robert (wegen seiner roten Haare), lebte als Hirte in der Nähe von Loch Arklet. Nach mehreren harten Wintern sah er keinen anderen Ausweg, als von den Reichen zu stehlen, um seinen Clan zu ernähren. Als der Duke of Montrose ihn daraufhin ächtete und sein Haus niederbrannte, schloss er sich den Jakobiten an. Überfälle auf Besitztümer des Herzogs und wiederholte Flucht aus dem Gefängnis machten ihn zum Robin Hood von Schottland. Rob Roy wurde 1725 begnadigt und verbrachte seine letzten Lebensjahre in Balquhidder, wo er auch begraben ist.

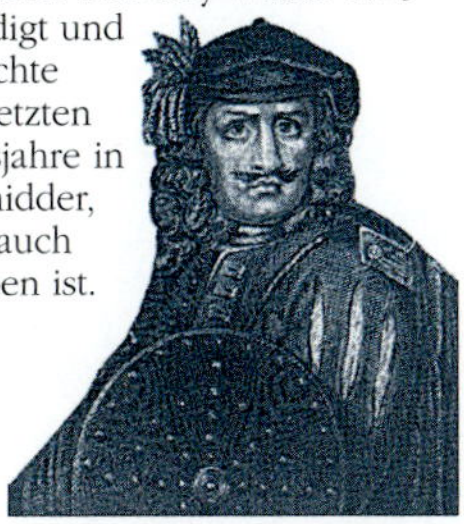

Stadthaus der Dukes of Argyll, Stirling, aus dem 17. Jahrhundert

Stirling ❻

Central. 🚶 *28 000*. 🚉 🚌
ℹ️ Dunbarton Rd 01786 47 50 19.
www.visitstirling.org

Die Stadt Stirling ist um eine der bedeutendsten Burgen Schottlands entstanden. Die Altstadt unterhalb der Burg ist von einer Mauer umgeben. Diese wurde im 16. Jahrhundert gebaut, als Mary Stuart vor Henry VIII flüchtete. In der mittelalterlichen **Church of the Holy Rude**, die in der Castle Wynd liegt und in der der Thronfolger James VI gekrönt wurde, ist eine seltene Stichbalkendecke zu sehen. Vor der Kirche steht die Fassade des unvollendeten Stadtpalasts **Mar's Wark**, der 1570 vom ersten Earl of Mar in Auftrag gegeben und 1746 von den Jakobiten zerstört wurde. Gegenüber befindet sich das herrliche Stadthaus der Dukes of Argyll aus dem 17. Jahrhundert.

Umgebung: Das **Bannockburn Heritage Centre** liegt nur drei Kilometer südlich von Stirling auf dem Schlachtfeld, auf dem Robert the Bruce *(siehe S. 43)* 1314 die Engländer schlug. Nach dem Kampf ging er so weit, die Burg niederzureißen, damit sie nicht in Feindeshand fallen konnte. Eine bronzene Reiterstatue erinnert an den schottischen Volkshelden.

ℹ️ **Bannockburn Heritage Centre**
(NTS) Glasgow Rd.
📞 01786 81 26 64. ⏰ März–Okt: tägl. 10–17.30 Uhr.
🚫 24. Dez–Feb. ♿ 🅿️

Stirling Castle

Die hoch gelegene, mächtige Burg, die eine wichtige Rolle in der schottischen Geschichte spielte, ist eine der besterhaltenen Renaissance-Burgen des Landes. Angeblich hat König Arthur die Burg von den Sachsen erobert, allerdings ist ihre Existenz vor 1124 nicht bewiesen. Die heutige Burganlage stammt aus dem 15. und 16. Jahrhundert. Den letzten Kampf erlebte sie 1746 gegen die Jakobiten. Von 1881 bis 1964 diente Stirling Castle als Truppenunterkunft, heute begegnet man hier hauptsächlich Urlaubern.

Wasserspeie an der Burgmauer

Robert the Bruce
Moderne Statue des schottischen Königs mit seinem Schwert nach der Schlacht von Bannockburn 1314.

Prince's Tower

Waffenlager

Burgtor

Stirling Castle zur Zeit der Stuarts, Ölgemälde von Johannes Vorsterman (1643–1699)

◁ Nicht nur im Herbst idyllisch: Loch Ard, nicht weit von Stirling in The Trossachs

★ Palast
*Das eher nüchtern ein-
gerichtete Innere wird
von 38 ornamentierten
Holzmedaillons mit den
Porträts der Könige von
Schottland geschmückt.*

INFOBOX
Castle Wynd, Stirling. ☎ 01786
45 00 00. ⏱ Apr–Sep: tägl.
9.30–18 Uhr; Okt–März: tägl.
9.30–17 Uhr. 📷 außer Mu-
seum. ♿ eingeschr. 🎫 🍴 🛒 🏛
www.historic-scotland.gov.uk

Im King's Old Building
ist das Regiments-
museum der Argyll
and Sutherland High-
landers untergebracht.

★ Schlosskapelle
*Valentine Jenkins' Fres-
ken aus dem 17. Jahr-
hundert schmücken
die 1594 rekon-
struierte Kapelle.*

Zwinger

NICHT VERSÄUMEN

★ Palast

★ Schlosskapelle

Die Great Hall
aus dem Jahr 1500 hat
eine ähnliche Decke
wie die im Edinburgh
Castle *(siehe S. 60f).*

Der Elphinstone
Tower wurde 1714 ab-
gerissen, um eine Abschuss-
rampe für Kanonen zu schaffen.

Grand Battery
*Sieben Kanonen stehen auf dieser Brust-
wehr, die 1708 als Folge der Revolution von
1688 (siehe S. 45) hinzugefügt wurde.*

DIE SCHLACHTEN VON STIRLING
Durch seine Lage nahm Stirling eine
Schlüsselposition im Kampf der
Schotten um ihre Unab-
hängigkeit ein. Sieben
Schlachtfelder sind vom
Schloss aus zu sehen. Das
67 Meter hohe Wallace
Monument bei Abbey
Craig erinnert an den
Sieg von William Wallace
über die Engländer 1297
in Stirling Bridge, Vorbote
des Siegs von Bruce 1314.

Das viktorianische
Wallace Monument

NTS: National Trust for Scotland siehe Seite 216

Blick über den Tay auf Perth

Doune Castle ❼

Doune, Central. 📞 01786 84 17 42. 🚆 🚌 *Stirling, dann Bus.* ⏰ *Apr–Sep: tägl. 9.30–17.30 Uhr; Okt–März: 9.30–16.30 Uhr.* ⬛ *Nov–März: Do, Fr.* 📷 ♿ *eingeschränkt.* **www**.historic-scotland.gov.uk

D ie im späten 14. Jahrhundert erbaute Residenz des Duke of Albany war bis zu ihrer Zerstörung im 18. Jahrhundert eine bedeutende schottische Feste. Seit der Restaurierung gilt sie als Musterbeispiel einer mittelalterlichen Burg und bietet einen einzigartigen Einblick in den königlichen Haushalt jener Zeit.

Durch das Torhaus gelangt man in den inneren Burghof und dann in die Great Hall mit Holzdecke und offenem Kamin. Angrenzend sieht man die Lord's Hall und das Privatgemach mit dem ursprünglichen Abtritt und dem Zugang zum Brunnen. Die Geheimgänge lassen das Ausmaß der Vorkehrungsmaßnahmen zum Schutz der königlichen Familie erahnen. Hier wurde der Monty-Python-Film *Die Ritter der Kokosnuss* gedreht.

Perth ❽

Tayside. 👥 43 000. 🚆 🚌 ℹ *Lower City Mills, West Mill St.* 📞 01738 45 06 00. **www**.perthshire.co.uk

S chottlands einstige Hauptstadt beeindruckt noch heute durch ihr reiches historisches Erbe. In der 1126 erbauten **Church of Saint John** hielt John Knox die Predigt, die zur Zerstörung vieler Klöster führte. Das viktorianisch restaurierte **Fair Maid's House** (um 1600) zählt zu den ältesten Gebäuden der Stadt. Es ist das fiktive Zuhause der Heldin in Walter Scotts Erzählung *Valentinstag oder Das schöne Mädchen von Perth* (1828).

Balhousie Castle erinnert in seinem Museum of the Black Watch an das berühmte schottische Regiment. Im **Museum and Art Gallery**, dem Stadtmuseum, sind Gemälde zur Stadtgeschichte ausgestellt.

Umgebung: Drei Kilometer nördlich von Perth liegt **Scone Palace** auf dem Gelände eines ehemaligen Klosters, das von John Knox' Anhängern 1559 zerstört wurde. Vom 9. bis zum 13. Jahrhundert ruhte hier der heilige »Schicksalsstein« (siehe S. 60f), der heute in Edinburgh Castle aufbewahrt wird. Auf diesem *Stone of Destiny* wurden die schottischen Könige gekrönt.

⛪ **Balhousie Castle**
RHQ Black Watch, Hay St. 📞 0131 310 85 30. ⏰ *Mai–Sep: Mo–Sa 10–16.30 Uhr; Okt–Apr: Mo–Fr 10–15.30 Uhr.*

🏛 **Museum and Art Gallery**
78 George St. 📞 01738 63 24 88. ⏰ *Mo–Sa.* ♿

⛪ **Scone Palace**
A 93 bis Braemar. 📞 01738 55 23 00. ⏰ *Ostern–Okt: tägl.* 📷 ♿

Glamis Castle ❾

Glamis, außerhalb Forfar, Tayside. 📞 01307 84 03 93. 🚆 🚌 *Dundee, dann Bus.* ⏰ *Apr–Okt: 10–18 Uhr; Nov, Dez: 10.30–16.30 Uhr.* 📷 📷 ♿ *nur Schlossgelände.*

M it seinen Ecktürmen und Zinnenwehren mutet der im 11. Jahrhundert als Jagdsitz errichtete, mächtige mittelalter-

Glamis Castle mit Statuen von James VI (links) und Charles I (rechts)

Hotels und Restaurants in Zentralschottland siehe Seiten 175–177 und 192–194

liche Turmbau wie ein Loire-Schloss an. Seit Jahrhunderten ist **Glamis Castle** Stammsitz der englischen Königsfamilie, auch die Mutter von Queen Elizabeth II, Elizabeth Bowes-Lyon, hat hier ihre Kindheit verbracht.

Viele Räume kann man besichtigen, darunter Duncan's Hall, den ältesten Raum und Schauplatz des Königsmords in Shakespeares *Macbeth*. Gemälde, Teppiche und Chinoiserien aus fünf Jahrhunderten erwarten den Besucher. Beachtenswert ist das 1980 zum 80. Geburtstag der Königinmutter aufgestellte schmiedeeiserne Tor.

Blick von St Andrews auf die Ruine der Kathedrale

Dundee ❿

Tayside. 🏘 175000. ✈ 🚲 🚌
🛈 Discovery Point 01382 52 75 27.
🚪 Di, Fr–So.
www.angusanddundee.co.uk

Heute ist Dundee für Gebäck und Orangenmarmelade berühmt, im 18. und 19. Jahrhundert war die Stadt jedoch wegen ihrer Schiffsbaukunst bekannt, über die man sich auf den Victoria Docks informieren kann.

Die **HMS** *Unicorn* (1824), das älteste britische Kriegsschiff, fährt heute nicht mehr zur See. Am Riverside liegt das königliche Forschungsschiff **Discovery** vor Anker. Es wurde 1901 für Scotts Fahrt in die Antarktis gebaut und ist einer der letzten in Großbritannien gebauten Segler. In einem viktorianischen Gebäude vermitteln die **McManus Galleries** Wissenswertes über

die Stadtgeschichte und die industrielle Vergangenheit, man sieht archäologische Funde und viktorianische Kunst.

**Umgebung:
Arbroath** ist für seine roten Steinbauten und die alte Abtei bekannt. In Arbroath Abbey liegt eine Kopie der *Declaration of Arbroath*, die Schottlands Unabhängigkeit bestätigt.

🏛 **HMS** *Unicorn*
Victoria Docks. 📞 01382 20 09 00.
⬤ Ostern–Okt: 10–17 Uhr;
Okt–März: Mo–Fr (Fr vorm.).
⬤ 21. Dez–8. Jan. 🕹 ♿ eingeschränkt. **www**.frigateunicorn.org

🏛 **Discovery**
Discovery Point. 📞 01382 20 12 45. ⬤ tägl. 🕹 ♿ 🎫 nach Vereinbarung.

Wappen des St Mary's College der St Andrews University

St Andrews ⓫

Fife. 🏘 14000. 🚲 Leuchars. 🚌
🛈 70 Market St 01334 47 20 21.
www.standrews.co.uk

Die älteste Universitätsstadt Schottlands ist heute ein Mekka für Golfer aus aller Welt. Die Hauptstraßen und die kopfsteingepflasterten Gässchen mit ihren altehrwürdigen Gebäuden und mittelalterlichen Kirchen laufen alle an den Ruinen der **Kathedrale** aus dem 12. Jahrhundert zusammen. Die Steine des einst größten Gotteshauses des Landes wurden später zum Bau der Stadt verwendet.

St Andrew's Castle wurde um 1200 für die Bischöfe der Stadt errichtet. Zu sehen ist heute noch der Kerker, in dem viele Menschen darbten, die man wegen ihres Glaubens gefangen hielt.

Die Golfplätze westlich der Stadt sind gegen geringe Gebühr für jeden zugänglich. Das **British Golf Museum**, das vom Royal and Ancient Golf Club der Stadt erzählt, ist ein Leckerbissen für jeden Golfbegeisterten.

♣ **St Andrew's Castle**
The Scores. 📞 01334 47 71 96.
⬤ tägl. 🕹 🎫 ♿

🏛 **British Golf Museum**
Bruce Embankment. 📞 01334 46 00 46. ⬤ tägl. 🕹 ♿

GOLF – SPIEL MIT TRADITION

Schottlands Nationalspiel *(siehe S. 202–205)* wurde auf dem feinen Sandboden um St Andrews erfunden. Erstmals erwähnt wurde Golf 1457, als James II das Spiel verbieten ließ, weil es angeblich seine Bogenschützen behinderte.

Eine der ersten Frauen, die Golf spielten, war Mary Stuart, die 1568 sofort nach dem Mord an ihrem Mann Darnley eine Partie begonnen haben soll.

Mary Stuart auf dem Golfplatz im Jahr 1563

Der von Rosenbüschen umrahmte Innenhof des Falkland Palace

East Neuk ⑫

Fife. 🚆 Leuchars. 🚌 Glenrothes &
Leuchars. ℹ️ St Andrews 01334 47
20 21. www.eastneukwide.co.uk

Eine Reihe von hübschen
Fischerorten ziert die
Küste der **East Neuk** (der öst-
lichen Ecke) auf der Halbinsel
Fife. Von hier aus wurde ein
Großteil des Handels mit
Europa abgewickelt, was sich
heute in der flämisch ange-
hauchten Architektur der
Häuser niederschlägt.

Obwohl der Fischfang als
Einnahmequelle durch den
Tourismus ersetzt wurde, bestimmt das Meer immer noch
das Leben vieler Bewohner.
In St Monans werden Boote
gebaut und repariert, erster
Fischerhafen ist Pittenweem.
Bekannt ist das Städtchen
darüber hinaus wegen der
St Fillan's Cave, in der im
9. Jahrhundert ein Einsiedler
lebte, mit dessen Reliquien
Robert the Bruce vor der
Schlacht von Bannockburn
gesegnet wurde. Zwischen
den pittoresken Häusern des

kleinen Städtchens Crail er-
hebt sich eine Kirche. Eine
Legende besagt, dass der
Teufel den Stein neben dem
Kircheneingang von der Isle
of May herbeigeschafft habe.

Anstruther besitzt schöne
Gebäude aus dem 16. bis
19. Jahrhundert, in denen
auch das **Scottish Fisheries
Museum** mit original eingerichteten Fischerwohnungen
bis hin zu Walfängerausrüs-
tungen und Booten untergebracht ist. Von hier aus können Vogelkundler einen Boots-
ausflug zur **Isle of May** machen. In Lower Largo steht
das Denkmal von Alexander
Selkirk, dessen Abenteuer auf
See Daniel Defoe zu seinem
Roman *Robinson Crusoe*
(1719) inspirierten. Selkirk
wurde zur Strafe dafür, dass
er seinem Kapitän widerspro-
chen hatte, auf einer unbewohnten Insel ausgesetzt, auf
der er vier Jahre lang lebte.

🏛 **Scottish Fisheries Museum**
St Ayles, Harbour Head, Anstruther.
📞 01333 31 06 28. ⏱ tägl.
📷 🎥 ♿

Falkland Palace ⑬

(NTS) Falkland, Fife. 📞 0844 493
21 86. 🚆 🚌 Ladybank, Kirkcaldy,
weiter mit dem Bus. ⏱ März–Okt:
tägl. 10–17 Uhr (So ab 13 Uhr). 📷

Der herrliche Renaissance-
Palast war ursprünglich
ein Jagdsitz der Stuarts. Mit
dem Bau begann James IV
um 1500, sein Sohn James V
stellte ihn etwa 1530 fertig.
Unter dem Einfluss seiner
beiden französischen Frauen
ließ er Ost- und Südflügel von
französischen Baumeistern
gestalten. Diese verschönerten
den Ostflügel des Palasts mit
Gauben, Stützpfeilern und
Medaillons. In den Jahren des
Commonwealth verfiel der
Falkland Palace, 1715 wurde
er für kurze Zeit von Rob Roy
(siehe S. 117) bewohnt.

1887 wurde der Dritte Marquess of Bute Schlossverwal-
ter und ließ den Palast in seiner heutigen Form restaurie-
ren. Die prachtvollen Räume
enthalten Möbel und Porträts
der Stuart-Könige. Der 1539
für James V angelegte königliche Tennisplatz ist der älteste
seiner Art in Großbritannien.

Dunfermline ⑭

Fife. 🏘 45 000. 🚆 🚌
ℹ️ 1 High St 01383 72 09 99.

Die Überreste der **Abbey
Church** (12. Jh.) mit ihrem
normannischen Hauptschiff
und dem neugotischen Chor
erinnern ebenso wie der Palast an die alte Pracht der früheren Hauptstadt Schottlands
(bis 1603). Der Ort wurde
durch Malcolm III bekannt,
der von hier aus regierte und
schon im 11. Jahrhundert an
der Stelle der Abtei ein Priorat
gründete. 22 schottische Könige und Königinnen, darunter
auch der legendäre Robert the
Bruce, liegen heute in der
Abbey Church begraben.

Die Ruine des **Palasts** ragt
über dem herrlichen Pitten-
crieff Park auf. Dem berühmtesten Sohn der Stadt, Andrew
Carnegie (1835–1919), war als
Kind der Zutritt zum Park verboten worden. Als einer der
reichsten Männer der Welt erwarb er den Park samt Palast

SCHLOSSVERWALTER

Die mittelalterlichen Könige
setzten in der Zeit ihrer Ab-
wesenheit zum ersten Mal
Verwalter ein, die für Bewirt-
schaftung und Versorgung
des beachtlichen königlichen
Haushalts verantwortlich
waren. Das später erbliche
Amt stattete einen Schloss-
verwalter oftmals mit zahlreichen Vergünstigungen
aus, darunter auch einer
luxuriösen Unterkunft.

Bett James' VI im Schlafzimmer
des Verwalters, Falkland Palace

---

und schenkte beides den Bewohnern der Stadt.

In seiner Jugend war Carnegie nach Pennsylvania ausgewandert, wo er in die Stahlindustrie investierte und ein enormes Vermögen machte. Insgesamt spendete er rund 350 Millionen Dollar zum Wohl der Menschheit. Das **Carnegie Birthplace Museum** widmet sich seinem Leben.

🏛 **Carnegie Birthplace Museum**
Moodie St. 📞 01383 72 43 02. ◯ Apr–Okt: tägl. (So nur nachmittags). ▨ ♿

Das normannische Hauptschiff der Abbey Church, Dunfermline

Culross ⓯

Fife. 🚶 450. 🚊 Dunfermline. 🚌 Dunfermline. ℹ National Trust, The Palace 01383 88 03 59. ◯ Ostern–Sep: tägl. ▨ ♿ eingeschränkt.

Hier, in einem bedeutenden religiösen Zentrum des 6. Jahrhunderts, soll 514 der heilige Mungo geboren worden sein. Im 16. Jahrhundert kam die Stadt unter Sir George Bruce, der Seehandel mit Kohle und Salz betrieb, zu Wohlstand. Der Nachkomme von Robert the Bruce ließ 1575 ein System von Stollen und einen flutsicheren Förderschacht anlegen, um die Kohle direkt aus dem Berg in Schiffe verladen zu können. 1932 begann der National Trust for Scotland mit der Restaurierung des romantischen Städtchens.

Mit der Besichtigung beginnt man am besten am **Visitors' Centre**, das im ehemaligen Stadtgefängnis untergebracht ist. Der 1577 errichtete **Herrensitz** von George Bruce mit seinen Treppengiebeln und dem roten Schindeldach ist ein typisches Beispiel für die Bauweise der damaligen Zeit. Die Wand- und Deckenmalereien aus dem frühen 17. Jahrhundert im Palast gehören zu den schönsten in Schottland.

Auf der gegenüberliegenden Seite des Platzes geht es vorbei am ältesten Haus der Stadt aus dem Jahr 1577 zum **Town House**. Dahinter gelangt man über eine Straße namens Back Causeway zum Bischofssitz aus dem Jahr 1610, **The Study** genannt. Auf keinen Fall versäumen sollte man dort die norwegische Decke im Hauptraum. Geht man nördlich weiter, um zur Abteiruine, der Kirche und dem Abbey House zu gelangen, kommt man am **House with the Evil Eyes** mit seinen holländischen Giebeln vorbei.

Das aus dem 16. Jahrhundert stammende Herrenhaus von George Bruce in Culross

Antoniuswall ⓰

Falkirk. ℹ 2–4 Glebe St 01324 62 02 44. 🚊 Falkirk. ◯ Mo–Sa.

Die Römer rückten um 140 n. Chr. unter Kaiser Antonius zum zweiten Mal nach Schottland vor. Dort bauten sie einen rund 60 Kilometer langen Verteidigungswall, der sich durch Zentralschottland vom Firth of Clyde bis zum Firth of Forth zog. Dieser Wall wurde in der Folgezeit an strategisch wichtigen Stellen weiter befestigt. Ein Teilstück steht noch in Rough Castle bei Falkirk.

Falkirk Wheel ⓱

Lime Rd, Tamfourhill, Falkirk. 📞 01324 61 98 88; Besichtigung: 08700 50 02 08. 🚊 Falkirk. ◯ tägl. 9.30–18 Uhr. ▨ für Bootsfahrten. 📧 📶 www.thefalkirkwheel.co.uk

Das eindrucksvolle Schiffshebewerk besticht durch seine Mechanik. Die rotierende Anlage ist ein Meisterstück im Bereich der technischen Entwicklung und Förderung von Wasserstraßen.

Einige früher für den Transport von Gütern bedeutende Wasserwege verloren in den 1960er Jahren aufgrund der starken Förderung des Straßenverkehrs an Bedeutung. Mit dem 35 Meter hohen Falkirk Wheel wurde der Verkehr zu Wasser wieder eine echte Alternative, denn damit besteht eine direkte Verbindung zwischen Glasgow und Edinburgh. Besichtigungsfahrten beginnen alle 30 Minuten.

Falkirk Wheel, ein rotierendes Schiffshebewerk

HIGHLANDS UND INSELN

Mit Schottland verbindet man Clans und Tartans, Whisky und Porridge, Dudelsack und Heidekraut – kurz, die Highlands und seine Bewohner. Dabei hatten die Gälisch sprechenden und Rinder züchtenden Highlander über Jahrhunderte hinweg sehr wenig mit ihren Nachbarn im Süden Schottlands gemein.

Spuren der nichtkeltischen Ahnen der heutigen Bewohner findet man überall in den Highlands und auf den Inseln: Steinkreise, Steintürme und Hügelgräber. Ende des 6. Jahrhunderts wanderten die Gälisch sprechenden Kelten aus Irland ein, unter ihnen der Mönch Columban, der auf der Insel Iona eine Mönchsgemeinschaft gründete und dort das Christentum lehrte. Die Verschmelzung von christlicher und Wikingerkultur im 8. und 9. Jahrhundert erreichte ihren Höhepunkt mit dem Bau der St Magnus Cathedral auf den Orkney Islands.

Mehr als 1000 Jahre lang organisierte sich die Highlander-Gesellschaft in Clans, die einer Großfamilie entsprachen. Clan-Mitglieder schuldeten ihrem Chief absoluten Gehorsam und Loyalität. Erst nach 1746, nach der fehlgeschlagenen Rebellion der Jakobiten unter Bonnie Prince Charlie *(siehe S. 153)*, wurden die Clans von den Engländern zerschlagen. Im frühen 19. Jahrhundert setzte eine Verklärung der Clans und ihrer Lebensweise ein. Dafür war einerseits der Schriftsteller Sir Walter Scott verantwortlich, andererseits förderte auch Königin Victoria mit ihrer Leidenschaft für Balmoral Castle den Trend, Landsitze in Schottland zu erwerben. Hinter der Romantik verbargen sich jedoch raue Verhältnisse, die schon Generationen schottischer Landbewohner zur Auswanderung nach Amerika getrieben hatten.

Auch heute noch lebt mehr als die Hälfte der Bevölkerung in Gemeinden mit weniger als 1000 Einwohnern. Industrien wie Fischfang und Öl, die Whisky-Herstellung und nicht zuletzt der Tourismus lassen die Einwohnerzahlen jedoch wieder steigen.

Papageitaucher versammeln sich auf Felsen – auf den schottischen Inseln ein gewohnter Anblick

◁ Die einsame Burg von Eilean Donan am Loch Duich in Glen Shiel *(siehe S. 151)*

Überblick: Highlands und Inseln

Die Highlands nehmen den Norden und Westen Schottlands ein, mit Bergen und Tälern, zerklüfteten Küsten und einsamen Inseln, für die Schottland so berühmt ist. Die Hauptstadt der Highlands ist Inverness, zugleich ein guter Ausgangspunkt, um Loch Ness und die Cairngorm Mountains zu erkunden. Den Ben Nevis erreicht man am besten von Fort William aus. Landeinwärts von Aberdeen liegen Royal Deeside und das Spey Valley. Zu den romantischen Inneren und Äußeren Hebriden kommt man per Schiff von Oban oder Ullapool.

0 Kilometer   25

0 Meilen   25

Weidendes Rind auf der Isle of Skye

IN DEN HIGHLANDS UND AUF DEN INSELN UNTERWEGS

Die Highlands lassen sich am besten mit dem Auto erkunden. Die Schnellstraßen und alle anderen zweispurigen Straßen sind in gutem Zustand. Zur Isle of Skye besteht eine kostenlose Brückenverbindung, zu den anderen Inseln verkehren regelmäßig Fähren. Mit der Eisenbahn gelangt man bis Kyle of Lochalsh im Westen sowie nach Wick und Thurso im Norden. Regelmäßige Flugverbindungen gibt es nach Inverness, Aberdeen und Wick.

LEGENDE

⚌	Schnellstraße
⚊	Hauptstraße
⚊	Nebenstraße
⚊	Panoramastraße
⚊	Eisenbahn (Hauptstrecke)
⚊	Eisenbahn (Nebenstrecke)
△	Gipfel

SIEHE AUCH

• *Hotels* S. 177–181
• *Restaurants* S. 194–197

SEHENSWÜRDIGKEITEN AUF EINEN BLICK

Weitere Zeichenerklärungen *siehe hintere Umschlagklappe*

Inveraray Castle ❶

Inveraray, Argyll & Bute. 🚌 Arrochar, dann Bus. 📞 01499 30 22 03. 🕐 Apr–Okt: Mo–Sa 10–17.45, So 13–17.45 Uhr. ⬤ Apr, Mai, Okt: Fr. 📷🅿♿ eingeschränkt. **www**.inveraray-castle.com

Das pseudogotische Inveraray Castle

Der turmbewehrte pseudo-gotische Palast gehört dem mächtigen Campbell-Clan, der seit 1701 die Dukes von Argyll stellt. Er wurde 1745 von den Architekten Roger Morris und William Adam über den Ruinen eines Schlosses aus dem 15. Jahrhundert erbaut. Nach einem Brand im Jahr 1877 fügte man die konischen Türme hinzu.

Das von Robert Mylne in den 1770er Jahren kreierte prächtige Innere bildet den Rahmen für Schätze wie Regency-Möbel, eine Porzellansammlung und Porträts von Gainsborough, Ramsay und Raeburn. Beeindruckend ist die Waffenkammer. In den Ställen erinnert das Combined Operations Museum an die 250 000 alliierten Soldaten, die im Zweiten Weltkrieg in Inveraray stationiert waren.

Auchindrain Museum ❷

Inveraray, Argyll & Bute. 📞 01499 50 02 35. 🚌 Inveraray, dann Bus. 🕐 Apr–Sep: tägl. 10–17 Uhr. 📷♿ eingeschränkt. **www**. auchindrainmuseum.org.uk

Das erste Freilichtmuseum Schottlands gewährt Einblick in das Leben eines bis ins späte 19. Jahrhundert für die Highlands typischen Dorfes. Bis 1962 wurde in dieser Gemeinde Landwirtschaft betrieben. Man kann durch die 20 strohgedeckten Cottages schlendern, die meist Wohnraum, Küche und Stall unter einem Dach vereinen. Die Häuser haben

Bettschränke und Binsenlichter sowie vor der Tür einen Kräutergarten. Auchindrain ist ein faszinierendes Relikt aus einer Zeit, in der die Highland-Bauern noch Ackerbau für den Eigenbedarf, nicht aber zu kommerziellen Zwecken betrieben.

Alter Pflug im Freilichtmuseum Auchindrain

Crarae Gardens ❸

Crarae, Argyll & Bute. 📞 0844 493 22 10. 🚌 Inveraray, dann Bus. 🕐 tägl. 9.30 Uhr bis Sonnenuntergang. 📷♿ nach Vereinbarung. ♿ eingeschränkt.

In den 1920er Jahren ließ Lady Grace Campbell die Crarae Gardens anlegen (siehe S. 22). Sie gelten als die schönsten Parkanlagen der West Highlands. Grace Campbell war die Tante des Forschers Reginald Farrer, dessen Mitbringsel aus Tibet den Grundstock der Sammlung exotischer Pflanzen bil-

deten, die kontinuierlich ergänzt wird. Man fühlt sich hier an eine Schlucht im Himalaya erinnert: Der milde Golfstrom und die vielen Niederschläge lassen die Pflanzen prächtig gedeihen. Neben Rhododendren aus dem Himalaya gibt es Pflanzen aus Tansania, Neuseeland und den USA. Am schönsten ist ein Besuch im Spätfrühling.

Jura ❹

Argyll & Bute. 🚶 250. 🚌 von Kennacraig nach Islay, von dort nach Jura. ℹ Bowmore 01496 81 02 54.

Die karge und bergige Insel ist nur spärlich bewohnt – eine ideale Heimat für Rotwild. Die einzige Straße verbindet das Dorf Craighouse mit der Islay-Fähre. Wandern ist in der Jagdsaison von August bis Oktober verboten, doch außerhalb der Sperrzeit ist die Insel ein ausgezeichnetes Gebiet für Wanderungen. Besonders schön sind die Hänge der drei Gipfel der Paps of Jura mit dem Beinn An Oir als höchster Erhebung (784 m).

Hinter der Nordspitze der Insel toben die berüchtigten Strudel von Corryvreckan. George Orwell, der auf der Insel weilte, um seinen Roman *1984* zu schreiben, kam 1946 beinahe ums

Die Lagavulin-Destillerie auf Islay ist eine der besten Malt-Whisky-Brennereien Schottlands

Hotels und Restaurants in den Highlands und auf den Inseln *siehe Seiten 177–181 und 194–197*

Nebel umhüllt die Gipfel der Paps of Jura bei Sonnenuntergang

Leben, als er hier ins Wasser fiel. Prinz Breackan soll hier bei seinem Werben um eine Prinzessin ertrunken sein: Er hatte versucht, ein von Tauen aus Wolle, Hanf und Haarsträhnen gehaltenes Boot drei Tage im Strudel zu halten, bis ein Seil mit der Strähne eines untreuen Mädchens riss.

Islay ❺

Argyll & Bute. 3500. von Kennacraig. Bowmore 08707 20 06 17. www.islayinfo.com

Von Islay (gesprochen »Eyeluh«), der südlichsten der Western Isles, stammen so bekannte Highland-Single-Malt-Whiskys *(siehe S. 32)* wie Lagavulin und Laphroaig. Die meisten Brennereien produzieren Malt-Whisky mit dem typischen Aroma von Torf und Meer. Im Dorf Bowmore befinden sich die älteste Inselbrennerei und eine kreisrunde Kirche, die dem Teufel aufgrund ihrer Form so wenig Verstecke wie nur möglich bieten soll. Im **Museum of Islay Life** in Port Charlotte erfährt man viel zur Sozial- und Naturgeschichte der Insel. Elf Kilometer östlich von Port Ellen steht das Kildalton Cross, ein Keltenkreuz aus dem 8. Jahrhundert mit einem Block aus grünem Stein, der mit Szenen aus dem

Alten Testament verziert ist. **Finlaggan**, die Grabungsstätte der mittelalterlichen Festung der Insel-Lords, reizt Archäologiefans, die Strände locken Vogelliebhaber an. Einige der Vogelarten kann man im RSPB-Naturschutzgebiet in Gruinart aus der Nähe sehen.

🏛 **Museum of Islay Life**
Port Charlotte. 01496 85 03 58.
Ostern–Okt: tägl. (So nur nachmittags).

Kintyre ❻

Argyll & Bute. 8000. Oban. Campbeltown. Campbeltown 01586 55 20 56.
www.visitscottishheartlands.com

Von Kintyre, einer langen, schmalen Halbinsel, hat man einen herrlichen Blick auf die Inseln Gigha, Islay und Jura. Auf dem 14 Kilometer langen, 1801 eröffneten Crinan Canal mit seinen

15 Schleusen fahren im Sommer zahlreiche Boote und Yachten. Tarbert ist das gälische Wort für die Landenge, an der sich der Ort befindet. Der Landstreifen ist so schmal, dass man ein Boot aus dem Loch Fyne zum West Loch Tarbert hinüberziehen kann. Das Kunststück gelang zuerst dem Wikingerkönig Magnus Barfud, dem 1198 so viel Land versprochen wurde, wie er umsegeln konnte.

Weiter südlich, an Campbeltown vorbei, endet die B842 auf der Landspitze Mull of Kintyre. Der Flecken Land reicht am nächsten an Irland heran und wurde durch Paul McCartneys Lied *Mull of Kintyre* (1977) in der ganzen Welt bekannt. Westlich davon liegt die Insel Rathlin, auf der Robert the Bruce Geduld für seinen steten Kampf gegen England lernte: Er harrte in einer Höhle aus und beobachtete eine Spinne beim Weben ihres Netzes.

Segelboote ankern im Hafen von Tarbert, Kintyre

Loch Awe ❼

Argyll. 🚉 🏠 *Dalmally.* 🛈 *Inveraray*
01499 30 20 63. **www**.loch-awe.com

Der See in den südwestlichen Highlands ist mit 40 Kilometern einer der längsten Schottlands. Östlich der Stadt Lochawe liegen die malerischen Ruinen des **Kilchurn Castle**, das im 18. Jahrhundert einem Feuer zum Opfer fiel und nicht wieder aufgebaut wurde. Es liegt im Schatten des Ben Cruachan, dessen Gipfel (1125 m) man über den engen Pass of Brander erreicht, wo Robert the Bruce 1308 den MacDougal-Clan bekämpfte. In der Nähe des Dorfes Taynuilt erinnern die Schmelzöfen von Bonawe an die Eisenindustrie, der in den letzten Jahrhunderten ein Großteil der umgebenden Wälder zum Opfer fiel.

Das Museum an der A816 (Richtung Süden), **Kilmartin House**, zeigt Artefakte prähistorischer Stätten sowie Nachbauten von Werkzeugen, Booten und Schmuck. Es vermittelt einen lebendigen Eindruck früheren Alltagslebens.

🏛 **Kilmartin House**
Kilmartin. 📞 *01546 51 02 78.*
◯ *tägl.* 📷 ♿ **www**.kilmartin.org

McCaig's Tower überragt die Häuser und Fischerboote von Oban

Oban ❽

Argyll. 🏘 *8500.* 🚉 🏠 ♨
🛈 *Argyll Square 01631 56 31 22.*
www.visitscotland.com

Vom lebhaften Hafen am Firth of Lorne, dem »Tor zu den Inseln«, hat man eine wunderbare Aussicht auf die Argyll-Küste. In der »kleinen Bucht«, die der Stadt ihren Namen gab, reihen sich Läden, am Pier wird Fisch verkauft. Fähren nach Mull, Tiree, Coll, Barra, South Uist, Islay, Colonsay und Lismore verkehren regelmäßig und machen Oban zu einem viel besuchten Ort.

Das Städtchen liegt an einem steilen Hügel unter **McCaig's Tower**, einem skurrilen, unvollendeten Nachbau (19. Jh.) des römischen Kolosseums. Weitere Wahrzeichen sind die Kathedrale und die Ruinen des 600 Jahre alten **Dunollie Castle**, einst nördlicher Außenposten der Dalriadic Scots. Attraktionen sind Glas- und Tonwerkstätten sowie die Oban Distillery, die feinsten Malt-Whisky herstellt.

Anfang August kommen von überall her Yachten zur West Highland Week, am Monatsende finden Obans Highland Games statt. Auch in Kilmore, Taynuilt und Tobermory auf Mull werden im Sommer Highland Games abgehalten.

Umgebung: Nördlich von Oban, nicht weit von der A85, steht **Dunstaffnage Castle**, in dem Flora MacDonald kurz gefangen gehalten wurde, weil sie Bonnie Prince Charlie 1746 zur Flucht verholfen hatte. Bei Barcaldine finden Sie das **Scottish Sealife Sanctuary**, in dem man sich um verletzte Seehunde kümmert und Unterwasseraufnahmen zeigt.

Im **Rare Breeds Park**, drei Kilometer südlich von Oban, leben seltene Zuchttiere, z. B. Soay- und Jacobs-Schafe sowie die berühmten Highland-Rinder. Über die »Bridge over the Atlantic« (18. Jh.) erreicht man die Insel Seil. Das **Island Folk Museum** auf Easdale zeigt die Geschichte des Schieferabbaus in diesem Gebiet. Weiter südlich lädt der **Arduaine Garden** mit seiner Vielfalt an Rhododendron- und Azaleenarten zu einem Besuch im späten Frühling ein.

♣ **Dunstaffnage Castle**
Connel. 📞 *01631 56 24 65.* ◯ *tägl.*
◯ *Okt–März: Do nachm., Fr.* 📷 ♿

🐟 **Scottish Sealife Sanctuary**
Barcaldine, bei Connel. 📞 *01631 72 03 86.* ◯ *tägl.* 📷 ♿

🐟 **Rare Breeds Park**
New Barren. 📞 *01320 36 64 33.*
◯ *Ostern–Okt: tägl.* 📷 ♿

🏛 **Island Folk Museum**
Easdale. 📞 *01852 30 01 73.*
◯ *Apr–Okt: tägl.* 📷 ♿

♣ **Arduaine Garden**
(NTS) Kilmelford. 📞 *01852 20 03 66.* ◯ *tägl.* 📷 ♿ 🅿 *nach Vereinbarung.*

Die Ruinen des Kilchurn Castle am Ufer des Loch Awe

Hotels und Restaurants in den Highlands und auf den Inseln *siehe Seiten 177–181 und 194–197*

Das malerische Häuserkaleidoskop in Tobermory, eine der Attraktionen von Mull

Mull ❾

Argyll. 🚶 2800. 🚢 von Oban, Lochaline und Kilchoan; von Fionnphort, auf Mull, nach Iona.
🛈 Tobermory 01688 30 21 82; Craignure 01680 81 23 77.

Auf Mull, der größten Insel der Inneren Hebriden, kann man raue Moore, den felsigen Gipfel des Ben More und einen wunderbaren Strand bei Calgary entdecken. Die meisten Straßen führen an der Küste entlang. Mit der Mull and West Highland Railway gelangt man nach kurzer Fahrt zum prunkvollen **Torosay Castle**. Im Park stehen Statuen, innen kann man eine Fülle von Gemälden und Möbeln (19. Jh.) sehen.

Auf einer Landspitze im Osten liegt **Duart Castle**, Sitz des Chief des Maclean-Clans. Hier kann man u. a. die Verliese besichtigen, in denen Gefangene einer 1588 von Donald Maclean versenkten spanischen Armada-Galeone einsaßen. Am Nordende von Mull erstreckt sich am Wasser **Tobermory** mit seinen bunt bemalten Häusern. Das einstige Fischerdorf von 1788 ist ein beliebter Yachthafen.

Umgebung: Die schöne Insel **Iona** ist eine der Hauptattraktionen der Westküste. Ein Kloster steht an der Stelle, wo der irische Missionar Columban 563 seinen Kreuzzug begann und Iona zur »Heimat des Christentums« in Europa machte. Auf dem Klosterfriedhof sollen 48 schottische Könige begraben sein. Im Som-

mer strömen viele Besucher hierher. Bei gutem Wetter bietet sich ein Ausflug zu **Fingal's Cave** auf der Isle of Staffa (siehe S. 17) an. Die von »Orgelpfeifen« aus Basalt umgebene Höhle inspirierte Mendelssohn zu seiner *Hebriden-Ouvertüre*. Von Fionnphort und Ulva fahren Ausflugsboote hierher und zu den sieben **Treshnish Isles**. Auf diesen unbewohnten Inseln leben Seevögel wie Papageitaucher, Tordalks und Dreizehenmöwen. Dutchman's Cap hat die markanteste Form, die meisten Ausflugsboote steuern Lunga an.

🏰 **Torosay Castle**
Bei Craignure. 📞 01680 81 24 21. **Castle** ⬭ Ostern–Ende Okt: tägl. **Park** ⬭ tägl. 🎟 🔧 nur Park.

🏰 **Duart Castle**
An der A849, bei Craignure. 📞 01680 81 23 09. ⬭ Mai–Mitte Okt: tägl. 🎟

🐦 **Fingal's Cave und Treshnish Isles**
🚢 Ostern–Okt. 📞 01688 40 02 42. Zeiten variieren, Infos per Tel. 🎟

Coll und Tiree ❿

Argyll. 🚶 950. 🚢 von Oban.
✈ nur von Glasgow nach Tiree.
🛈 Oban 01631 56 31 22.

Die flachen, fruchtbaren Inseln im äußersten Westen der Inneren Hebriden haben die meisten Sonnenstunden Großbritanniens. Die Insel steht allerdings auch in dem Ruf, der windigste Ort ganz Schottlands zu sein. Sehenswert sind die schönen Strände mit ihrer beeindruckenden Brandung. Tirees Boden besteht zu 60 Prozent aus Muschelsand, sodass hier keine Bäume gedeihen.

Breacachadh Castle (15. Jh.), bis 1750 Sitz des Maclean-Clans, überragt eine Bucht im Süden Colls. Leider ist es nicht zugänglich. Auf Tiree gibt es zwei Museen: das **Sandaig Thatched House Museum** mit Exponaten aus der Zeit um 1900 und das **Skerryvore Lighthouse Museum** in Hynish – der Leuchtturm steht 20 Kilometer vor der Küste.

Traditionelles Crofter-Haus auf der Insel Coll

NTS: National Trust for Scotland siehe Seite 216

Die Three Sisters in Glencoe leuchten majestätisch im spätherbstlichen Sonnenschein

Glencoe ⑪

Lochaber. ⇶ *Fort William.* 🚌 *Glencoe.* ⓘ *NTS Visitor Centre, Ballachulish 01855 81 13 07.* ◐ *Apr–Okt: tägl. 9.30–17.30 Uhr.* 📷 ♿
www.glencoe-scotland.net

Dickens nannte Glencoe mit seiner furchterregenden Landschaft und wilden Geschichte einen »Friedhof der Giganten«. Der messerscharfe Kamm des Aonach Eagach und die steilen Klippen von Buachaille Etive Mor sind auch für geübte Wanderer anspruchsvoll. Schroffe Gipfel und der wilde Fluss Coe bilden das Panorama der Glen-Wanderungen. Festes Schuhwerk, Regenkleidung und die Beachtung der Warnschilder sind unerlässlich. Routenempfehlungen, ob für eine leichte Wanderung in der Nähe des Signal Rock (von dem aus das Startsignal für das Massaker gegeben wurde) oder für eine Zehn-Kilometer-Tour zu Devil's Staircase, gibt das Besucherzentrum. Im Sommer bietet der NTS Ranger Service Führungen an.

Östlich von Glencoe liegt Rannoch Moor, eines der verlassensten Gebiete Großbritanniens, das man gut vom Sessellift des **Glencoe Ski Centre** aus überblicken kann. Richtung Südwesten führt eine schmale Panoramastraße durch die schönen Hänge des Glen Etive bis zum Loch Etive. Der beeindruckende Meeresarm mündet an der Connel Bridge nördlich von Oban ins Meer.
An der Ballachulish Bridge zweigt eine Straße nach Kinlochleven ab. Das Dorf an der Spitze eines langen Lochs kontrastiert mit der Bergkulisse.

⚡ **Glencoe Ski Centre**
Kingshouse, Glencoe. 📞 *01855 85 12 26.* ◐ *tägl.* 📷 ♿ *eingeschränkt.*

Das Massaker von Glencoe

1692 verspätete sich der Chief der MacDonalds aus Glencoe um fünf Tage, als er den Treueeid auf William III schwören sollte. Damit hatte die Regierung einen geeigneten Vorwand, ein Zentrum der Jakobiten zu zerschlagen. 130 Soldaten unter Robert Campbell wurden von den arglosen MacDonalds zehn Tage gastfreundlich bewirtet. Am Morgen des 13. Februar überfielen sie ihre Gastgeber. 38 MacDonalds wurden getötet, viele flohen in die Berge und kamen dort um. Der blutige Vertrauensbruch wurde zum politischen Skandal, obwohl er drei Jahre lang unentschuldigt und ungesühnt blieb.

Ausschnitt aus The Massacre of Glencoe von James Hamilton

Fort William ⑫

Lochaber. 🏔 *10000.* ⇶ 🚌 ⓘ *0845 225 51 21.*
www.visitscotland.com

Von Fort William, einer der größeren Städte an der Westküste, am Fuß des Ben Nevis, erreicht man mit dem **Jacobite Steam Train** oder aber mit normalen Zügen Mallaig (*siehe S. 137*).

🚂 **Jacobite Steam Train**
⇶ *Fort William.* 📞 *01524 73 21 00. Abfahrt Ende Mai–Anf. Okt: Mo–Fr 10.20 Uhr (Juli, Aug: auch Sa, So).*

Ben Nevis ⑬

Lochaber. 🚆 *Fort William.* 🚌 *Glen Nevis.* ⓘ *Glen Nevis Visitor Centre, Glen Nevis 01397 70 59 22.* 🕐 *tägl. 9–17 Uhr.* ♿

Blick von Nordwesten auf den Ben Nevis (1344 m)

Sein Gipfel verschwindet an neun von zehn Tagen im Nebel: Großbritanniens höchster Berg ist eine Mischung aus metamorphem und vulkanischem Gestein. Die steile Nordostwand stellt auch für erfahrene Bergsteiger eine Herausforderung dar. Im Gegensatz dazu pilgern Tausende von Besuchern jedes Jahr auf der sanft ansteigenden, aber langen und steinigen Route im Westen zum Gipfel. Motorräder und sogar Autos nehmen diesen Weg, der auch Wettkampfstrecke des jährlichen Ben Nevis Race ist. Erwischt man einen sonnigen

Tag, wird der Weg zum Gipfel mit einer atemberaubenden Aussicht belohnt. An einem bewölkten Tag empfiehlt sich eher ein Spaziergang durch die üppige Landschaft des

Glen Nevis. Denn auf dem Gipfel des Ben Nevis kann man dann nur die verfallene Wetterstation und die Gedenksteine für tragisch verunglückte Wanderer und Kletterer sehen.

Nördlich des Ben Nevis führt die **Nevis Range Gondola** zu einem Skizentrum mit Restaurant und weiteren Einrichtungen in 650 Meter Höhe.

🚠 **Nevis Range Gondola**
An der A 82, Torlundy. 📞 *01397 70 58 25.* 🕐 *tägl. 10–17 Uhr (bei schönem Wetter).*

BESTEIGUNG DES BEN NEVIS

Der Hauptweg zum Ben Nevis, Old Bridle Path genannt, beginnt im Glen Nevis. Zahlreiche Besucher wiegen sich aufgrund des milden Wetters im Tal in falscher Sicherheit, manchmal mit fatalen Folgen. Sie brauchen festes Schuhwerk (keine Turnschuhe), Mütze und Handschuhe und ausreichend Kleidung, weil selbst im Sommer die Temperaturen auf dem Gipfel unter null liegen können. Nehmen Sie auch genug zu essen und zu trinken sowie eine gute Wanderkarte und eventuell einen Kompass mit. Besonders beim Abstieg kann man im Nebel oder bei Schneefall überraschend schnell den Weg verlieren.

ROUTENINFOS

Start ①: *Besucherzentrum.*
Start ②: *Achintee.*
Start ③: *400 m vom Campingplatz (wenig Parkmöglichkeiten).*
Länge: 16 km; hin und zurück etwa 6–8 Stunden.
Wetterdienst: Western Highlands 09068 50 04 42.
Schwierigkeitsgrad: Unproblematisch bei gutem Wetter, doch rascher Wetterumschwung ist möglich; bei Schnee extrem schwierig.

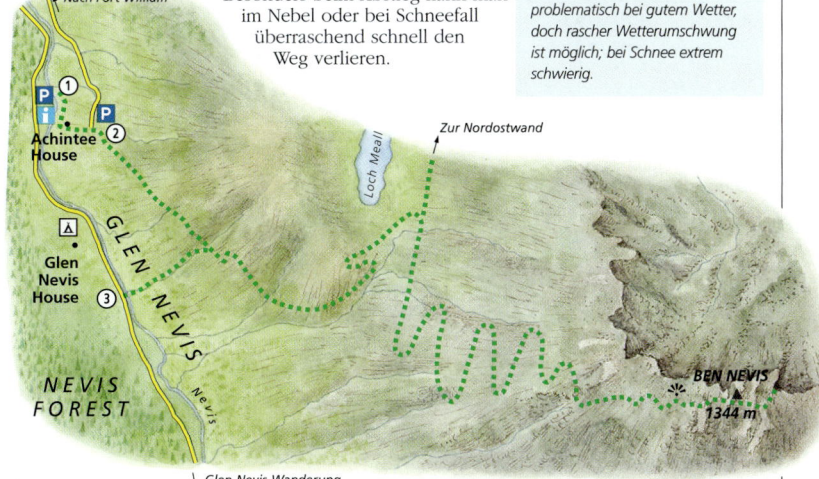

Nach Fort William

Achintee House

Loch Meall

Zur Nordostwand

GLEN NEVIS

Glen Nevis House

NEVIS FOREST

Nevis

BEN NEVIS ⛰
1344 m

Glen-Nevis-Wanderung

LEGENDE

- ▪▪▪ Old Bridle Path
- ═══ Nebenstraße
- ⛺ Campingplatz
- ⛭ Aussichtspunkt
- 🅿 Parken
- ⓘ Information

0 Meter   1000
0 Yards   1000

Tour: Road to the Isles ⑭

Die malerische Tour führt auf der bekannten Straße durch ausgedehnte Bergtäler, vorbei an Traumstränden und kleinen Dörfern nach Mallaig, einem der Häfen, von denen Fähren zu den Inseln Skye, Rum, Eigg, Muck und Canna verkehren. Die schöne Landschaft wurde durch die Jakobiten *(siehe S. 147)* nachhaltig geprägt.

Mallaig ⑦

Die Tour zu den Inseln endet in Mallaig, einem hübschen Fischerort mit einem sehr guten Hafen; eine der Fähren fährt zur Isle of Skye *(siehe S. 152f)*.

ROUTENINFOS

Länge: 72 km.
Rasten: Das Glenfinnan NTS Visitors' Centre (01397 72 22 50) erläutert den Jakobitenaufstand und serviert Erfrischungen. In der Old Library Lodge in Arisaig gibt es ausgezeichnetes Essen.

[Karte: SKYE, Mallaig ⑦, Morar ⑥, LOCH MORAR, A830, Arisaig, Prince's Cairn ⑤, LOCH NAN UAMH, ARDNISH, LOCH ALLORT, LOCH EI...]

Morar ⑥

Die Straße durchquert Morar, bekannt für seinen weißen Sand und für Loch Morar, in dem ein zwölf Meter langes Monster namens Morag hausen soll.

Prince's Cairn ⑤

Die Straße führt über Ardnish zum Loch Nan Uamh, wo ein Steinhügel die Stelle markiert, a der Bonnie Prince Charlie 1746 endgültig Schottland verließ.

Ardnamurchan-Halbinsel ⑮

Argyll. ⛴ Conan Ferry ab A 82 von Glencoe nach Fort William oder von Fishnish (Mull) nach Kilchoan.
ℹ 08452 25 51 21.

Die Halbinsel sowie Moidart und Morvern sind durch eine zerklüftete Küste, Felsgebirge und Strände geprägt. Sie gelten als Geheimtipp. Einige der schönsten Strände findet man an der Spitze der Halbinsel, dem westlichsten Punkt Großbritanniens.

Im **Ardnamurchan Point Visitor Centre** von Kilchoan kann man mehr über die Geschichte der Leuchttürme erfahren. Der dortige stammt aus dem Jahr 1846 und wurde wie viele andere in Großbritannien von Alan Stevenson, dem Onkel von Robert Louis Stevenson, entworfen. In Glenmore lohnt das preisgekrönte **Ardnamurchan Natural History Centre** einen Besuch. Es ist so konzipiert, dass sich Tiere darin niederlassen können,

Blick von Roshven bei Arisaig hinüber zu den Inseln Eigg und Rum

Rotwild kann sogar auf dem Torfdach grasen.

Eine hübsche Straße führt von Salen nach Strontian, eine andere nach Acharacle.

🏠 Ardnamurchan Point Visitor Centre
Kilchoan. 📞 01972 51 02 10.
🕐 Apr–Okt: tägl. 🚫 ♿

🏛 Ardnamurchan Natural History Centre
Glenmore. 📞 01972 50 02 09.
🕐 Ostern–Okt: tägl. 🚫 nur für Ausstellung. ♿

Rum, Eigg, Muck und Canna ⑯

Small Isles. 🚶 150. ⛴ von Mallaig oder Arisaig. ♿ nur Canna.
ℹ 08452 25 51 21.

Die vier »kleinen Inseln« haben ihren je eigenen Charakter, doch alle bieten Ruhe und Erholung. **Canna** ist von Klippen umrahmt und hat verstreut liegende archäologische Stätten. Die Insel ge-

Glenfinnan Monument ④

Das 20 Meter hohe Denkmal erinnert an jene, die Bonnie Prince Charlie 1745 während des Jakobitenaufstandes unterstützten. In Glenfinnan hisste er erstmals seine Fahne.

Corpach ③

Von Corpach gen Osten bietet sich über den Loch Linnhe eine atemberaubende Sicht auf den Ben Nevis.

0 Kilometer 2,5

0 Meilen 2

Neptune's Staircase ②

Das von Thomas Telford konstruierte System mit acht Schleusen bildet den imposantesten Teil des Caledonian Canal *(siehe S. 149)*.

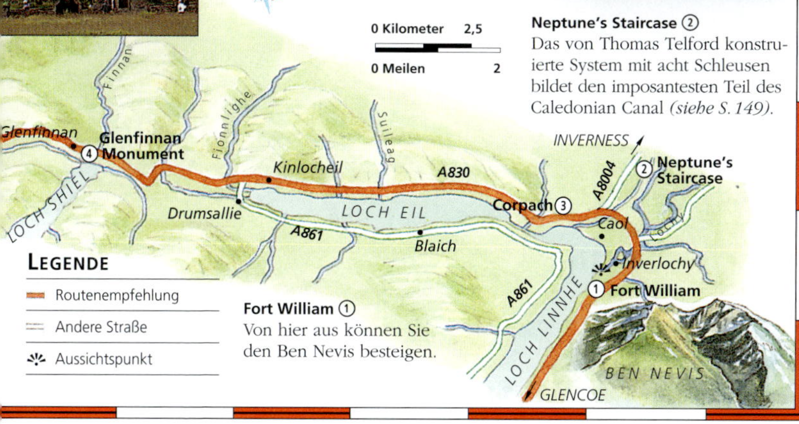

INVERNESS

Glenfinnan
Glenfinnan
④ **Monument**

Kinlocheil

A830

② **Neptune's Staircase**

A8004

LOCH SHIEL

Drumsallie

A861

LOCH EIL

Corpach ③

Caol

Blaich

Inverlochy

LEGENDE

━━ Routenempfehlung

═══ Andere Straße

✼ Aussichtspunkt

Fort William ①

Von hier aus können Sie den Ben Nevis besteigen.

A861

LOCH LINNHE

① Fort William

BEN NEVIS

GLENCOE

---

hörte einst dem gälischen Gelehrten John Lorne Campbell, heute dem National Trust for Scotland. Es gibt hier nur wenige Herbergen.

Eigg ist am abwechslungsreichsten und wird vom Sgurr of Eigg überragt. Die schönen Strände machen ungewöhnliche Geräusche, wenn die Füße der Spaziergänger oder der Wind den »singenden Sand« berühren. Die Insulaner kauften nach einer engagierten Kampagne die Insel ihrem Grundbesitzer ab und bewirtschaften sie nun gemeinsam.

Da die Umrisse **Mucks** an ein Schwein erinnern, taufte man sie mit dem gälischen Wort dafür. Die kleinste der Inseln gehört einer Familie, die heute noch eine Farm bewirtschaftet.

Rum, die größte Insel, hat raue Gipfel mit altnordischen Namen, auf denen eine recht ungewöhnliche Kolonie von Schwarzschnabel-Sturmtauchern lebt. Heute ist das Scottish Natural Heritage, das zum Zentrum der Rotwildforschung wurde, Eigentümer der Insel. Früher gehörte die Insel der betuchten Bullough-Familie, die **Kinloch Castle**

Bunte Fischerboote im Hafen von Mallaig

errichtete. Sein Äußeres und die Möblierung galten bereits zu jener Zeit als revolutionär und faszinieren noch immer.

⚓ **Kinloch Castle, Rum**
☎ 01687 46 20 37. ◻ Apr–Okt: tägl.; Nov–März: Infos telefonisch erfragen. 🎧 ♿ ✎

Mallaig ⑰

Lochaber. 🚹 980. 🚢 🚌 🚉 von Ardvasar (Skye). 🛈 08452 25 51 21.

Das Herz von Mallaig ist der Hafen mit einer Fischereiflotte und den Fähren zu den Small Isles und nach Skye. Die Atmosphäre ist eher geschäftig als müßig, doch liegt der Ort in einer wunderschönen Landschaft. Themen des **Mallaig Heritage Centre** sind Fischfang, Eisenbahnen, Dampfer und Fähren.

✂ **Mallaig Heritage Centre**
☎ 01687 462 08 51. ◻ Mo–Sa 11–16 Uhr. 🎧 ✎ nach Vereinbarung.

Tour: Killiecrankie Walk ⑱

Die Gegend ist berühmt für ihre Natur und ihre Geschichte. Der Rundweg vermittelt typische Landschaftseindrücke der Highlands. Mitten in den Bergen ist der Weg eben. Er windet sich durch eine waldige Schlucht, vorbei am Soldier's Leap und einem Viadukt. Loch Faskally, dessen Ufer im Schatten großer Bäume liegt und schöne Picknickplätze bietet, wurde künstlich angelegt. Auf dem Rückweg entlang dem Tummel durchquert man eines der Lieblingsgebiete Queen Victorias in den Highlands.

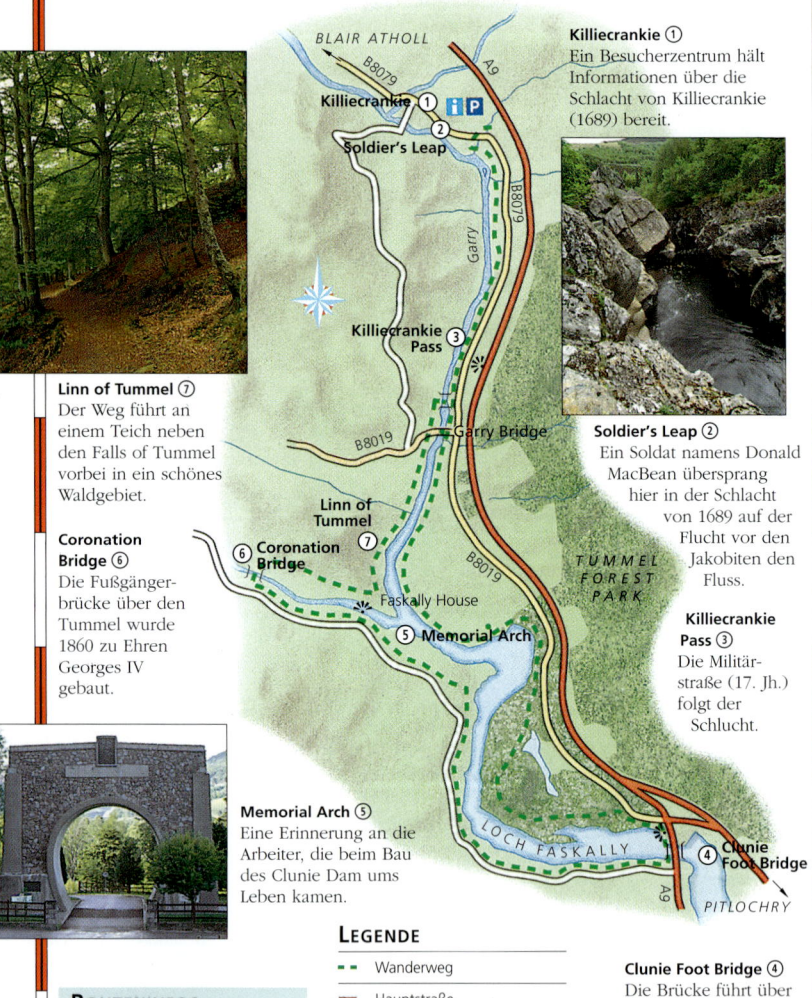

Killiecrankie ①
Ein Besucherzentrum hält Informationen über die Schlacht von Killiecrankie (1689) bereit.

Linn of Tummel ⑦
Der Weg führt an einem Teich neben den Falls of Tummel vorbei in ein schönes Waldgebiet.

Coronation Bridge ⑥
Die Fußgängerbrücke über den Tummel wurde 1860 zu Ehren Georges IV gebaut.

Soldier's Leap ②
Ein Soldat namens Donald MacBean übersprang hier in der Schlacht von 1689 auf der Flucht vor den Jakobiten den Fluss.

Killiecrankie Pass ③
Die Militärstraße (17. Jh.) folgt der Schlucht.

Memorial Arch ⑤
Eine Erinnerung an die Arbeiter, die beim Bau des Clunie Dam ums Leben kamen.

Clunie Foot Bridge ④
Die Brücke führt über den künstlichen Loch Faskally, der durch den Bau des Tummel-Staudamms (1950er Jahre) entstanden ist.

LEGENDE

- – – – Wanderweg
- ▬▬▬ Hauptstraße
- ▬▬▬ Nebenstraße
- ▭▭▭ Andere Straße
- ✺ Aussichtspunkt
- 🅿 Parken
- ℹ Information

ROUTENINFOS

Start: NTS Visitor Centre Killiecrankie. ☎ 01796 47 32 33.
Anfahrt: Bus von Pitlochry oder Aberfeldy.
Länge: 13 km.
Schwierigkeitsgrad: Sehr leicht.

0 Kilometer   1
0 Meilen   0,5

Turm und Fassade von Blair Castle in charakteristischem Weiß

Blair Castle ⑲

Blair Atholl, Perthshire. 📞 01796
48 12 07. 🚂 Blair Atholl. ⭕ tägl.
9.30–17.30 Uhr (Nov–März: Di, Sa
9.30–14 Uhr). 🏷 📷 ♿ eingeschr.
www.blair-castle.co.uk

Das verschachtelte, turmbewehrte Schloss wurde
in seiner 700-jährigen Geschichte so oft umgebaut, dass
es einen einzigartigen Einblick
in das Leben und den sich
wandelnden Geschmack der
schottischen Aristokratie gibt.
Im Flügel des 18. Jahrhunderts sind neben Gemälden
von Meistern wie Johann Zof-
fany und Peter Lely die Handschuhe und die Pfeife von
Bonnie Prince Charlie (siehe
S. 153) ausgestellt, der zwei
Tage hier verbrachte, als er
um Unterstützung für den Jakobitenaufstand warb (siehe
S. 147). Von Edwin Landseer
stammt das Gemälde Death of
a Hart in Glen Tilt (1850) im
Ballsaal. 1844 besuchte Queen
Victoria das Schloss und verlieh den Besitzern, den Dukes

of Atholl, die Erlaubnis, eine
Privatarmee zu halten. Sie
wurde nie widerrufen – die
Atholl Highlanders gibt es
noch heute.

Pitlochry ⑳

Perthshire. 🚶 2500. 🚂 🚌
ℹ️ 22 Atholl Rd 01796 47 22 15.
www.perthshire.co.uk

Berühmtheit erlangte das
Städtchen durch Queen
Victoria – sie pries Pitlochry
als einen der besten Urlaubs-
orte Europas. Im Frühsommer
springen wilde Lachse auf
dem Weg zu Laichplätzen
über die Lachstreppe des
Kraftwerkdamms flussauf-
wärts. Das **Power Station Visitor Centre** zeigt sein hydro-
elektrisches System, das mit
Wasser aus dem Fluss Tum-
mel betrieben wird.
In der **Blair Atholl Distillery**
wird noch wie anno 1789
Bell's Whisky hergestellt. Natürlich gibt es ausführliche
Führungen (siehe S. 32f).

Eine der berühmtesten Büh-
nen Schottlands, das **Festival
Theatre**, befindet sich in Port-
na-Craig. Das ganze Jahr über
wird ein täglich wechselndes
Programm gezeigt.

ℹ️ **Power Station
Visitor Centre**
Port-na-Craig. 📞 01796 47 31 52.
⭕ Ende März–Okt: tägl. 🏷 📷

🏭 **Blair Atholl Distillery**
Perth Rd. 📞 01796 48 20 03.
⭕ Ostern–Sep: tägl. (So nur nachmittags); Okt–Ostern: Mo–Fr. 🏷
📷 ♿ eingeschränkt.

🎭 **Festival Theatre**
Port-na-Craig. 📞 01796 48 46 26.
⭕ Mitte Mai–Okt: tägl. 🏷 Auffüh-
rungen. ♿ www.pitlochry.org.uk

Ruine der Kathedrale von Dunkeld

Dunkeld ㉑

Tayside. 🚶 2200. 🚂 Birnam. 🚌
ℹ️ The Cross 01350 72 76 88.

Das bezaubernde alte Dorf
am Tay wurde 1689 in
der Schlacht von Dunkeld, in
der die Jakobiten unterlagen,
fast vollständig zerstört. Die
charakteristischen **Little Hou-
ses** an der Cathedral Street
wurden mit viel Einfühlungs-
vermögen wieder aufgebaut.
Auf schattigen Wiesen am
Tay stehen vor den steilen,
bewaldeten Hügeln die Ruinen der **Kathedrale** aus dem
14. Jahrhundert. Der Chor
wurde zur Gemeindekirche
umgebaut. An der Nordwand
befindet sich ein Lepraauge,
durch das die von der Messe
ausgeschlossenen Leprakran-
ken den Altar sehen konnten.
Als die Autorin Beatrix Potter
in Dunkeld Urlaub machte,
wurde sie von der Landschaft
zu den Peter-Rabbit-Geschich-
ten inspiriert.

Lachstreppe am Damm des Kraftwerks in Pitlochry

Cairngorm Mountains ㉒

Bergziege

Die Bergkette mit ihren bis zu 1309 Meter hohen Gipfeln ist das beliebteste Skigebiet Großbritanniens. Auf dem Cairn Gorm steht eine Wetterstation, die stets aktuelle Wetterberichte liefert – eine wichtige Einrichtung in dieser für rasche Witterungsumschwünge bekannten Gegend. Wanderer können bedenkenlos der Beschilderung folgen. Im Sommer führt eine Seilbahn auf den Cairn Gorm, der eine fantastische Aussicht auf das Spey-Tal bietet. Manche Landgüter im Tal haben Informationszentren über das Hochlandleben eingerichtet.

Strathspey Steam Railway
Die Zugverbindung zwischen Aviemore und Broomhill existiert seit 1863.

Von Aviemore, einem der größten Ferienorte, fahren Busse in das 13 Kilometer entfernte Skigebiet.

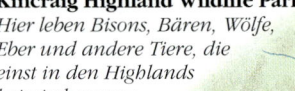

Kincraig Highland Wildlife Park
Hier leben Bisons, Bären, Wölfe, Eber und andere Tiere, die einst in den Highlands heimisch waren.

INVERNESS
Carrbridge
A938
B9153
Boat of G
Aviemore
Coylun
Beanaidh
A9
B9152
Spey
LOCH AN EILEIN
Kincraig
LOCH INSH
Kingussie
NEWTONMORE
B970
Tolvah
Feshie
BRAERI
1295
LOCH EINICH
PERTH

0 Kilometer   5
0 Meilen   5

Die Cairngorm Mountains bei Aviemore

Rothiemurchus Estate
Hochlandrinder sind nicht die einzigen Tiere auf dem Gut, das im Rahmen einer Führung durch das Gelände besichtigt werden kann.

Hotels und Restaurants in den Highlands und auf den Inseln *siehe Seiten 177–181 und 194–197*

Loch Garten Nature Reserve
Hier sieht man heute wieder Fischadler, nachdem sie vor einigen Jahrzehnten beinahe ausgestorben waren.

GRANTOWN-ON-SPEY

Broomhill

A95

Nethy Bridge

970

Nethy

P

CAIRN GORM

1245 m

BEN MACDHUI

1309 m

CAIRNGORM MOUNTAINS

Der Ben MacDhui ist nach dem Ben Nevis Großbritanniens zweithöchster Berg.

LEGENDE

ℹ️	Information
▬	Hauptstraße
▬	Nebenstraße
▬	Andere Straße
- -	Wanderweg
⁂	Aussichtspunkt

INFOBOX

Highlands. 🚂 🚌 *Aviemore.*
ℹ️ *Grampian Rd, Aviemore*
01479 81 03 63. **Cairngorm Reindeer Centre**, *Loch Morlich.*
ℹ️ ☎ *01479 86 12 28.* ⏰ *tägl.*
📷 🔬 **Kincraig Highland Wildlife Park** ☎ *01540 65 12 70.* ⏰ *tägl. (je nach Wetterlage).*
Rothiemurchus Visitor Centre, *bei Aviemore.* ☎ *01479 81 08 58.* ⏰ *tägl.* **Loch Garten Nature Reserve** ☎ *01479 82 14 09.* ⏰ *tägl.* **Skifahren und Seilbahn** ☎ *01479 86 12 61.*

Im Cairngorm Reindeer Centre kann man inmitten von Großbritanniens einziger Rentierherde wunderschöne Wanderungen machen.

Skifahren
Im Winter sind etwa 30 Abfahrtsstrecken an der Nordflanke der Berggruppe über Sessel- und Schlepplifte erreichbar.

PFLANZENWELT DER BERGE

Mit Mischwald am Fuß der Berge und subpolaren Gipfelplateaus bieten die Cairngorm Mountains einer großen Pflanzenvielfalt ein Zuhause. Im Abernethy Forest überlebte die früher heimische Kaledonische Kiefer, auf den Gipfeln gedeihen arktische Pflanzen.

Auf dem Cairngorm-Plateau gedeihen Flechten (Großbritanniens älteste Pflanzen), Hainsimse und das stängellose Leimkraut mit seinen rosafarbenen Blüten.

In geschützten Mulden wachsen alpine Pflanzen wie Hornkraut und Gänsekresse.

Kiefernwälder bedecken die mittleren Hänge; je lichter die Wälder, desto mehr scheint das Heidekraut hervor.

Mischwald, Heidekraut und Büschelgras findet man in den unteren Lagen.

1200 m
1000 m
800 m
600 m
400 m
200 m
0 m

Vereinfachter Querschnitt durch das Cairngorm-Plateau

Aberdeen ㉓

Schottlands drittgrößte Stadt und Europas Zentrum der Ölindustrie blüht seit der Entdeckung von Öl in der Nordsee Anfang der 1970er Jahre auf. Etwa 50 Erdölfelder sind inzwischen erschlossen. Die eher düsteren Konturen der »Granitstadt« werden durch öffentliche Parks aufgelockert. Die Duthie Park Winter Gardens sind Europas größte überdachte Parkanlage. Einen schönen Blick auf Aberdeens lebhaften Hafen hat man von Footdee, einem hübschen Dorf am südlichen Ende eines drei Kilometer langen Sandstrands.

Die Türme von Aberdeen erheben sich hinter dem Stadthafen

Überblick: Aberdeen

Das Stadtzentrum gruppiert sich um die etwa 1,5 Kilometer lange Union Street, die im Osten am Mercat Cross endet. Das Kreuz schmückt Castlegate, den heutigen Marktplatz. Von hier aus schlängelt sich die kopfsteingepflasterte Shiprow zum Hafen, vorbei an Provost Ross's House. Ein Bus fährt nach Old Aberdeen, etwa 1,5 Kilometer weiter nördlich, das mit seinen mittelalterlichen Straßen und engen Gassen wie ein selbstständiges Dorf wirkt. Auf manchen Straßen ist Autofahren nur eingeschränkt möglich.

♔ King's College

College Bounds, Old Aberdeen.
☎ 01224 27 20 00. ◯ tägl. ♿
Das Visitor Centre der ersten Universität der Stadt (1495) informiert über deren Geschichte. Die interkonfessionelle Kapelle besitzt einen charakteristischen Turmaufbau, der 1633 nach einem schweren Sturm erneuert wurde. Die Buntglasfenster von Douglas Strachan geben dem Inneren einen modernen Anstrich. In die Kanzel von 1540 wurden in späterer Zeit die Köpfe der Stuart-Könige gemeißelt.

♙ St Andrew's Cathedral

King St. ☎ 01224 64 01 19. ◯ Mai–Sep: Di–Fr; Okt–Apr: Sa. ♿ 🖼 nach Vereinbarung.
St Andrew's ist die Mutterkirche der Episkopalisten in den USA. Ein Denkmal erinnert an Samuel Seabury, den ersten Episkopalbischof der USA, der 1784 in Aberdeen geweiht wurde. Im Kontrast zu den weißen Wänden und Säulen zieren bunte Wappen die Decke der Seitenschiffe. Sie repräsentieren die Staaten der USA und der Jakobitenfamilien von Aberdeenshire.

Eleganter Turmaufbau der Kapelle des King's College

🏛 Art Gallery

Schoolhill. ☎ 01224 52 37 00. ◯ tägl. ♿ www.aberdeencity.gov.uk
Der Schwerpunkt der in einem klassizistischen Gebäude residierenden Art Gallery liegt auf moderner Kunst. Auch eine Sammlung von Silberarbeiten aus Aberdeen ist hier zu sehen. Die ständige Ausstellung von Werken aus dem 18. bis 20. Jahrhundert umfasst Arbeiten von Toulouse-Lautrec, Raeburn und Reynolds. Einige Werke hinterließ der Granithändler Alex Macdonald der Galerie.

♙ St Nicholas Kirk

Union St. ☎ 01224 64 34 94. ◯ Mai–Sep: Mo–Fr 12–16, So 9.30–13 Uhr; Okt–Apr: nur Mo–Fr vormittags. ♿
Das heutige Gebäude der ältesten Pfarrkirche Schottlands stammt zwar von 1752, innen sieht man jedoch noch Relikte aus dem 12. Jahrhunderts. Nach der Reformation wurde die Kirche zweigeteilt. In der Kapelle der Ostkirche kettete man im 17. Jahrhundert vermeintliche Hexen an Eisenringe. Stickereibilder von Mary Jameson (1597–1644) zieren die Wände der Westkirche.

🏛 Maritime Museum

Shiprow. ☎ 01224 33 77 00. ◯ Di–Sa 10–17, So 12–15 Uhr. ♿ www.aagm.co.uk
Das Provost Ross's House mit Blick auf den Hafen ist eines der ältesten Wohnhäuser der Stadt (1593). Das darin untergebrachte Maritime Museum illustriert die lange Seefahrtstradition Aberdeens. Es informiert über Themen wie Schiffbau und Schiffbruch und veranschaulicht anhand von Modellen die Arbeiten auf den Ölbohrinseln rund um die Ostküste Schottlands.

♙ St Machar's Cathedral

The Chanonry. ☎ 01224 48 59 88. ◯ tägl. ♿ www.stmachar.com
Das älteste Granitgebäude der Stadt ist die St Machar's Cathedral (15. Jh.). Die Steinmetzarbeiten reichen zum Teil bis ins 14. Jahrhundert zurück. Das Hauptschiff dient nun als Pfarrkirche. Seine Eichendecke ist mit den Wappen von 48 Päpsten, Kaisern und Prinzen geschmückt.

Hotels und Restaurants in den Highlands und auf den Inseln siehe Seiten 177–181 und 194–197

Provost Skene's House

Guestrow. **☎** 01224 64 10 86. **◯** Mo–Sa 10–17 Uhr. 🖼️ **♿** *einge-schränkt.* **www**.aagm.co.uk

Das 1545 gebaute Haus, eines der ältesten der Stadt, war der Wohnsitz von Sir George Skene, der im 17. Jahrhundert Bürgermeister von Aberdeen war. Erhalten geblieben ist die Originalmöblierung. Die Wochen vor der Schlacht von Culloden *(siehe S. 146)* verbrachte der Duke of Cumberland hier.

INFOBOX

Grampian. 🏠 192 000.
✈️ *13 km nordwestl. von Aberdeen.* 🚆 🚌 Guild St. ℹ️ Union St 01224 28 88 28. 🛒 *Fr, Sa.*

Im Salon (18. Jh.), in dem u. a. ein Cembalo aus Walnussholz steht, nahm die Familie ihren Tee ein.

Der Regency Room mit griechischem Sofa, Harfe von 1820 und französischem Schreibtisch verkörpert die Eleganz des frühen 19. Jahrhunderts.

Die Painted Gallery birgt einen der wichtigsten Zyklen der religiösen Kunst Schottlands (17. Jh.). Der Künstler ist unbekannt.

In der Great Hall (17. Jh.) mit ihren schweren Eichenmöbeln hängt über dem Kamin das holzgeschnitzte Wappen der Skenes.

Der georgianische Speisesaal im klassischen Stil diente im 16. Jahrhundert als Empfangssaal. Erhalten geblieben ist der ursprüngliche Fliesenboden.

Eingang

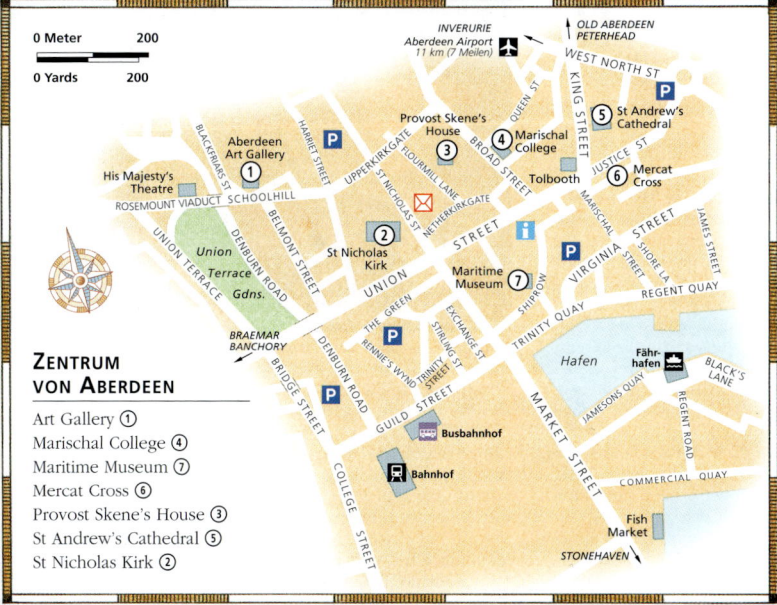

0 Meter 200
0 Yards 200

INVERURIE
Aberdeen Airport ✈️
11 km (7 Meilen)

↑ *OLD ABERDEEN*
PETERHEAD

WEST NORTH ST

Aberdeen Art Gallery ①

Provost Skene's House
③

Marischal College ④

⑤ St Andrew's Cathedral

His Majesty's Theatre
ROSEMOUNT VIADUCT SCHOOLHILL

Tolbooth

⑥ Mercat Cross

JUSTICE ST

St Nicholas Kirk ②

Union Terrace Gdns.

UNION STREET

Maritime Museum ⑦

BRAEMAR BANCHORY

THE GREEN

Hafen
Fährhafen
BLACK'S LANE

Busbahnhof

Bahnhof

COMMERCIAL QUAY

Fish Market

STONEHAVEN

ZENTRUM VON ABERDEEN

Art Gallery ①
Marischal College ④
Maritime Museum ⑦
Mercat Cross ⑥
Provost Skene's House ③
St Andrew's Cathedral ⑤
St Nicholas Kirk ②

Tour: Royal Deeside ㉔

Deeside wurde zwar seit Robert the Bruce (14. Jh.) mit dem Königshaus assoziiert, doch erst nachdem Queen Victoria 1852 Balmoral Estate erworben hatte, wurde die Region als Sommerresidenz der britischen Königsfamilie bekannt. Die Route folgt dem Dee, einem der weltweit besten Lachsgründe, durch die schöne Grampian-Region.

Muir of Dinnet Nature Reserve ④
Ein Informationszentrum an der A97 ist der geeignete Ausgangspunkt für die Erkundung des wunderbaren Waldgebiets, das sich nach der letzten Eiszeit entwickelt hat.

BRAEMAR, PERTH

A939

Gairn

A93

Muick

B976

B9119

A97

Muir of Dinnet ④ Nature Reserve

B976

Aboyne

B9094

Tanar

Balmoral ⑥

⑤ Ballater

Balmoral ⑥
Nur 30000 Guineen zahlte Queen Victoria für das Schloss, nachdem sein Besitzer an einer Fischgräte erstickt war. Der schottische Baronial Style entsprach dem Wunsch Prinz Alberts.

Ballater ⑤
In der alten Eisenbahnstadt hängen an vielen Ladenfassaden königliche Wappen. Das hiesige Wasser galt als Heilmittel gegen Tuberkulose.

Speyside Malt Whisky Trail ㉕

Moray. 🛈 Elgin 01343 54 26 66.
www.maltwhiskytrail.com

Klima und Geologie der Grampians und Spey-Täler sind für die Whisky-Herstellung äußerst günstig. Deshalb findet man die Hälfte aller schottischen Whisky-Brennereien entlang dem Spey. Sie sind über die Region verstreut und können nur mit dem Auto erreicht werden. Der ausgeschilderte »Malt Whisky Trail« führt zu sieben Destillerien und einer Böttcherei.

Die Whisky-Herstellung (siehe S. 32f) ist kein Geheimnis: Im Wesentlichen lässt man Gerste in Wasser keimen (mälzen), dann wird sie in Torfrauch getrocknet, gemahlen und mit Wasser vermischt. Anschließend braucht sie Zeit zum Gären. Die schaumige Flüssigkeit wird zweimal destilliert. Ergebnis ist ein rauer

Eichenfässer, in denen der reifende Whisky gelagert wird

Whisky, der in Eichenfässern drei bis 16 Jahre lang gelagert wird. Während dieser Zeit erhält er sein mildes Aroma. Weltweit werden 30 Flaschen schottischer Whisky pro Sekunde verkauft. Die Besucherzentren der einzelnen Brennereien am Whisky Trail bieten gute, einander ähnelnde Führungen durch ihre Anlagen

sowie Ausstellungen zu ihrer Geschichte. Oft erhält man den Eintritt zurück, wenn man eine Flasche kauft.

Die **Speyside Cooperage** erläutert den Herstellungsprozess von anderer Seite: Hier kann man sich über die Produktion der Holzfässer informieren, in denen der Whisky schließlich gelagert wird.

ROUTENINFOS

Länge: 111 km.

Rasten: Café im Crathes Castle.
Mai–Sep: tägl. Das Restaurant am Bahnhof von Ballater serviert täglich traditionelle Gerichte.

Banchory ③

Hier wird Lavendelwasser produziert. Südlich der Stadt kann man an der Brig o' Feugh (18. Jh.) Lachse springen sehen.

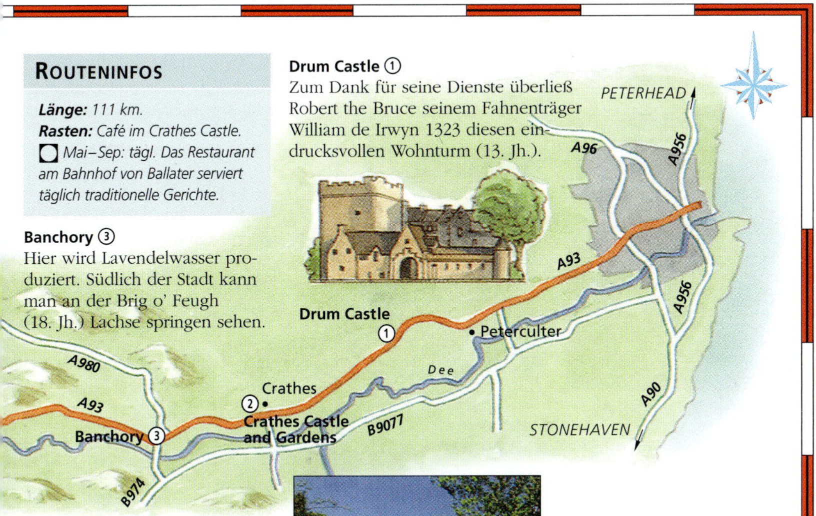

Drum Castle ①

Zum Dank für seine Dienste überließ Robert the Bruce seinem Fahnenträger William de Irwyn 1323 diesen eindrucksvollen Wohnturm (13. Jh.).

Drum Castle
①

Crathes Castle and Gardens ②

Familiensitz der Burnetts, die Robert the Bruce zu Königlichen Förstern von Drum ernannte. Das elfenbeinfarbene Horn of Leys, das er Alexander Burnett überreichte, ist noch immer ausgestellt.

0 Kilometer   5

0 Meilen   4

LEGENDE

▭ Routenempfehlung

═ Andere Straße

☼ Aussichtspunkt

Benromach Distillery

Forres. 01309 67 59 68.
Okt–Apr: Mo–Fr; Mai–Sep: Mo–Sa; Juni, Juli, Aug: So.

Cardhu Distillery

Knockando. 01340 87 25 55.
Jan–Juni: Mo–Fr; Juli–Sep: Mo–So; Okt–Dez: Mo–Fr.

Dallas Dhu Distillery

Forres. 01309 67 65 48. Jan–März: Mo–Do, Sa, So; Apr–Sep: tägl.; Okt–März: Mo–Mi, Sa, So.

Glen Grant Distillery

Rothes. 01340 83 21 18.
Apr–Okt: tägl. eingeschr.

Glenfiddich Distillery

Dufftown. 01340 82 03 73.
Ostern–Mitte Okt: tägl.; Mitte Okt–Ostern: Mo–Fr.

The Glenlivet Distillery

Glenlivet. 01340 82 17 20.
Ostern–Okt: tägl.
eingeschränkt.

Speyside Cooperage

Craigellachie. 01340 87 11 08.
Mo–Fr 9–16 Uhr.
eingeschränkt.

Strathisla Distillery

Keith. 01542 78 30 44. Ostern–Okt: tägl. eingeschränkt.

Elgin ㉖

Moray. 21 000. 17
High St 01343 54 26 66. Sa.

Mit dem kopfsteingepflasterten Marktplatz und den gewundenen Gassen erinnert vieles in Elgin an das Mittelalter. Von der **Kathedrale** (13. Jh.), dem »Licht des Nordens«, einer der baulichen Glanzleistungen Schottlands, sind nur Ruinen erhalten: Sie wurde 1390 vom »Wolf von Badenoch«, dem Sohn Roberts II, aus Rache für seine Exkommunikation durch den Bischof zerstört. Weiterer Schaden entstand 1576, als der Gemeinderat das Abtragen des Hauptdachs anordnete.

Erhalten sind u.a. ein piktischer Symbolstein und ein Becken, in das einer der Wohltäter der Stadt, Andrew Anderson, als Kind von seiner obdachlosen Mutter gelegt wurde. Das **Elgin Museum** zeigt an-

thropologische und geologische Ausstellungen, das **Moray Motor Museum** mehr als 40 Autos und Motorräder.

🏛 Elgin Museum

1 High St. 01343 54 36 75.
Apr–Okt: Mo–Sa.

🏛 Moray Motor Museum

Bridge St, Bishopmill. 01343 54 49 33. Ostern–Okt: tägl.

Skulptur am Vierungsturm der Kathedrale von Elgin (13. Jh.)

Luftaufnahme von Fort George in imposanter Lage

Fort George ㉗

Inverness. 📞 *01667 46 02 32*. 🚋
🚌 *Inverness, Nairn*. 🕐 *Apr–Sep:
tägl. 9.30–17.30 Uhr; Okt–März:
tägl. 9.30–16.30 Uhr*. 🎫 🚻 ♿
www.*historic-scotland.gov.uk*

Fort George, eines der herausragenden Beispiele europäischer Militärarchitektur, liegt am Moray Firth an einem idealen Standort für die Kontrolle der Highlands. Die Anlage wurde 1769 vollendet, um nach dem Jakobitenaufstand von weiteren Rebellionsversuchen abzuschrecken.

Im Fort ist heute das **Regimental Museum** des Highlanders Regiment untergebracht. Einige Baracken wurden rekonstruiert, um das Soldatenleben vor 200 Jahren zu zeigen. Das **Grand Magazine** birgt eine Sammlung von Waffen und militärischer Ausrüstung. Die Zinnen von Fort George sind ein geeigneter Platz, um die Delfine in den Gewässern des Moray Firth zu beobachten.

Culloden ㉘

(NTS) Inverness. 🚋 🚌 *Inverness*.

Auf dem Moorland von Culloden fand am 16. April 1746 die letzte Schlacht auf britischem Boden statt *(siehe S. 45)*. Die Jakobiten unter Führung von Bonnie Prince Charlie *(siehe S. 153)* unterlagen dem Ansturm der hannoveranischen Truppen, die

9000 Mann, angeführt vom Duke of Cumberland, für die Schlacht aufboten. Besucher können einen Streifzug über das Schlachtfeld unternehmen, Gräber besichtigen und die audiovisuelle Ausstellung im **NTS Visitor Centre** erleben.

Umgebung: Etwa 1,5 Kilometer östlich von Culloden liegen die **Clava Cairns**, interessante neolithische Grabstätten.

🛈 **NTS Visitor Centre**
An der B 9006 östl. von Inverness.
📞 *01463 79 06 07*. 🕐 *tägl.*
🚫 *Jan*. 🎫 ♿ **www**.*nts.org.uk*

Cawdor Castle ㉙

An der B 9090 (nahe der A 96).
📞 *01667 40 44 01*. 🚋 *Nairn, dann
Bus oder Taxi*. 🚌 *von Inverness*.
🕐 *Mai–Okt: 10–17.30 Uhr (letzter
Einlass: 17 Uhr)*. 🎫 ♿ *Garten, Erdgeschoss*. **www**.*cawdorcastle.com*

Mit seinem zentralen Turm, der Zugbrücke und dem Wallgraben ist Cawdor Castle wohl eines der romantischsten Schlösser der Highlands. Es ist berühmt als Heimat von Shakespeares tragischem Macbeth – im Stück ernennt König Duncan den Titelhelden zum Thane of Cawdor. Ob einer der beiden je auf dem Schloss war, ist jedoch historisch unbewiesen.

Eine alte Steineiche im Kellergewölbe soll jener Baum sein, unter dem 1372 Thane Williams mit Gold beladener Esel Rast machte, als sein Herr nach einem Platz für den Bau einer Festung Ausschau hielt. Nach der Legende wurde so der Standort des Schlosses

bestimmt. Das seit 600 Jahren bewohnte Schloss (bis heute leben die Thanes of Cawdor hier) birgt seltene Wandteppiche sowie Porträts von Joshua Reynolds (1723–1792) und George Romney (1734–1802). Im Woodcock Room stehen Möbel aus dem 18. Jahrhundert von Chippendale und Sheraton. In der Old Kitchen erinnert der gewaltige Herd an die harte Küchenarbeit früherer Zeiten.

Auf dem riesigen Schlossgelände gibt es einen Neun-Loch-Golfplatz und wunderbare Spaziergänge.

Zugbrücke an der Ostseite von Cawdor Castle

Inverness ㉚

Highland. 🏠 *60 000*. 🚋 🚌
🛈 *Castle Wynd 01463 23 43 53*.
www.*visithighlands.com*

Alle Wege in den Highlands führen nach Inverness, Hauptstadt der Region sowie Verwaltungs-, Wirtschafts- und Kommunikationszentrum für die auf 2,5 Millionen Hektar Land verstreuten Bewohner. Inverness ist die größte Stadt

The Battle of Culloden (1746), ein zeitgenössisches Bild von D. Campbell

Die rote Sandsteinfassade des Inverness Castle hoch über der Stadt leuchtet im Licht des Sonnenuntergangs

im Norden – mit der Atmosphäre einer Kleinstadt. Zum Teil wurde sie leider durch moderne Architektur verschandelt, trotzdem lohnt sich ein Besuch, um die Blumenausstellungen im Sommer und den Ness zu sehen, der durch das Zentrum fließt und zu dessen Charme beiträgt. Im Sommer ist der Fluss sogar in der Stadt Treffpunkt vieler Lachsfischer. Über Inverness ragt **Inverness Castle** auf, ein viktorianischer Bau aus rotem Sandstein, heute Sitz des Gerichts.

Kilt-Hersteller mit Stuart-Tartan

Nahe dem Informationsbüro liegt die **Inverness Museum and Art Gallery**, die Dauer- und Wanderausstellungen sowie Workshops für Kinder anbietet. Die Haupteinkaufszone erstreckt sich von hier aus fächerförmig in drei Richtungen, mit einer belebten Fußgängerzone, in der Dudelsackspieler und andere Musiker die Spaziergänger unterhalten.

Auf der anderen Seite des Flusses befindet sich das **Scottish Kiltmaker Visitor Centre**, das Teil des Highland House of Fraser ist. Hier kann man sich über die Kilt-Herstellung informieren und Einblicke in die Geschichte, Kultur und Tradition der Kilts bekommen. Etwas flussaufwärts kommt man zum **Eden Court Theatre**, auf dessen Bühne in abwechselndem Programm schotti-

sche und internationale Künstler auftreten. Ein Uferweg führt zu einer Fußgängerbrücke, über die man zu den **Island Walks** gelangt. An diesem schönen Ort haben sich Enten häuslich niedergelassen. Danach gelangt man, immer noch flussaufwärts, zum gut ausgestatteten Erlebnisbad **Inverness Sports Centre and Aquadome**. Der 1804–22 von Thomas Telford erbaute Caledonian Canal *(siehe S. 148 f)* wird noch genutzt. Von der Tomnahurich Bridge aus hat man einen guten Blick auf ihn. **Jacobite Cruises** veranstalten im Sommer regelmäßig Ausflugsfahrten auf dem Loch Ness, eine gute Möglichkeit, einen sonnigen Nachmittag auf dem Wasser zu genießen.

Inverness eignet sich ideal als Ausgangspunkt für eine Highland-Tour: Von hier sind die meisten Sehenswürdigkeiten der Region leicht zu erreichen, auch Culloden in acht Kilometern Entfernung.

🏛 **Inverness Museum and Art Gallery**
Castle Wynd. 📞 01463 23 71 14. ⏱ Mo–Sa 9–17 Uhr. ♿
www.inverness.com

🏛 **Scottish Kiltmaker Visitor Centre**
4–9 Huntly St. 📞 01463 22 27 81. ⏱ Juni–Sep: tägl.; Okt–Mai: Mo–Sa. 📷

🎭 **Eden Court Theatre**
Bishop's Rd. 📞 01463 23 42 34. 📷 🅿 ♿ www.eden-court.co.uk

🏊 **Inverness Sports Centre and Aquadome**
Bught Park. 📞 01463 66 75 00. ⏱ tägl. 📷 ♿

🚢 **Jacobite Cruises**
Tomnahurich Bridge, Glenurquhart. 📞 01463 23 39 99. 📷 ♿

JAKOBITENAUFSTÄNDE

Die ersten Jakobiten (hauptsächlich Katholiken) unterstützten James VII von Schottland (James II von England), der im Zuge der »Glorreichen Revolution« (1688) vom Parlament abgesetzt wurde. Ziel war die Wiederherstellung der Stuart-Monarchie. Als der Protestant Wilhelm von Oranien den Thron bestieg, kam es 1715 und 1745 zu Aufständen. Der erste, unter James VIII, endete 1715 mit der Schlacht von Sheriffmuir, der zweite mit der Schlacht von Culloden, die den Jakobiten jede Hoffnung nahm und das Ende des Clan-Systems bedeutete. Anschließend wurde die Highland-Kultur über ein Jahrhundert lang unterdrückt.

James II von Samuel Cooper (1609–1672)

NTS: National Trust for Scotland siehe Seite 216

Great Glen ㉛

GREAT GLEN

Zwischen Inverness im Nordosten und Fort William im Südwesten führt eine malerische Strecke entlang dem Great Glen, einer geologischen Verwerfung. Das glazial überformte Tal entstand, als sich die Landmassen vor rund 400 Millionen Jahren in Bewegung setzten. Einer der vier Lochs ist das berühmte Zuhause von Nessie: Loch Ness. Die Seen sind durch den 1822 von Thomas Telford erbauten Caledonian Canal miteinander verbunden. Wer möchte, kann das Tal per Boot erkunden, als Alternative bietet sich das Auto an.

Birkenzeisig

In Spean Bridge gibt es eine Wollweberei, die traditionelle Strickwaren und Tweed verkauft. Das Memorial nahe dem Dorf erinnert an alle britischen Soldaten, die im Zweiten Weltkrieg fielen. Das Gebiet um **Spean Bridge** war ihr Übungsgelände.

Loch Lochy
Dies ist einer der Seen des Great Glen, die durch Verwerfung und glaziale Erosion entstanden sind. In den nahen Höhlen soll sich Bonnie Prince Charlie nach der Schlacht von Culloden versteckt haben.

NICHT VERSÄUMEN

★ Caledonian Canal

★ Loch Ness

Loch Mullardoch

Kinlochourn

Loch Quoich

Loch Arkaig

Inver

South Lag

Lochailort

A830

A87

Loch Lochy

Fort William

Ben Nevis

A861

A82

Strontian

Ardgour

Corran

Onich

A861

A884

Glencoe

Ballachulish

Duror

Loch Linnhe

A828

Port Appin

Loch Shiel

Steall Waterfall
Am Fuß des Ben Nevis stürzt der beeindruckende Wasserfall in ein Tal voller Wildblumen. Dieser Ort ist Ziel einer Wanderung durch eine wilde Schlucht und eignet sich hervorragend für ein Picknick.

0 Kilometer   10

0 Meilen   10

Ben Nevis *(siehe S. 135)* ist Großbritanniens höchster Berg (1344 m). Seine breite, etwas eigentümliche Form lässt ihn niedriger erscheinen.

Fort Augustus ist ein hübsches Dorf am südwestlichen Ende des Loch Ness. Von hier aus starten die Bootsfahrten um den Loch. Eine Benediktinerabtei kann besichtigt werden.

INFOBOX

Highland. **i** *Castle Wynd, Inverness 01463 23 43 53; 01397 70 37 81.* **www**.visitscotland.com **The Official Loch Ness Exhibition** **C** *01456 45 05 73.* ○ tägl. ♨ **& Urquhart Castle C** *01456 45 05 51.* ○ tägl. ♨

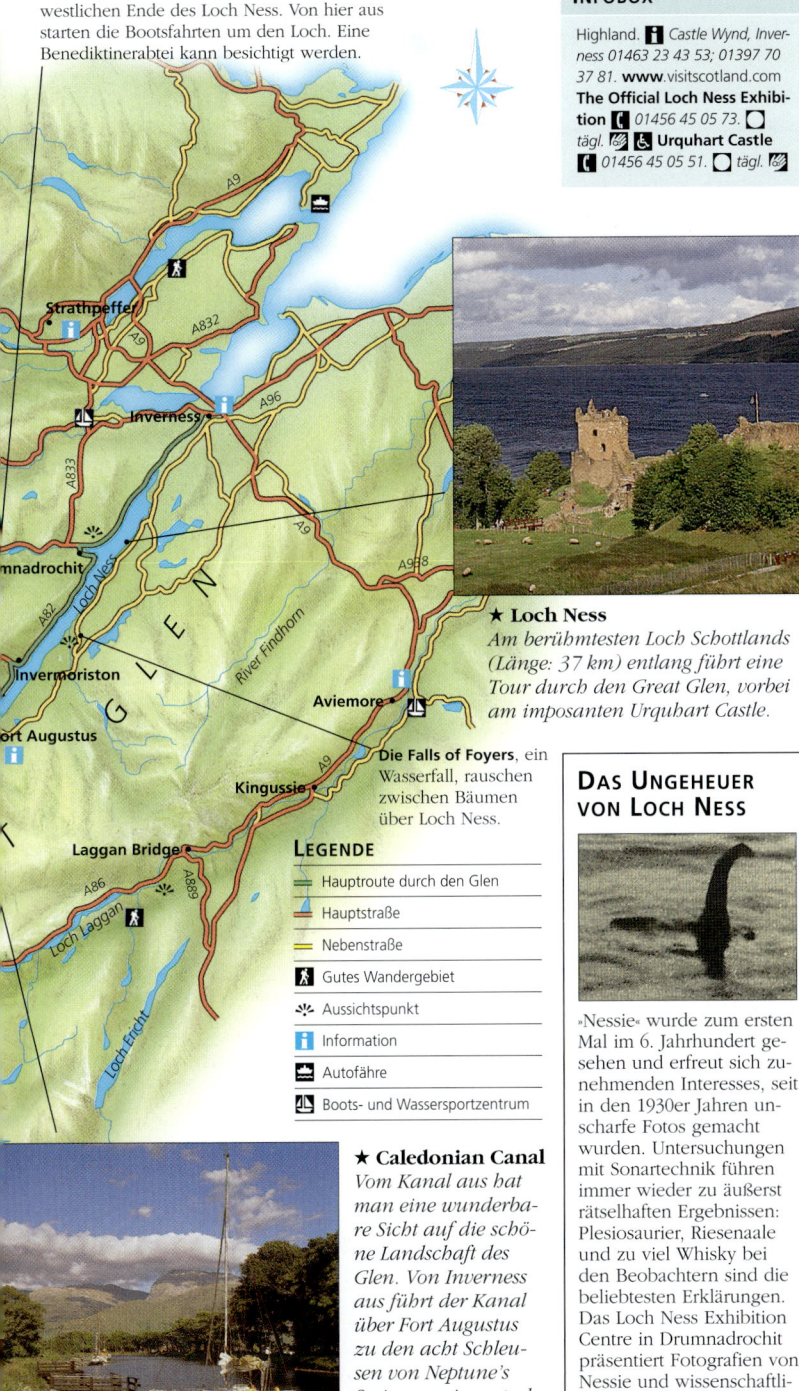

★ Loch Ness
Am berühmtesten Loch Schottlands (Länge: 37 km) entlang führt eine Tour durch den Great Glen, vorbei am imposanten Urquhart Castle.

Die Falls of Foyers, ein Wasserfall, rauschen zwischen Bäumen über Loch Ness.

LEGENDE

──	Hauptroute durch den Glen
──	Hauptstraße
──	Nebenstraße
🚶	Gutes Wandergebiet
☀	Aussichtspunkt
i	Information
🚢	Autofähre
⚓	Boots- und Wassersportzentrum

★ Caledonian Canal
Vom Kanal aus hat man eine wunderbare Sicht auf die schöne Landschaft des Glen. Von Inverness aus führt der Kanal über Fort Augustus zu den acht Schleusen von Neptune's Staircase, einem technischen Wunderwerk.

DAS UNGEHEUER VON LOCH NESS

»Nessie« wurde zum ersten Mal im 6. Jahrhundert gesehen und erfreut sich zunehmenden Interesses, seit in den 1930er Jahren unscharfe Fotos gemacht wurden. Untersuchungen mit Sonartechnik führen immer wieder zu äußerst rätselhaften Ergebnissen: Plesiosaurier, Riesenaale und zu viel Whisky bei den Beobachtern sind die beliebtesten Erklärungen. Das Loch Ness Exhibition Centre in Drumnadrochit präsentiert Fotografien von Nessie und wissenschaftliche Erklärungen.

Ufer der Black Isle im Moray Firth

Black Isle ❸❷

Ross & Cromarty. 🚶 10600. 🚉
🚌 Inverness. ℹ️ 01463 73 15 05.
www.visitscotland.com

Die Bohrplattformen im Cromarty Firth erinnern an die wirtschaftlichen Veränderungen nach den Ölfunden. Dennoch ist die Black Isle noch immer von Bauernhöfen und Fischerdörfern geprägt.

Im 18. Jahrhundert war **Cromarty** eine wichtige Hafenstadt mit Seil- und Spitzenindustrie. Viele der Kaufmannshäuser stehen noch. Das Museum im **Cromarty Courthouse** zeigt die Vergangenheit der Stadt. Das **Hugh Miller Museum** informiert über den Geologen (1802–1856), der in Cromarty geboren wurde.

Fortrose rühmt sich der Ruinen einer Kathedrale (14. Jh.).

Am Chanonry Point erinnert ein Stein an den Propheten Brahan Seer (17. Jh.). Er wurde von der Countess of Seaforth in einem Teerfass verbrannt, weil sie die Untreue ihres Gatten vorhergesagt hatte. Im **Groam House Museum** in Rosemarkie erfährt man etwas über regionale Archäologie.

🏛 **Cromarty Courthouse**
Church St, Cromarty. ☎ 01381 60 04 18. ⬤ Mai–Sep: So–Do 11–16 Uhr; Okt–Apr: nach Vereinbarung. ⬤ 23. Dez–Feb. ◪

🏚 **Hugh Miller Museum**
(NTS) Church St, Cromarty. ☎ 01381 60 02 45. ⬤ März–Sep: tägl. 13–17 Uhr. ◪ ♿ eingeschr.

🏛 **Groam House Museum**
High St, Rosemarkie. ☎ 01381 62 09 61. ⬤ Osterwoche nur nachm.; Mai–Sep: tägl. (So nachm.); Okt–Apr: Sa, So (nachm.). ◪ ♿ nur Erdgeschoss.

»HIGHLAND CLEARANCES«

In der Blütezeit des Clan-Systems (siehe S. 28f) zahlten die Pächter den landbesitzenden Chiefs Abgaben in Form von Militärdienst. Nach der Schlacht von Culloden (siehe S. 146) war das Clan-System zerstört. Die Landbesitzer forderten nun Geldabgaben, die ihre Pächter aber nicht aufbringen konnten. Nach und nach wurde das Land von englischen und Lowland-Farmern aufgekauft. 1792, das als »Jahr des Schafes« in die Geschichte einging, vertrieb man Tausende von Pächtern z. T. mit Gewalt aus ihren Häusern, um Platz für Viehherden zu schaffen. Viele emigrierten nach Australien, Amerika und Kanada. Ihre Häuser sind heute Ruinen.

***The Last of the Clan* (1865) von Thomas Faed**

Strathpeffer ❸❸

Ross & Cromarty. 🚶 1400. 🚉
Dingwall. 🚌 Inverness. ℹ️ 01463
73 15 05. **www**.visitscotland.com

Die Stadt liegt acht Kilometer östlich der Falls of Rogie und hat den Charme bewahrt, der sie in viktorianischer Zeit als Kur- und Erholungsort bekannt machte. Die riesigen Hotels und gepflegten Anlagen lassen die Tage wieder auferstehen, als königliche Familien und Normalsterbliche zu den eisen- und schwefelhaltigen Quellen pilgerten, die Tuberkulose lindern sollten. Noch immer kann man das kühle Nass am **Water Tasting Pavilion** im Stadtzentrum probieren.

🏚 **Water Tasting Pavilion**
The Square. ⬤ Ostern–Okt: tägl.

Dornoch ❸❹

Sutherland. 🚶 2200. 🚉 Golspie, Tain. 🚌 Inverness, Tain. ℹ️ The Square 01463 73 15 05.
www.visithighlands.com

Mit erstklassigem Golfplatz und langen Sandstränden ist Dornoch ein beliebter Urlaubsort, der seine friedliche Atmosphäre bewahrt hat. Die mittelalterliche Kathedrale wurde durch einen Clan-Streit 1570 fast zerstört. Die Restauration fand 1920 zu ihrem 700. Geburtstag statt. Vor einiger Zeit ließ der Popstar Madonna ihr Kind hier taufen. Ein Stein am Ende der River Street markiert den Platz, an dem Janet Horne als letzte vermeintliche Hexe Schottlands 1722 hingerichtet wurde.

Umgebung: 19 Kilometer nordöstlich von Dornoch liegt **Dunrobin Castle** auf einer Anhöhe über dem Meer, inmitten eines herrlichen Parks mit Landschaftsgärten. Das Schloss ist seit dem 13. Jahrhundert der Sitz der Earls of Sutherland. Viele Räume können besichtigt werden.

Erst Pilgerstätte, wurde das ruhige Städtchen **Tain** zum Verwaltungszentrum der »Highland Clearances«. In dieser Zeit wurde das Mauthaus als Gefängnis genutzt. Näheres erfährt man im Museum **Tain Through Time**.

⚜ **Dunrobin Castle**
Bei Golspie. ☎ 01408 63 31 77. ◯ Apr–Okt: tägl. (So nur nachmittags). ▨ ☒

🏛 **Tain Through Time**
Tower St. ☎ 01862 89 40 89. ◯ Apr–Okt: Mo–Sa 10–17 Uhr; Nov–März: nach Vereinbarung. ▨ ♿

Der streng gehaltene Kathedralenhof von Dornoch

Glen Shiel ㉟

Skye & Lochalsh. 🚃 Kyle of Lochalsh. 🚌 Glen Shiel. 🛈 Bayfield House, Bayfield Rd 01478 61 21 37.

Die Gipfel der Five Sisters of Kintail erheben sich am Nordende des Loch Cluanie – dort, wo die A87 das Glen Shiel erreicht – über eine atemberaubende Landschaft. Das **Besucherzentrum** in Morvich bietet im Sommer Führungen an. Weiter westlich führt die Straße am romantischen **Eilean Donan Castle** vorbei, das durch einen Damm mit dem Land verbunden ist. Die Jakobitenfestung (*siehe S. 147*) wurde 1719 von englischen Kriegsschiffen zerstört und im 19. Jahrhundert restauriert. Heute informiert es über die Jakobiten.

⚜ **Eilean Donan Castle**
An der A87, bei Dornie. ☎ 01599 55 52 02. ◯ Apr–Okt: tägl. ▨

Isle of Skye ㊱

Siehe S. 152 f.

Wester Ross ㊲

Ross & Cromarty. 🚃 Achnasheen, Strathcarron. 🚌 Gairloch. 🛈 01445 71 21 30. **www**.visitscotland.com

Verlässt man den Loch Carron in Richtung Süden, führt die A890 in die nördlichen Highlands und die Wildnis von Wester Ross. Im Gebiet um den Loch Torridon befinden sich einige der ältesten Berge der Welt (der Torridon-Fels ist über 600 Millionen Jahre alt). Hier leben Rotwild, Wildkatzen und wilde Ziegen. Wanderfalken und Steinadler nisten im Sandsteinmassiv des Beinn Eighe über dem Dorf Torridon, von dem man eine atemberaubende Sicht über Applecross nach Skye hat. In der Hauptsaison organisiert das **Torridon**

Typische Berglandschaft im Torridon-Gebiet

Countryside Centre Führungen und informiert über die Naturgeschichte der Region.

Weiter nördlich durchquert die A832 das **Beinn Eighe National Nature Reserve**, Großbritanniens ältestes Naturschutzgebiet. Am Ufer und auf den Inseln des Loch Maree stehen Reste des alten Waldbestands von Kaledonischen Kiefern, hier leben Edelmarder und Wildkatzen. Bussarde und Steinadler nisten auf den Berggipfeln. Das **Beinn Eighe Visitor Centre** informiert über die Gegend. Entlang der Küste entstanden dank des Golfstroms subtropische Parks. Am schönsten sind die Inverewe Gardens (*siehe S. 156*).

🏛 **Torridon Countryside Centre**
(NTS) Torridon. ☎ 01445 79 12 21. ◯ Ostern–Sep: tägl. ▨ ☒ ♿

🏞 **Beinn Eighe Visitor Centre**
Bei Kinlochewe, an der A832. ☎ 01445 76 02 58. ◯ Ostern–Okt: tägl. ♿

Westseite der Five Sisters of Kintail, Aussicht von einer Anhöhe über Ratagan

NTS: National Trust for Scotland *siehe Seite 216*

Isle of Skye ㊱

**Otter in der Nähe
von Kylerhea**

Die größte Insel der Inneren Hebriden erreicht man über die Brücke, die den Inselort Kyleakin mit Kyle of Lochalsh verbindet. Die Isle of Skye verdankt ihre überaus abwechslungsreiche und reizvolle Landschaft einer turbulenten geologischen Vergangenheit. Das Spektrum unterschiedlicher Naturräume reicht von den stark zerklüfteten Vulkanplateaus im Norden über die schroffen Felsen der Cuillins bis zu den grünen Weiden im Süden mit Schaf- und Rinderherden. Auch die Fischerei ist ein wichtiger Wirtschaftszweig der Inselbewohner. Ab und zu sieht man Croft-Ruinen der durch die »Clearances« vertriebenen Kleinpächter *(siehe S. 150)*. In die Geschichte eingegangen ist die Isle of Skye als Zufluchtsort von Bonnie Prince Charlie.

In Skeabost befindet sich die Ruine einer Kapelle des heiligen Columban. Auf dem angrenzenden Friedhof stehen mittelalterliche Grabsteine.

Grab von Flora MacDonald

Dunvegan Castle
Seit mehr als 700 Jahren ist Dunvegan Castle Stammsitz des MacLeod-Clans. Sein kostbarster Besitz ist die Fairy Flag, ein Seidenbanner, das Zauberkräfte besitzen soll.

Aus der Talisker-Destillerie in Carbost kommt einer der besten Hochlandwhiskys, oft als »Lava der Cuillins« bezeichnet.

Cuillins
Großbritanniens schönste Bergkette ist zu Fuß von Sligachan zu erreichen. Im Sommer gibt es eine Bootsverbindung von Elgol zum abgeschiedenen Loch Coruisk. Bonnie Prince Charlie soll auf seiner Flucht durch das Moor gerufen haben: »Selbst der Teufel wird mir hierher nicht folgen!«

LEGENDE

ℹ️	Information
	Hauptstraße
	Nebenstraße
	Andere Straße
⚜️	Aussichtspunkt

Hotels und Restaurants in den Highlands und auf den Inseln *siehe Seiten 177–181 und 194–197*

Quiraing

Erdrutsche haben fantastisch geformte Felszinnen, Säulen und Türme aus Basalt freigelegt. Betrachten lassen sie sich am besten von der Straße zwischen Uig und Staffin.

INFOBOX

The Highlands. 🧗 11500.
🚌 Kyle of Lochalsh. 🚍 Portree.
⛴ von Mallaig oder Glenelg.
ℹ Bayfield House, Portree
01478 61 21 37. **Dunvegan Castle**, Dunvegan. ☎ 01470 52 12 06. ◯ Apr–Okt: tägl. 📷 ♿ eingeschränkt. **Armadale Castle**, Armadale. ☎ 01471 84 42 27. ◯ Apr–Okt: tägl. (Gärten ganzjährig geöffnet). 📷 ♿ **Talisker Distillery**, Carbost. ☎ 01478 61 43 08. ◯ tägl. 📷 ♿ eingeschränkt. 📷

Staffin

Kilt Rock

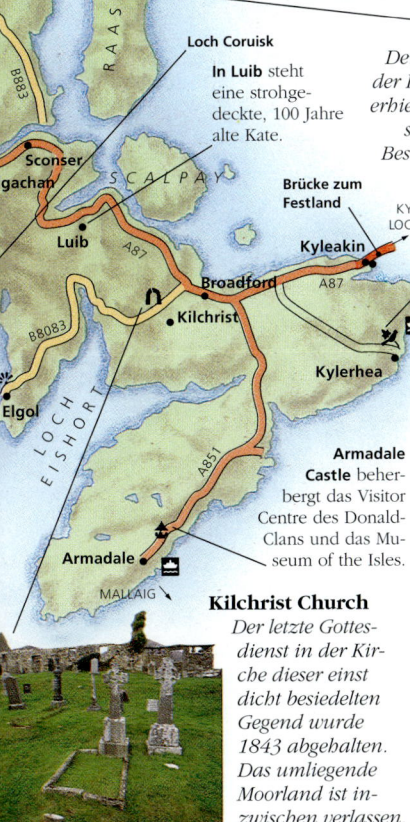

Storr
Der bizarre Basaltmonolith »The Old Man of Storr« ragt beeindruckende 49 Meter hoch in den Himmel.

Loch Coruisk

In Luib steht eine strohgedeckte, 100 Jahre alte Kate.

Portree
Den Namen »Hafen der Könige« (Portree) erhielt die Inselhauptstadt nach einem Besuch von James V im Jahr 1540.

Brücke zum Festland

KYLE OF LOCHALSH

Kyleakin

Otter sieht man im Hafen von Kylerhea.

Sconser
Sligachan
Luib
Broadford
Kilchrist
Kylerhea
Elgol

Armadale Castle beherbergt das Visitor Centre des Donald-Clans und das Museum of the Isles.

Armadale
MALLAIG

BONNIE PRINCE CHARLIE

Charles Edward Stuart (1720–1788) war 1745 das letzte Mitglied des Adelsgeschlechts der Stuarts, das Anspruch auf die englische Krone erhob. Sein Heer marschierte bis Derby, wurde aber bei Culloden vernichtend geschlagen. Fünf Monate hielt sich der Prinz im Hochland versteckt, bis er, von Flora MacDonald als Magd verkleidet, aus Uist auf die Isle of Skye fliehen konnte. Im September 1746 schiffte er sich nach Frankreich ein, 1788 starb er in Rom. Flora wurde 1790 in Kilmuir auf Skye im Leintuch des »bonnie« (hübschen) Prinzen begraben.

Der als Magd verkleidete Prinz

Kilchrist Church
Der letzte Gottesdienst in der Kirche dieser einst dicht besiedelten Gegend wurde 1843 abgehalten. Das umliegende Moorland ist inzwischen verlassen.

Dämmerung über der abgeschiedenen Hochebene im Norden der Isle of Skye ▷

Inverewe Gardens **38**

An der A832, bei Poolewe, Ross-shire. **☎** 01445 78 12 00. **☐** tägl. ▨ ▧ ▧ ▥ www.nts.org.uk

D as nationale Kulturerbe der Inverewe Gardens lockt jährlich über 130 000 Besucher an. Hier wächst eine außergewöhnliche Vielfalt an Bäumen, Sträuchern und Blumen aus der ganzen Welt, obwohl der Garten auf einer nördlichen Breite von 57,8 Grad liegt.

Inverewe wurde 1862 von dem 20-jährigen Osgood Mackenzie angelegt, der direkt neben dem Gut seiner Familie ein 4860 Hektar großes Stück Ödland erhielt. Mackenzie pflanzte zunächst Schutz bietende Bäume und schuf dann mit importierter Erde einen von Mauern umgebenen Garten. Dabei stellte er fest, dass das durch den nordatlantischen Golfstrom *(siehe S. 23)* begünstigte Klima das Wachstum exotischer Arten förderte.

Bis zum Jahr 1922 hatte die Pflanzensammlung internationales Ansehen erlangt. 1952 wurde sie dem National Trust for Scotland übergeben. Heute bestaunen die Besucher hier exotische Lilien, die höchsten in Großbritannien

Einige der exotischen Pflanzen in den Inverewe Gardens

wachsenden Fieberheilbäume und Rhododendren aus China. Ziel ist, das ganze Jahr blühende Pflanzen zu zeigen, allerdings sind die Inverewe Gardens zwischen Frühling und Herbst am schönsten.

Ullapool **39**

Highland. ▨ 1800. ▨ Inverness. ▨ ▨ ▥ Argyle St 08452 25 51 21. www.ullapool.com

M it getünchten Häusern, breiten Straßen, Palmen und gälischen Straßenschildern zählt Ullapool zu den schönsten Dörfern an der Westküste. Der 1788 als Fischereistation erbaute Ort liegt auf einer

Halbinsel, die in den Loch Broom hineinragt. Die Fischerei hat hier kaum noch Bedeutung; das Wichtigste ist die Fähre nach Stornoway auf Lewis *(siehe S. 229)*. Das **Ullapool Museum** gibt Einblick in die Geschichte der Region.

🏛 Ullapool Museum
7–8 West Argyle St. **☎** 01854 61 29 87. **☐** Apr–Sep: tägl. ▧ ▨ ▧

Umgebung: Zu den Naturwundern des Gebiets gehören die zerklüfteten Assynt Mountains etwas weiter nördlich und die tiefe, steile, im Süden gelegene Corrieshalloch-Schlucht. In **Achiltibuie** lohnt sich ein Besuch des **Hydroponicums**, des »Gartens der Zukunft«, in dem Blumen ohne Erde wachsen. Eine weitere Attraktion ist das **Smokehouse**, in dem man beim Lachsräuchern zusehen kann. Von hier wie von Ullapool aus starten Ausflugsboote zu den **Summer Isles** – einer dünn besiedelten Inselgruppe, einst Heimat des Umweltschützers Fraser Darling. Die Strecke nach Achiltibuie ist landschaftlich sehr reizvoll.

🌲 Hydroponicum
Achiltibuie. **☎** 01854 62 22 02. **☐** März–Sep: tägl. ▨ ▧ eingeschr.

🏠 Smokehouse
Achiltibuie. **☎** 01854 62 23 53. **☐** Ostern–Ende Sep: Mo–Sa.

Abendstimmung über Ullapool und Loch Broom an der Nordwestküste Schottlands

Kliffs auf Handa Island – Zufluchtsort für zahlreiche Seevögel

Handa Island 40

Highland. 🚢 *von Tarbet bei Scourie, Apr–Aug.* 🛈 *Scottish Wildlife Trust, Edinburgh 0131 312 77 65.*

Die kleine Insel, die auf der Höhe von Scourie vor der Westküste liegt, ist Brutstätte für viele Seevogelarten.

Früher lebte hier ein zähes Volk mit eigener Königin und Parlament. Die letzten 60 Bewohner wurden 1847 nach einer Kartoffel-Missernte umgesiedelt. Handa wurde auch als Begräbnisstätte genutzt, da die Insel vor den auf dem Festland lebenden Wölfen sicher war.

Heute verwaltet der Scottish Wildlife Trust Handa. Ein Spaziergang führt zu den 100 Meter hohen nördlichen Kliffs. Erschrecken Sie nicht, wenn auf dem Weg Raubmöwen und Schmarotzerraubmöwen im Tiefflug über Ihren Kopf hinwegsausen. Zu Jahresbeginn halten sich auf Handa rund 11 000 Tordalk-Paare und 66 000 Lummen-Paare, Großbritanniens größte Brutkolonie der Vogelart, auf.

Umgebung: Mit 180 Metern ist **Eas Coul Aulin** Großbritanniens höchster Wasserfall. Am besten machen Sie nach einem Regentag eine Bootstour von Kylesku aus, 24 Kilometer südlich von Handa.

Cape Wrath und Nordküste 41

Highland. 🚗 🚢 *Mai–Sep: 01971 51 13 76.* 🛈 *John o' Groats 01955 61 13 73.*

An der schottischen Nordküste kann der Besucher die gesamte Highland-Geografie erleben: bergige Moorlandschaft, blendend weiße Strände und grünes Weideland.

Cape Wrath beeindruckt mit Klippen, an denen die Wellen des Atlantiks hochbranden. Aus dem Meer ragen viele von Seevögeln bevölkerte Felssäulen hervor. Der Leuchtturm wurde erst 1998 automatisiert. Im Sommer gibt es einen Minibus-Service zum Cape Wrath. Um die Bushaltestelle zu erreichen, muss man erst ein Boot der **Cape Wrath Ferry** nehmen, das am Pier des Cape Wrath Hotels anlegt, denn das Kap ist durch den Kyle of Durness abgeschnitten. In Durness lohnt sich der Besuch der **Smoo Cave**, einer faszinierenden Kalksteinhöhle. **Smoo Innercave Tours** bieten Führungen an. Bei Durness hat eine Künstlergruppe das **Balnakeil Craft Village** gegründet, wo es Töpferwaren, Emailarbeiten, Holzschnitte und Gemälde zu sehen sind.

Die Küste wird von weißen Stränden gesäumt. Die Straße

Nistende Klippenmöwe

umrundet Loch Eriboll – tiefster Meeresarm Schottlands und alliierter Marinestützpunkt im Zweiten Weltkrieg.

Das **Strathnaver Museum** in Bettyhill widmet sich den berüchtigten Sutherland »Clearances«, der Vertreibung von 15 000 Menschen, um Platz für Weideland zu schaffen. In Rossal, 16 Kilometer südlich von Bettyhill, informiert ein Lehrpfad um ein ausgegrabenes Dorf über das Leben in der Zeit vor der »Säuberung«.

Die weiße Kuppel in der Nähe von **Dounreay** ist Teil eines Atomkraftwerks, zu dessen Ausstellungszentrum man im Sommer freien Eintritt hat. Der wichtigste Ort dieses Küstenbereichs ist **Thurso**. Früher war er für die Anfertigung von Steinplatten berühmt, doch der Zement bedeutete das Ende der Industrie. Im September findet hier das Scottish Nordic Music Festival statt.

John o' Groats ist der bekannteste Ort an der Nordküste, weil er als Nordspitze Großbritanniens gilt. Tatsächlich ist das aber **Dunnet Head**, und in John o' Groats ist eigentlich nur der kleine Hafen mit Ausflugsbooten zu den Orkneys interessant. Lohnender ist ein Ausflug zu den Klippen von **Duncansby Head**, wo man die Wildheit des Pentland Firth erleben kann.

🚢 **Smoo Innercave Tours**
38 Sango Mor, Durness. 📞 01971 51 17 04. 🕐 Apr–Sep: tägl. 🚫

🏛 **Strathnaver Museum**
Clachan, Bettyhill. 📞 01641 52 14 18. 🕐 Apr–Okt: Mo–Sa. 🚫 ♿ eingeschr.

Duncansby Head, Caithness, an der Nordostspitze Schottlands

Orkney Islands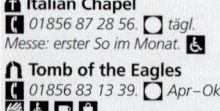

D er Orkney-Archipel liegt vor dem Pentland Firth und weniger als zehn Kilometer vor der schottischen Küste. Er besteht aus 70 Inseln. Es heißt, der Unterschied zwischen den Bewohnern der Orkneys und der Shetlands liege darin, dass Erstere Bauern mit Booten und Letztere Fischer mit Höfen seien. Jedenfalls bringt der fruchtbare Boden der leicht hügeligen Inseln zusammen mit dem vom Golfstrom beeinflussten milden Klima sattes Gras und gutes Getreide hervor. Anhand von unzähligen archäologischen Stätten kann man die lange Siedlungsgeschichte nachvollziehen.

**Italian Chapel mit Fresken
auf East Mainland**

Kirkwall

Traditionelle Häuser und kleine Kunstläden säumen die kurvigen Straßen von Orkneys Hauptort. Gegenüber der **St Magnus Cathedral**, einem 870 Jahre altem Meisterwerk aus rotem und gelbem Stein, liegt die Ruine des **Bishop's Palace**, die fast ganz aus dem 16. Jahrhundert stammt. Das nahe **Orkney Museum** illustriert die Besiedlungsgeschichte der Inseln. Südlich vom Stadtzentrum schenkt die **Highland Park Distillery** am Ende jeder Führung einen Probierschluck, *wee dram*, aus.

**Insulaner
mit Fahrrad**

🏰 **St Magnus Cathedral**
📞 01856 87 48 94. 🕐 Apr–Sep: 9–18, So 14–18 Uhr; Okt–März: Mo–Sa 9–13 und 14–17 Uhr. 🔲

🏛 **Bishop's Palace**
📞 01856 87 19 18. 🕐 Apr–Sep.

🏛 **Orkney Museum**
📞 01856 87 31 91. 🕐 Apr–Okt: tägl.; Nov–März: Mo–Sa.

🏭 **Highland Park Distillery**
📞 01856 87 46 19. 🕐 Mai–Aug: tägl.; Sep–Apr: Mo–Fr (Nov–März nachm.) 🔲 mit Verkostung. 🔲🔲

West Mainland

Viele der Ufergebäude in **Stromness**, der größten Stadt auf Orkneys größter Insel, stammen aus dem 18. und 19. Jahrhundert. Darunter ist auch das **Pier Arts Centre**, das eine schöne Sammlung von Werken aus dem 20. Jahrhundert beherbergt. Im **Stromness Museum** wird Orkneys Bedeutung als Handelshafen verdeutlicht.

West Mainland ist für seine prähistorischen Stätten bekannt. **Maes Howe** ist eine Megalithenanlage (vermutlich aus dem Jahr 2750 v.Chr.), deren Kammereingang auf den Sonnenuntergang am Tag der Wintersonnenwende ausgerichtet ist. Wikinger plünderten die Anlage um 1150 und ließen Runen an den Wänden zurück. In der Nähe sind auch die **Standing Stones of Stenness** und der **Ring of Brodgar**, eine Anlage aus 36 Steinen. Das neolithische Dorf **Skara Brae** wurde 1850 entdeckt, als ein Sturm die Dünen aufwühlte. Im Sand fand man gut erhaltene Zeugnisse der Jungsteinzeit.

Die Klippen von **Marwick Head** überblicken Birsay Bay und sind ein Reservat für Tausende von Seevögeln, die im Sommer auf West Mainland nisten. An Lord Kitchener und die Crew der HMS *Hampshire*, die 1916 vor der Landzunge von einer deutschen Mine versenkt wurde, erinnert ein Denkmal.

🏛 **Pier Arts Centre**
📞 01856 85 02 09. 🕐 10.30–17 Uhr.

🏛 **Stromness Museum**
📞 01856 85 00 25. 🕐 Mai–Sep: tägl.; Okt–Apr: Mo–Sa. 🔲

🏠 **Maes Howe**
📞 01856 76 17 06. 🕐 tägl. 🔲🔲

🏠 **Standing Stones of Stenness und Ring of Brodgar**
🕐 tägl. 🔲

🏠 **Skara Brae**
📞 01856 84 18 15. 🕐 tägl. 🔲🔲

East Mainland

Östlich von Kirkwall verläuft die Straße durch ländliche Gegend und über mehrere Dämme, die die südlichsten Inseln mit dem Festland verbinden. Die **Churchill Barriers** wurden von italienischen Kriegsgefangenen in den 1940er Jahren gebaut, um die britische Flotte in Scapa Flow zu schützen. Daneben errichteten sie auch die **Italian Chapel**, deren schöne Innenausstattung man ansehen sollte.

Auf South Ronaldsay wurde kürzlich von einem Bauern mit dem **Tomb of the Eagles** ein 5000 Jahre altes Grab entdeckt. Ca. 340 Grabstätten sowie Steinwerkzeuge und Klauen von Seeadlern wurden auf den Klippen freigelegt.

🏰 **Italian Chapel**
📞 01856 87 28 56. 🕐 tägl. Messe: erster So im Monat. 🔲

🏠 **Tomb of the Eagles**
📞 01856 83 13 39. 🕐 Apr–Okt. 🔲🔲🔲🔲

Bunte Steinfassade der St Magnus Cathedral

Hoy

Orkneys zweitgrößtes Eiland mit seinen mächtigen Klippen ist nach dem altnordischen Wort für »Hohe Insel« benannt worden. Hoy unterscheidet sich vom Rest des Archipels. Seine nördlichen Hügel eignen sich für Spaziergänger und Vogelliebhaber gleichermaßen. Der 137 Meter hohe **Old Man of Hoy**, eine vertikale Säule vor der Westküste, ist das Wahrzeichen der Insel und eine populäre Herausforderung für Kletterer. Das 5000 Jahre alte Grab **Dwarfie Stane** bei Rackwick wurde in einen riesigen Steinblock gehauen.

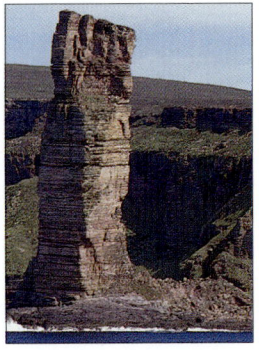

Old Man of Hoy, die imposante Felssäule vor der Küste von Hoy

In Lyness an der östlichen Küste befindet sich das **Scapa Flow Visitor Centre** mit einer faszinierenden Ausstellung zu den Ereignissen vom 16. Juni 1919 vor der Küste Orkneys. Damals wurde die eingeschlossene deutsche Flotte auf Anweisung ihres höchsten Offiziers versenkt, um eine Übergabe zu verhindern: 74 Schiffe liefen auf Grund. Manche wurden mittlerweile geborgen, andere sind zur Attraktion für Wracktaucher geworden. Auf Touren vom Houton Pier kann man per Unterwasserkamera einen Blick auf den unheimlichen Schiffsfriedhof werfen.

Scapa Flow Visitor Centre
01856 79 13 00. Sommer: tägl.; Winter: Mo–Fr.
www.scapaflow.co.uk

Northern Isles

Orkneys abseits liegende Inseln sind nur dünn besiedelt und zumeist das Terrain von Robben und Seevögeln. **Rousay** wird wegen seiner vielen Ausgrabungsstätten auch »Ägypten des Nordens« genannt. Auf **Egilsay** wurde St Magnus 1115 grausam ermordet. Die ihm gewidmete Kirche (12. Jh.) mit dem runden Turm ist ein seltenes Beispiel für den Baustil der irischen Wikinger. Auf der Insel **Sanday** liegen Sandstrände neben grünen Feldern. **North Ronaldsay**, das nördlichste Eiland, ist bekannt für seine Seetang fressenden Schafe und seltenen Zugvögel.

Infobox

Orkney. 20 000. von Scrabster oder Gill's Bay (Caithness), Aberdeen, Lerwick (Shetland) und John o' Groats (Mai–Sep). Kirkwall 01856 87 28 56. **www**.visitorkney.com

Andere Inseln

Von Kirkwall gibt es mehrmals wöchentlich Flüge sowie tägliche Fährverbindungen zu einem Dutzend von Inseln. Die zwei Minuten zwischen **Westray** und **Papa Westray** sind wohl der weltkürzeste Flug. Verbindungen sind wetterabhängig.

Legende

- Hauptstraße
- Nebenstraße
- Flughafen
- Fähre
- Gipfel

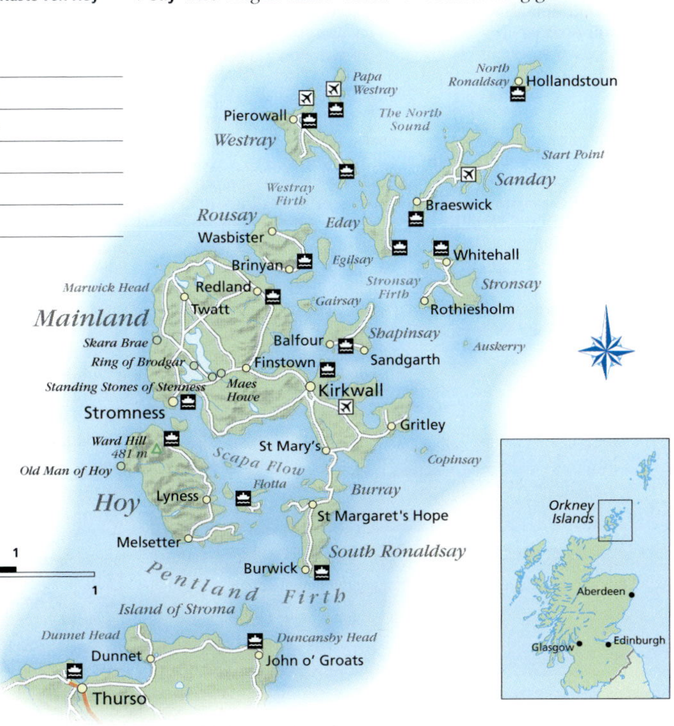
Papa Westray
North Ronaldsay
Hollandstoun
Pierowall
Westray
The North Sound
Start Point
Sanday
Westray Firth
Braeswick
Rousay
Eday
Wasbister
Whitehall
Brinyan
Egilsay
Stronsay Firth
Stronsay
Marwick Head
Redland
Gairsay
Rothiesholm
Twatt
Mainland
Shapinsay
Skara Brae
Balfour
Auskerry
Ring of Brodgar
Sandgarth
Finstown
Standing Stones of Stenness
Maes Howe
Kirkwall
Stromness
Gritley
Ward Hill 481 m
St Mary's
Scapa Flow
Copinsay
Old Man of Hoy
Flotta
Burray
Hoy
Lyness
St Margaret's Hope
Melsetter
South Ronaldsay
Burwick
Pentland Firth
Island of Stroma
Dunnet Head
Duncansby Head
Dunnet
John o' Groats
Thurso
Orkney Islands
Aberdeen
Glasgow
Edinburgh

0 Kilometer 1
0 Meilen 1

Shetland Islands

Shetland-Pony

Mehr als 100 felsige Inseln bilden den nördlichsten Teil Schottlands. Kein Ort der Eilande liegt mehr als fünf Kilometer vom Meer entfernt. Fischerei und Lachszucht sind die Hauptwirtschaftszweige. In jüngster Zeit hat die Ölindustrie für Einkünfte und Arbeitsplätze gesorgt. Die Winter sind durch heftige Stürme geprägt, im Hochsommer scheint die Sonne bis zu 19 Stunden. Das Zwielicht, *simmer dim* genannt, hält sich dann die gesamte Nacht hindurch.

Scalloway Castle aus dem 17. Jahrhundert

Lerwick

Shetlands größter Ort ist das schöne Lerwick mit seinen grauen Steingebäuden und engen, gepflasterten Gassen. Es wurde von holländischen Fischern im 17. Jahrhundert gegründet, der Walfang brachte Wohlstand. Hinter der heutigen Betriebsamkeit am Hafen steckt allerdings das Nordseeöl.

Die Commercial Street bildet das Stadtzentrum, an ihrem nördlichen Ende steht **Fort Charlotte**, von dessen Mauern man einen guten Blick hat. Im **Shetland Museum and Archive** am Hay's Dock werden alte Boote, archäologische Fundstücke und Stoffe von den Inseln ausgestellt.

Am Stadtrand liegen das prähistorische Fort **Clickminin Broch** (700 v. Chr.) und mit dem **Böd of Gremista** aus dem 18. Jahrhundert die Geburtsstätte von Arthur Anderson, Mitbegründer der P&O Schiffsgesellschaft. In seinem Geburtshaus befindet sich nun ein maritimes Museum.

Shetland Museum and Archive
01595 69 50 57. ⬤ tägl. ♿

Böd of Gremista
01595 69 67 29. ⬤ Mai–Sep: Mi–So. ♿

Central Mainland

Bressay, das Lerwick vor den Winterstürmen schützt, eignet sich gut für Spaziergänge. Von Lerwick aus verkehren Schiffe nach **Noss** an Bressays Ostküste. Das Naturreservat beherbergt Tausende von nistenden Seevögeln, u. a. Tölpel und Raubmöwen.

Wehrturm von Mousa Broch

Westlich von Lerwick liegt der kleine Fischerhafen von **Scalloway**, früher Hauptstadt der Inselgruppe. **Scalloway Castle** besteht heute aus einer Turmruine von etwa 1600. Im **Scalloway Museum** erfährt man mehr über den »Shetland Bus«, der Aktion einer Widerstandsgruppe im Zweiten Weltkrieg, die mit Fischerbooten Norweger aus ihrem von Deutschland besetzten Land rettete. Nahe **Tingwall** gibt es ein bekanntes Angelzentrum. **Burra** und **Trondra** sind durch Brücken mit dem Central Mainland verbunden. Hier kann man die schönen Strände genießen und bei einem Spaziergang entspannen.

Scalloway Museum
⬤ Mai–Sep: Di–Do, Sa.

Noss National Nature Reserve
01595 69 33 45. ⬤ Mai–Aug: Di, Mi, Fr–So. ♿

South Mainland

Hier gibt es zwei archäologische Stätten. Der verzierte **Mousa Broch** auf einer östlichen Insel, die man im Sommer mit einer Fähre erreicht, ist das beste Beispiel für einen historischen Wehrturm in ganz Großbritannien. In den Steinwänden nisten Sturmschwalben. **Jarlshof** im äußersten Süden ist über 3000 Jahre alt und mit seinen vielen Ruinen äußerst beeindruckend. Auch die Klippen und der Leuchtturm bei **Sumburgh Head** lohnen einen Besuch.

Die nur von Schafen bewohnte Insel **St Ninian's** ist mit South Mainland durch einen Damm aus Sand verbunden.

Mousa Broch
01950 43 13 67. ⬤ Apr–Sep. ♿ im Fahrpreis der Fähre inbegriffen.

Jarlshof Prehistoric and Norse Settlement
01950 46 01 12. ⬤ März–Sep: tägl. ♿ ♿ eingeschränkt. 📷 auf Anfrage.

Sumburgh Head Lighthouse (RSPB)
01950 46 08 00. ⬤ tägl.

Abendstimmung im Hafen von Lerwick

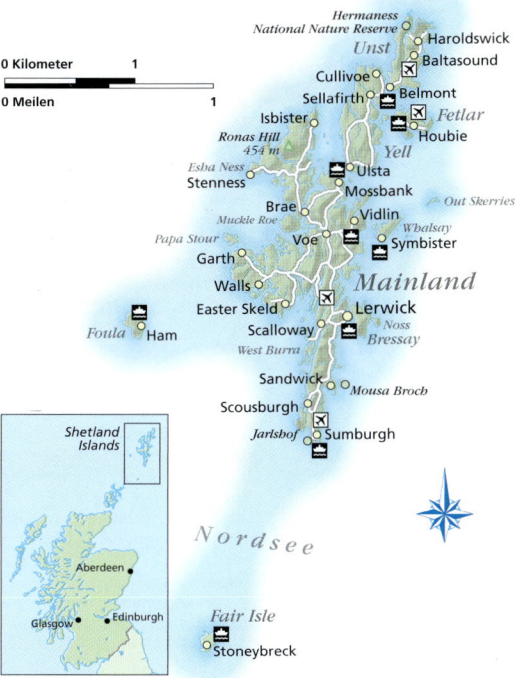

0 Kilometer 1
0 Meilen 1

Hermaness
National Nature Reserve
Unst
Haroldswick
Baltasound
Cullivoe
Sellafirth
Belmont
Isbister
Fetlar
Ronas Hill
454 m
Houbie
Esha Ness
Yell
Stenness
Ulsta
Mossbank
Brae
Vidlin
Out Skerries
Muckle Roe
Papa Stour
Voe
Whalsay
Garth
Symbister
Walls
Mainland
Easter Skeld
Lerwick
Foula Ham
Scalloway
Noss
West Burra
Bressay
Sandwick
Mousa Broch
Scousburgh
Jarlshof Sumburgh

Shetland
Islands

Nordsee

Aberdeen

Glasgow • Edinburgh

Fair Isle
Stoneybreck

LEGENDE

═══	Nebenstraße
✈	Flughafen
⛴	Fähre
▲	Gipfel

North Mainland

Nördlich von Lerwick erhebt sich inmitten von Mooren Shetlands höchster Hügel, **Ronas Hill** (454 m). Der größte europäische Öl-Terminal, am Meeresarm bei **Sullom Voe** gelegen, wird von Landungsbrücken und Verwaltungs-

Rote Granitklippen von Esha Ness auf North Mainland

gebäuden dominiert. An der Westküste gibt es landschaftlich schöne Gegenden, z. B. die roten Granitklippen von **Esha Ness**. Hier kann man auch die Felsen **The Drongs** und den riesigen Steinbogen **Dore Holm** bewundern. Auf der küstennahen Insel **Papa Stour** findet man noch mehr Formationen aus vulkanischem Gestein.

Andere Inseln

Die nördlichen Eilande **Yell**, **Fetlar** und **Unst** kann man von Mainland mit regelmäßigen Bootsverbindungen erreichen. Auf Yell leben viele Otter, auf Fetlar kann man

seltene Wandervögel beobachten, u. a. den Odinswassertreter oder die Schneeeule. Auf Unst findet man die abwechslungsreichste Landschaft und die reichste Flora und Fauna. Zudem gibt es ein ausgezeichnetes Informationscenter beim **Hermaness National Nature Reserve**. Hinter dem Leuchtturm von Muckle Flugga liegt **Out Stack**, Großbritanniens nördlichster Punkt.

Foula punktet mit atemberaubenden Klippen. **Fair Isle** ist im Besitz des National Trust for Scotland.

🦅 Hermaness National Nature Reserve
📞 01957 71 12 78. 🕐 tägl.; Informationscenter: Apr–Sep.

Tagesausflüge

Fair Isle, Foula und Papa Stour erreicht man mit günstigen und regelmäßigen Flugverbindungen. Zudem verkehren viele Fähren, die zumeist von Tingwall auf Central Mainland ablegen.

Neugieriger Otter, einer von vielen auf Yell

VÖGEL DER ORKNEY UND SHETLAND ISLANDS

Auf den Inseln leben Millionen von einheimischen Vögeln, viele Zugvögel verbringen hier den Sommer. Über 20 Seevogelarten brüten regelmäßig hier, mehr als 340 sind auf Fair Isle registriert worden. Unzugängliche Klippen sorgen für Sicherheit während der Brutzeit der Tölpel, Trottellummen, Papageitaucher, Dreizehenmöwen, Eissturmvögel, Tordalken, Riesenraubmöwen, Schmarotzerraubmöwen und Sturmschwalben.

Papageitaucher

Western Isles ❹

Die aus dem ältesten Gestein der Erdoberfläche geformten Western Isles werden auch Äußere Hebriden genannt. Sie bilden die westliche Spitze Schottlands. Zahlreiche Flüsse und Bäche durchziehen die baumlose Landschaft, die Westküste ist von langen weißen Sandstränden gesäumt. Seit Jahrhunderten bauen die Insulaner an der Ostküste Torf ab. Siedlungen gibt es seit 6000 Jahren, die Menschen lebten vom Fischfang und vom Torf. Verfallene Gebäude wie eine Walstation auf Harris zeugen von den rauen Lebensbedingungen, unter denen die Inselbewohner früher ihr Einkommen sichern mussten. Viele sprechen noch Gälisch, die Ausschilderung ist allerdings zweisprachig.

Inneres eines Crofter-Hauses im Black House Museum

Die monumentalen Standing Stones of Callanish auf Nord-Lewis

Lewis und Harris

Lewis und Harris sind eine einzige Insel, die größte Landmasse der Western Isles. Allerdings spricht man in den beiden Gebieten unterschiedliche Dialekte. Das Verwaltungszentrum **Stornoway** mit lebhaftem Hafen und bunten Häuserfronten liegt nur 26 Kilometer von den **Standing Stones of Callanish** im Westen entfernt. An der Straße nach Callanish findet man die Ruinen des **Carloway Broch**, eines piktischen *(siehe S. 41)*, über 2000 Jahre alten Turms. Die jüngere Vergangenheit, d. h. das Leben der Crofters vor 50 Jahren, zeigt Arnols **Black House Museum**.

Südlich der Torfmoore von Lewis markiert eine Bergkette die Grenze zu Harris. Man überquert sie auf einem Weg, der an der Spitze des Loch Seaforth an der Aline Lodge vorbeiführt. Die Berge von Harris sind wie die des Festlands oder der Isle of Skye ein Wanderparadies. An klaren Tagen sieht man von den Gipfeln die 80 Kilometer westlich liegende Insel St Kilda. Der Fährhafen von Tarbert liegt an der Landenge, die Nord- und Süd-Harris trennt.

Das Informationsbüro verrät, wo es den unverwüstlichen Harris-Tweed gibt. Einige Weber verwenden noch heute heimische Pflanzen für die Farben. Von Leverburgh an Harris' Südspitze verkehrt eine Fähre nach Nord-Uist, das durch einen Damm mit Berneray verbunden ist.

🏛 **Black House Museum**
☎ *01851 71 03 95.* ⬤ *Mo–Sa 9.30–17 Uhr.* 🚫 ⬤

Die Uists und Benbecula

Nach der atemberaubenden Landschaft von Harris wirken die tiefer gelegenen südlichen Inseln weniger spektakulär – sie enthüllen ihren Reiz nach und nach: Lange, weiße Sandstände säumen die Atlantikküste, die in den fruchtbaren und kalkhaltigen, *machair* genannten Boden übergehen. Im Sommer ist er mit wild wachsenden Blumen bedeckt, deren betörenden Duft man noch auf dem Meer riechen kann.

Von **Lochmaddy**, dem größten Dorf auf Nord-Uist, führt die A867 über einen fünf Kilometer langen Damm nach **Benbecula**, von wo aus Bonnie Prince Charlie von Flora MacDonald nach Skye geschmuggelt wurde *(siehe S. 153)*. Die flache Insel ist von kleinen Seen bedeckt. Wie ihre Nachbarn ist sie für ihre Forellen bekannt. Hier und im Norden dominiert der Protestantismus, auf den südlichen Inseln der Katholizismus. Benbeculas Haupteinnahmequelle ist ein Raketenversuchsgelände mit Zentrale in

Hafen bei Stornoway, dem größten Ort auf Lewis und Harris

Bailivanich, dem größten Dorf der Insel. Ein zweiter Damm führt nach Süd-Uist mit den goldenen Stränden, die zur National Scenic Area erklärt wurden.

Eriskay

Die kleinste, bezaubernste Insel der Western Isles verkörpert Schönheit und Ruhe. Bekannt ist Eriskay für den Schiffbruch der SS *Politician* 1941, der zu dem Buch und Film *Whisky Galore* inspirierte. In Eriskays einziger Bar kann man noch Wrackteile des Schiffs bewundern.

Am schönen Strand von Coilleag A'Phrionnsa (Prinzen-Bucht) betrat Bonnie Prince Charlie zu Beginn seines Feldzugs von 1745 erstmals schottischen Boden. Eine hier wachsende seltene Windenart wird seitdem mit ihm in Verbindung gebracht.

Das blaue Wasser vor der Küste von Barra mit der Isle of Rum im Osten

Barra

Ein Flug nach Barra ist aufregend: Die Landebahn ist ein Strand und die Landung von den Gezeiten abhängig. Den Kern der Insel bilden Hügel, die von einer Straße umrundet werden. An der Westseite dominieren Strände. Mehr als 1000 Blumenarten wurden von Botanikern entdeckt.

Besonders schön ist der Blick über die Castlebay von der Mutter-Kind-Statue auf dem Gipfel des Heaval. **Kisimul Castle** war im 15. Jahrhundert Stammburg des Mac-Neil-Clans. Weitere Attraktionen sind das **Barra Heritage Centre** und ein Golfplatz.

⚓ **Kisimul Castle**
☎ 01871 81 03 13. ⏰ Apr–Sep: tägl. 🚤 mit Bootsfahrt.

ℹ **Barra Heritage Centre**
☎ 01871 81 03 36. ⏰ Apr–Sep: Mo–Sa. ♿

Männer auf St Kilda mit ihrem Eissturmvogel-Fang

St Kilda

Die »Inseln am Rande der Welt« waren das abgelegenste Siedlungsgebiet Schottlands, bis die alternde Bevölkerung 1930 darum bat, umgesiedelt zu werden. Ihre einzigartige Lebensgrundlage war der Fang von Seevögeln. Heute lebt hier die größte Tölpelkolonie der Welt (40 000 Paare). Es gibt drei Inseln und drei säulenartige Felsentürme mit bis zu 425 Meter hoch

INFOBOX

Western Isles. 🏠 29600.
✈ Stornoway, Benbecula, Barra.
⛴ von Uig (Skye), Oban, Mallaig, Kyle of Lochalsh und Ullapool. ℹ 26 Cromwell St, Stornoway 01851 70 30 88.
www.visithebrides.com

aufragenden Klippen. In der Abgeschiedenheit der Inseln haben sich endemische Mäuse- und Zaunkönigarten entwickelt. Fahrten dorthin bieten **Westernedge Charters** und **Murdo Macdonald** an.

Freiwillige können sich im Sommer bei Arbeitseinsätzen des **National Trust for Scotland** engagieren, dem St Kilda gehört.

ℹ **Westernedge Charters**
Linlithgow. ☎ 01506 20 40 53.

ℹ **Murdo Macdonald**
1 Erista, Uig, Isle of Lewis.
☎ 01851 67 23 81.

ℹ **National Trust for Scotland**
Balnain House, Inverness.
☎ 01463 23 20 34.

CROFTING (KLEINPACHT)

»Crofts« sind Pachtgrundstücke und so klein, dass eine zweite Einkommensquelle nötig ist, um den Lebensunterhalt zu sichern. Sie haben ihren Ursprung im frühen 19. Jahrhundert, als die Landbesitzer an der Küste unfruchtbare Landstücke zur Verfügung stellten, um sich selbst das fruchtbarere Land zu sichern. Die Betroffenen wurden abhängig von der Fischerei oder dem Sammeln von Seetang zur Herstellung von Alkali. Als diese Einkommensquellen versiegten, litten die Crofters 50 Jahre lang unter Hunger, hohen Pachten und Vertreibungen. Erst 1886 wurde ein Gesetz verabschiedet, das den Crofter-Familien erlaubte, ihr Pachtgrundstück weiterzuvererben, aber nicht zu besitzen. Heute sind 17 000 Crofts registriert, vor allem in den Highlands und auf den Inseln. Da die Bildung neuer Einheiten verboten ist, sind die Crofters berechtigt, Sonderzuschüsse zu beantragen. Die meisten von ihnen züchten Schafe, neuerdings pflanzt man auch Bäume. Das Crofting ist aus den Highland-Gemeinden nicht mehr wegzudenken.

Ein traditionelles, strohgedecktes Crofter-Haus auf Nord-Uist

Zu Gast in Schottland

HOTELS

Das Angebot an Hotels und anderen Unterkünften ist in Schottland so groß, dass sicherlich jeder das seinem Geschmack und Budget Entsprechende finden kann. Das Hotelverzeichnis auf den Seiten 168–181 führt einige der besten Übernachtungsmöglichkeiten auf, von Luxushotels, Herrensitzen und Schlössern (viele bieten Zimmer für Nichtraucher) bis hin zu gemütlichen B & Bs (Bed and Breakfast) und Campingplätzen. Die Aus-

Schild des
Malmaison Hotel

wahl berücksichtigt ein gutes Preis-Leistungs-Verhältnis. Ferien mit Selbstverpflegung werden immer beliebter. Sie eignen sich vor allem für Reisende mit kleinem Budget oder auch für Familien mit Kindern, die Hotels als zu steif und unflexibel empfinden. Zusätzlich finden Sie Informationen zu Caravanparks und Campingplätzen, die eine preisgünstige Alternative zu Hotels und Pensionen darstellen und ein Gefühl von Abenteuer vermitteln.

Edle Inneneinrichtung eines Hotels in den Grampians

HOTELKATEGORIEN

Die Qualitätsstandards von Visit Scotland («Quality Assurance Scheme») helfen bei der Auswahl. Sie beziehen sich auf Hotels, B & Bs und Unterkünfte für Selbstversorger. Eingeteilt wird mit einem bis fünf Sternen, die Kategorien der Ausstattung reichen dabei von «akzeptabel» bis «außergewöhnlich».

PREISE UND RESERVIERUNG

Hotelpreise verstehen sich in der Regel pro Zimmer inklusive Mehrwertsteuer und Bedienung. Hotels der gehobenen Kategorie kosten oft über 200 £, ein Durchschnittshotel in Edinburgh oder Glasgow 70 bis 150 £ für zwei Personen inklusive Frühstück. Außerhalb der Stadt bezahlt man 50 bis 90 £ oder zwischen 12,50 und 30 £ für ein Zimmer im B & B. Trinkgelder

werden nur in sehr exklusiven Hotels erwartet. Teuer sind von den Zimmern aus geführte Telefonate. Es lohnt sich immer, mit einer Telefonkarte oder aus der Hotelhalle zu telefonieren.

Einige Hotels verlangen eine nicht zurückzuzahlende Anzahlung. Wenn Sie Ihre Buchung lange genug im Voraus stornieren, wird man Ihnen einen Teil zurückerstatten. Fremdenverkehrsbüros bieten für eine kleine Gebühr einen Reservierungsservice an.

LANDSITZE UND SCHLÖSSER

Der Begriff »Landsitz« wird von einigen Hoteliers, die glauben, Kaminfeuer-Imitationen und Stilmöbel rechtfertigten diese Bezeichnung, sehr großzügig ausgelegt. Dabei ist ein echter Landsitz leicht als solcher zu erkennen: Er ist stets von architektonischem Wert, mit echten Antiquitäten ausgestattet und meist in ein weitläufiges Gelände eingebettet.

Umgebaute Schlösser bieten die Chance, wie die Lordschaft zu nächtigen und zu speisen. In edler Atmosphäre werden gutes Essen und edle Weine serviert. Die Zimmerpreise sind zwar fürstlich, dafür ist Stil kombiniert mit hohem Komfort und Luxus garantiert.

INNS UND JAGDHÜTTEN

Sogenannte Inns (Gasthöfe) findet man in ganz Schottland. Früher machten hier die Gäste halt, die mit der Kutsche unterwegs waren. Die Pferde wurden gewechselt, die Reisenden erhielten für die Nacht ein sicheres Dach über dem Kopf.

Die historischen Gebäude sind heute oft Mittelpunkt der Städte und Ortschaften. Einige wurden im Cottage-Stil mit strohgedecktem Dach gebaut, andere eher georgianisch oder viktorianisch, mit Schiebefenstern und säulengerahmten Türen. Die Einrichtung ist fast immer traditionell. Im Restaurant werden regionale Gerichte serviert.

Speisesaal in einem Schlosshotel

◁ **Farbenfrohe Blumenpracht vor Deacon Brodie's Tavern an der Royal Mile in Edinburgh**

In den ländlicheren Gebieten Schottlands bieten auch einige Jagdhütten Unterkunft an. Oft sind sie Teil eines großen Anwesens und gehören ortsansässigen Landeigentümern. Sie sind nicht gerade luxuriös, aber bequem und relativ preisgünstig. Interessierten werden Jagdausflüge angeboten, es besteht aber keine Verpflichtung zur Teilnahme. Auf Wunsch bekommt man frisches Wild serviert.

Traditionelles Crofter-Cottage, das Selbstversorgern Unterkunft bietet

Majestätisches Hotel am Kai in Leith bei Edinburgh

BED AND BREAKFAST UND PENSIONEN

Eine gute Unterkunft und die Chance, mit Einheimischen in Kontakt zu kommen, bieten B&Bs. In entlegenen Gebieten sind sie oft die einzige Übernachtungsmöglichkeit. B&Bs sind meist hübsch und einfach ausgestattete Familienbetriebe. Sie gehören der unteren Preiskategorie an, können aber durchaus auch etwas teurer und luxuriöser sein. Häufig handelt es sich um gemütlich eingerichtete Bauernhäuser, in denen man wesentlich freundlicher empfangen wird als in größeren Hotels. Im Preis enthalten ist ein warmes Frühstück.

Pensionen sind ebenfalls eine preisgünstige, einfache Übernachtungsmöglichkeit. Sie haben in der Regel mehrere Zimmer und ein gemeinsames Wohn- oder Esszimmer. VisitScotland veröffentlicht jährlich neu den Führer *Scotland: Bed-and-Breakfast* mit mehr als 1500 B&B- und Pensionsadressen.

SELBSTVERPFLEGUNG

Wer sich länger an einem Ort aufhält, unabhängig sein will, mit kleinen Kindern reist oder über begrenzte Mittel verfügt, ist mit einer Unterkunft mit Selbstverpflegung gut bedient. Es gibt sie in jeder Kategorie, vom Luxusapartment in Städten bis hin zu umgebauten Scheunen oder Cottages auf dem Land. Fremdenverkehrsbüros haben Listen und sind bei der Reservierung behilflich.

CAMPING UND CARAVANING

Schottland hat viele Campingplätze, die meisten haben von Ostern bis Oktober geöffnet. Da sie im Sommer rasch schnell belegt sind, ist eine Reservierung dringend anzuraten. Schilder weisen an vielen Hauptverkehrsstraßen auf Campingplätze hin. Zwei Clubs, der

Caravan Club (01342 32 69 44; www.caravanclub.co.uk) und der **Camping and Caravanning Club** (0845 130 76 31; www.campingandcaravanningclub.co.uk), veröffentlichen Campingführer. Sie haben ein eigenes Bewertungssystem. Unter Umständen lohnt es sich, Mitglied zu werden. Ein Camping- oder Caravanplatz kostet zwischen 6 und 10 £ pro Nacht.

JUGENDHERBERGEN

In Schottland gibt es etwa 80 Jugendherbergen der **Scottish Youth Hostels Association** (SYHA; 01786 89 14 00; www.syha.org.uk). Die meisten haben Duschen, Zentralheizung und bieten günstiges Abendessen. Die Schlafsäle sind nach Geschlechtern getrennt, einige haben auch Familienzimmer. Sie müssen Mitglied der SYHA sein, um in einer Jugendherberge zu übernachten. Mitglied kann jeder ab fünf Jahren werden.

Einfacher, aber wunderschön gelegener Campingplatz in den Highlands

Hotelauswahl

Aufgelistet sind Hotels fast aller Preiskategorien, ausgewählt wurden die Häuser nach Ausstattung, Service und Lage. Viele verfügen über ein angegliedertes Restaurant. Die Hotels sind nach Regionen und Städten sowie nach Preiskategorien geordnet. Die Restaurantauswahl finden Sie auf den Seiten 185–197.

PREISKATEGORIEN
Die Preise gelten für ein Doppelzimmer pro Nacht, inklusive sind Service und Steuern:
£ unter 65 £
££ 65–100 £
£££ 100–150 £
££££ 150–200 £
£££££ über 200 £

EDINBURGH

NEW TOWN St Bernard's Guest House £
22 St Bernard's Crescent, Edinburgh, EH4 1NS [0131 332 23 39 FAX 0131 332 88 42 *Zimmer 8*

Das Zwei-Sterne-Gästehaus residiert in einem reizenden viktorianischen Haus in Stockbridge. Die Gegend mit ihrer Kleinstadt-Atmosphäre ist angenehm, liegt aber nur wenige Gehminuten vom Zentrum entfernt. Vier der acht Zimmer haben einen eigenes Bad. Tee und Kaffee kann man sich selbst zubereiten.

NEW TOWN Gilmore Guest House ££
51 Gilmore Place, Edinburgh, EH3 9NT [0131 229 50 08 FAX 0131 229 56 22 *Zimmer 9*

Die Zwei-Sterne-Pension wird gut geführt und ist behaglich möbliert. Die dazugehörige Star Villa wurde mit drei Sternen ausgezeichnet und hat dementsprechend einen höheren Standard. Beide Häuser sind empfehlenswert, zentrumsnah gelegen und haben ein gutes Preis-Leistungs-Verhältnis.

NEW TOWN 7 Danube Street ££
7 Danube Street, Edinburgh, EH4 1NN [0131 332 27 55 FAX 0131 343 36 48 *Zimmer 3*

Das hübsche B&B ist in einem georgianischen Stadthaus in einem zentralen, aber ruhigen Stadtteil untergebracht. Es verfügt über spezielle Nichtraucherzimmer. Gäste können auch PCs nutzen und erhalten ihren eigenen Hausschlüssel. In der Nähe vieler Sehenswürdigkeiten und Restaurants. **www.aboutedinburgh.com/danube.html**

NEW TOWN Channings £££
12–16 South Learmonth Gardens, Edinburgh, EH4 1EZ [0131 274 74 01 FAX 0131 332 96 31 *Zimmer 42*

Das Channings liegt zentrumsnah in einer ruhigen Straße. Das elegante, aber auch gemütliche Hotel mit seinem schönen Privatgarten besteht aus fünf historischen renovierten Häusern. Die Zimmer sind individuell eingerichtet, ein wenig fühlt man sich wie in einem schottischen Landhaus. **www.channings.co.uk**

NEW TOWN Parliament House £££
15 Calton Hill, Edinburgh, EH1 3BJ [0131 478 40 00 FAX 0131 478 40 01 *Zimmer 53*

Das Parliament House, ein georgianisches Stadthaus, zeichnet sich durch die hervorragende Lage am Calton Hill und durch die Nähe zur Princes Street aus. Angeboten werden hier auch verschiedene Urlaubsarrangements, z. B. Golfferien, Theaterwochenenden oder Pauschalangebote zur Festivalzeit. **www.parliamenthouse-hotel.co.uk**

NEW TOWN Christopher North House Hotel ££££
6 Gloucester Place, Edinburgh, EH3 6EF [0131 225 27 20 FAX 0131 220 47 06 *Zimmer 30*

Das stilvoll renovierte Hotel liegt in Stockbridge, einem angesagten Künstlerviertel. Das Stadtzentrum kann man zu Fuß erreichen. Unterkunft und Service in diesem exquisiten Haus sind tadellos. Im empfehlenswerten Restaurant werden regionale Speisen auf höchstem Niveau angeboten. **www.christophernorth.co.uk**

NEW TOWN The George Hotel ££££
19–21 George Street, Edinburgh, EH2 2PB [0131 225 12 51 FAX 0131 220 36 24 *Zimmer 195*

Für das geschichtsträchtige Hotel, die Grande Dame der George Street, ist höchster Standard ein Muss. Besonders schön sind das neue Restaurant und die Bar Tempus. Hier kann man in stilvoller Umgebung Kleinigkeiten und Cocktails genießen oder ausgiebig dinieren. Auch Einheimische goutieren dieses Angebot. **www.principal-hotels.com**

NEW TOWN Mount Royal Ramada Jarvis Hotel ££££
53 Princes Street, Edinburgh, EH2 2DG [0131 225 71 61 FAX 0131 220 46 71 *Zimmer 158*

Das Hotel liegt im wahrsten Sinne des Wortes im Herzen der Stadt. Von den Zimmern blickt man auf das Castle und über die Gärten der Princes Street. Hier fühlt sich der Gast wohl, auch die Angestellten sind sehr freundlich. Das Haus bietet viele Annehmlichkeiten, u. a. einen 24-Stunden-Zimmerservice. **www.ramadajarvis.co.uk**

NEW TOWN The Scotsman ££££
20 North Bridge, Edinburgh, EH1 1YT [0131 556 55 65 FAX 0131 652 36 52 *Zimmer 69*

In den ehemaligen Redaktionsräumen von *The Scotsman* befindet sich heute das elegante Hotel. Von den mit authentischen Tweedstoffen ausgestatteten Zimmern hat man einen Rundblick über die Stadt. Alle sind mit DVD- und CD-Spielern und Internet-Zugang ausgestattet. Zudem gibt es einen Fitnessbereich. **www.thescotsmanhotel.com**

Zeichenerklärung *siehe hintere Umschlagklappe*

NEW TOWN The Balmoral

1 Princes Street, Edinburgh, EH2 2EQ   0131 556 24 14   FAX *0131 557 37 47*   **Zimmer** *188*

Als erste Adresse Edinburghs bietet das Balmoral dementsprechend auch nur das Beste vom Besten. Die Suiten und Zimmer sind stilvoll eingerichtet, alle mit Internet-Zugang, Fax, TV und vielem mehr. Auch Konferenzräume, ein Spa und Fitnessräume stehen den Gästen zur Verfügung. **www.thebalmoralhotel.com**

NEW TOWN The Bonham Hotel

35 Drumsheugh Gardens, Edinburgh, EH3 7RN   0131 274 74 00   FAX *0131 274 74 05*   **Zimmer** *48*

Das Bonham überzeugt mit stylish ausgestatteten Zimmern: Jedes wurde individuell und in kräftigen Farben gestaltet. Den modernen Reisenden steht die neueste Technik zur Verfügung. Das berühmte Restaurant verwöhnt mit europäischen Speisen und einem hervorragenden Weinangebot. **www.thebonham.com**

NEW TOWN Caledonian Hilton Hotel

Princes Street, Edinburgh, EH1 2AB   0131 222 88 88   FAX *0131 222 88 89*   **Zimmer** *251*

Das Caledonian Hilton, das aus der Skyline Edinburghs heraussticht, existiert seit 1903. Von vielen Zimmern blickt man auf das Castle. Das Hotel liegt ideal für Stadtbesichtigungen und verfügt über Spa, Fitnessmöglichkeiten sowie verschiedene Bars und Restaurants. Für jeden Geschmack etwas. **www.hilton.co.uk/caledonian**

NEW TOWN Le Monde

16 George Street, Edinburgh, EH2 2PF   0131 270 39 00   FAX *0131 270 39 01*   **Zimmer** *18*

Le Monde mitten im Zentrum war das erste Designhotel in Edinburgh. Mit den verschiedenen Bars und Restaurants sowie dem eigenen Nachtclub bietet es eine Menge – alles natürlich stilvoll. Das Hotel hat schon mehrere Preise für seine Ausstattung gewonnen. **www.lemondehotel.co.uk**

NEW TOWN Sheraton Grand

1 Festival Square, Edinburgh, EH3 9SR   0131 229 91 31   FAX *0131 228 45 10*   **Zimmer** *260*

Das erstklassige Hotel, das mit allem ausgestattet ist, was man von einem Sheraton erwartet, liegt etwas versteckt unterhalb der Burg. Die opulent eingerichteten Zimmer verfügen u. a. über Klimaanlage. Verschiedene Restaurants und ein mehrfach ausgezeichneter Grill Room. Luxuriöses One Spa. **www.sheraton.com/grandedinburgh**

OLD TOWN Classic Guest House

50 Mayfield Road, Edinburgh, EH9 2NH   0131 667 58 47   FAX *0131 662 10 16*   **Zimmer** *4*

Alle Zimmer in diesem hübschen viktorianischen Haus in Zentrumsnähe sind gemütlich und ansprechend eingerichtet. Kostenlose Parkmöglichkeiten auf der Straße. Die gastfreundlichen Besitzer servieren exzellentes schottisches sowie kontinentales Frühstück. Auch für Vegetarier ist hier bestens gesorgt. **www.classichouse.demon.co.uk**

OLD TOWN Bank Hotel

The Royal Mile, 1 South Bridge, Edinburgh, EH1 1LL   0131 622 68 00   FAX *0131 622 68 22*   **Zimmer** *9*

Das Haus, in dem sich das Hotel befindet, wurde 1923 ursprünglich als Bank errichtet. Es liegt ideal für Stadtbesucher, in der Nähe findet man viele Shops und Restaurants. Die Zimmer sind geschmackvoll möbliert, manche gehen in Richtung Edinburgh Castle. Da es keinen Lift gibt, sollte man körperlich fit sein. **www.festival-inns.co.uk**

OLD TOWN Best Western Edinburgh City Hotel

79 Lauriston Place, Edinburgh, EH3 9HZ   0131 622 79 79   FAX *0131 622 79 00*   **Zimmer** *52*

Das City Hotel befindet sich in der Nähe vom Grassmarket in einem ehemaligen Entbindungsheim. Es wurde komplett renoviert, der neue, elegante Stil ergänzt die traditionelle Architektur perfekt. Im dazugehörigen Restaurant kann man traditionelle schottische Gerichte kennenlernen. **www.bestwesternedinburghcity.co.uk**

OLD TOWN Jury's Inn Edinburgh

43 Jeffrey Street, Edinburgh, EH1 1DH   0131 200 33 00   FAX *0131 200 04 00*   **Zimmer** *186*

Das Jury's Inn, das zu einer Hotelkette gehört, liegt in der Nähe von Royal Mile, Princes Street und Waverley Station im Stadtzentrum. Zusätzlich hat man einen großartigen Blick auf den Calton Hill. Das Hotel bietet u. a. Bars und Restaurants, Wäscheservice und fünf Konferenzräume. **www.jurysdoyle.com**

OLD TOWN Holyrood Aparthotel

1 Netherbakehouse, Edinburgh, EH8 8PE   0131 524 32 00   FAX *0131 524 32 10*   **Zimmer** *41*

Die Apartments, die Privatsphäre und gleichzeitig alle Annehmlichkeiten eines Hotels garantieren, liegen an der Royal Mile. Sie sind bestens ausgestattet und verfügen alle über eine komplette Küche. Die Rezeption ist 24 Stunden besetzt. Tägliche Zimmerreinigung und sicheres Parken. Frühstück auf Anfrage. **www.holyroodaparthotel.com**

ABSTECHER Airlie Guest House

29 Minto Street, Edinburgh, EH9 1SB   0131 667 35 62   FAX *0131 667 35 62*   **Zimmer** *6*

Die meisten Räume der Drei-Sterne-Pension verfügen über ein eigenes Bad. Alle Zimmer sind ansprechend möbliert und ausgestattet. Von hier kommt man schnell ins Zentrum von Edinburgh. Erholen kann man sich im nahe gelegenen Holyrood Park. Schottisches und kontinentales Frühstück. **www.airlieguesthouse.co.uk**

ABSTECHER Bield Guest House

3 Orchard Brae West, Edinburgh, EH4 2EW   0131 332 51 19   **Zimmer** *3*

Von der kleinen familiengeführten Pension aus kann man das West End zu Fuß oder mit dem Bus schnell erreichen. Die einfachen Zimmer sind gemütlich ausgestattet und garantieren einen angenehmen Aufenthalt. Mit dem guten Frühstück startet man beschwingt in den Tag. **www.bieldbedandbreakfast.com**

ABSTECHER Crauchie Farmhouse   £

East Linton, East Lothian, EH40 3EB   01620 86 01 24   ***Zimmer** 3*

Das 200 Jahre alte und mit vier Sternen ausgezeichnete malerische Bauernhaus liegt etwas verborgen an einer kleinen Straße. Nach Edinburgh ist es von hier aus nicht weit. Haus und Garten wurden kürzlich umgestaltet. Auf den Frühstückstisch kommt nur Hausgemachtes, auch Vegetarier werden gut bedacht. **www.crauchiefarmhouse.co.uk**

ABSTECHER Granville Guest House   £

13 Granville Terrace, Edinburgh, EH10 4PQ   0131 229 16 76   FAX 0131 229 46 33   ***Zimmer** 9*

Die hübsche, familiengeführte Pension ist in einem viktorianischen Haus untergebracht, das mit vielen Details überzeugt, etwa mit der geschwungenen Treppe mit rotem Teppich. Die Zimmer sind hübsch und ansprechend ausgestattet. Kostenlose Parkmöglichkeit, schottisches und kontinentales Frühstück. **www.granvilleguesthouse.com**

ABSTECHER Harvest Guest House   £

33 Straiton Place, Edinburgh, EH15 2BA   0131 657 31 60   FAX 0131 468 70 28   ***Zimmer** 5*

Die Pension mit schönem Garten liegt an einer Promenade der viktorianischen Hafenstadt Portobello. Restaurants und Pubs befinden sich in unmittelbarer Nähe, nach Edinburgh fährt man 15 Minuten mit dem Auto. Am Morgen wird traditionelles oder kontinentales Frühstück serviert. **www.edinburgh-guesthouse-accommodation.co.uk**

ABSTECHER Ivy Guest House   £

7 Mayfield Gardens, Edinburgh, EH9 2AX   0131 667 34 11   FAX 0131 620 14 22   ***Zimmer** 4*

Der Efeu, der das Haus umrankt, gab der Pension ihren Namen. Das Drei-Sterne-Haus besitzt eigene Parkplätze für Gäste. Es liegt an einer Busroute, die ins Stadtzentrum führt, ganz in der Nähe von Arthur's Seat und Holyrood Park. Alle Zimmer haben eigene Bäder. Kosten Sie das himmlische vegetarische Frühstück. **www.ivyguesthouse.com**

ABSTECHER Northumberland Hotel   £

31–33 Craigmillar Park, Edinburgh, EH16 5PE   0131 668 31 31   FAX 0131 667 55 55   ***Zimmer** 16*

Das Northumberland ist eine Unterkunft mit hohem Standard. Das schottische Frühstück ist im Preis inklusive, an der Bar kann man bei einem Bier relaxen. Von manchen Zimmern hat man Zugang zur sonnigen Dachterrasse. Parkplätze sind vorhanden. Nur drei Kilometer vom Stadtzentrum entfernt. **www.thenorthumberlandhotel.co.uk**

ABSTECHER Redcraig B & B   £

Redcraig, Mid Calder, EH53 0JT   01506 88 42 49   FAX 01506 88 42 49   ***Zimmer** 3*

Das freundliche B & B liegt 20 Autominuten westlich von Edinburgh. Die einfachen, aber netten Zimmer sind im neuen Anbau untergebracht. Gästeparkplätze sind ausreichend vorhanden. Am Morgen stärkt man sich mit herzhaftem schottischen, kontinentalem oder vegetarischem Frühstück. **www.redcraigbedandbreakfast.co.uk**

ABSTECHER Agenda Hotel   ££

92–98 John's Road, Edinburgh, EH12 5AT   0131 316 44 66   FAX 0131 334 91 74   ***Zimmer** 29*

Das Agenda Hotel liegt günstig sowohl zum Flughafen als auch zum Stadtzentrum. Die Gäste erwarten ein freundlicher Service und große komfortable Betten in modernen geräumigen Zimmern. Das Frühstück ist sehr empfehlenswert. Im Haus gibt es auch eine sehr nette Bar. **www.agendahotel.co.uk**

ABSTECHER The Corner House   ££

1 Greenbank Place, Edinburgh, EH10 6EW   0131 447 10 77   ***Zimmer** 2*

Das Drei-Sterne-B & B liegt im Süden der Stadt, in der Nähe des Golfplatzes Braid Hills. Hier befinden sich auch viele Geschäfte, und es ist nicht weit ins Stadtzentrum. Die Lounge bietet sich zum Relaxen an. Am Morgen werden schottisches Frühstück und kontinentales Frühstück angeboten. **keith@lineone.net**

ABSTECHER Emerald Guest House   ££

Gilmerton, Edinburgh, EH17 8QQ   0131 664 59 18   FAX 0131 664 19 20   ***Zimmer** 3*

Die viktorianische Villa, ein Familienbetrieb in einem Vorort von Edinburgh, liegt in der Nähe vieler Sehenswürdigkeiten und des Flughafens. Nicht alle Zimmer verfügen über ein eigenes Bad. Schottisches und kontinentales Frühstück, das nach Absprache auch sehr früh serviert wird. Parkplätze. **www.insiteswd.co.uk/emerald**

ABSTECHER Gerald's Place B & B   ££

216 Abercromby Place, Edinburgh, EH3 6QE   0131 558 701 17   ***Zimmer** 2*

Wer Gerald's Place betritt, hat das Gefühl, er besucht das Haus eines guten Freundes. Hier fühlt man sich sofort willkommen. Der Besitzer selbst leitet das B & B. Er bietet großzügige Extras und kümmert sich um alle Belange. Vom Gästehaus erreicht man schnell alle Attraktionen und das Stadtzentrum. **www.geraldsplace.com**

ABSTECHER Kaimes Guest House   ££

12 Granville Terrace, Edinburgh, EH10 4PQ   0131 229 34 01   FAX 0131 228 11 73   ***Zimmer** 12*

Von der gemütlichen Pension sind es zum King's Theatre nur 10 und zur Princes Street 20 Minuten zu Fuß. Das alte viktorianische Haus wurde von Grund auf renoviert. Im Zuge dieser Renovierung wurden auch die etwas »angestaubten« Zimmer neu gestalet. Die meisten Zimmer verfügen über eigenes Bad. **www.kaimeshouse.co.uk**

ABSTECHER Kariba Guest House   ££

10 Granville Terrace, Edinburgh, EH10 4PQ   0131 229 37 73   FAX 0131 229 49 68   ***Zimmer** 9*

Ins Zentrum geht man von dem viktorianischen Stadthaus mit Gästeparkplätzen zu Fuß nur 15 Minuten. Die Zimmer verfügen über normale moderne Ausstattung, die meisten haben Bad oder Dusche. Am Morgen kann man zwischen schottischem, kontinentalem oder vegetarischem Frühstück wählen. **www.karibaguesthouse.co.uk**

Preiskategorien *siehe Seite 168* **Zeichenerklärung** *siehe hintere Umschlagklappe*

ABSTECHER Kelly's Guest House ⓔⓔ

3 Hillhouse Road, Edinburgh, EH4 3QP 📞 *0131 332 38 94* FAX *0131 538 09 25* **Zimmer** *4*

Mit öffentlichen Verkehrsmitteln kommt man von der einladenden Pension mit dem schönen Garten schnell ins Stadtzentrum. Alle Zimmer haben eigenes Bad. Zudem gibt es eine Familiensuite mit zwei Räumen. Schottisches und kontinentales Frühstück. Gästeparkplätze auf dem Grundstück. **www.kellysguesthouse.co.uk**

ABSTECHER Letham Mains 🗐 ⓔⓔ

26 Letham Mains, Haddington, EH41 4NW 📞 *01620 82 24 58* FAX *01620 82 93 03* **Zimmer** *2*

Die Drei-Sterne-Unterkunft liegt im Vorort von Haddington. Das Gartenstudio für Selbstversorger kann von einer vierköpfigen Familie genutzt werden. Am Morgen wird schottisches sowie kontinentales Frühstück serviert; nach Vereinbarung kann man auch sehr früh frühstücken. **jennifer@greensofhaddington.co.uk**

ABSTECHER Piries Hotel 🔧 🚻 ⓔⓔ

4–8 Coates Gardens, Edinburgh, EH12 5LB 📞 *0131 337 11 08* FAX *0131 346 02 79* **Zimmer** *32*

Das angenehme Drei-Sterne-Hotel bietet gute Unterkunft zu vernünftigen Preisen. Die Lage im West End ist ideal für Geschäftsreisende wie für Urlauber, alle Sehenswürdigkeiten sind gut mit den öffentlichen Verkehrsmitteln zu erreichen. In der Nähe des Edinburgh International Conference Centre. **www.thepiries.com**

ABSTECHER Sandaig Guest House ⓔⓔ

5 East Hermitage Place, Leith Links, Edinburgh, EH6 8AA 📞 *0131 554 73 57* FAX *0131 554 73 13* **Zimmer** *6*

Von der ansprechenden Pension in der schicken Hafengegend von Leith hat man einen guten Blick auf Leith Links Park. Alle Zimmer sind mit höchstem Standard ausgestattet. Sehr angenehm sind die flauschigen Handtücher. Herzlicher Empfang und ausgezeichnetes Preis-Leistungs-Verhältnis. **www.sandaigguesthouse.co.uk**

ABSTECHER Wester Cowden Farmhouse 🗐 ⓔⓔ

Wester Cowden, Dalkeith, EH22 2QA 📞 *0131 663 30 52* **Zimmer** *3*

In diesem ländlichen Haus mit wunderschönem Garten besitzt jedes Zimmer seinen eigenen Wohnraum, sodass man sich hier herrlich vom hektischen Treiben in der Stadt entspannen kann. Durch die erhöhte Lage hat man einen schönen Blick auf Edinburgh. Abendessen nach vorheriger Absprache möglich. **lornalodge2001@hotmail.com**

ABSTECHER Allison House ⓔⓔⓔ

17 Mayfield Gardens, Edinburgh, EH9 2AX 📞 *0131 667 80 49* FAX *0131 667 50 01* **Zimmer** *11*

Im Süden von Edinburgh liegt Allison House, ein kleines, aber ansprechendes Hotel, das sich für Feriengäste wie Geschäftsreisende gleichermaßen anbietet. Alle Zimmer sind sehr wohnlich eingerichtet und haben Flachbildschirm-TV. Gästeparkplätze stehen zur Verfügung. **www.allisonhousehotel.com**

ABSTECHER Channings Hotel 🔧 🚻 ♨ 🏃 📺 ⓔⓔⓔ

15 South Learmonth Gardens, Edinburgh, EH4 1EZ 📞 *0131 315 22 26* FAX *0131 332 96 31* **Zimmer** *41*

Ein freundliches, hübsches Hotel in der Nähe des West End. Die Zimmer sind geschmackvoll möbliert, von vielen hat man einen Blick über die Stadt oder die benachbarten Gärten. Das Restaurant bietet eine hervorragende Küche, das Personal ist ausnehmend freundlich und zuvorkommend. **www.channings.co.uk**

ABSTECHER Ellersly House 🔧 🚻 🏃 ⓔⓔⓔ

Ellersly Road, Edinburgh, EH12 6HZ 📞 *0131 337 68 88* FAX *0131 313 25 43* **Zimmer** *57*

Der attraktive historische Landsitz liegt in Murrayfield inmitten eines Gartens. Häufig werden hier Konferenzen oder Hochzeiten ausgerichtet, aber es kommen auch viele Individualreisende. Die Zimmer sind behaglich, die Suiten luxuriös. Im Restaurant werden köstliche regionale Gerichte serviert.

ABSTECHER Links Hotel ⓔⓔⓔ

4 Alvanley Terrace, Edinburgh, EH9 1DU 📞 *0131 622 68 00* FAX *0131 622 68 22* **Zimmer** *26*

Das Links besteht aus drei Häusern mit je drei Etagen. Es verfügt über keinen Lift, ist aber ansonsten nach einer umfangreichen Renovierung sehr modern und gut ausgestattet. Die Bar ist auch bei Einheimischen beliebt. Manche Zimmer werden leider vom Lärm aus der Bar in Mitleidenschaft gezogen. **www.festival-inns.co.uk**

ABSTECHER Murrayfield Hotel ⓔⓔⓔ

18 Corstorphine Road, Edinburgh, EH12 6HN 📞 *0131 662 68 00* FAX *0131 662 68 22* **Zimmer** *30*

Beim Murrayfield Stadium liegt das gleichnamige, mit zwei Sternen ausgezeichnete Hotel. Die Lage macht es bei Rugby-Fans beliebt. Die Zimmer sind ansprechend, aber einfach ausgestattet. In der gut frequentierten Bar werden bis spät in die Nacht traditionelle Gerichte serviert. In der Nähe des Edinburgh Zoo. **www.festival-inns.co.uk**

ABSTECHER Edinburgh Marriott Hotel 🔧 🚻 ♨ 🏃 📺 ⓔⓔⓔⓔ

111 Glasgow Road, Edinburgh, EH12 8NF 📞 *0131 334 91 91* FAX *0131 316 45 08* **Zimmer** *245*

Im Marriott findet der Gast exzellente Bedingungen für einen entspannten Aufenthalt vor. Das Hotel liegt unweit des Flughafens und der Stadtumgehungsstraße, sodass man die Borders oder die Halbinsel Fife schnell zu erreichen sind. Mit dem Bus oder Auto braucht man 15 Minuten in die Stadt. Gästeparkplätze. **www.edinburghmarriott.com**

ABSTECHER Macdonald Marine Hotel 🔧 🚻 ♨ 🏃 📺 ⓔⓔⓔⓔ

Cromwell Road, North Berwick, EH39 4LZ 📞 *08704 00 81 29* FAX *01620 89 44 80* **Zimmer** *83*

Das Hotel wurde nach einer Renovierung 2005 wiedereröffnet. Zum Haus gehören perfekte, mit allen Annehmlichkeiten ausgestattete Zimmer, manche mit Meerblick, ein wunderbares Restaurant sowie ein Spa. Golfmöglichkeit gleich vor der Haustür. North Berwick liegt nahe Edinburgh und direkt am Meer. **www.macdonaldhotels.co.uk**

ABSTECHER Kilspindie House Hotel   🍴 £££££
Aberlady, East Lothian, EH32 0RE 📞 *01875 87 06 82* 📠 *01875 87 05 04* **Zimmer** 20

Das Kilspindie House liegt im hübschen Aberlady in East Lothian. Mit dem Ducks, einem Ableger des Ducks in Edinburgh, gehört auch ein exquisites Restaurant zum Haus. Die luxuriöse Ausstattung der Zimmer macht es zu einer anspruchsvollen Ausgangsbasis, um East Lothians Sehenswürdigkeiten zu erkunden. **www.kilspindie.co.uk**

SÜDSCHOTTLAND

AYR Swallow Ivy House   🖥 🍴 ♿   ££
2 Alloway, Ayr, Ayrshire, KA7 4NL 📞 *01292 44 23 36* 📠 *01292 44 55 72* **Zimmer** 5

Neben dem berühmten Robbie Burns Cottage und unweit des Culzean Castle liegt das reizende Hotel mit individuell eingerichteten und modernen Zimmern. Im angegliederten Restaurant kommen auch Genießer auf ihre Kosten. Eine ideale Ausgangsbasis für Touren ins wundervolle Ayrshire. **www.swallow-hotels.com**

CLINTMAINS Clint Lodge   ££
Clinthill, St Boswells, Melrose, Roxburghshire, TD6 0DZ 📞 *01835 82 20 27* 📠 *01835 82 26 56* **Zimmer** 5

Von der traditionellen Clint Lodge hat man einen schönen Blick auf den River Tweed. Auch die Melrose Abbey ist nicht weit entfernt. Die Zimmer sind geschmackvoll und modern ausgestattet und haben alle ein eigenes Bad. In der Lodge wird ein exzellentes Frühstück serviert. **www.clintlodge.co.uk**

EDNAM Edenwater House   🍴   ££
Ednam, Kelso, Roxburghshire, TD5 7QL 📞 *01573 22 40 70* 📠 *01573 22 66 15* **Zimmer** 4

Die ruhige, familiengeführte Pension liegt am Rand eines Dorfes. Die Zimmer sind gemütlich und komfortabel ausgestattet. Von hier hat man einen Blick auf die Cheviot Hills. Zum Essen wird leckere Hausmannskost angeboten, bemerkenswert ist die große Weinkarte. **www.edenwaterhouse.co.uk**

GRETNA Gretna Chase Hotel   ♿ 🍴 ♿   ££
Sark Bridge, Gretna, Dumfries & Galloway, DG16 5JB 📞 *01461 33 75 17* **Zimmer** 20

Das Hotel entstand 1856 unweit der schottisch-englischen Grenze. Die traditionell ausgestatteten Zimmer sind reizend, sauber und geräumig. Der große Privatgarten ist für Kinder ideal zum Spielen. Die guten Speisen sind ansprechend zubereitet. Für Rollstuhlfahrer geeignet. Parkplatz und WLAN. **www.gretnachase.co.uk**

GULLANE Golf Inn   🍴 ⛳   ££
Main Street, Gullane, East Lothian, EH31 2AB 📞 *01620 84 32 59* 📠 *01620 84 20 66* **Zimmer** 14

Die Zimmer in diesem hübschen Landgasthof in East Lothian sind mit Kiefernmöbeln ausgestattet und farbenfroh gestaltet. Zimmer und das Restaurant sind empfehlenswert und nicht allzu teuer. In der Nähe gibt es etliche Golfplätze. Außerdem ist die Lage für Tagesausflüge nach Edinburgh bestens geeignet. **www.golfinngullane.com**

GULLANE Mallard Hotel   ♿ 🍴 ♿   ££
East Links Road, Gullane, East Lothian, EH31 2AF 📞 *01620 84 32 88* **Zimmer** 23

Das Hotel liegt ausgezeichnet mit Blick auf die berühmten Golfplätze von Gullane. Der Familienbetrieb hat sich in den letzten Jahren einen exzellenten Ruf erarbeitet. Das Haus liegt unweit eines Sandstrands und bietet zahlreiche Einrichtungen für Gäste mit Behinderung. **www.mallard-gullane.co.uk**

HEITON Roxburghe   🍴 🍽   £££££
Heiton, Kelso, Roxburghshire, TD5 8JZ 📞 *01573 45 03 31* 📠 *01573 45 06 11* **Zimmer** 22

Roxburghe liegt inmitten eines riesigen Anwesens. Die Zimmer sind luxuriös und gemütlich. Das Hotel ist ein guter Ausgangspunkt, um die Borders zu erkunden. Outdoor-Aktivitäten wie Golfen, Fischen, Mountainbiking, leichte Wanderungen und vieles mehr werden angeboten. **www.roxburghe.net**

INNERLEITHEN Cardrona Hotel   ♿ ⛳ ♿ 🍽   £££
Cardrona, Peebles, EH45 6LZ 📞 *0870 194 21 14* 📠 *01896 83 11 66* **Zimmer** 99

Am Ufer des River Tweed und nur fünf Kilometer östlich von Peebles steht dieses moderne und opulente Haus, von dem aus sich Ausflüge in die Borders anbieten. An die atemberaubende Lage, den eigenen 18-Loch-Golfplatz und die kulinarischen Genüsse werden sich Gäste noch lange erinnern. **www.macdonaldhotels.co.uk**

JEDBURGH Hundalee House   🖥   £
Hundalee, Jedburgh, Roxburghshire, TD8 6PA 📞 *01835 86 30 11* 📠 *01835 86 30 11* **Zimmer** 5

Das geschmackvoll ausgestattete viktorianische Herrenhaus verfügt über alle modernen Annehmlichkeiten und eine klassisch anmutende Inneneinrichtung. Gute Hausmannskost, das Frühstück ist inklusive. Perfekt, um die Umgebung zu erkunden. Zum Hotel gehören 15 Morgen Garten- und Waldfläche. **www.accommodation-scotland.org**

LINLITHGOW Champany Inn   🖥 🍴   £££
Champany, Linlithgow, West Lothian, EH49 7LU 📞 *01506 83 45 32* 📠 *01506 83 43 02* **Zimmer** 16

Ein stilvolles Restaurant, das auch Übernachtungsmöglichkeiten bietet. Die großzügigen Zimmer sind elegant und modern ausgestattet. Am Morgen wird ausgezeichnetes schottisches Frühstück serviert. Das Champany Inn liegt nahe vieler Sehenswürdigkeiten und Golfplätze. **www.champany.com**

Preiskategorien *siehe Seite 168* **Zeichenerklärung** *siehe hintere Umschlagklappe*

MELROSE Burts Hotel

Market Square, Melrose, Roxburghshire, TD6 9PL 01896 82 22 85 FAX 01896 82 28 70 *Zimmer 20*

Das Hotel ist für sein Pub über die Grenzen Schottlands hinaus berühmt. In der Bar wie auch im Restaurant wird zum Großteil mit regionalen Produkten gearbeitet. Das Burts heißt Gäste herzlich willkommen und bietet guten Service. Es liegt in der Nähe mehrerer Golfplätze. **www.burtshotel.co.uk**

MELROSE The Townhouse Hotel

3 Market Square, Melrose, Roxburghshire, TD6 9PQ 01896 82 26 45 FAX 01896 82 34 74 *Zimmer 11*

Das schicke Hotel wurde vor nicht allzu langer Zeit renoviert und ist klassisch zeitlos eingerichtet. In der hauseigenen Brasserie werden zeitgenössische Gerichte serviert. Zimmer sind luxuriös – einige mit Jacuzzi, andere mit Gartenblick. Wunderbar, um Ausflüge in die Borders zu unternehmen. **www.thetownhousemelrose.co.uk**

MOFFAT Seamore Guest House

Academy Road, Moffat, DG10 9HW 01683 22 04 04 *Zimmer 5*

In dieser familiengeführten Pension in einem viktorianischen Haus von 1850 werden die Gäste besonders herzlich empfangen. Die Einrichtung der Zimmer wurde dem Stil des Hauses angepasst. Mit einem guten schottischen Frühstück gelingt der Start in den Tag. Nahe dem Stadtzentrum von Moffat. **www.seamorehouse.co.uk**

ST BOSWELLS Buccleuch Arms

The Green, St Boswells, Dunfriesshire, TD6 0EW 01835 82 22 43 FAX 01835 82 39 65 *Zimmer 19*

In der ehemaligen Poststation aus dem 16. Jahrhundert trifft man viele interessante Menschen. Die Zimmer sind einfach, aber gemütlich, und der Service ist sehr freundlich. Leckere Snacks werden in der Bar serviert. Guter Ausgangspunkt, um die Umgebung zu erkunden. Kinderfreundlich. **www.buccleucharmshotel.co.uk**

ST BOSWELLS Dryburgh Abbey Hotel

St Boswells, Melrose, Dumfriesshire, TD6 0RQ 01835 82 22 61 FAX 01835 82 39 45 *Zimmer 38*

Der gemütliche, ansprechende Herrensitz liegt pittoresk am River Tweed. Gastfreundlichkeit und kulinarischer Genuss werden großgeschrieben. Die Zimmer sind erstklassig, von manchen hat man einen Blick auf den Fluss. Entdecken Sie die schöne Gegend, machen Sie einen Angelausflug oder entspannen Sie einfach! **www.dryburgh.co.uk**

STRANRAER Balyett B & B

Cairnryan Road, Stranraer, DG9 8QL 01776 70 33 95 FAX 0776 70 33 95 *Zimmer 4*

Die Zimmer im beeindruckenden viktorianischen Haus sind großzügig und geschmackvoll eingerichtet. Im opulenten Essraum können die Gäste mit einem traditionellen schottischen Frühstück den Tag beginnen. Inmitten eines schönen Gartens und nahe der Fähranlegestelle gelegen. **www.balyettbb.co.uk**

TROON Lochgreen House

Monktonhill Road, Troon, Ayrshire, KA10 7EN 01292 31 33 43 FAX 01292 31 86 61 *Zimmer 44*

Lochgreen House ist ein angesehenes Hotel in einem historischen Haus mit großen, luxuriösen Zimmern und öffentlichen Räumen, die von Antiquitäten überborden. Das innovative Restaurant wurde schon ausgezeichnet. In feudalem Ambiente wird exzellent gekocht. Zum Hotel gehört eine hübsche Außenanlage. **www.costleyhotels.co.uk**

TURNBERRY The Westin Turnberry Resort

Turnberry, Ayrshire, KA23 9LT 01655 33 10 00 FAX 01655 33 17 06 *Zimmer 219*

Das Westin Turnberry Resort ist eine der trendigsten Möglichkeiten, um in Schottland zu übernachten. Neben dem Meisterschaftsgolfplatz gehören ein Spa und Konferenzräume zum Hotel. Viele der eleganten Zimmer verfügen über behindertengerechte Ausstattung. Das Restaurant ist sehr zu empfehlen, Tiere sind erlaubt. **www.turnberry.co.uk**

WEST LINTON The Meadows

4 Robinsland Drive, West Linton, EH46 7JD 01968 66 17 98 FAX 01968 66 17 98 *Zimmer 4*

Das moderne B & B befindet sich nur einen Spaziergang von West Linton entfernt. In seiner Lage eignet sich das Meadows für alle, die die Borders sowie Edinburgh erkunden möchten. Geboten werden Gastfreundlichkeit, gute Unterkunft und natürlich ein herzhaftes schottisches Frühstück. **www.themeadowsbandb.co.uk**

GLASGOW

ZENTRUM Alison Guest House

26 Circus Drive, Glasgow, G31 2JH 0141 556 14 31 *Zimmer 6*

Das große viktorianische Haus hat viel von seiner ursprünglichen Architektur bewahrt. Die Zimmer sind gut, und es gibt schottisches Frühstück. Perfekter Ausgangspunkt, um die Glasgow Cathedral, das St Mungo Museum und Glasgows ältestes Haus, das Provand's Lordship, zu besuchen. **www.alisonguesthouse.co.uk**

ZENTRUM Argyll Guest House

970 Sauchiehall Street, Glasgow, G3 7TH 0141 357 51 55 FAX 0141 337 32 83 *Zimmer 20*

Das Argyll ist ideal, um die Stadt mit all ihren Sehenswürdigkeiten kennenzulernen. Alle Zimmer haben ein privates Bad, zudem gibt es kostenlosen Internet-Zugang. Schottisches Frühstück wird im benachbarten Argyll Hotel eingenommen, dessen Restaurant, Sutherlands, empfehlenswert ist. **www.argyllguesthouseglasgow.co.uk**

ZENTRUM Claremont B & B

2 Broompark Circus, Glasgow, G31 2JF **C** *0141 554 73 12* **FAX** *0141 554 73 12* **Zimmer** *2*

Das in einem allein stehenden viktorianischen Haus untergebrachte B & B befindet sich in Privatbesitz und liegt in einer gepflegten Gegend. Die Gastgeber sind herzlich und servieren entweder schottisches, kontinentales oder vegetarisches Frühstück. Gästeparkplätze und Garten sind vorhanden. **www.claremont-guesthouse.co.uk**

ZENTRUM Kelvingrove Hotel

944 Sauchiehall Street, Glasgow, G3 7TH **C** *0141 339 50 11* **FAX** *0141 339 65 66* **Zimmer** *23*

Das Kelvingrove Hotel grenzt an den gleichnamigen Park, der für seine Kunstgalerie bekannt ist. Gute Ausstattung der Zimmer. Tiere sind nach vorheriger Anmeldung willkommen. Ein zusätzliches kleines Apartment ist wochenweise zu mieten. Unweit des West End und des Zentrums gelegen. **www.kelvingrovehotel.com**

ZENTRUM The Brunswick

106–108 Brunswick Street, Glasgow, G1 1TF **C** *0141 552 00 01* **FAX** *0141 552 15 51* **Zimmer** *18*

Durch seinen individuellen modernen Stil mit klaren, geraden Linien und puristischer Möblierung der Zimmer fällt das Brunswick positiv auf. Das Hotel ist persönlich, gemütlich und günstig. Gäste, die auf der Suche nach einer besonderen Unterkunft sind, sollten sich das Penthouse nicht entgehen lassen. **www.brunswickhotel.co.uk**

ZENTRUM Kirklee Hotel

11 Kensington Gate, Glasgow, G12 9LG **C** *0141 334 55 55* **FAX** *0141 339 38 28* **Zimmer** *9*

Extrem gute Ausstattung, die den Aufenthalt unvergesslich macht. Alle Zimmer verfügen über eigenes Bad, sind individuell möbliert und einzigartig farbenfroh tapeziert. Frühstück wird auf den Zimmern am Fenster eingenommen. Das Kirklee liegt im grünen West End inmitten preisgekrönter Gärten. **www.kirkleehotel.co.uk**

ZENTRUM The Premier Inn

80 Ballater Street, Glasgow, G5 0TW **C** *0870 238 33 20* **FAX** *0141 553 27 19* **Zimmer** *114*

Die modernen und großzügigen Zimmer des preiswerten Stadthotels sind alle mit Satellitenfernsehen und Duschen ausgestattet. Familienfreundlich. Kinder unter 16 Jahren müssen nichts zahlen. Mit einem herzhaften schottischen Frühstück im trendigen Hotelbistro fängt der Tag gut an. **www.premierinn.com**

ZENTRUM Radisson SAS

301 Argyle Street, Glasgow, G2 8DP **C** *0141 204 33 33* **FAX** *0141 204 33 44* **Zimmer** *250*

Wegen seines innovativen Designs und den verschwenderisch eingerichteten Zimmern, Suiten und Apartments wurde das Radisson schon ausgezeichnet. Es gibt eine hauseigene Bar sowie ein Restaurant, im nahe gelegenen Fitnessstudio kann man einige Bahnen im Pool schwimmen oder sich eine Massage gönnen. **www.radisson.com**

ZENTRUM Park Inn

2 Port Dundas Place, Glasgow, G2 3LD **C** *0141 333 15 00* **FAX** *0141 333 57 00* **Zimmer** *100*

Zur Ausstattung des trendigen Park Inn gehören ein Schönheitssalon, das Oshi-Spa, Konferenzmöglichkeiten und modern und minimalistisch eingerichtete Zimmer. Es liegt zentral für Shopoholics. Zu den Gästen zählen Urlauber wie auch Geschäftsreisende. **www.glasgow.parkinn.co.uk**

WEST END The Botanic Hotel

1 Alfred Terrace, Glasgow, G12 8RF **C** *0141 337 70 07* **FAX** *0141 339 04 77* **Zimmer** *18*

In dem modernen anspruchsvollen Hotel verfügen alle Zimmer über eine gute Ausstattung und ein eigenes Bad. In der Umgebung gibt es viele Restaurants, im Hotel selbst wird ein reichhaltiges schottisches Frühstück sowie die kontinentale und vegetarische Variante serviert. Zentrumsnah gelegen. **www.botanichotel.co.uk**

WEST END The Wickets Hotel

52 Fortrose Street, Glasgow, G11 5LP **C** *0141 334 93 34* **FAX** *0141 334 93 34* **Zimmer** *11*

Das familiengeführte Hotel im Landhausstil liegt im West End, nahe dem Scottish Exhibition Centre und der Glasgow University. Im Sommer kann man auf der Terrasse entspannen. Durch die Nähe zur Autobahn und die gute Bus- und Bahnanbindung ideal für jene, die an der Umgebung Glasgows interessiert sind. **www.wicketshotel.co.uk**

WEST END Hotel du Vin

1 Devonshire Gardens, Glasgow, G12 0UX **C** *0141 339 20 01* **FAX** *0131 337 16 63* **Zimmer** *35*

Das Hotel bietet einen hohen Standard, aufmerksamen Service und hervorragende Küche. Die Zimmer sind stilsicher eingerichtet. Gäste können sich hier verwöhnen lassen. Das Hotel im angesagten West End wurde 2007 bei den Scottish Style Awards zum Most Stylish Hotel gewählt. **www.hotelduvin.com**

ABSTECHER Abington Hotel

78 Carlisle Road, Abington, Lanarkshire, ML12 6SD **C** *01864 50 24 67* **FAX** *01864 50 22 23* **Zimmer** *29*

Abington Hotel, die ehemalige Poststation des Örtchens Abington, liegt eingebettet in die wundervolle Landschaft von Lanarkshire. Die Gastgeber sind ausnehmend freundlich, die Zimmer sind komfortabel, man fühlt sich in dem Haus auf Anhieb wohl. Außerdem ist die Küche sehr empfehlenswert. **www.ab-hotel.com**

ABSTECHER Ashtree House

9 Orr Square, Paisley, PA1 2DL **C** *0141 848 64 11* **FAX** *0141 848 64 11* **Zimmer** *4*

Der schöne Gasthof ist in einem 200 Jahre alten Haus untergebracht. Auf die Qualität der Ausstattung hat man hier großen Wert gelegt. Abendessen wird nach Absprache serviert. Ashtree House liegt in der Nähe des Flughafens, mit der Bahn ist man in zehn Minuten im Zentrum. Großer Garten. **www.ashtreehousehotel.com**

ABSTECHER Macdonald Crutherland Hotel ⬚⬚⬚⬚⬚ €€€

Strathaven Road, East Kilbride, G75 0QZ ☎ *01355 57 70 00* FAX *01355 57 70 47* **Zimmer** *75*

Das Hotel in dem wunderschön angelegten Garten besticht durch luxuriöse Einrichtung und ausgezeichnete Küche. Die Ausstattung des Hauses und der Zimmer ist auf dem neusten Stand der Technik, genauso wie das Spa und der Fitnessraum. Nur 25 Minuten von Glasgow entfernt. **www.macdonaldhotels.co.uk**

ABSTECHER Bowfield Hotel ⬚⬚⬚⬚⬚ €€€€

Howwood, Renfrewshire, PA9 1DB ☎ *01505 70 52 25* FAX *01505 70 52 30* **Zimmer** *23*

Im Bowfield gönnen sich heimische und internationale Gäste eine Auszeit vom hektischen Alltag in der Stadt. Exzellente Ausstattung der Zimmer, die individuell und mit Liebe zum Detail eingerichtet sind. Das zugehörige Restaurant serviert innovative Gerichte, das Personal ist ausnehmend freundlich. **www.bowfieldcountryclub.co.uk**

ZENTRALSCHOTTLAND

AUCHTERARDER The Gleneagles Hotel ⬚⬚⬚⬚⬚⬚ €€€€€

An der A9, Auchterarder, Perthshire, PH3 1NF ☎ *01764 66 22 31* FAX *01764 66 21 34* **Zimmer** *232*

Im weltbekannten, feudalen Schlosshotel Gleneagles ist selbstverständlich alles vom Feinsten. Zu erwähnen sind der Meisterschaftsgolfplatz, das hypermoderne Spa und die vielen Freizeiteinrichtungen. Das Haus beeindruckt selbst die anspruchsvollsten Gäste. Beliebt bei Geschäftsreisenden und Familien. **www.gleneagles.com**

BALQUHIDDER Monachyle Mhor ⬚⬚ €€€€€

Balquhidder, Lochearnhead, Perthshire, FK19 8PQ ☎ *01877 38 46 22* FAX *01877 38 43 05* **Zimmer** *11*

Das hübsche Mittelklassehotel liegt in den Highlands in Perthshire, nahe beim Loch Voil. Die Zimmer und Suiten des Monachyle Mhor, manche davon mit Kamin, sind luxuriös, ebenso die Cottages für Selbstversorger. Der Service ist hervorragend. Außerdem gehört zum Hotel ein ausgezeichnetes Restaurant. **www.monachylemhor.com**

BIRNAM Waterbury House €

Murthly Terrace, Dunkeld, PH8 0BG ☎ *01350 72 73 24* FAX *01350 72 70 23* **Zimmer** *3*

Die Zimmer der freundlichen Pension in Birnam haben zwar nicht alle ein eigenes Bad, aber ansonsten entspricht ihre Ausstattung dem gehobenen Standard. In der Lounge, die auch über eine gut ausgestattete Bar verfügt, werden bodenständige Gerichte serviert. Schottisches und kontinentales Frühstück. **www.waterbury-guesthouse.co.uk**

BLAIRGOWRIE Kinloch House ⬚⬚⬚⬚⬚ €€€€

Bei Blairgowrie, Perthshire, PH10 6SG ☎ *01250 88 42 37* FAX *01250 88 43 33* **Zimmer** *18*

Am Ende einer abgelegenen Landstraße gelangt man zu dem familiengeführten Landhotel. Im Kinloch House herrscht eine herzliche Atmosphäre. Zimmer und Suiten sind ansprechend und modern. Highlights sind die Sauna und das Spa sowie ein gutes Restaurant. **www.kinlochhouse.com**

CALLANDER Leny House ⬚ €€€

Leny Estate, Callander, Perthshire, FK17 8HA ☎ *01877 33 10 78* **Zimmer** *3*

Das entzückende B&B eignet sich als Ausgangsquartier, um die Trossachs zu erkunden. Das aus dem 16. Jahrhundert stammende Haus vereint Originaldetails mit viktorianischen Ergänzungen. Zu mieten sind luxuriöse Zimmer sowie Lodges und Cottages für Selbstversorger. Ideal gelegen für Golfer, Radfahrer und Angler. **www.lenyestate.com**

CARNOUSTIE Duntrune House €€

Carnoustie, bei Dundee, DD4 0PJ ☎ FAX *01382 35 02 39* **Zimmer** *4*

Im schönen ruhigen Haus in einer waldreichen Gegend nahe Dundee fühlt man sich schnell wohl. Am Morgen wird man mit hervorragendem schottischem Frühstück verwöhnt, sodass man gestärkt die schöne Umgebung kennenlernen kann. Dinner ist nach Absprache möglich. Gute Parkmöglichkeiten. **www.duntrunehouse.co.uk**

CRIEFF Crieff Hydro ⬚⬚⬚⬚⬚ €€€€€

Crieff, Perthshire, PH7 3LQ ☎ *01764 65 16 02* FAX *01764 65 30 87* **Zimmer** *254*

Ein großes, familiengeführtes Hotel mit vielen Annehmlichkeiten. Man kann entweder im Hauptgebäude oder in einer der Lodges für Selbstversorger wohnen. Auf jeden Fall ist das Crieff Hydro für einen Familienurlaub gut geeignet. Wer essen möchte, kann zwischen mehreren Lokalitäten wählen. **www.crieffhydro.com**

CUPAR Peat Inn ⬚⬚ €€€€€

Peat Inn, bei Cupar, Fife, KY15 5H ☎ *01334 84 02 06* FAX *01334 84 05 30* **Zimmer** *8*

Das Peat Inn ist vor allem als Restaurant bekannt, in dem man in entspannter Atmosphäre speisen kann. Zum Übernachten stehen den Gästen elegante Suiten zur Verfügung. Im Lokal werden köstliche Gerichte serviert, die Weinkarte ist umfangreich. Unweit von St Andrews und vielen Sehenswürdigkeiten gelegen. **www.thepeatinn.co.uk**

DOLLAR Castle Campbell ⬚⬚ €€

11 Bridge Street, Dollar, Clackmannanshire, FK14 7DE ☎ *01259 74 25 19* FAX *01259 74 37 42* **Zimmer** *9*

Castle Campbell ist eine wunderbare Ausgangsbasis für lange Spaziergänge im Umland. Das einfache, aber gediegene georgianische Haus im Ortskern von Dollar bietet geräumige Zimmer mit eigenem Bad. Zur Ausstattung gehören u. a. Fernseher, Wasserkocher, Kaffeemaschine und Telefon. **www.castle-campbell.co.uk**

FAIRMONT ST ANDREWS St Andrews Bay Hotel
St Andrews Bay, St Andrews, Fife, KY16 8PN **01334 83 70 00** FAX *01334 47 11 15* **Zimmer 209**
€€€€€

Das Hotel bei St Andrews bietet alles, was der Gast sich wünscht: schöne Ausblicke von den Zimmern, gehobene Ausstattung und professionellen Service. Für Geschäftsreisende gibt es ein Konferenzzentrum, sportive Gäste finden in der Nähe zwei der weltbesten Golfplätze. Gepflegtes Spa zum Entspannen. **www.fairmont.com/standrews**

FALKLAND Edenshead Stables
Gateside, bei Cupar, KY14 7ST **01337 86 85 00** FAX *01337 86 85 00* **Zimmer 3**
€€

Inmitten eines gepflegten Gartens und umgeben von drei Morgen Wald liegt die hübsche, charmante Fünf-Sterne-Pension. Alle Zimmer haben Bad und sind wunderschön möbliert und ausgestattet. Gäste können in der Lounge mit Blick in den Garten relaxen. Herausragendes schottisches Frühstück. **www.edensheadstables.com**

GLENROTHES Balbirnie
Balbirnie Park, Markinch, Glenrothes, Fife, KY7 6NE **01592 61 00 66** FAX *01592 61 05 29* **Zimmer 30**
€€€€

Schon mehrmals wurde der elegante georgianische Landsitz wegen seines hervorragenden Service und seiner exzellenten Küche lobend erwähnt. An dem luxuriösen Ambiente erfreuen sich Urlauber und Geschäftsreisende. Die Zimmer sind opulent ausgestattet, man spürt hier die Freude am Luxus. **www.balbirnie.co.uk**

INVERSNAID Inversnaid Lodge
Inversnaid, Aberfoyle, Stirlingshire, FK8 3TU **01877 38 62 54** FAX *01877 38 62 54* **Zimmer 9**
€

Inversnaid Lodge, die einstige Jagdhütte des Herzogs von Montrose, liegt am Ostufer des Loch Lomond. Die Zimmer sind einfach, aber angenehm. Ganz in der Nähe befindet sich ein Naturreservat. Häufig werden in der Lodge Fotografie-Workshops angeboten. Gutes Preis-Leistungs-Verhältnis. **www.inversnaidphoto.com**

KIRKCUDBRIGHT Gladstone House
48 High Street, Kirkcudbright, Kirkcudbrightshire, DG6 4JX **01577 33 17 34** FAX *01577 33 17 34* **Zimmer 3**
€€

Die freundlichen Besitzer des kleinen, stilvollen B&B im schönen georgianischen Herrenhaus bereiten dem Gast einen herzlichen Empfang. Gladstone House wirkt hell und luftig, bietet drei ordentliche Zimmer und ein besonders gutes schottisches Frühstück. **www.kirkcudbrightgladstone.com**

KIRRIEMUIR Falls of Holm
Lower Welton Farm, bei Kirriemuir, Angus, DD8 5HY **01575 57 58 67** FAX *01575 57 58 67* **Zimmer 3**
€

In ländlicher Gegend, fernab von allem Trubel, liegt das schöne Steinhaus Falls of Holm. Hier fühlt sich der Gast wohl und willkommen. Die drei sehr hübschen Zimmer verfügen über eigene Bäder, teilweise mit frei stehender Badewanne. Das Haus ist ideal für alle, die Spaß an Outdoor-Aktivitäten haben. **www.fallsofholm.com**

LUNDIN LINKS Sandilands
20 Leven Road, Lundin Links, KY8 6AH **01333 32 98 81** FAX *01333 32 98 81* **Zimmer 3**
€€€

Das Sandilands im malerischen Lundin Links ist eine gute Basis, um Fife zu erkunden. Gemütliche Zimmer mit eigenem Bad. Die Besitzer sind freundlich und hilfsbereit. Zum Frühstück wird die schottische, die kontinentale sowie eine vegetarische Variante angeboten. **www.sandilandsfife.co.uk**

PITLOCHRY East Haugh Country House
Pitlochry, Perthshire, PH16 5TE **01796 47 31 21** FAX *01796 47 24 73* **Zimmer 13**
€€€

Ein hübsches familiengeführtes Hotel mit schönen Zimmern, die geschmackvoll eingerichtet sind. Zum Dinner haben die Gäste die Wahl zwischen der Bar im Wintergarten und dem Restaurant. Bei der Zubereitung der raffinierten Gerichte wird darauf geachtet, lokale Produkte zu verwenden. **easthaugh@aol.com**

SALINE, DUNFERMLINE Kirklands House
Bridge Street, Dunfermline, KY12 9TS **01383 85 27 37** **Zimmer 2**
€€

Blühende Gärten umgeben das Haus von 1832. Alles ist darauf ausgerichtet, dem Gast seinen Aufenthalt so angenehm wie möglich zu gestalten. Die freundlichen Besitzer sind stolz auf ihr Zuhause und freuen sich, es mit Besuchern zu teilen. Herzhaftes schottisches Frühstück am Morgen. **www.kirklandshouseandgarden.co.uk**

ST ANDREWS Old Course
Old Station Road, St Andrews, Fife, KT16 9SP **01334 47 43 71** FAX *01334 47 76 68* **Zimmer 134**
€€€€€

Vom Old Course am Rand von St Andrews hat man einen schönen Blick über den ältesten Golfplatz der Welt, der dem Hotel seinen Namen gab. Die öffentlichen Räume des Hauses sind prachtvoll, die luxuriösen Zimmer dagegen eher im zeitgemäßen Stil eingerichtet. Manche sind behindertengerecht ausgestattet. **www.oldcoursehotel.co.uk**

ST FILLANS Four Seasons
St Fillans, Perthshire, PH6 2NF **01764 68 53 33** FAX *01764 68 54 44* **Zimmer 12**
€€

Das Four Seasons liegt eingebettet in wunderschöner Landschaft mit Blick auf Loch Earn. Das kleine Hotel bietet Zimmer mit Bädern. Wem nach mehr Privatsphäre ist, sollte eines der sechs über das Gelände verteilten kleinen Häuschen mieten. Ein lauschiger Platz für Verliebte. **www.thefourseasonshotel.co.uk**

STANLEY Ballathie House Hotel
Kinclaven, bei Stanley, PH1 4QN **01250 88 32 68** FAX *01250 88 33 96* **Zimmer 42**
€€€

Im gemütlichen Ballathie am River Tay geht es entspannt zu. Die Zimmer, die öffentlichen Räume wie auch die Lounge sind stilvoll eingerichtet. In der Bar werden leichte Snacks serviert, im Speisesaal kann man formvollendet speisen. Idealer Ausgangspunkt, um die ländliche Umgebung zu erkunden. **www.ballathiehousehotel.com**

STRATHKINNES Mansedale House

35 Main Street, Strathkinnes, St Andrews, Fife, KY16 9RY 01334 85 08 50 **Zimmer** 5

Das B & B liegt fünf Kilometer von St Andrews entfernt in einem kleinen Dorf. Die Besitzer empfangen ihre Gäste überaus freundlich in dem früheren Pfarrhaus (1830). Es hat einen hübschen Innenhof und einen stillen Garten. Die Zimmer mit Balkendecken und unverputzten Wänden sind gut ausgestattet. **www.mansedalehouse.co.uk**

TIGHNABRUAICH An Lochan

Shore Road, Tighnabruaich, Argyll, PA21 2BE 01700 81 12 39 FAX 01700 81 13 00 **Zimmer** 11

Das familiengeführte Hotel bietet großzügige, gut ausgestattete und mit liebevollen Details geschmückte Zimmer. Die Begrüßung ist warmherzig, der Service freundlich. Ausflüge, Vogelbeobachtungen und Bootsfahrten werden organisiert, damit man das leckere Dinner am Abend so richtig genießen kann. **www.hotels-argyll-scotland.co.uk**

YARROW Tibbie Shiels Inn

St Mary's Loch, Selkirk, Selkirkshire, TD7 5LH 01750 422 31 FAX 01750 423 02 **Zimmer** 5

Schon Sir Walter Scott wusste dieses Wirtshaus am St Mary's Loch zu schätzen. Bis heute hat es nichts von seiner Beliebtheit eingebüßt. Immer noch kann man hier gut essen und schlafen. Das Haus ist mit vielen Antiquitäten ausgestattet, die Zimmer sind schlicht und sauber, auf dem Areal kann man auch campen. **www.tibbieshielsinn.com**

HIGHLANDS UND INSELN

ABERDEEN Udny Arms

Main Street, Newburgh, Ellen, Aberdeenshire, AB41 6BL 01358 78 94 44 FAX 01358 78 90 12 **Zimmer** 26

Die Zimmer im traditionellen Udny Arms sind zwar mit Antiquitäten eingerichtet, verfügen aber trotzdem über moderne Annehmlichkeiten und haben alle ein eigenes Bad. Das Hotel liegt in der Nähe dreier Meisterschaftsgolfplätze. Außerdem kann man hier Fahrräder ausleihen und bogenschießen. **www.oxfordhotelsandinns.com**

ABERDEEN Mercure Ardoe House Hotel

South Deeside Road, Aberdeen, Aberdeenshire, AB12 5YP 01224 86 06 00 FAX 01224 86 12 83 **Zimmer** 109

Ardoe House ist eines der besten Hotels in Aberdeen. Die Zimmer sind luxuriös und geschmackvoll eingerichtet. In den Suiten stehen Himmelbetten. Von allen Zimmern hat man einen schönen Blick ins Grüne. Das Haus verfügt über Jacuzzi, Tennisplätze und einen Beauty-Salon. Fünf Kilometer vom Stadtzentrum entfernt. **www.mercure.com**

ABERDEEN Marcliffe at Pitfodels

North Deeside Road, Pitfodels, Aberdeenshire, AB15 9YA 01224 86 10 00 FAX 01224 86 88 60 **Zimmer** 42

Das gehobene Hotel am Stadtrand überzeugt durch geschmackvolle Einrichtung und angenehme Atmosphäre. In den eleganten, modernen Zimmern haben die Gäste Bademäntel zur Verfügung, Zeitungen und Zeitschriften liegen bereit, ein Obstkorb verführt zum Naschen. Gutes Restaurant und exklusives Spa. **www.marcliffe.com**

ABERDEENSHIRE Craigellachie Hotel

Craigellachie, Speyside, Banffshire, AB38 9SR 01340 88 12 04 FAX 01340 88 12 53 **Zimmer** 26

Das Hotel steht in dem hübschen Dorf Craigellachie unweit der Flüsse Fiddich und Spey. Es atmet die Atmosphäre eines alten Landhauses und bietet dennoch moderne Annehmlichkeiten. Der Spey Walk verläuft direkt vor dem Hotel und führt durch Wälder und vorbei an Flüssen und Bergen. **www.craigellachie.com**

ABERFELDY Farleyer Restaurant and Rooms

Aberfeldy, Perthshire, PH15 2JE 01887 82 03 32 FAX 01887 82 98 79 **Zimmer** 6

Das Farleyer firmiert unter der Bezeichnung Restaurant mit Zimmern und nicht unter Hotel. Es gibt hier also keinen vollen Hotelservice. Aber trotzdem: Das hübsche, landschaftlich schön gelegene Haus am Ortsrand von Aberfeldy bietet neben einem hervorragenden Restaurant auch ansprechende Zimmer. **www.farleyerlodge.co.uk**

ACHILTIBUIE Summer Isles

Achiltibuie, Ross-shire, IV26 2YG 01854 622 2 82 FAX 01854 62 22 51 **Zimmer** 13

Die abgeschiedene, malerische Lage und der Blick über die Summer Isles machen dieses Haus zum idealen Rückzugs- und Erholungsort. Das Hotel ist, ebenso wie die Zimmer, ansprechend und raffiniert ausgestattet. Im Restaurant wird regionale Küche serviert. 2006 Gewinner des Scottish Hotel of the Year Award. **www.summerisleshotel.co.uk**

ARISAIG Old Library Lodge

Road to the Isles, Arisaig, Perthshire, PH39 4NH 01687 45 06 51 FAX 01687 45 02 19 **Zimmer** 6

Gutes Restaurant an der Road to the Isles, das in einem 200 Jahre alten umgebauten Stall untergebracht ist. Die Old Library Lodge bietet schöne Ausblicke und gemütlich eingerichtete Zimmer. Das Abendessen kann eine kulinarische Offenbarung sein, für jeden Gang kann man aus fünf Gerichten wählen. **www.oldlibrary.co.uk**

AULDEARN Boath House

Auldearn, bei Nairn, Inverness-shire, IV12 5TW 01667 45 48 96 FAX 01667 45 54 69 **Zimmer** 6

Das Herrenhaus gilt als »Juwel in der Krone der Highlands« und ist eine Attraktion für sich. Die mit allem Komfort versehenen Zimmer sind aufwendig mit Antiquitäten und Kunstwerken ausgestattet. Weitere Highlights sind der Schönheitssalon, das Spa und die preisgekrönte Küche. **www.boath-house.com**

AVIEMORE Ardlogie Guest House £

Dalfaber Road, Aviemore, PH22 1PU ☎ *01479 81 07 47* **Zimmer** *3*

Kleine Pension mit beeindruckendem Panoramablick auf die nahen Cairngorms. Das Ardlogie ist besonders bei Wanderern beliebt, da es in der Gegend viel zu erkunden gibt. Liebevoll eingerichtete Zimmer. Die Gastgeber empfangen die Gäste herzlich und servieren ein großartiges schottisches Frühstück. **www.ardlogie.co.uk**

BALLATER Morvada House £

28 Braemar Road, Ballater, Royal Deeside, Aberdeenshire, AB35 5RL ☎ *01339 75 63 34* **Zimmer** *6*

Die traditionelle viktorianische Villa liegt im schönen Ort Ballater. Anspruchsvoll eingerichtete Zimmer mit Bad und moderner Ausstattung. Am Morgen kann man zwischen schottischem und kontinentalem Frühstück wählen. Sehr freundliche Besitzer. Ideal für Ausflüge in die Umgebung. **www.morvada.com**

BALLATER Balgonie Country House ££

Braemar Place, Ballater, Royal Deeside, Aberdeenshire, AB35 5NQ ☎ *01339 75 54 82* FAX *01339 75 54 82* **Zimmer** *9*

Die Freundlichkeit der Gastgeber trägt maßgeblich zur Beliebtheit des Hotels bei. Das Haus ist schick eingerichtet, die Zimmer zeichnet ein Mix aus traditionellen und modernen Möbeln aus. Die meisten haben Blick auf den Golfplatz. Ideal zum Wandern, Angeln, Radfahren und natürlich Golfen. **www.balgonie-hotel.co.uk**

BALLATER Darroch Learg ££££

Braemar Road, Ballater, Royal Deeside, Aberdeenshire, AB35 5UX ☎ *01339 75 54 43* FAX *01339 75 52 52* **Zimmer** *17*

Das viktorianische Hotel liegt auf einem Hügel in Ballater inmitten von Gärten. Von hier hat man einen großartigen Blick auf Lochnagar. Die Zimmer sind sehr gemütlich, manche haben sogar ein Himmelbett. Die Küche im dazugehörigen Restaurant ist exzellent, die Köche verwenden nur beste regionale Zutaten. **www.darrochlearg.co.uk**

BEAULY Lovat Arms Hotel ££

Beauly, Inverness-shire, IV4 7BS ☎ *01463 78 23 13* FAX *01463 78 28 62* **Zimmer** *22*

Das historische, familiengeführte Hotel ist älter als 200 Jahre. Die Zimmer haben Bad und sind u. a. mit Fernseher und Kaffeemaschine ausgestattet. In der Bar und den zwei Restaurants serviert freundliches Personal traditionelle schottische Küche. Möglichkeiten zum Golfen und Angeln gibt es in unmittelbarer Nähe. **www.lovatarms.com**

BLACK ISLE Kincraig House £££

Invergordon, Ross-shire, IV18 0LF ☎ *01349 85 25 87* FAX *01349 85 21 93* **Zimmer** *15*

Teile des Landhauses sind mehrere Jahrhunderte alt und vermitteln historische Atmosphäre. Alle Zimmer haben Bad, viele bieten einen Blick über den Garten und den Cromarty Firth. Auch die öffentlichen Räume sind einladend. Gutes Essen und gastliche Atmosphäre machen den Aufenthalt zusätzlich angenehm. **www.kincraig-house-hotel.co.uk**

BRAEMAR Schiehallion House £

10 Glenshee Road, Braemar, AB35 5YQ ☎ *01339 74 16 79* **Zimmer** *5*

Man merkt dem attraktiven B & B an, dass man sich hier für Qualität engagiert und um die Gäste bemüht. Die Zimmer sind ansprechend möbliert, manche haben ein eigenes Bad. Am Morgen gibt es schottisches Frühstück, auch früheres Frühstücken ist möglich. Lunchpakete können vorab bestellt werden. **www.schiehallionhouse.com**

BUCKIE Rosemount B & B

Buckie, Banffshire, AB56 1ER ☎ *01542 83 34 34* **Zimmer** *3*

Das prächtige viktorianische Haus wurde 1890 errichtet. Es überblickt den Moray Firth und liegt am Ausgangspunkt der Wanderroute Speyside Way. Hier lässt es sich wunderbar sitzen und den Sonnenuntergang oder auch Delfine beobachten. Zimmer mit Meerblick und Kamin. **www.alexanderhousebuckie.co.uk**

CLACHAN SEIL Willowburn Hotel ££££

Seil Island, bei Oban, Argyll, PA34 4TJ ☎ *01852 30 02 76* **Zimmer** *7*

Über die Clachan Bridge erreicht man das hübsche familiengeführte Hotel, das in einem weißen Cottage untergebracht ist. Von den einfachen, aber gut ausgestatteten und schönen Zimmern hat man einen Panoramablick auf die Umgebung. Im Restaurant werden aus regionalen Zutaten bereitete Gerichte angeboten. **www.willowburn.co.uk**

CRINAN Crinan Hotel £££££

Crinan, Lochgilphead, Argyll, PA31 8SR ☎ *01546 83 02 61* FAX *01546 83 02 92* **Zimmer** *20*

Ein gerne besuchtes Haus, von dem man einen einzigartigen Ausblick über Loch Fyne und den Sund von Jura hat. Das unverwechselbare Haus besitzt eine Bar und ein Restaurant, in dem Seafood die ausgewiesene Spezialität ist. Die Zimmer sind hübsch und geschmackvoll eingerichtet. Ein freundliches und lebhaftes Hotel. **www.crinanhotel.com**

DRUMNADROCHIT The Drumnadrochit Hotel ££

Loch Ness Exhibition Centre, Inverness, IV63 6TU ☎ *01456 45 02 18* **Zimmer** *29*

Der Drum, wie man es in der Gegend gerne nennt, ist ein familiengeführtes Hotel am Nordufer des Loss Ness. Es bietet eine bequeme Lounge zum Entspannen sowie eine schicke Bar. Das Haus organisiert Loch-Ness-Touren. Im Hotel finden sich gute Einrichtungen für behinderte Gäste. **www.lochness.com**

DUNKELD The Pend ££

5 Brae Street, Dunkeld, Perthshire, PH8 0BA ☎ *01350 72 75 86* FAX *01350 72 71 73* **Zimmer** *3*

Im ruhigen georgianischen Stadthaus nahe der Hauptstraße von Dunkeld wird Standard großgeschrieben. Die Inneneinrichtung besticht durch viele Antiquitäten. Die Gastfreundschaft der Besitzer ist unübertroffen, zudem servieren sie einfallsreiche und perfekt zubereitete Gerichte. Mehrfach ausgezeichnetes B & B. **www.thepend.com**

DUNKELD Kinnaird

Kinnaird Estate, bei Dunkeld, Perthshire, PH8 0LB 01796 48 24 40 FAX *01796 48 22 89* **Zimmer** 9

Der charmante Landsitz liegt auf einem riesigen Gelände. Die Umgebung ist ruhig, die Ausstattung elegant. Kinnaird bietet großzügige Zimmer, aber auch Cottages für Selbsversorger. Der sportiven Betätigung sind hier kaum Grenzen gesetzt. Tennis, Angeln und Krocket sind nur einige der vielen Möglichkeiten. **www.kinnairdestate.com**

ERISKA Isle of Eriska Hotel

Ledaig, bei Oban, Argyll, PA37 1SD 01631 72 03 71 FAX *01631 72 05 31* **Zimmer** 17

Das Isle of Eriska Hotel ist ein romantisches und luxuriöses Refugium inmitten reizvoller Naturlandschaft. Der familiengeführte Landsitz besticht durch individuelle Zimmer und Cottages, alle nach modernstem Standard ausgestattet. Zudem sind Spa, Schwimmbad und Fitnessraum vorhanden. **www.eriska-hotel.co.uk**

FORRES Cluny Bank Hotel

69 St Leonard's Road, Forres, Inverness-shire, IV36 1DW 01309 67 43 04 FAX *01309 67 14 00* **Zimmer** 10

In einer ruhigen Wohngegend von Forres liegt das Haus, das sich viel von seinem historischen Charme erhalten hat. Die Zimmer sind geschmackvoll eingerichtet, die öffentlichen Räume sind einladend und großzügig. Das Personal organisiert Golf- und Angelausflüge sowie Fahrradtouren. **www.clunybankhotel.co.uk**

FORT WILLIAM Ashburn House

4 Archintore Road, Fort William, Perthshire, PH33 6RQ 01397 70 60 00 FAX *01397 70 20 24* **Zimmer** 7

Vom traditionellen B & B in den Highlands überblickt man Loch Linnhe. Das Ashburn House liegt unweit des Stadtzentrums, seine bezaubernden Besitzer heißen die Gäste nach schottischer Art herzlich willkommen. Die Zimmer sind ansprechend und gut ausgestattet. Am Morgen wird ein herzhaftes Frühstück serviert. **www.highland5star.co.uk**

FORT WILLIAM The Grange

Grange Road, Fort William, Perthshire, PH33 6JF 01397 70 55 16 FAX *01397 701 5 95* **Zimmer** 4

Auch von diesem historischen, liebevoll renovierten B & B blickt man auf Loch Linnhe. The Grange wird von freundlichen Gastgebern geführt. Die Inneneinrichtung besticht durch ihre Details, die Zimmer sind individuell mit antiken Betten und großzügigem Bad gestaltet. Herzhaftes Frühstück. **www.thegrange-scotland.co.uk**

FORT WILLIAM The Inn at Ardgour

Bei Fort William, Inverness-shire, PH33 7AA 01855 84 12 25 FAX *01855 84 12 14* **Zimmer** 12

Von den Gästezimmern sowie vom Restaurant und der Bar aus kann man den Blick über Loch Linnhe hinaus in Richtung Great Glen genießen. Die Zimmer sind ansprechend, die Ausstattung ist für Outdoor-Aktivisten ideal, u. a. gibt es einen Trockenraum. In der traditionellen Bar und im Restaurant wird leckeres Essen serviert. **www.ardgour.biz**

FORT WILLIAM The Moorings

Banavie, Fort William, PH33 7LY 01397 77 22 97 FAX *01397 77 24 41* **Zimmer** 27

Das Moorings liegt am Ufer des Caledonian Canal. Alle Zimmer haben hier eine individuelle Note, von manchen hat man einen Blick auf Ben Nevis und Aonach Mor. Das Restaurant in historischem Ambiente bietet auf seiner Speisekarte viele Gerichte mit Zutaten aus regionalem Anbau. **www.moorings-fortwilliam.co.uk**

INVERNESS Water's Edge

Canonbury Terrace, Fortrose, IV10 8TT 01381 62 12 02 FAX *08704 29 68 06* **Zimmer** 3

Das Gasthaus bietet eine einzigartige Aussicht auf das Meer und Culloden. Es verfügt über einen kleinen Privatstrand am unteren Ende des Gartens. Jedes der drei renovierten Gästezimmer ist individuell mit Antiquitäten eingerichtet und öffnet sich aufs Meer hin, wo man durchaus einen Delfin erspähen kann. **www.watersedge.uk.com**

INVERNESS Glenmoriston Town House

20 Ness Bank, Inverness, Inverness-shire, IV2 4SF 01463 22 37 77 FAX *01463 71 23 78* **Zimmer** 30

Wenige Minuten vom Zentrum entfernt liegt das geschmackvolle und luxuriöse Stadthaus, von dem man den River Ness überblicken kann. Die modernen Zimmer sind mit vielen Annehmlichkeiten ausgestattet. Im Haus befindet sich ein ausgezeichnetes französisches Restaurant. **www.glenmoristontownhouse.com**

ISLE OF HARRIS Leachin House

Tarbert, Isle of Harris, Outer Hebrides, HS3 3AH 01859 50 21 57 FAX *01859 50 21 57* **Zimmer** 3

Das viktorianische Steingebäude war einst das Haus von Norman McLeod, dem »Vater des Tweed«. Alle Zimmer haben ein eigenes Bad und sind sehr komfortabel. Das mit Antiquitäten und nautischen Accessoires eingerichtete Leachin House ist ein gemütliches und originelles Zuhause auf Zeit.

ISLE OF IONA Argyll Hotel

Isle of Iona, Argyll and Bute, PA76 6SJ 01681 70 03 34 FAX *01681 70 05 10* **Zimmer** 16

Eine Ort zum Entspannen mit Blick über den Sund von Iona. Das traditionelle Hotel verströmt eine gemütliche Atmosphäre, zu der auch der offene Kamin beiträgt. Die hellen, hübschen Zimmer sind einfach, aber mit allem Notwendigen ausgestattet. Sonniger Wintergarten, gute Küche und große Weinauswahl. **www.argyllhoteliona.co.uk**

ISLE OF LEWIS Galson Farm

South Galson, Isle of Lewis, Outer Hebrides, HS2 0SH 01851 85 04 92 FAX *01851 85 04 92* **Zimmer** 4

Das hübsche Bauernhaus aus dem 18. Jahrhundert liegt an der Westküste von Lewis. Die Besitzer betreiben noch eine eigene Landwirtschaft. Neben den gemütlichen Zimmern gibt es eine separate Unterkunft mit acht Etagenbetten. Gäste werden mit Hausmannskost und vegetarischen Gerichten verwöhnt. **www.galsonfarm.co.uk**

ISLE OF MULL Druimard Country House

Dervaig, Isle of Mull, Argyll, PA75 6QW **C** 01688 40 03 45 **FAX** 01688 40 03 45 *Zimmer 7*

Das einladende und behagliche viktorianische Hotel liegt in einem ruhigen Tal. Die Zimmer sind ansprechend und modern ausgestattet. Auf dem Hotelgelände befindet sich das kleinste professionelle Theater Großbritanniens, das Mull Little Theatre. Von April bis Oktober präsentiert es hier sein Programm. **www.druimard.co.uk**

ISLE OF MULL Glengorm Castle

Tobermory, Isle of Mull, Argyll, PA75 6QE **C** 01688 30 23 21 **FAX** 01688 30 27 38 *Zimmer 5*

Das 1860 erbaute Schlösschen thront am nördlichen Zipfel von Mull. Es wird ganzjährig von den Besitzern bewohnt. Gäste können zwischen schönen Zimmern oder Cottages für Selbstversorger wählen. Dinner wird nach Absprache serviert. Ein perfekter Ort, um den Charme der Hebriden kennenzulernen. **www.glengormcastle.co.uk**

ISLE OF SKYE Duisdale

Sleat, Isle Ornsay, Isle of Skye, Inverness-shire, IV43 8QW **C** 01471 83 32 02 **FAX** 01471 83 34 04 *Zimmer 17*

Das Duisdale liegt auf einem Hügel. Von hier überblickt man den Sund von Sleat. Das viktorianische Gebäude ist verschwenderisch ausgestattet und hat Charakter. Die Zimmer sind großzügig und komfortabel. Das Hotel bietet erstklassiges Essen und besitzt einen schönen Garten. **www.duisdale.com**

ISLE OF SKYE Three Chimneys

Colbost, Dunvegan, Isle of Skye, Inverness-shire, IV55 8ZT **C** 01470 51 12 58 **FAX** 01470 51 13 58 *Zimmer 6*

Das Three Chimneys ist nicht nur eines der besten Restaurants Schottlands, es bietet auch Fünf-Sterne-Unterkünfte. Aber allein schon die Lage des Hauses auf der wundervollen Isle of Skye macht den Aufenthalt zu etwas Besonderem. Die Zimmer sind stilvoll und luxuriös, alle bieten Seeblick. **www.threechimneys.co.uk**

KILLIECRANKIE Killiecrankie Hotel

Killiecrankie, bei Pitlochry, Perthshire, PH16 5LE **C** 01796 47 32 20 **FAX** 01796 47 24 51 *Zimmer 10*

Das Hotel liegt an den bewaldeten Klippen des Killiecrankie Pass, in einem Naturreservat der Royal Society for the Protection of Birds. Die Atmosphäre im Killiecrankie ist entspannt, das Haus wirkt hell und großzügig, auch die Zimmer. In regelmäßigen Abständen werden Gourmet-Wochenenden angeboten. **www.killiecrankiehotel.co.uk**

KINGUSSIE The Hermitage

Spey Street, Kingussie, PH21 1HN **C** 01540 66 21 37 **FAX** 01540 66 21 77 *Zimmer 5*

Die Hermitage ist ein gastliches Haus mit Stil. Alle Zimmer haben Bad und sind ansprechend eingerichtet. Abends kann man hier warm essen, auf Vorbestellung wird auch ein Vier-Gänge-Menü serviert. In der Küche werden nur frische lokale Zutaten verwendet, das schottische Frühstück ist erstklassig. **www.thehermitage-scotland.com**

KINGUSSIE The Cross

Tweed Mill Brae, Ardbroilach Rd, Kingussie, Perthshire, PH21 1TC **C** 01540 66 11 66 **FAX** 01540 66 10 80 *Zimmer 8*

The Cross, ein hervorragendes Restaurant mit Gästezimmern, liegt umgeben von Bergen, Flüssen und Seen in den Highlands, in der Nähe der Cairngorms. Das Anwesen, eine ehemalige Weberei, hat seinen ursprünglichen Charakter beibehalten, das Interieur und die Zimmer sind hell und freundlich. Ideal für Ausflüge. **www.thecross.co.uk**

KIRRIEMUIR Lochside Lodge and Roundhouse Restaurant

Bridgend of Lintrathen, bei Kirriemuir, Forfarshire, DD8 5JJ **C** 01575 56 03 40 **FAX** 01575 56 02 02 *Zimmer 6*

Lochside Lodge, ein mit viel Gespür umgebauter alter Bauernhof, liegt in malerischer Umgebung. Die Zimmer sind gut und komfortabel ausgestattet. Das Mitbringen von Hunden ist gestattet. In der Nähe befinden sich Golfplätze und einige Jagdreviere, wo man in der Saison Rebhuhn und Fasan jagen kann. **www.lochsidelodge.com**

LOCHINVER The Albannach

Lochinver, Sutherland, Inverness-shire, IV27 4LP **C** 01571 84 44 07 **FAX** 01571 84 42 85 *Zimmer 5*

Das am Ortsrand auf einem Hügel gelegene Albannach ist das ideale Hotel für all jene, die das Besondere zu schätzen wissen. Ausstattung, Lage und Blick sind einmalig, ebenso die Küche. Die Gastgeber Colin und Lesley heißen ihre Gäste herzlich willkommen. Nichtraucherhotel. **www.thealbannach.co.uk**

LOCHRANZA Apple Lodge

Lochranza, Isle of Arran, Bute, KA27 8HJ **C** 01770 83 02 29 **FAX** 01770 83 02 29 *Zimmer 4*

Die hübsche Pension liegt gleich neben dem Anlegeplatz der Kintyre-Fähre, ein guter Ausgangspunkt, um die Sehenswürdigkeiten der Insel Arran zu erkunden. Die freundlichen Zimmer liegen teils im Haupthaus, teils im Nebengebäude. Im Restaurant wird gute Hausmannskost serviert. **applelodge@easicom.com**

MUIR OF ORD The Dower House

Highfield, Muir of Ord, Inverness-shire, IV6 7XN **C** 01463 87 00 90 **FAX** 01463 87 00 90 *Zimmer 5*

The Dower House, ein verschwiegenes, im 18. Jahrhundert erbautes Hotel in den Highlands, ist ein absoluter Geheimtipp. Die geschmackvollen Zimmer sind mit modernem Komfort ausgestattet. Das Restaurant ist bekannt für seine hervorragende Küche, in der primär regionale Erzeugnisse verarbeitet werden. **www.thedowerhouse.co.uk**

NORTH CONNEL Blarcreen House

Oban, Argyll, PA37 1RG **C** 01631 75 02 72 **FAX** 01631 75 01 32 *Zimmer 3*

Die Zimmer des hübschen Hauses am Loch Etive sind elegant eingerichtet. Blarcreen House liegt nur 16 Kilometer von Oban entfernt, ist also eine gute Basis, um die Stadt und die Gegend zu erkunden. Ausgezeichnetes Frühstück, Dinner nach vorheriger Absprache. Keine Kinder unter 16 Jahren. **www.blarcreenhouse.com**

Preiskategorien *siehe Seite 168* **Zeichenerklärung** *siehe hintere Umschlagklappe*

OBAN Lerags House

Lerags, bei Oban, Argyll, PA34 4SE ☎ 01631 56 33 81 **Zimmer** 6

Das reizende Landhaus wird von den gastfreundlichen Besitzern geführt. Neben den einfachen, freundlichen Zimmern bieten sie ein Cottage für Selbstversorger an. Im Restaurant bekommt man leckeres, aus regionalen Produkten zubereitetes Essen. In wunderschöner Umgebung am Stadtrand von Oban gelegen. **www.leragshouse.com**

ORKNEY 4 Seasons B & B

Carness, Kirkwall, Orkney, KW15 1UE ☎ 01856 87 55 14 **Zimmer** 2

Dieses kleine B & B, ein Familienbetrieb, liegt direkt an der Küste. Ein erstklassiger Blick auf Stadt, Fähre und die Bucht von Kirkwall ist garantiert. Herzlicher Empfang und leckeres Frühstück. Großer Garten und Gästeparkplätze. Ein guter Ausgangspunkt für Entdeckungstouren auf den Orkney Isles. **helenmac@globalnet.co.uk**

ORKNEY Foveran

St Ola, Kirkwall, Orkney, KW15 1SF ☎ 01856 87 23 89 ☎ 01856 87 64 30 **Zimmer** 8

Kleines, familiengeführtes Hotel mit großartigem Blick über die Scapa Flow. Nach der Renovierung entspricht das Foveran höchstem Standard. Die schöne Unterkunft und das leckere Essen liefern eine gute Basis, um gestärkt und ausgeschlafen die magische Inselwelt zu erkunden. **www.foveranhotel.co.uk**

PITLOCHRY Atholl Palace

Pitlochry, Perthshire, PH16 5LY ☎ 01796 47 24 00 ☎ 01796 47 30 36 **Zimmer** 108

Das eindrucksvolle Hotel ist ein exzellentes Beispiel feudaler schottischer Architektur. Das Haus ist weitläufig, Zimmer und öffentliche Räume wurden großzügig konzipiert. Das Atholl Palace lässt keine Wünsche offen: Den Gästen stehen neben Spa, Pool und Fitnessraum auch verschiedene Restaurants zur Verfügung. **www.athollpalace.com**

PLOCKTON Plockton Hotel

Harbour Street, Plockton, Ross-shire, IV52 8TN ☎ 01599 54 42 74 ☎ 01599 54 44 75 **Zimmer** 14

Der Ausblick von dem am palmengesäumten Ufer liegenden Plockton verschlägt den Gästen den Atem. Die Zimmer sind stilvoll modern, viele mit Blick über den See und auf die Berge. Hervorragende Küche, in der vor allem regionale Produkte verwendet werden. Mehrfach ausgezeichnet. **www.plocktonhotel.co.uk**

PORTREE Cuillin Hills

Portree, Isle of Skye, IV51 9QU ☎ 01478 61 20 03 ☎ 01478 61 30 92 **Zimmer** 27

Das Cuillin Hills liegt erhöht, sodass der Blick weit in die Berge schweifen kann. Ein komfortables und angenehmes Haus mit empfehlenswerter Küche, in der traditionelle Gerichte mit regionalen Zutaten bereitet werden. Alle Zimmer sind elegant ausgestattet. Freundlicher Service. **www.cuillinhills-hotel-skye.co.uk**

SHETLAND Gord B & B

Fetlar, Shetland, ZE2 9DJ ☎ 01957 73 32 27 ☎ 01957 73 32 27 **Zimmer** 2

Das Einfamilienhaus liegt 6,5 Kilometer von den Fähren nach Yell und Unst entfernt. Die Besitzer geben sich größte Mühe, damit ihre Gäste sich wohlfühlen. Beide Zimmer haben Bad und bieten einen Blick auf Wick of Tresta. Auch die Küche stimmt. Gäste werden mit exzellenter Hausmannskost verwöhnt. **lynboxall@zetnet.co.uk**

SHETLAND Westayre B & B

Muckle Roe, Brae, Shetland, ZE2 9QW ☎ 01806 52 23 68 **Zimmer** 2

Das Westayre B & B ist in einem modernen Wohnhaus untergebracht, das zu einem Bauernhof gehört. Die beiden Zimmer sind sehr komfortabel. Ein guter Ort, um auszuspannen. Bei Spaziergängen kann man die Shetlands auf sich wirken lassen. Schöner Garten mit Ausblick. Schwimmbad im nahen Brae. **www.westayre.shetland.co.uk**

STRATHPEFFER Ben Wyvis Hotel

Strathpeffer, Ross-shire, IV14 9DN ☎ 08709 50 62 64 ☎ 01997 42 12 28 **Zimmer** 92

Das Ben Wyvis liegt im ruhigen Ross-shire. Von hier hat man einen Blick über Strathpeffer. Die Architektur des Hauses ist ansprechend, der Empfang herzlich. Zimmer werden in mehreren Kategorien angeboten, alle sind komfortabel eingerichtet. Es gibt eine Bar, einen Aufenthaltsraum sowie ein gutes Restaurant. **www.crerarhotels.com**

STRONTIAN Kilcamb Lodge

Strontian, Argyll, PH36 4HY ☎ 01967 40 22 57 ☎ 01967 40 20 41 **Zimmer** 12

Kleines, elegantes, direkt am Wasser gelegenes Landhotel auf der Halbinsel Ardnamurchan. Luxuriöse Zimmer, hervorragendes Essen, eine wundervolle Landschaft, Harmonie und Ruhe, das alles zusammen macht Kilcamb Lodge aus. Genießen Sie die unverfälschte Natur und die Einmaligkeit dieser Location. **www.kilcamblodge.co.uk**

TORLUNDY Inverlochy Castle

Torlundy, Fort William, Perthshire, PH33 6SN ☎ 01397 70 21 77 ☎ 01397 70 29 53 **Zimmer** 17

Inverlochy Castle ist ein beeindruckendes, hochherrschaftliches Schloss auf einem wunderschönen Anwesen außerhalb von Fort William. Unterkunft und Service sind herausragend, die Inneneinrichtung ist klassisch gehalten. Hier zu dinieren ist ein Erlebnis, an das man sich noch lange erinnern wird. **www.inverlochycastlehotel.com**

ULLAPOOL Tanglewood House

Ullapool, Ross-shire, IV26 2TB ☎ 01854 61 20 59 **Zimmer** 3

Von dem großen Panoramafenster des Hauses aus hat man einen beeindruckenden Blick auf Loch Broom. Das moderne individuelle Hotel bietet geschmackvolle und besonders komfortable Zimmer. Auf der Speisekarte des Restaurants stehen innovative, fantasievolle Gerichte. **www.tanglewoodhouse.co.uk**

RESTAURANTS

Die Qualität der schottischen Restaurants entspricht schon lange nicht mehr ihrem einstmals schlechten Ruf. Das liegt nicht zuletzt an dem Zustrom internationaler Köche und dem Einfluss fremder Kulturen, denen es zu verdanken ist, dass sich das kulinarische Angebot vor allem in Edinburgh und Glasgow durchaus sehen lassen kann. Auch die heimische Küche hat sich entwickelt und in den letzten Jahrzehnten so verbessert, dass sie kaum wiederzu-

Ryan's Bar in Edinburgh

erkennen ist. Inzwischen kann man in jeder Preisklasse und in den großen Städten auch zu jeder Tageszeit fantastisch speisen. Die Restaurants auf dem Land sind ebenfalls exzellent, wenn auch weniger flexibel. In Brasserien und Cafés isst man meist recht preisgünstig und gut. Im Restaurantverzeichnis auf den Seiten 185–197 finden Sie einige der besten und beliebtesten Locations. Vergessen Sie nicht, dass in allen Bars, Cafés und Restaurants Rauchverbot herrscht.

Auswahl an Bier und Whisky in einem typischen schottischen Pub

PREISE UND RESERVIERUNG

Alle Restaurants sind dazu verpflichtet, ihre Preise auszuhängen. Preise verstehen sich inklusive Mehrwertsteuer (VAT, derzeit 17,5 Prozent). Ausgewiesen sind außerdem das Trinkgeld und gegebenenfalls der Gedeckpreis.

Wein kann in Schottlands Restaurants sehr teuer sein, auch der Preis für kleine Extras wie Kaffee oder Mineralwasser ist im Vergleich zum Essen teilweise überhöht. Das Trinkgeld (normalerweise zwischen 10 und 15 Prozent) ist manchmal im Preis inbegriffen. Ist das nicht der Fall, erwartet man von Ihnen ein Aufrunden der Rechnung – den Betrag werden Sie davon abhängig machen, wie gut der Service war. In den meisten Restaurants kann man mit Kreditkarte bezahlen, doch in den Pubs sollten Sie Bargeld zur Verfügung haben.

In Restaurants empfiehlt es sich zu reservieren. Vor allem in den Städten und am Wochenende sind manche Lokale sehr voll, einige erstklassige Lokale oft bis zu einen Monat im Voraus ausgebucht. Können Sie eine Reservierung nicht einhalten, ist eine telefonische Absage angebracht.

FRÜHSTÜCK, MITTAG- UND ABENDESSEN

Zum traditionellen schottischen Frühstück gehören Cornflakes und Milch, Schinken, Eier und Tomaten, *black pudding* (Blutwurst) oder gar *haggis*. Toast mit Marmelade und Tee sowie Haferflockenbrei runden das Frühstück ab. Die Alternative ist ein kontinentales Frühstück mit Kaffee und Croissants.

Mittags isst man in schottischen Pubs gerne Sandwiches, Salate, Backkartoffeln oder *ploughman's lunches*

(Brötchen, Käse oder Schinken und Chutneys). Sonntags servieren einige Restaurants und Pubs Roastbeef mit Gemüse – ein traditionelles Wochenendessen.

Manche Hotels bieten zum Abendessen fünf oder sechs Gänge an, üblich sind aber nur drei. Den Abschluss bilden oft besondere Käsesorten und Haferkekse. In ländlichen Gegenden wird das Abendessen zwischen 18 und 21 Uhr serviert. In Schottland wird das Mittagessen manchmal *dinner* und das Abendessen *tea* genannt.

AFTERNOON TEA

Kein Besucher sollte einen *afternoon tea* versäumen, neben dem Frühstück ist er die genussvollste Mahlzeit des Tages. Es gibt Hunderte von Teestuben in ganz Schottland, die eine Auswahl köstlicher Kuchen und Sandwiches servieren. Favoriten sind Dundee Cake und Shortbread, die beide gut zu einer Tasse Tee schmecken. Eine andere Spezialität sind in Butter schwimmende Pfannkuchen.

Eines von Glasgows vielen italienischen Restaurants

Fish-and-Chips-Bude auf Edinburghs Portobello Promenade

MIT KINDERN ESSEN

Vielerorts sind Kinder willkommen, zumindest während des Tages und am frühen Abend. Manche Restaurants bieten ein eigenes Menü für sie an oder passen die Portionen an Kinderappetit an. In einigen gibt es Hochstühle für die jungen Gäste. Bei Italienern, Spaniern, Indern und in Fast-Food-Restaurants sind Kinder fast immer gerne gesehen. Die jetzt rauchfreien Pubs stellen sich zunehmend mit Spielecken auf Kinder ein.

VEGETARISCHE GERICHTE

In diesem Punkt ist Großbritannien den meisten europäischen Staaten um einiges voraus, und Schottland bildet da keine Ausnahme. Einige im Verzeichnis ausgewiesene Restaurants servieren ausschließlich vegetarische Gerichte, die meisten bieten sie als Alternative an. Edinburgh und Glasgow haben die größte Auswahl, doch auch kleinere Städte und Dörfer experimentieren heute mit fleischlosem Essen.

Vegetarier, die eine größere Auswahl wünschen als die von der schottischen und englischen Küche gebotene, sollten die Vielfalt der Chinesen, Inder und anderer Kulturen probieren. Diese bieten traditionell gute vegetarische Gerichte an.

FISCH UND SEAFOOD

Schottland verfügt über rund 16000 Kilometer Küste – kein Wunder also, dass Fisch und Meeresfrüchte in der Wirtschaft und der Landesküche eine große Rolle spielen. In den Läden und Restaurants gibt es Kabeljau, Schellfisch, Hering und Makrele, während an der Westküste Lachs und Regenbogenforelle gefangen und gezüchtet werden. In fast allen schottischen Gewässern wimmelt es von Hummern, Krabben und Garnelen. In den letzten Jahren wird allerdings immer stärker Wert auf die Kultivierung und Erhaltung natürlicher Seafood-Vorkommen (vor allem Muscheln und Austern) gelegt.

Das Mitre Pub auf Edinburghs Royal Mile

FAST FOOD

Schottland ist zu Recht berühmt für seine Fish-and-Chips-Mahlzeiten. Bars an der Küste verkaufen wunderbar frischen Fisch mit Pommes frites, aber auch Hühnchengerichte. Im Inland kommt der Fisch nicht direkt aus dem Meer auf den Tisch, aber man hat eine riesige Auswahl an guten Verkaufsständen.

Überall gibt es die üblichen Ketten wie McDonald's, Pizza Hut, Burger King und KFC sowie Sandwichläden und Fast-Food-Cafés, die vorrangig fettig Frittiertes servieren.

Afternoon tea in Schottland – ein genussvoller Zeitvertreib

PUBS UND STYLE BARS

Schottland hat nicht so strenge Alkoholgesetze wie das übrige Großbritannien. Das zeigen vor allem die etablierten langen Öffnungszeiten. Vor allem in den Städten schließen die Bars und Pubs um Mitternacht oder erst um 1 oder 2 Uhr. Während des August-Festivals *(siehe S. 78f)* ist in Edinburgh oft erst um 3 Uhr morgens oder gar nicht Feierabend – manche Bars haben 24 Stunden lang geöffnet.

Die altmodischen, dunklen Pubs gibt es zwar immer noch, aber in jüngster Zeit erfreut sich ein neuer Trend zunehmender Beliebtheit: In den Style Bars ist, anders als in traditionellen Pubs, die Auswahl nicht auf wenige Biersorten beschränkt. Die etwas lauten Locations werden zumeist von jungen Leuten frequentiert. Es gibt eine lebhafte Happy Hour und verschiedene interessante Cocktails.

Schottische Spezialitäten

Die schottische Natur liefert die Zutaten für viele landestypische Gerichte. Angusrind zählt zu den besten Fleischsorten, auch Hirschfleisch ist hervorragend: Das magere delikate Fleisch wird mit wenig Sauce oder Gewürzen serviert. Lachs und Forelle sind bekannt, zudem gibt es Muscheln, Hummer und Krebse. Weizen wächst hier nicht, *oatcakes* und *bannocks* aus Hafer ersetzen das Brot. Zwischendurch lieben die Schotten Süßes, nicht nur Kuchen und *shortbread*, sondern auch *toffee* und *fudge*.

Geräucherter Lachs

Purebred Highland-Rinder grasen auf schottischen Moorlandschaften

LOWLANDS

Auf den fruchtbaren Weiden im südlichen Schottland grasen Kühe und Schafe. Aus ihrer Milch werden Käsesorten wie Bonnet, Bonchester und Galloway Cheddar hergestellt. Im Carse of Gowrie am River Tay reifen Loganbeeren, *tayberries* – eine Kreuzung aus Brom- und Himbeeren – sowie

Erdbeeren. Hafer ist das vorherrschende Getreide, nicht nur *porridge* oder *oatcakes* werden aus ihm gemacht. Auch für das Nationalgericht *haggis* (Innereien, in einen Schafsmagen eingenäht) ist Hafer eine wichtige Zutat. Häufig wird es mit *neeps and tatties* (Rüben- und Kartoffelbrei) serviert. Nach Meinung des Poeten Burns ist *haggis* der »Häuptling« der *puddings*. Für Suppen verwendet man oft auch Graupen.

HIGHLANDS

Delikates Wild wie Moor-, Rebhühner, *capercaillie* (eine große Variante des Moorhuhns) und Hirsch kommt aus den Highlands. Am Meer wird Fisch geräuchert, an der Westküste liebt man Räucherhering, an der Ostküste Heilbutt. Geräucherter Weißfisch ist die Hauptzutat von *Cullan Skink*, einer Suppe, die in der *Burns' Night* gegessen wird.

Hummer   **Forelle**   **Auster**   **Lachs**

Muscheln

Auswahl an frischem Fisch und Seafood

TYPISCHE SCHOTTISCHE GERICHTE

Traditionell beginnt man den Tag mit *kippers* (geräuchterten Heringen) oder mit *porridge*, das eher salzig als süß schmeckt, aber auch Haferkekse oder *scones* zählen zum typischen Frühstücksgebäck. Eine Schüssel mit *porridge* hielt einst eine Woche lang vor, *broth* (Suppe) brodelte oft fünf Tage lang über dem Feuer. Sie wurde mit Kohl oder Linsen zubereitet, manchmal auch mit einem *cock* (Hahn) und *leek* (Lauch), in diesem Fall hieß sie *cock-a-leekie*. Fleischreste rührte man in *stovies*, einen Kartoffelbrei mit Zwiebeln. Das Abendessen in Schottland war traditionell der *high tea* am späten Nachmittag, mit geräuchertem Fisch, kaltem Fleisch und Pasteten. Anschließend gab es *shortbread*, Früchtekuchen oder *scones*, und alles wurde mit Unmengen von Tee hinuntergespült.

Hafer

Haggis mit neeps and tatties *Das schottische Nationalgericht wird in der* Burns' Night *(25. Jan) häufig gegessen.*

Restaurantauswahl

Die vorgestellten Restaurants wurden nach Qualität, Service, Atmosphäre, Lage und Preis-Leistungs-Verhältnis ausgewählt. Viele gehören zu empfehlenswerten Hotels. Die Restaurants sind nach Regionen und innerhalb dieser nach steigender Preiskategorie aufgeführt. Das Hotelverzeichnis finden Sie auf den Seiten 168–181.

PREISKATEGORIEN
Die Preise gelten für ein Drei-Gänge-Menü pro Person, einschließlich einer halben Flasche Hauswein, Gedeck, Steuern und Service.
£ unter 20 £
££ 20–35 £
£££ 35–45 £
££££ 45–55 £
£££££ über 55 £

EDINBURGH

NEW TOWN The Cambridge Bar   £
20 Young Street, Edinburgh, EH2 4JB 0131 226 21 20

Die bunt zusammengewürfelte Möblierung, der Steinfußboden und das gedämpfte Tageslicht geben dem Pub eine gemütliche, unverwechselbare Atmosphäre. Die Klientel variiert je nach Jahres- und Tageszeit, mal trifft man Rugby-Fans, mal Geschäftsleute. Lecker sind die hausgemachten Burger, die auch in vegetarischer Variante serviert werden.

NEW TOWN Queen Street Café   £
Scottish National Portrait Gallery, 1 Queen Street, Edinburgh, EH2 1JB 0131 557 28 44

Das hübsche Café liegt in der National Portrait Gallery, einem beeindruckenden gotischen Backsteinbau. Hier kann man sich mittags an fantasievollen hausgemachten Gerichten gütlich tun, aber auch nur Kaffee und Kuchen oder einen Drink genießen. Vegetarische Gerichte. Geschlossen: 24., 25. Dez sowie tägl. ab 17 Uhr, Do länger geöffnet.

NEW TOWN The Abbotsford   ££
3 Rose Street, Edinburgh, EH2 2PR 0131 225 52 76

Das nette Pub liegt mitten in Edinburgh in der Rose Street, wo es immer lebhaft zugeht. The Abbotsford ist eine regelrechte Institution. Derzeit wird es umfassend modernisiert und renoviert. Ein idealer Ort für eine Pause, wenn man leckere Snacks und freundlichen Service schätzt und gerne unter Menschen ist.

NEW TOWN Bellini   ££
8b Abercromby Place, Edinburgh, EH3 6LB 0131 476 26 02

Das Bellini ist in einem Herrenhaus der New Town untergebracht, die richtige Umgebung, um stilvoll zu speisen. Die Karte ist zwar nicht sehr umfangreich, aber die Qualität stimmt unbedingt. Der Gast spürt, dass hier einer am Herd steht, der sein Handwerk versteht. Ein Muss für Fans der italienischen Küche.

NEW TOWN Centotre   ££
103 George Street, Edinburgh, EH2 3ES 0131 225 15 50

Das Centotre hat sich schnell sein Stammpublikum erobert. In dem italienischen Bistro/Restaurant kann man hervorragend speisen oder auch nur an der Bar ein gutes Glas Wein genießen. Die Küche ist exzellent, die Gäste werden fürstlich umsorgt. Eine beliebte Adresse für Genießer.

NEW TOWN David Bann Vegetarian Restaurant & Bar   ££
56–58 St Mary's Street, Edinburgh, EH1 1SX 0131 556 58 88

David Bann in der Nähe der Royal Mile besticht durch elegantes Ambiente und ein gutes Preis-Leistungs-Verhältnis. Serviert wird, was das Herz begehrt, seien es delikate Currys oder Risottos, seien es Crêpes oder andere leckere Desserts. Es gibt sogar Schokoladeneis speziell für Veganer. Brunch gibt es samstags und sonntags bis 17 Uhr.

NEW TOWN Fishers in the City   ££
58 Thistle Street, Edinburgh, EH2 1EN 0131 225 51 09

Fishers in the City ist ein Ableger des Restaurants Fishers in Leith. Allerdings ist hier alles etwas moderner. Die Räumlichkeiten sind großzügig, gleichzeitig aber auch gemütlich. Eine gute Adresse für diejenigen, die frisches, innovativ zubereitetes Seafood zu schätzen wissen. Sehr gut besucht. Reservierung zwingend.

NEW TOWN Henderson's Salad Table   ££
94 Hanover Street, Edinburgh, EH2 1DR 0131 225 21 31

Das vegetarische Restaurant gibt es schon seit 40 Jahren. In Edinburgh ist es eine Institution. Das Familienunternehmen hat den ganzen Tag geöffnet und serviert eine reiche Auswahl an Snacks und Mahlzeiten. Besonders beliebt sind die kräftige Gemüsesuppe, die Lasagne, der marokkanische Eintopf und die Frühlingsrollen.

NEW TOWN Muang Thai   ££
97 Hanover Street, Edinburgh, EH2 1DJ 0131 220 61 19

Ein Besuch im Muang Thai ist ein exotisches Erlebnis, nicht nur, was das Essen betrifft. Alle Angestellten kommen aus Thailand und sind bei der Wahl der Gerichte behilflich. Das Angebot reicht von milden bis zu extrem scharfen Speisen, sodass für jeden Geschmack etwas dabei ist. Empfehlenswert für Liebhaber der Thai-Küche.

Zeichenerklärung *siehe hintere Umschlagklappe*

NEW TOWN Petit Paris

17 Queensferry Street, Edinburgh, EH3 0131 226 18 90

Das Petit Paris, das frühere French Corner Bistro, liegt im ersten Obergeschoss. Es gilt als eines der besten französischen Restaurants der Stadt. Außerdem stimmt hier das Preis-Leistungs-Verhältnis. Kulinarisch fühlt man sich der französischen Tradition und Tischkultur streng verpflichtet. Bezeichnenderweise arbeiten hier nur Franzosen.

NEW TOWN Roti

73 Morrison Street, Edinburgh, EH3 8BU 0131 221 9998

Im Roti serviert man indische Gerichte mit französischem Touch, in der Küche werden nur beste regionale Zutaten verwendet. Mittags gibt es Tapas-artige Gerichte. Darüber hinaus sind die vegetarischen und Fleischgerichte immer empfehlenswert. Exquisite Desserts krönen das hervorragende Mahl.

NEW TOWN Tigerlily

125 George Street, Edinburgh, EH2 4JN 0131 225 50 05

Das schicke Tigerlily in Edinburghs George Street ist Bar, Lounge und Restaurant. Im trendigen Ambiente kann man mit perfekt gemixten Cocktails, gutem Essen und in lockerer Atmosphäre den Abend beginnen oder ausklingen lassen. Asiatisch und europäisch inspirierte Küche. Freundlicher Service.

NEW TOWN The Dome

14 George Street, Edinburgh, EH2 2PF 0131 624 86 24

Das großartige Gebäude, das 1775 für das Royal College of Physicians erbaut wurde, beherbergt heute The Dome. Mittags und abends kann man im Grillrestaurant speisen, in der Bar wird schon morgens Kaffee serviert, das Café im Garten ist mittags und nachmittags geöffnet. Geschlossen: 1., 2. Jan, 25., 26. Dez.

NEW TOWN Le Café St-Honoré

34 North West Thistle St Lane, Edinburgh, EH2 2ED 0131 226 22 11

Das Café St-Honoré, ein im Pariser Stil ausgestattetes traditionelles französisches Restaurant, liegt zwar ganz in der Nähe einer großen Shopping-Meile, aber trotzdem findet man in dieser ruhigen Seitenstraße Zuflucht vor dem hektischen Treiben. Die Gerichte sind hervorragend und fantasievoll zubereitet, das Personal ist überaus freundlich.

NEW TOWN VinCaffe

11 Multrees Walk, Edinburgh, EH1 3DQ 0131 557 00 88

Das italienische VinCaffe mit Weinbar liegt mitten im Zentrum. Besonders empfehlenswert ist Pizza, die immer frisch und nur mit besten Zutaten zubereitet wird. Die Weinkarte ist exzeptionell. Im Café im Untergeschoss gibt es Panini und Kuchen, im zugehörigen Laden kann man Lebensmittel kaufen. Geschlossen 25. Dez–1. Jan.

NEW TOWN Hadrian's

The Balmoral Hotel, 1 Princes Street, Edinburgh, EH2 2EQ 0131 557 50 00

Hadrian's ist eines von mehreren Restaurants im Balmoral Hotel, einem der besten Hotels Edinburghs. In jeder Hinsicht wird dieses Restaurant seinem exzellenten Ruf gerecht. Die schicken, grün und violett gehaltenen Räume mit Art-déco-Anklängen haben Brasserie-Charakter. Die Speisekarte ist international.

NEW TOWN Number One Princes Street

The Balmoral Hotel, 1 Princes Street, Edinburgh, EH2 2EQ 0131 556 24 14

Vollkommen zu Recht trägt dieses Restaurant im Balmoral Hotel den Namen Number One. Es besticht durch Eleganz, die allerdings auch ihren Preis hat. Der Eingang für Besucher, die nicht Hotelgäste sind, ist an der Princes Street. Küchenchef im Number One ist Jeff Bland, der für seine schottische Küche berühmt ist. Vielfach ausgezeichnet.

OLD TOWN Always Sunday

170 High Street, Edinburgh, EH1 1QS 0131 622 06 67

Das Always Sunday ist eine gemütliche, lebhafte Location mitten im historischen Zentrum von Edinburgh. Täglich sind diverse Tagesgerichte im Angebot, darüber hinaus gibt es an der Theke eine umfangreiche Speiseauswahl. Versuchen Sie doch eines der leckeren vegetarischen Gerichte und die frischen Säfte. Nur bis 18 Uhr geöffnet.

OLD TOWN Susie's Diner

51–53 W Nicolson Street, Edinburgh, EH8 9DB 0131 667 87 29

Das etablierte vegetarische Café liegt sehr zentral in der Nähe der Universität von Edinburgh. Man hat die Qual der Wahl zwischen mexikanischen und orientalischen Gerichten, u. a. gibt es Enchiladas, Moussaka und große Salatteller. Lockere und freundliche Atmosphäre. Alkohol kann mitgebracht werden. Selbstbedienung.

OLD TOWN Amber

The Scotch Whisky Experience, 354 Castlehill, The Royal Mile, Edinburgh, EH1 2NE 0131 477 84 77

Das Amber liegt etwas versteckt im Scotch Whisky Heritage Centre, was aber seiner zunehmenden Beliebtheit keinen Abbruch tut. Einheimische und Besucher kommen gerne hierher. Die Küche lässt sich am ehesten als innovativ schottisch beschreiben. Die Gerichte werden ansprechend serviert. Und natürlich gibt es auch besten Whisky.

OLD TOWN The Apartment

7–13 Barclay Place, Southside, Edinburgh, EH10 4HW 0131 228 64 56

In diesem beliebten Restaurant sitzt man sehr entspannt und wird von überaus aufmerksamem und kompetentem Personal verwöhnt. Die Küche ist innovativ, bei der Zubereitung der Gerichte werden nur regionale Produkte verwendet. Ein Restaurant, das hoffentlich der Schnelllebigkeit trotzt und bestehen bleibt.

Preiskategorien *siehe Seite 185* **Zeichenerklärung** *siehe hintere Umschlagklappe*

OLD TOWN Barioja

19 Jeffrey Street, Edinburgh, EH1 1DR ☎ *0131 557 3622*

Der Besitzer Iggy Campos wurde zuerst mit dem angrenzenden Restaurant Iggs bekannt. Aber auch das Barioja ist beliebt und eine der angesagtesten Tapas-Bars der Stadt. Über die Inneneinrichtung wurden schon mehrere Magazinartikel geschrieben. Das Essen ist erstklassig, der Service authentisch spanisch. Eine gute Wahl.

OLD TOWN The Grain Store

30 Victoria Street, erster Stock, Edinburgh, EH2 4DB ☎ *0131 225 76 35*

Das Grain Store in der oberen Etage eines ungewöhnlichen Gebäudes bietet eine sehr abwechslungsreiche Speisekarte, die von regionalen Produkten wie Lamm und Rind, Fisch, Wild, von frisch gesammelten Wildpilzen, Früchten und Gemüsen der Saison geprägt ist. Lockere Atmosphäre. Geschlossen: 1. Woche im Jan, 25., 26. Dez.

OLD TOWN Atrium / Blue Bar Café

10 Cambridge Street, Edinburgh, EH1 2ED ☎ *0131 228 88 82*

Zwei Restaurants, die beide von Perfektionisten geführt werden. Das formellere Atrium ist mittags und abends geöffnet und bietet gepflegte Esskultur. Im eher legeren Blue Bar Café kann man ganztägig Snacks, Kaffee, Lunch oder Dinner genießen. Gekocht wird modern britisch mit mediterranem Touch.

OLD TOWN The Witchery and The Secret Garden Restaurant

Castlehill, The Royal Mile, Edinburgh, EH1 2ED ☎ *0131 225 56 13*

In diesem Restaurant am Edinburgh Castle wird der Gast mit hervorragender schottischer Küche verwöhnt. Auf der Karte findet man Köstlichkeiten wie Hummer und Austern, Räucherlachs mit Sauce hollandaise und Lauch oder Rinderfilet. Theaterbesucher und Nachtschwärmer erhalten hier auch einen späten Lunch. Geschlossen: 25., 26. Dez.

ABSTECHER Avoca

4–6 Dean Street, Stockbridge, Edinburgh, EH4 1LW ☎ *0131 315 33 11*

Im Avoca erlebt man das Flair von Stockbridge hautnah. Die hübsche Bar ist geschmackvoll in Braun und Beige gehalten. Es gibt hier gutes, herzhaftes Essen und eine reiche Auswahl an Getränken. Das Lokal ist sehr beliebt, nicht zuletzt wegen des freundlichen Service. Auch frühstücken kann man hier gut.

ABSTECHER A Room in Leith

1c Dock Place, Edinburgh, EH6 6LU ☎ *0131 554 74 27*

Das Restaurant präsentiert sich entsprechend seiner Lage am Ufer des Leith im Meeresthema. Die Gerichte sind einfallsreich, z. B. Haggis mit Karotten und Ingwermarmelade. Gerichte aus der Region dominieren: Kaninchen, Forelle und schottisches Rindfleisch finden sich auf der Karte. Die Kuchen und der Käsewagen sind einen Versuch wert.

ABSTECHER Bells Diner

7 St Stephen Street, Stockbridge, Edinburgh, EH3 5AN ☎ *0131 225 81 16*

Das kleine Restaurant im amerikanischen Stil ist seit mehr als 30 Jahren eine Institution. Das Angebot ist einfach: Burger und perfekt gebratene Steaks. Die Desserts sind erstklassig. Da es hier immer relativ voll ist, sollte man sicherheitshalber reservieren. Die Gäste stehen Schlange.

ABSTECHER The Boat House

22 High Street, South Queensferry, Edinburgh ☎ *0131 331 54 29*

Für Fischliebhaber ist The Boat House ein Paradies. Das Angebot ändert sich täglich, je nachdem, welcher Fisch auf dem Markt frisch angeboten wird. Vorspeisen: cremige Seafood-Suppe, geräucherter Lachs aus dem Loch Fyne und Muscheln mit Petersiliensahnesauce. Ein hübsches kleines Restaurant, das definitiv einen Besuch wert ist.

ABSTECHER Botanic House Hotel

27 Inverleith Row, Inverleith, Edinburgh, EH3 5QH ☎ *0131 552 25 63*

Der hübsche Biergarten des Botanic House Hotel besticht durch üppiges Grün, was bei der Nähe zum Botanischen Garten nicht überrascht. Gemütlich sitzt man auch in der Kellerbar des Hotels. Hier wird solide, ausgesprochen schmackhafte Hausmannskost serviert. Doch sobald das Wetter es zulässt, drängen die Gäste ins Freie.

ABSTECHER Britannia Spice

150 Commercial Street, Leith, Edinburgh, EH6 6LB ☎ *0131 555 22 55*

Das Britannia Spice ist eines der besten indischen Restaurants Edinburghs. Wer orientalisches, scharf gewürztes Essen liebt, ist hier an der richtigen Adresse. Das freundliche Personal, das leckere Essen und die angenehme Atmosphäre machen den Besuch zu einem Erlebnis. Der Koch ist auch für thailändische und nepalesische Spezialitäten bekannt.

ABSTECHER Daniel's Bistro

88 Commercial Street, Leith, Edinburgh, EH3 6SF ☎ *0131 553 59 33*

Daniel's Bistro liegt im Zentrum von Leith. Gute Qualität der Speisen, freundlicher und schneller Service sowie eine angenehme Atmosphäre sind hier Standard. Die Räumlichkeiten sind so groß, dass man normalerweise nicht reservieren muss. Die Speisekarte ist sehr umfangreich. Es gibt ganztägig warme Küche.

ABSTECHER Indigo Yard

7 Charlotte Lane, Edinburgh, EH2 4QZ ☎ *0131 220 56 03*

Das vor allem bei den Einheimischen beliebte Café-Restaurant Indigo Yard liegt mitten im West End. Es hat den ganzen Tag über geöffnet. Die einen kommen nur zum Kaffeetrinken, andere essen hier zu Mittag oder zu Abend. Die Speisekarte ist sehr umfangreich. Modernes Ambiente, großzügige Portionen und freundlicher, schneller Service.

ABSTECHER Orocco Pier
17 High Street, South Queensferry, Edinburgh, EH30 9PP **C** *0870 118 16 64*

An der Hauptstraße von South Queensferry, also nur unweit von Edinburghs Zentrum, liegt das Orocco Pier, das den ganzen Tag geöffnet hat. Hier werden leichte Snacks, Kaffee und auch Fisch und Seafood serviert. Von dem eleganten Restaurant aus kann man den Blick weit über den Firth of Forth und seine Brücken schweifen lassen.

ABSTECHER Sangster's
51 High Street, Elie, Fife, KY9 1BZ **C** *01333 33 10 01*

In dem bekannten Küstenort ist das kleine, aber feine Restaurant von Bruce Sangster, einem der besten Köche Schottlands, die richtige Adresse für erstklassige Küche. Besonders empfehlenswert sind seine würzigen Garnelen oder das scharf gebratene Filet vom Heilbutt. Reservierung empfohlen. Geschlossen: Di und Sa mittags, So abends, Mo.

ABSTECHER Suruchi Too
121 Constitution Street, Leith, Edinburgh, EH6 7AE **C** *0131 554 32 68*

In den weitläufigen, großzügigen Räumlichkeiten des Restaurants wird innovative indische Küche serviert, die einen schottischen Einschlag jedoch nicht verleugnen kann. Besonders empfehlenswert sind die *vegetable haggis fritters*. Die Speisekarte ist im schottischen Dialekt geschrieben. Auffälliges Dekor ist ein riesiges Holzkamel aus Rajasthan.

ABSTECHER The Kitchin
78 Commercial Quay, Leith, Edinburgh, EH3 6SF **C** *0131 555 17 55*

The Kitchin war kaum eröffnet, da ließen sich schon Gastro-Kritiker über das Restaurant aus. Koch Tom Kitchin hat bereits in den angesehensten Häusern und mit so berühmten Köchen wie Pierre Koffman in London gearbeitet. Das Ambiente des Restaurants ist elegant, die Atmosphäre entspannt. 2007 mit einem Michelin-Stern ausgezeichnet.

ABSTECHER The Vintners Rooms Restaurant and Bar
The Vaults, 87 Giles Street, Leith, Edinburgh, EH6 6BZ **C** *0131 554 67 67*

The Vintners Rooms, ein Restaurant mit Bar, ist in einem früheren Weinlager untergebracht. Es gilt als eine der besten Adressen in Leith. Bei Kerzenschein und offenem Kaminfeuer kann man exquisite moderne schottische Küche genießen. Snacks und leichtere Mittagsgerichte werden an der Bar serviert. Geschlossen: So, Mo.

ABSTECHER Whitekirk Golf Club and Restaurant
Whitekirk, bei North Berwick, East Lothian, EH39 5PR **C** *01620 87 03 00*

Vom Whitekirk aus hat man einen wundervollen Blick auf die Küste und das Tantallon Castle. Besonders beliebt ist hier das sonntägliche warme Buffet. Ansonsten bietet die Speisekarte eine Vielfalt schottischer Gerichte, die aus frischen regionalen Produkten zubereitet werden. Freundliche Atmosphäre. Geschlossen: abends, 24. Dez–1. Jan.

ABSTECHER Greywalls
Muirfield, Gullane, East Lothian, EH31 2EG **C** *01620 84 21 44*

Das Greywalls, ein berühmtes Restaurant in historischem Ambiente, liegt in einem hübschen, von Steinmauern eingefassten Garten. Die Küche hält, was das Ambiente verspricht. Bei der Zubereitung der Speisen werden nur beste Zutaten verwendet, jedes Gericht ist ein Augen- und Gaumenschmaus. Reservierung zwingend.

ABSTECHER Restaurant Martin Wishart
54 The Shore, Edinburgh, EH6 6RA **C** *0131 533 35 57*

Martin Wishart gilt als eine der besten Gourmet-Adressen Schottlands. Die innovativen Kreationen dieses Kochs werden von Feinschmeckern hoch geschätzt. Gekocht wird modern französisch, zur Verwendung kommen nur erlesene Zutaten. Einladendes Ambiente und exzellenter Service runden das Gourmet-Erlebnis ab.

SÜDSCHOTTLAND

AYR Fouters Bistro
2a Academy Street, Ayr, KA7 1HS **C** *01292 26 13 91*

Das beliebte und lebhafte Fouters Bistro befindet sich im Stadtzentrum von Ayr, im Gewölbekeller einer vormaligen Bank. Aus dieser Zeit sind noch viele originale Details erhalten. Serviert werden klassische französische Gerichte zu vertretbaren Preisen. Im Bistro geht es leger und herzlich zu, ein Ort zum Wohlfühlen.

AYR Swallow Ivy House
2 Alloway, Ayr, KA7 4NL **C** *0845 351 99 17*

The Ivy House liegt im Lande von Burns. Von hier hat man einen wundervollen Blick auf Landschaft und Golfplätze. Die Speisekarte des Restaurants ist sehr umfangreich, es werden sowohl einfache kleine Gerichte wie auch opulente Diners angeboten. Der ausgezeichnete Koch garantiert für Qualität. Das Personal ist professionell und freundlich.

DALRY Braidwoods
Drumastle Mill Cottage, bei Dalry, KA24 4LN **C** *01294 83 35 44*

Keith und Nicola Braidwood haben in der Gourmet-Szene Schottlands neue Maßstäbe gesetzt. Braidwoods gilt als eines der besten Restaurants im Lande. Es liegt in ländlicher Umgebung, die zwei Speisezimmer sind zwanglos und gemütlich. Gemessen an der Qualität sind die Preise durchaus angemessen. Mo geschlossen.

EAST LOTHIAN The Open Arms

Main Street, Dirleton, East Lothian, EH39 5EG **01620 85 02 41**

The Open Arms liegt am Ortsrand mit Blick auf das malerische Dirleton Castle aus dem 13. Jahrhundert. Seinem Namen macht der Familienbetrieb alle Ehre: Gäste werden hier sehr herzlich empfangen. Zur Auswahl stehen ein elegantes Restaurant und eine große Brasserie, in der es legerer zugeht. Ein Haus mit viel Charme.

GATTONSIDE Chapters Bistro

Main Street, Gattonside, Melrose, TD6 9NB **01896 82 32 17**

Das gemütliche Chapters ist bei Einheimischen wie bei Besuchern gleichermaßen beliebt. Die Speisekarte des Bistros zeugt von der Vielfalt der regionalen Produkte, die Küche ist hervorragend und zeitgemäß. Die Gäste werden liebevoll vom aufmerksamen Personal umsorgt.

GATTONSIDE Hoebridge Inn

Gattonside, Melrose, TD6 9LZ **01896 82 30 82**

Die Gastwirtschaft am Ortsrand von Gattonside in der Region Borders ist besonders bei den Einheimischen beliebt. Kontinuierlich gute Küche, bester Service und eine herzliche Atmosphäre zeichnen das Hoebridge Inn aus. Die Köchin Maureen Rennie legt bei der Kreation ihrer Gerichte besonderen Wert auf die lokale Herkunft der Zutaten.

GULLANE Le Potinière

Main Street, Gullane, East Lothian, EH31 2AA **01620 84 32 14**

Das Potinière im hübschen Örtchen Gullane in East Lothian ist ein überdurchschnittlich gutes Restaurant. Geboten werden saisonale Gerichte, die immer mit den besten und frischesten Zutaten aus der Umgebung zubereitet werden. Der Service ist zuvorkommend und aufmerksam. Gästeparkplätze. Geschlossen: Mo, Di.

ISLE OF ARRAN The Garden Restaurant

Brodick, Isle of Arran, KA27 8BZ **01770 30 22 34**

Das Garden Restaurant gehört zum Auchrannie Country House Hotel. Der Gast kann hier zwischen elegantem und legerem Ambiente wählen. Dem entsprechen auch zwei unterschiedliche Speisekarten. Gekocht wird mit regionalen Produkten. Jeder findet hier etwas, wonach ihm der Sinn steht. Ausgesprochen freundliches Personal.

KIPPFORD The Anchor Hotel

Main Street, Kippford, Dalbeattie, Kirkudbrightshire, DG5 4LN **01556 62 02 05**

Das freundliche Hotel und Pub liegt am Ufer. So kann man, wenn man an den Tischen im Freien sitzt, das Treiben auf dem Solway Firth beobachten. Serviert werden hier einfache, leckere Gerichte aus lokalen Erzeugnissen. The Anchor ist bekannt dafür, dass man hier zu einem frischen Ale ein preiswertes, gut zubereitetes Fischgericht bekommt.

LAUDER Black Bull

Market Place, Lauder, TD2 6SR **01578 72 22 08**

Das Black Bull ist Bar, Restaurant und Hotel in einem. Man sitzt hier gemütlich und komfortabel, die Atmosphäre ist freundlich und angenehm. Je nach Lust und Laune kann der Gast hier zwischen einfachen, bodenständigen Gerichten oder anspruchsvolleren Kreationen wählen.

MAIDENS The Wildings

Harbour Road, Maidens, Ayrshire, KA26 9NR **01655 33 14 01**

The Wildings, ein Familienbetrieb in der Nähe des Golfplatzes von Turnberry, wurde nach der Tante des Kochs und Inhabers Brian Sage benannt. Das Haus hat viele Stammgäste, die die ausgewogene Küche zu schätzen wissen. Im Angebot sind Fleischgerichte und Seafood, die Spezialität sind allerdings die diversen Fischgerichte.

MAUCHLINE Sorn Inn

35 Main Street, Sorn, Mauchline, East Ayrshire, KA5 6HU **01290 55 13 05**

Der Landgasthof liegt im kleinen Örtchen Sorn. Inzwischen hat er sich unter Feinschmeckern zu Recht einen beachtlichen Ruf erworben. Gekocht wird hier erstklassig. Die Speisekarte ist sehr abwechslungsreich, die Gerichte sind aromatisch und bestechen durch Frische. Das Interieur wirkt zwar etwas steif, die Atmosphäre ist umso herzlicher.

MELROSE The Station Hotel Restaurant

Market Square, Melrose, TD6 9PT **01896 82 31 47**

Liebe zum Detail wird in diesem kleinen Hotel großgeschrieben. Hühnchen und Seafood findet man immer auf der Karte. Beachten Sie die große Auswahl an Nachspeisen, darunter köstliche Eiscreme von der nahen Farm Overlangshaw. Einladende Atmosphäre und perfekter Service.

MELROSE Burts Hotel

Market Square, Melrose, TD6 9PL **01896 82 22 85**

Das Burts Hotel besticht durch seine Freundlichkeit, was vielleicht daran liegt, dass es sich um einen Familienbetrieb handelt. An der Bar sitzt man gemütlich, im Restaurant geht es etwas förmlicher zu. Die Gerichte sind hervorragend: Versuchen Sie den geräucherten Schellfisch auf geschmortem Gemüse.

MELROSE The Townhouse

Market Square, Melrose, TD6 9PQ **01896 82 26 45**

Das Townhouse wird von derselben Familie betrieben, die auch das Burts Hotel führt. Das Restaurant steht für exzellente Küche, hervorragenden Service und gepflegte Gastlichkeit. Die jüngst renovierte, stylische Brasserie zieht Einheimische wie Besucher an. Die Gerichte werden ausschließlich aus frischen regionalen Produkten zubereitet.

MOFFAT Well View Hotel £££

Ballplay Road, Moffat, Dumfriesshire, DG10 9JH ☎ *01683 22 01 84*

Das kleine Hotel liegt nur wenige Minuten von Moffats Hauptstraße entfernt. Die Gäste werden hier mit moderner französischer Küche verwöhnt, die einen schottischen Touch nicht leugnen kann. In der Küche kommen nur beste lokale Produkte zur Verwendung. Der gemütliche Speisesaal garantiert ein ungestörtes Essvergnügen.

PORTPATRICK Knockinaam Lodge ££££

An der A77, bei Portpatrick, Dumfries & Galloway, DG9 9AD ☎ *01776 810 47*

Von der modernen Lodge aus hat man einen wundervollen Blick aufs Meer. Aber auch kulinarisch werden die Gäste hier wahrlich verwöhnt. Gekocht wird international mit schottischen Anklängen. Besonders empfehlenswert sind der Blumenkohl an Knoblauchsauce oder der gegrillte Lachs mit Kartoffelplätzchen. Hoher Wohlfühlfaktor.

SELKIRK Philipburn House ££

Linglie Road, Selkirk, TD7 5LS ☎ *01750 207 47*

Das gemütliche Hotel bietet mehrere Locations für Essensgäste. In Charlie's Bistro werden bodenständige Gerichte serviert, im 1745, benannt nach dem Jahr des von Bonnie Prince Charlie angeführten Jakobitenaufstands, geht es eleganter zu. Hier wird eine verfeinerte Küche serviert, z. B. eine ansprechende Kreation aus Seezunge und Scholle.

SWINTON Wheatsheaf ££

Main Street, Swinton, Berwickshire, TD11 3JJ ☎ *01890 86 02 57*

Im Wheatsheaf am Dorfplatz kann man auch nächtigen. Der Gasthof ist für seine Fleischgerichte berühmt, z. B. für das Schweinefilet. Ein Leckerbissen ist aber auch die Geflügelleber-Terrine mit einem Chutney von roten Zwiebeln. Suchtfaktor wird garantiert. In der Küche werden nur regionale Erzeugnisse verwendet.

TROON Highgrove House Hotel ££

Old Loans Road, Troon Ayrshire, KA7 7HL ☎ *01292 31 25 11*

Das Hotelrestaurant auf dem Dundonald Hill war vormals das Haus eines pensionierten Kapitäns. Von hier kann man den Blick über den Firth of Clyde und den Mull of Kintyre schweifen lassen. Die Speisekarte ist sehr umfangreich und bietet etwas für den großen und kleinen Hunger, die Atmosphäre ist sehr angenehm.

TROON Macallums Oyster Bar ££

Harbour Road, Troon, KA10 6DH ☎ *01292 31 93 39*

In der Oyster Bar an der Kaimauer von Troon kann man fangfrischen Fisch und Seafood genießen. Das Interieur des kleinen Establissements ist schlicht, das, was auf den Teller kommt, ist vom Feinsten. Die Speisen werden puristisch zubereitet, denn man legt hier größten Wert auf die Erhaltung des Eigengeschmacks der frischen Produkte.

TURNBERRY The Turnberry Restaurant £££££

The Westin Turnberry Resort, Turnberry, Ayrshire, KA26 9LT ☎ *01655 33 10 00*

Das Turnberry Restaurant hat Charme und zeugt von Geschmack. Der Sternekoch ist bekannt für seine kreative Küche. Die Speisen zeugen von absoluter Frische der Zutaten und haben einen französischen Touch. Selbst so einfache Gerichte wie in der Pfanne gebratene Gnocchi mit Artischocken werden hier zum kulinarischen Erlebnis.

GLASGOW

ZENTRUM Café Hula £

321 Hope Street, Glasgow, G2 3PT ☎ *0141 353 16 60*

Café Hula will eine Oase der Ruhe inmitten der Stadt sein. Große Sofas, dunkles Holz, Kerzenlicht und schrulliges Design lassen eine angenehme Stimmung aufkommen. Die Gerichte haben einen mediterranen Touch: Pasta, Risotto und scharfer Chorizo-Eintopf finden sich auf der Karte. Für das Lokal sollte man ein wenig Zeit mitbringen.

ZENTRUM The Doocot Café and Bar £

The Lighthouse, 11 Mitchell Lane, Glasgow, G1 3NU ☎ *0141 221 18 21*

Das stylische Doocot befindet sich im fünften Stock des Lighthouse, einem von Mackintosh entworfenen Gebäude. In dem lebhaften Restaurant trifft sich die Boheme von Glasgow. The Doocot hat zwar nur bis 17 Uhr geöffnet, ist aber ein idealer Ort, um sich zu stärken und Freunde zu treffen. Alle Gerichte werden frisch zubereitet.

ZENTRUM Baby Grand ££

3 – 7 Elmbank Gardens, Glasgow, G2 4NQ ☎ *0141 248 49 42*

Ihren Namen verdankt die lebhafte Bar dem Baby Grand, einem Klavier in der Ecke. Vom frühen Morgen bis spät in die Nacht hinein kann man hier gut essen. Auf der Speisekarte stehen französische Gerichte, aber auch europäische Klassiker und solche, die man in New Yorker Delis findet. Das Baby Grand hat einfach Stil.

ZENTRUM Café Gandolfi ££

64 Albion Street, Merchant City, Glasgow, G1 1NY ☎ *0141 552 68 13*

Das Gandolfi ist seit mehr als 25 Jahren eine Institution in Glasgow. Das Café, vormals Geschäftsstelle des städtischen Käsemarkts, bietet nicht nur warme Gerichte, sondern auch leichte Snacks. In der Küche wird auf die Verwendung lokaler Erzeugnisse Wert gelegt. Der *black pudding* ist hervorragend. Im oberen Stockwerk befindet sich eine Bar.

Preiskategorien *siehe Seite 185* **Zeichenerklärung** *siehe hintere Umschlagklappe*

ZENTRUM City Café   ♿ 🕴   ⓔⓔ

City Inn, Finnieston Quay, Clydeside, Glasgow, G3 8HN 📞 *0141 240 10 02*

Ein Hotelrestaurant ist oft nicht die beste Wahl, um zu speisen. Aber dieses Café ist die Ausnahme von der Regel. Vom Fenster aus blickt man hier direkt auf den Clyde. Die Gerichte werden mit Sorgfalt zubereitet und arrangiert. Besonders empfehlenswert sind die Barbecues im Freien und die köstlichen Sonntagsbuffets. Gästeparkplätze.

ZENTRUM City Merchant   🕴   ⓔⓔ

97 Candleriggs, Merchant City, Glasgow, G1 1NP 📞 *0141 553 15 77*

Im familiengeführten Restaurant in Glasgows Merchant City kann man exzellente schottisch maritime Küche genießen. Bei der Zubereitung werden nur die besten lokalen Zutaten verwendet. Das rustikale und informelle City Merchant, das mehr als 120 Gäste bewirten kann, überzeugt auch durch gutes Preis-Leistungs-Verhältnis.

ZENTRUM The Restaurant Bar and Grill   ♿ 🕴   ⓔⓔ

The Glass House, Springfield Court, Glasgow, G1 3DQ 📞 *0141 225 56 22*

Ein gläserner Fahrstuhl am Princes Square befördert den Gast ins Lokal. Das Restaurant ist ein guter Platz, um Freunde zu treffen oder einfach nur exzellentes Essen zu goutieren. Bei seinen Kreationen lässt sich der Küchenchef von der französischen Cuisine inspirieren. Kosmopolitisches, elegantes Etablissement.

ZENTRUM Brian Maule at Chardon d'Or   🍽   ⓔⓔⓔ

176 West Regent Street, Glasgow, G2 4RL 📞 *0141 248 38 01*

Das Chardon d'Or ist eines der besten Restaurants der Stadt. Unter Brian Maule wird das große Repertoire der französischen Küche neu interpretiert. Zum Einsatz kommen ausschließlich lokale Erzeugnisse. Auf der Speisekarte findet man Fisch, Geflügel und Wild. Modernes Ambiente und freundlicher, schneller Service. So geschlossen.

ZENTRUM Michael Caines at ABode   ♿ 🍽   ⓔⓔⓔ

129 Bath Street, Glasgow, G2 2SZ 📞 *0141 572 60 11*

ABode gehört zu einer Hotelkette. Am Herd steht hier der Sternekoch Michael Caines. In dem überaus schicken Etablissement werden die Gäste mit gewagten Kreationen verwöhnt. Gerichte wie Ravioli mit einer Fasanenfüllung oder *foie gras* an *black pudding* mit Rotweinsauce sind definitiv nicht alltäglich und haben Stil.

ZENTRUM Two Fat Ladies At The Buttery   🍽   ⓔⓔⓔ

652 Argyle Street, Glasgow, G12 2ND 📞 *0141 221 81 88*

Die Umgebung ist nicht besonders attraktiv, das Restaurant mit seinem exzellenten Angebot dagegen umso mehr. Hier genießt man Fischgerichte und extrem verführerische Desserts. Vor Kurzem wurde das Restaurant von Ryan James übernommen, der auch das ursprügliche Two Fat Ladies in Glasgow eröffnete.

ZENTRUM Gamba   🍽   ⓔⓔⓔⓔ

225a West George Street, Glasgow, G2 2ND 📞 *0141 572 08 99*

Das beliebte Seafood-Restaurant ist weithin für seine variantenreiche, qualitativ hochwertige Küche bekannt. Die Speisen werden mit größter Sorgfalt und aus frischen saisonalen Zutaten bereitet. Auf der Karte findet man Fisch, Hummer und Austern. Die Innenausstattung des Restaurants ist modern, elegant und komfortabel.

WEST END Balbirs   ♿ 🕴   ⓔ

7 Church Street, Glasgow, G11 5JP 📞 *0141 339 77 11*

Im indischen Restaurant Balbirs wird dezidiert auf gesundes Essen geachtet. Zum Einsatz kommen nur frische Produkte, auf Farbstoffe wird gänzlich verzichtet. Das Speiseangebot variiert, traditionelle Gerichte werden mit innovativem Touch zubereitet. Das Restaurant ist weiträumig, aber trotzdem gemütlich, das Personal ist freundlich.

WEST END Café Cherubini   ♿ 🕴   ⓔ

360 Great Western Road, Kelvingrove, Glasgow 📞 *0141 334 88 94*

Das traditionelle italienische Café in Glasgows West End rühmt sich seiner authentischen italienischen Küche, darunter Pasta, Salate und ein köstliches Tiramisu. Spezialität des Hauses ist die selbst gemachte Salsiccia. Man kann (gegen ein Korkengeld) auch seinen eigenen Wein mitbringen. Sehr freundlicher Service.

WEST END Mother India Café   ♿ 🕴 🎵   ⓔ

1355 Argyle Street, Glasgow, G11 📞 *0141 339 91 45*

Vom Mother India aus blickt der Gast auf die renovierte Kelvingrove Gallery. Hier werden generell sehr kleine Portionen serviert, sodass man die Möglichkeit hat, verschiedene indische Köstlichkeiten zu versuchen. Dieses Konzept hat dem Restaurant bereits viele Stammkunden eingebracht. Es ist immer sehr gut besucht.

WEST END The Ashoka   🕴   ⓔⓔ

19 Ashton Lane, Glasgow, G12 📞 *0141 337 11 15*

2006 wechselte das Ashoka den Besitzer und wurde in diesem Zusammenhang »entstaubt« und renoviert. Inzwischen ist es zu einem äußerst gefragten Lokal avanciert. Die authentischen indischen Gerichte sind erstklassig zubereitet. Hier erhält man die besten Currys in Glasgow. Reservierung ist empfehlenswert.

WEST END La Parmigiana   🕴   ⓔⓔ

447 Great Western Road, Glasgow, G12 8HH 📞 *0141 334 06 86*

Das La Parmigiana, ein kleines, perfekt gestaltetes italienisches Restaurant, existiert schon seit vielen Jahren. Kürzlich wurde es renoviert, aber es gelang den Eigentümern, die einzigartige Atmosphäre beizubehalten. Man sitzt hier einfach gemütlich, egal ob im Speisezimmer oder in der kleinen Bar. Außerdem ist die Küche exquisit.

WEST END No. Sixteen   ££

16 Byres Road, West End, Glasgow, G11 5JY 📞 *0141 339 25 44*

Das No. Sixteen ist so beliebt, dass die Gäste größere Entfernungen auf sich nehmen, um hier zu essen. Das liegt zum einen an der Qualität des Essens und an den großen Portionen, zum anderen sitzt man hier nett und gemütlich. Angeboten werden primär traditionelle Gerichte, denen ein innovativer Touch zugutekommt.

WEST END Ubiquitous Chip   🚻 🧑 🍷   £££

12 Ashton Lane, Glasgow, G12 8SL 📞 *0141 334 50 07*

Obwohl der Hype um das Ubiquitous Chip in den letzten Jahren etwas abgeflaut ist, ist das prestigeträchtige Restaurant noch immer angesagt. Die schottischen Gerichte werden mit frischen Zutaten aus der Region bereitet, und auch die Stimmung und der freundliche Service tragen zum Wohlfühlen bei. Große Weinauswahl.

WEST END Stravaigin   ££££

28 Gibson Street, Hillhead, Glasgow, G12 8NX 📞 *0141 334 26 65*

Das Stravaigin, eine beliebte Café-Bar mit Restaurant, liegt ganz in der Nähe der Universität von Glasgow. Für seine leckeren, bodenständigen Gerichte wurde es schon ausgezeichnet. Auf der Karte findet man auch traditionelle lokale Spezialitäten wie Makrele mit Linsensalat, Rindfleischbällchen vom Angusrind in Erdnusssauce oder *haggis*.

ABSTECHER Art Lover's Café   🚻 🧑   £

House for an Art Lover, Bellahouston Park, 10 Dumbreck Road, Glasgow, G41 5BW 📞 *0141 353 47 70*

Das Haus eines Kunstfreundes wurde 1901 entworfen und 1989 eröffnet. Es ist eine moderne Umsetzung der Entwürfe Mackintoshs. Das Art Lover's Café wird diesem Ambiente mit seiner Speisekarte gerecht: Gebratener Wolfsbarsch mit Wacholder an Kumquat-Kartoffeln oder geminzter Couscous mit Pesto sind nur einige der Highlights.

ABSTECHER The Kitchen Restaurant at Pollok House   🚻 🧑   £

Pollok House, Pollok Estate, 2060 Pollokshaws Road, Glasgow, G41 📞 *0141 616 64 10*

Das Restaurant ist in der wundervoll erhaltenen Küche des Pollok House untergebracht. Die Gerichte sind einfach, aber lecker: Es gibt hausgebackenen Kuchen oder Vollwertgerichte, natürlich kommen auch Vegetarier auf ihre Kosten. Ideal, um sich nach einer Entdeckungstour durch die Gärten des Pollok-Anwesens zu stärken.

ABSTECHER Barbarossa   🚻   ££

3–5 Clarkston Road, Clarkston, Glasgow, G44 4EF 📞 *0141 560 38 98*

Wer Lust auf authentisches italienisches Essen verspürt, der sollte im Barbarossa einen Tisch reservieren. Das sich über drei Etagen erstreckende Restaurant wird von einer italienischen Familie geführt und ist bei Einheimischen und Besuchern beliebt. Auf der Karte findet man zwar auch schottische Gerichte, aber alle haben sie italienischen Touch.

ABSTECHER Dine   🧑   ££

205 Fenwick Road, Giffnock, Glasgow, G46 6JD 📞 *0141 621 19 03*

Das kleine Restaurant Dine liegt an der Haupteinkaufsstraße des Vorortes Giffnock. Erst kürzlich wurde es renoviert und modernisiert. Geboten werden hervorragende, puristisch zubereitete saisonale Gerichte. Das Dine erfreut sich auch bei Einheimischen großer Beliebtheit. Deshalb ist es empfehlenswert, einen Tisch zu reservieren.

ZENTRALSCHOTTLAND

BALQUHIDDER Monachyle Mhor   🚻 🧑 🍷   ££££

Balquhidder, Lochearnhead, Perthshire, FK19 8PQ 📞 *01877 38 46 22*

Das Monachyle Mhor liegt inmitten der Region, in der Rob Roy, der schottische Robin Hood, agierte. Im Restaurant allerdings werden die Gäste mit hervorragenden schottischen Gerichten verwöhnt. Fleisch, Geflügel und Gemüse stammen aus eigener Landwirtschaft. Die Lewis-Familie ist für ihre Gastfreundlichkeit bekannt.

BANKNOCK Glenskirlie House   🚻 🧑 🍷   ££

Kilsyth Road, Banknock, Stirlingshire, FK4 1UF 📞 *01324 84 02 01*

Im Glenskirlie House spürt man an allen Ecken und Enden das Engagement, das oft bezeichnend für einen gut funktionierenden Familienbetrieb ist. Die Küche ist hervorragend, die Verwendung frischer regionaler Produkte selbstverständlich. Serviert wird in der Bar oder im eleganteren Speisesaal. Mo geschlossen.

BRIDGE OF ALLAN Allan Water Café   🚻 🧑   £

15 Henderson Street, Bridge of Allan, Stirling, FK9 4HN 📞 *01786 83 30 60*

Das Allan Water Café, ein Familienbetrieb, liegt natürlich nicht am Strand, aber trotzdem hat es Flair und Charme eines Strandcafés. Es ist ganztägig geöffnet. Am Morgen kann man hier ein herzhaftes schottisches Frühstück zu sich nehmen. Von den Fensterplätzen aus kann man den Trubel auf der Henderson Street beobachten.

BRIDGE OF ALLAN Clive Ramsay Café and Restaurant   🧑   £

28 Henderson Street, Bridge of Allan, Stirling, FK9 4HR 📞 *01786 82 29 03*

Das Clive Ramsay ist die ideale Ergänzung zu dem beliebten, direkt benachbarten Delikatessengeschäft. Hierher geht man zum Kaffeetrinken, vor dem Theater oder zum Abendessen. Eine Spezialität ist *haggis* mit Süßkartoffeln. Die Leute kommen gerne hierher zum Essen, Plaudern und Entspannen.

Preiskategorien *siehe Seite 185* **Zeichenerklärung** *siehe hintere Umschlagklappe*

BRIDGE OF ALLAN Chambo

Mine Road, Bridge of Allan, Stirling, FK9 4DT 01786 83 36 17

Das Chambo ist in einem viktorianischen Haus mit großem Garten untergebracht. Ein hervorragendes Restaurant, dem zum Glück die blasierte Steifheit abgeht, die man in solchen Häusern oft antrifft. An der Bar kann man entspannen und schon mal die Speisekarte überfliegen, bevor man zu Tisch geführt wird.

BUCHLYVIE The Village Tea Room

Main Street, Buchlyvie, Stirlingshire, FK8 3LX 01360 85 01 50

An den wunderschönen Tea Room sind eine Galerie und ein Postamt angegliedert. Ideal, um auf der A811 zwischen Stirling und dem Nationalpark einen Zwischenstopp einzulegen. Hier bekommt man selbst gebackenen Kuchen oder eine leckere, frisch gekochte Suppe. Ein kleiner Geheimtipp, um sich für einen aktiven Tag zu stärken.

CALLANDER Callander Meadows

24 Main Street, Callander, Stirlingshire, FK17 8BB 01877 33 01 81

Das weithin bekannte Restaurant wird von Nick und Susannah Parkes geführt, die sich ihre Meriten u. a. im Gleneagles erworben haben. Ein stilvolles Etablissement, in dem Gerichte von höchster Qualität in ausgewogen schönen viktorianischen Räumen serviert werden. In der Küche wird auf frische lokale Produkte Wert gelegt.

CUPAR Ostlers Close

25 Bonnygate, Cupar, Fife 01334 65 55 74

Jimmy und Amanda Graham, die seit 1981 das Ostlers Close führen, teilen die Leidenschaft für gutes Essen. Jimmy hat ein Faible für Pilze und zeichnet verantwortlich für die hervorragende Küche, Amanda kümmert sich um das Wohlergehen der Gäste. Ein perfektes Team. Geschlossen: mittags (außer So); Mo, So abends.

DUNDEE Best Western Invercarse Hotel

371 Perth Road, Dundee, Angus, DD2 1PG 01382 66 92 31

Das Best Western Invercarse liegt am Stadtrand von Dundee in waldigem Gelände und mit Blick auf den River Tay. Man kann an der Bar oder im vornehmeren Restaurant speisen. Besondere Spezialitäten sind hier das Lachsfilet und die Filetsteaks. Die Gerichte sind durchweg gut. Freundliches und aufmerksames Personal.

FALKLAND Greenhouse

High Street, Falkland, Fife, KY15 7BU 01337 85 84 00

Das Greenhouse wurde erst kürzlich grundlegend renoviert. Resultat ist ein schicker, äußerst moderner Speisesaal. Das Restaurant ist hervorragend. Da die Öffnungszeiten variieren, sollte man, um keine Enttäuschung zu erleben, auf jeden Fall vor einem geplanten Besuch anrufen. Die Karte ist klein, die Qualität ist unbestritten.

FIFE The Cellar

24e Green, Anstruther, Fife, KY10 3AA 01333 31 03 78

The Cellar, ein Etablissement mit viel Charakter, einem gemütlichen, anheimelnden Ambiente und Essen zu vernünftigen Preisen, ist im ältesten Gebäude von Fife untergebracht. Der mit Preisen ausgezeichnete Koch bereitet erstklassige Seafood- und Fischgerichte aus frischesten Zutaten. Der ideale Ort für ein romantisches Dinner.

KINROSS Grouse and Claret

Heatheryford, Kinross, KY13 8YY 01577 86 42 12

Das Grouse and Claret liegt in Kinross, und zwar direkt an der Abzweigung 6 von der M90. Im Laufe von mehr als 15 Jahren haben sich David und Vicky Futong ihren exzellenten Ruf erkocht. Wert wird auf frische, biologisch angebaute Zutaten gelegt. Vom Restaurant hat man einen wunderschönen Blick aufs Umland.

KIPPEN The Inn at Kippen

Fore Road, Kippen, FK8 3DT 01786 87 10 10

Im Inn at Kippen spielen frische Zutaten eine wichtige Rolle. Der Besitzer ist jeden Morgen auf dem Glasgower Obst- und Gemüsemarkt anzutreffen, wo er sich mit frischer Ware eindeckt. Gute, fantasievolle Küche. Die Gäste können in der Bar oder im Restaurant speisen. Beide Räumlichkeiten sind hübsch und mit Liebe zum Detail ausgestattet.

LARGS Nardini's

The Esplanade, Largs, Ayshire, KA30 8NF 01475 674 45 55

Das Nardini's ist fast so etwas wie ein Wahrzeichen von Largs und bei Einheimischen und Gästen gleichermaßen beliebt. Es wird schon seit 1935 als Restaurant betrieben, kein Wunder also, dass das Interieur noch vom Art déco geprägt ist. Hier gibt es Frühstück, Kaffee und Kuchen sowie eine Auswahl italienischer und britischer Gerichte.

LINLITHGOW Champany Inn

Champany, bei Linlithgow, West Lothian, EH49 7LU 01506 83 45 32

Unweit von Edinburgh, am Stadtrand von Linlithgow, liegt das bezaubernde Restaurant. Hier erhält man die besten Steaks Schottlands. Ob Rumpsteak, Rib-Eye-Steak, Filet- oder Porterhousesteak, alle Steakvarianten werden perfekt gebraten serviert. Weitere Spezialitäten sind Austern vom Loch Gruinart und saftiger geräucherter Lachs.

PERTH Deans @ Let's Eat

77–79 Kinnoull Street, Perth, PH1 5EZ 01738 64 33 77

Seit sie das Let's Eat 2005 übernahmen, haben Willie Deans und seine Frau Margo sich in der kulinarischen Szene Schottlands etabliert. Willie ist ein begabter Koch, der mit Liebe zum Detail arbeitet, Margo eine charmante, herzliche Gastgeberin. Der Gast hat hier nur ein Problem: die Entscheidung für eines der vielen Gerichte auf der Karte.

ST ANDREWS Brambles   £

5 College Road, St Andrews, Fife, KY16 9AA   01334 47 53 80

Das zentral gelegene Selbstbedienungs-Café hat sich auf Vollwertkost und vegetarische Gerichte spezialisiert. Trotzdem findet man auch Fisch und Fleisch im Angebot. Versuchen sollte man den leckeren hausgemachten Kuchen. Das Brambles ist sehr beliebt und ein lebhafter Treffpunkt für Einheimische und Gäste.

ST ANDREWS The Peat Inn   £££

An der B 940, Cupar, bei St Andrews, Fife, KY15 5LH   01334 84 02 06

Vollendete Kochkunst und die Verwendung saisonaler Produkte haben dem kleinen Hotelrestaurant den Ruf eingebracht, eines der besten auf der ganzen Insel zu sein. Der Koch David Wilson liebt schottisches Essen, seine Leidenschaft schmeckt man aus jedem Gericht heraus. Mittags kann man hier relativ günstig essen.

ST ANDREWS The Seafood Restaurant   ££££

Bruce Embankment, St Andrews, Fife, KY16 9AS   01334 47 94 75

Von diesem exzellenten Restaurant aus hat man einen unvergleichlichen Blick auf Küste und Meer. Im Angebot sind, wie der Name schon sagt, Fisch- und Seafood-Spezialitäten, alles wird frisch und sorgfältig zubereitet und ansprechend serviert. Das Interieur ist schick, aber man sitzt hier sehr gemütlich.

ST MONANS The Seafood Restaurant   £££

16 West End, St Monans, Fife, KY10 2BX   01333 73 03 27

Ebenfalls am Meer liegt dieses moderne, elegante Seafood-Restaurant. Hier gibt es frisches Seafood vom Feinsten. Ob fangfrischer Seefisch, Garnelen, Krebse oder Jakobsmuscheln, alles wird schonend und perfekt zubereitet und serviert. Das kompetente Personal ist freundlich und aufmerksam.

STIRLING Scholars   £££

Stirling Highland Hotel, Spittal Street, Stirling, FK8 1DU   01786 27 27 27

In Stirlings Altstadt, am Fuße des Castle, liegt das Scholars, ein mehrfach ausgezeichnetes Restaurant, das exquisite schottische Gerichte mit innovativem Touch bietet. Auf der Karte findet man Kreationen wie die Terrine aus *black pudding*, Schinken und Pilzen mit Früchtechutney oder gebratenen Lachs auf Limonenrisotto mit Balsamicosauce.

HIGHLANDS UND INSELN

ABERDEEN The Silver Darling   £££

Porca Quay, Footdee, North Pier, Aberdeen, Aberdeenshire, AB11 5DQ   01224 57 62 29

The Silver Darling, ein Bistro/Restaurant an der Nordseite von Aberdeens Hafen, hat Tradition und ist berühmt für seine exzellente Küche. Hier kann man stilvoll essen und dabei den Blick über Küste und Hafen schweifen lassen. Auf der Karte findet man, was die Fischer von ihrem Fang mitbringen.

ACHILTIBUIE Summer Isles Hotel   £££££

Achiltibuie, bei Ullapool, Ross & Cromarty, IV26 2YG   01854 62 22 82

Der Koch Chris Firth-Bernard zaubert außergewöhnlich gute Fisch- und Seafood-Gerichte. Das Restaurant, von dem man auf die Summer Isles blickt, wurde bereits von Michelin ausgezeichnet. Relaxter geht es in der zugehörigen Bar zu, in der man zu Mittag essen oder ein Nachtmahl einnehmen kann. Geschlossen: Mitte Okt – Ostern.

ALEXANDRIA Smolletts at Cameron House Hotel   ££££

Bei der A 82, Loch Lomond, Alexandria, West Dunbartonshire, G83 8QZ   01389 75 55 65

Das elegante Smolletts gehört zum Cameron House Hotel, einem luxuriösen Landsitz, der idyllisch am naturbelassenen Ufer des Loch Lomond liegt. Das schicke, aber dennoch ungezwungene Restaurant bietet exquisite Küche. Man kann à la carte essen oder sich vom dreigängigen Market Menu überraschen lassen. Ein unvergessliches Erlebnis.

ALYTH The Oven Bistro   £££

Drumnacree House Hotel, St Ninians's Road, Alyth, Perthshire, PH11 8AP   01828 62 31 94

Die Speisekarte in diesem hübschen Bistro ist sehr vielfältig und ungewöhnlich. Viele Zutaten, die man in der Küche verwendet, kommen direkt aus dem eigenen Garten. Die meisten Gerichte werden in einem offenen Holzofen zubereitet und haben dementsprechend einen rauchigen Geschmack. Für alle, die das Besondere mögen.

AUCHMITHIE But 'n' Ben   £

An der A 92, 1 Auchmithie, bei Arbroath, Angus, DD11 5SQ   01241 87 72 23

But 'n' Ben ist in dem Fischerdorf in zwei aneinandergrenzenden Cottages untergebracht. Geöffnet ist hier ab mittags. Der Koch verwendet nur biologisch angebaute, lokale Erzeugnisse. Berühmt ist er für seine herzhaften Pfannkuchen, aber er serviert auch fangfrischen Fisch. Ein angenehmes kleines Lokal.

AUCHTERARDER InDulge   £

22 High Street, Auchterarder, Perthshire, PH3 1DF   01764 66 00 33

Die Besitzer des kleinen Cafés betreiben ihr Lokal mit Begeisterung. Dementsprechend groß ist das Stammpublikum, aber auch Gäste von außerhalb finden den Weg ins InDulge. Geöffnet ist das Lokal tagsüber und zweimal wöchentlich auch abends. In der Küche kommen nur beste regionale Produkte zur Verwendung.

AUCHTERARDER Andrew Fairlie @ Gleneagles

Gleneagles Hotel, Auchterarder, Perthshire, PH3 1NF 01764 69 42 67

Das Restaurant im Gleneagles Hotel gilt als eines der besten Restaurants in ganz Schottland. Der gefeierte Koch Andrew Fairlie präsentiert einfallsreiche französische Küche mit schottischen Einflüssen. Zu den Highlights zählen der geräucherte Hummer, das Anjou-Küken mit Trüffelgnocchi und die Schokoladendesserts.

BALLATER Darroch Learg

Braemar Road, Ballater, Royal Deeside, AB35 AUX 013397 554 43

Das Darroch Learg ist in einem viktorianischen Jagdhaus in ländlicher Umgebung untergebracht. Der Koch ist der modernen britischen Küche zugetan und arbeitet mit besten regionalen Zutaten. Unbedingt kosten sollten Sie die mit Räucherlachs gefüllten Tortellini mit gerösteten Muscheln, einer Weißweinsauce und Currylöl. Schöner Wintergarten.

BLACKFORD Café 1488

Tullibardine 1488 Visitor Centre, Stirling Street, Blackford, Perthshire, PH4 1QG 01764 68 22 52

Das Café 1488 liegt in einem relativ neuen Gebäude neben der Tullibardine Distillery. Der Name nimmt Bezug auf das Jahr 1488, in dem James IV von Schottland hier Station machte, um sich vor seiner Krönung mit Proviant einzudecken. Gute Auswahl an leckeren hausgemachten Pies, Braten und leichten Mittagsmahlzeiten.

BLAIRGOWRIE The Loft Restaurant

Golf Course Road, Blair Atholl, bei Pitlochry, Perthshire, PH18 5TE 01796 48 13 77

Die Gäste können sich im eleganten Speiseraum oder im zwanglosen Bistro dieses mondänen Restaurants kulinarisch verwöhnen lassen. Die Küche ist hervorragend, je nach Saison dominieren Seafood, Geflügel oder Wild die Speisekarte. Im Loft haben schon einige von Schottlands besten Köchen gearbeitet.

BUCKIE The Old Monastery

Drybridge, bei Buckie, Morayshire, AB56 5JB 01542 83 26 60

Das in einer umgebauten Kirche untergebrachte Restaurant hat viele treue Stammgäste. In außergewöhnlicher Atmosphäre kann man Gerichte aus exklusiven regionalen Erzeugnissen genießen – von Seafood bis Wild. Kleine Kinder sind mittags willkommen, der Abend ist vor allem den Erwachsenen vorbehalten.

CAIRNDOW Loch Fyne Oyster Bar

Clachan, Cairndow, Argyll, PA26 8BL 01499 60 02 36

Sehr bekannt und bei Einheimischen beliebt ist das Loch Fyne. Das Angebot an frischem Fisch und Seafood ist schier unüberschaubar, der Gast hat die Qual der Wahl. Auf der Speisekarte findet man Austern, Muscheln und Thunfisch, es gibt aber auch Gerichte mit Hühnerfleisch oder Lamm sowie vegetarische Alternativen.

CARNOUSTIE 11 Park Avenue

11 Park Avenue, Carnoustie, Angus, DD7 7JA 01241 85 33 36

Ein trendiges Restaurant mit einer herzlichen Atmosphäre und einem exzellenten Koch. Stephen Collinson arbeitet kreativ und verwendet in seiner Küche nur die frischesten regionalen Erzeugnisse. Vegetarier können sich über eine große Auswahl freuen, die Desserts sollte man unbedingt versuchen. Kinder sind willkommen.

COLBOST The Three Chimneys

Colbost, Dunvegan, Isle of Skye, Inverness-shire, IV55 8ZT 01470 51 12 58

Das preisgekrönte Restaurant liegt unweit von Dunvegan an der Westküste. Serviert werden hervorragende Seafood- und Wildgerichte, in der Küche werden ausschließlich lokale Produkte verwendet. Entspanntes und ruhiges Ambiente. Eine kulinarische Institution in Schottland, die man unbedingt besuchen sollte. Reservierung empfohlen!

DRYMEN The Pottery

The Square, Drymen, Argyll, G63 OBJ 01360 66 04 58

Das helle und lebhafte Restaurant mit angegliedertem Coffeeshop liegt am Dorfplatz. Hier wird tagsüber und abends gute Hausmannskost serviert, viele Gäste kommen aber auch zum Nachmittagstee. Im Sommer kann man auf der Terrasse speisen, im Winter am offenen Kamin. Beliebt bei Einheimischen und Gästen.

DUFFTOWN A Taste of Speyside

10 Balvenie Street, Dufftown, Moray, AB55 4AB 01340 82 08 60

Inmitten der wildromantischen Landschaft des Spey Valley werden im Taste of Speyside die Gäste schon seit vielen Jahren kulinarisch verwöhnt. Die unverfälschten Gerichte werden hier äußerst sorgfältig zubereitet. Besonderen Wert legt der Koch auf qualitativ hochwertige lokale Erzeugnisse und auf frisches Geflügel, Wild und frischen Fisch.

DUNKELD Kinnaird Estate

Kinnaird Estate, an der B 898, bei Dunkeld, Perthshire, PH8 OLB 01796 482 24 40

Das schicke Restaurant im prächtigen Schlosshotel wartet mit einer großartigen und eigenwilligen Küche auf. Der berühmte Sommelier James Payne ist für die exquisite Weinauswahl zuständig. Das Ambiente ist elegant, die Angestellten professionell und freundlich. Kinder sind erst ab dem Alter von 10 Jahren willkommen.

FORT WILLIAM Crannog Seafood Restaurant

The Waterfront, Fort William, Perthshire, PH33 7PT 01397 70 55 89

Das Crannog Seafood Restaurant wird von örtlichen Fischerfamilien betrieben. Von hier hat man einen grandiosen Blick auf die Ausläufer des Sees und die umgebenden Hügel. Die Portionen sind riesig, die Atmosphäre herzlich und entspannt, der Service tadellos. Die Auswahl an Fisch ist groß, außerdem wird selbst geräucherter Fisch angeboten.

INVERNESS La Tortilla Asesina

99 Castle Street, Inverness, IV2 3EA 01463 70 98 09

Das Tortilla Asesina wird als eine der besten Tapas-Bars außerhalb Spaniens bezeichnet. Das ist ein großes Lob. Die Idee zur Eröffnung einer Tapas-Bar hatte der Besitzer bei einer Motorradtour durch Spanien. Angeboten wird eine große Auswahl leckerer Tapas, die wegen der Verwendung heimischer Produkte einen schottischen Einschlag haben.

INVERNESS River Café Restaurant

10 Bank Street, Inverness, IV1 1QY 01463 71 48 84

Im kleinen Café am Fluss werden Frühstück, Lunch, Kaffee und Kuchen angeboten. Die Mittagskarte ist sehr umfangreich, zur Wahl stehen Leckereien wie gefüllte Croissants, gebackene Kartoffeln und verschiedene Quiches. Auch die Tagesgerichte sind empfehlenswert. Gute, traditionell schottische Hausmannskost.

INVERNESS Rocpool

1 Ness Walk, Inverness, IV3 5NE 01463 71 72 74

Im Rocpool geht es sehr lebhaft zu. In modernem Ambiente wird frisches und leckeres Essen aufgetischt. Die Gerichte werden alle mit qualitativ hochwertigen lokalen Erzeugnissen zubereitet. Der Service ist freundlich und schnell. Beliebt bei Einheimischen und Gästen. Ein Besuch lohnt sich auf jeden Fall.

INVERNESS Culloden House

Culloden, Inverness, IV2 7BZ 01463 79 04 61

Culloden House ist ein Landsitz inmitten eines weitläufigen historischen Anwesens, nahe der Touristeninformation des Städtchens. Aus der Küche kommen herzhafte und leckere, aber auch kreative Gerichte, die mit Saucen, Gelees, Sorbets oder Mousses angerichtet werden. Im Haus stehen auch Hotelzimmer zur Verfügung.

ISLE OF BUTE Chandlers Hotel

Ascog Bay, Isle of Bute, PA20 9ET 01700 50 55 77

Das Chandlers Hotel verfügt über eine wunderbare Lage mit Blick über den Clyde bis hin zur Küste von Ayrshire. Die liebevoll zubereiteten Gerichte, mit denen die Gäste im Restaurant verwöhnt werden, zeugen von einem Koch, der seine Profession mit Hingabe ausübt. Nur beste regionale und saisonale Zutaten werden verwendet.

ISLE OF MULL The Highland Cottage Hotel

Tobermory, Isle of Mull, Argyll, PA75 6NT 01688 30 20 30

Das familiengeführte Hotel ist in einem der Fischerhäuser untergebracht, die am Wasser liegen. Ein wunderbarer Ort, um zu essen. Nur beste lokale Produkte wie Lachs, Seafood, Hirsch, Rindfleisch und Lamm werden serviert, nicht zu vergessen die saisonalen Gemüse. Gute Auswahl an vegetarischen Gerichten.

KILBERRY Kilberry Inn

Kilberry, bei Tarbert, Loch Fyne, Argyll, PA29 6YD 01880 77 02 23

Die Kilberry Inn ist in einem traditionellen Haus mit rotem Blechdach untergebracht. Hier werden einfache, aber hervorragend zubereitete Mahlzeiten serviert. Auf der ständig wechselnden Speisekarte stehen Fisch, Seafood und Wild, aber auch traditionelle schottische Gerichte. Gemütliches Ambiente mit Kaminfeuer. Jan, Feb geschlossen.

KILLIECRANKIE Killiecrankie Hotel

Nahe der A 9, bei Pitlochry, Perthshire, PH16 5LG 01796 47 32 20

Das hübsche Killiecrankie Hotel hat das Flair eines Dorfgasthofs. Gekocht wird hier herzhaft und gesund, einige Gerichte sind jedoch durchaus innovativ. Auch in der Bar kann man gut essen. Die Atmosphäre in Bar und Restaurant ist zwanglos. Der Service ist freundlich, die Gäste fühlen sich willkommen.

KINCRAIG The Boathouse Restaurant

Loch Insh, Kincraig, Inverness-shire, PH21 1NU 01540 65 12 72

Vom Restaurant im Blockhaus hat man einen Blick über den Loch Insh. Zur Auswahl stehen regionaler Fisch, *haggis* und Steaks, aber auch Kaffee, Snacks und hausgemachter Kuchen. Für Kinder gibt es eine extra Speisekarte, im Sommer kann man auf dem Balkon essen. Zum Restaurant gehören auch ein Souvenirshop und eine Bar.

KIRRIEMUIR Roundhouse Restaurant

Bridgend of Lintrathen, bei Kirriemuir, Angus, DD8 5JJ 01575 56 03 40

Das einzigartige Roundhouse Restaurant in der Lochside Lodge bietet feinstes Essen. In der Steading Bar kann man sich bei einem Bier oder einem Glas Whisky entspannen. Angeboten werden einfache, hervorragend zubereitete Gerichte. Auf den Tisch kommt auch frisch gepflücktes Obst aus Blairgowrie.

KYLESKU The Kylesku Hotel

An der A 894 bei Lairg, Sutherland, IV27 4HW 01971 50 22 31

Das Kylesku Hotel liegt vor der imposanten Kulisse der Lochs und Berge. Hier hat man sich dem Fairtrade und den Maximen der RSPCA (Royal Society for the Prevention of Cruelty to Animals) verschrieben. Die Speisekarte ist beeindruckend, Spezialität ist frisch gefangener Fisch. Ein idealer Ort zum Relaxen. Geschlossen: Nov–Feb.

OBAN Wide Mouthed Frog

Dunstaffnage Bay, bei Oban, Argyll, PA37 1PX 01631 56 70 05

Das Restaurant zwischen Oban und Cobal ist besonders bei Seglern ein beliebter Treffpunkt. Vom Innenhof und den Terrassen kann man wunderbar über die Dunstaffnage Bay und zum Dunstaffnage Castle blicken. Der Großteil der Gerichte besteht aus frischem Fisch und Seafood. Für Übernachtungsgäste werden Zimmer angeboten.

Preiskategorien *siehe Seite 185* **Zeichenerklärung** *siehe hintere Umschlagklappe*

OBAN Ee'usk – The Fish Café €€

North Pier, Oban, Argyll, PA34 5QD 01631 56 56 66

Das wundervoll am Wasser gelegene Ee'usk ist ein Newcomer in der Restaurantszene von Oban. Hier werden lecker zubereitete Seafood-Gerichte serviert, auf den Tisch kommt, was morgens gefangen wurde. Ein Muss für jeden Fischliebhaber. Sehr reizvoll ist auch der Blick auf die Küste.

OBAN The Gathering Restaurant €€

Breadalbane Street, Oban, Argyll, PA34 5NZ 07770 93 19 67

Das zentral gelegene Gathering Restaurant ist bei Einheimischen und Gästen gleichermaßen beliebt. Hier kann man in entspannter Atmosphäre und in netter Gesellschaft lecker essen. Alle Gerichte werden frisch zubereitet, das Angebot ist groß und bietet für jeden Geschmack etwas. Freundliches Personal.

OBAN The Knipoch Hotel €€€

An der A816, bei Oban, Argyll, PA34 4QT 01852 31 62 51

Das traditionelle Landhotel befindet sich am Stadtrand von Oban. Serviert werden einfache Gerichte, aber auch leckere Menüs. Bemerkenswert ist das große Angebot an Gemüsen und diversen Puddings. Erwähnenswert ist auch die große Auswahl an Whiskys, der älteste ist Jahrgang 1936.

ORKNEY Julia's Café and Bistro €

Ferry Road, Stromness, Orkney, KW16 3AE 01856 85 09 04

Egal ob man nur auf die Schnelle seinen Hunger stillen oder entspannt speisen möchte, Julia's Café and Bistro ist in jedem Fall zu empfehlen. Ideal, um die lokalen Erzeugnisse der Inseln zu versuchen, die frisch zubereitet und ansprechend serviert werden. Kontinuierlich exzellente Qualität und sehr freundliche Atmosphäre.

PERTH Let's Eat €€

77–79 Kinnoull Street, Perth, Perthshire, PH1 5EZ 01738 64 33 77

Das Erfolgsrezept des Let's Eat sind die qualitativ hochwertigen regionalen Zutaten und die Leidenschaft des Besitzers für gutes Essen. Das Restaurant ist bekannt für seine innovativen Gerichte von Fisch, Wild, Rind und Lamm, die, mit frischem Gemüse und interessanten Saucen angerichtet, auf den Tisch kommen.

PERTH 63 Tay Street €€€

63 Tay Street, Perth, Perthshire, PH2 8NN 01738 64 33 77

Die Inneneinrichtung des Restaurants, das von einem Ehepaar geführt wird, ist modern und minimalistisch. Der Koch Jeremy Wares komponiert einfallsreiche Gerichte aus der modernen schottischen Küche, während Shona sich um den Rest kümmert. Beste regionale Zutaten und himmlisch gutes Essen.

PLOCKTON Plockton Shores €€

30 Harbour Street, Plockton, Ross-shire, IV52 8NN 01599 54 42 63

Vom Ufer des Loch Carron, wo das Restaurant steht, hat man eine herrliche Sicht über die Bucht. Hier lässt sich auch fangfrischer Fisch sowie Wild genießen, zudem findet man moderne schottische und vegetarische Gerichte auf der Karte. Die Küche verarbeitet bevorzugt regionale Produkte. Bekannt ist auch das *cullen skink* (eine Suppe).

PORT APPIN The Airds Hotel €€€€

Port Appin, Argyll, PA38 4DF 01631 73 02 36

Das Airds Hotel liegt an der Küste von Argyll. Die Küche ist hier auf wechselnde regionale Seafood-, Geflügel- und Wildgerichte spezialisiert. Ungezwungene Atmosphäre. Erstklassiger Service, schönes Ambiente und eine herausragende Weinauswahl runden den positiven Eindruck ab. Vegetarisches Essen auf Anfrage.

ST MARGARET'S HOPE The Creel €€€

Front Road, St Margaret's Hope, Orkney, KW17 2SL 01856 83 13 11

Eine der besten Adressen, wenn es ums Essen auf den Orkney-Inseln geht. Die in The Creel servierten Gerichte sind traditionell regional. Besonders lecker ist das Seafood, das Rindfleisch oder das mit Seegras gefütterte Lamm. Der Service ist freundlich und hilfsbereit. Für Übernachtungsgäste sind Zimmer vorhanden.

STONEHAVEN Lairhillock Inn €€

Netherley, bei Stonehaven, Aberdeenshire, AB39 3QS 01569 73 00 01

An der Straße von Aberdeen nach Banchory entdeckt man diese fast versteckt liegende 200 Jahre alte Poststation mit Kamin und Wintergarten. Hier werden leckere Gerichte serviert: Rindfleisch aus der Umgebung, Muscheln, Wildschwein und Hirsch. In der Bar kann man aus einem breiten Angebot von Ale- und Whisky-Sorten wählen.

TONGUE Borgie Lodge €€

Skerray, Tongue, KW14 7TH 01641 52 13 32

In der Lodge am Ufer des Borgie in North Sutherland kann man einen herrlichen Urlaub verbringen und sich mit hervorragendem Essen verwöhnen lassen. Gäste haben die Wahl zwischen der Bar und dem eleganteren Restaurant. Die Produkte aus der Umgebung werden gekonnt verarbeitet und angerichtet.

ULLAPOOL The Ceilidh Place €€€

14 West Argyle Street, Ullapool, Sutherland, IV26 2TY 01854 61 21 03

Zu dem preisgekrönten, in einem interessanten Gebäude untergebrachten Hotel gehören nicht nur ein Restaurant und eine Bar, sondern auch ein Buchladen. In der Küche werden fantasievolle Gerichte aus besten regionalen Zutaten bereitet. Fisch, Fleisch, Geflügel sowie Gemüse und Früchte stehen dabei an erster Stelle.

THEMENFERIEN UND AKTIVURLAUB

Schottland kann seinen Besuchern zwar weder Sonne nonstop garantieren, noch hat es eine extravagante Strandkultur zu bieten, doch seine unzähligen Freizeitangebote und das herausragende kulturelle Erbe haben das Land zu einem überaus beliebten Urlaubsziel gemacht. Die Einnahmen im Tourismussektor spielen in der schottischen Wirtschaft eine zunehmend wichtige Rolle. Eine Vielzahl an regionalen Unternehmen versucht, dem Besucher das zu bieten, wonach er sucht.

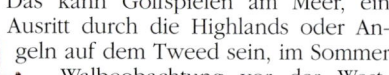

Highland-
Dudelsackspieler

Das kann Golfspielen am Meer, ein Ausritt durch die Highlands oder Angeln auf dem Tweed sein, im Sommer Walbeobachtung vor der Westküste, im Winter Skifahren in den verschneiten Cairngorms, der Genuss frischer Austern in einem Restaurant an einem der wunderbaren Lochs oder die Suche nach Informationen über die eigenen Vorfahren, die das Land vor 200 Jahren verlassen haben. Das Angebot an interessanten Freizeitmöglichkeiten ist hervorragend und unüberschaubar vielfältig.

Ahnenforschung in Edinburgh

AHNENFORSCHUNG

Seit der Säuberungswelle im 18. Jahrhundert *(siehe S. 150)* sind viele Schotten auf der Suche nach einem besseren Leben ausgewandert, z. B. nach Australien, Kanada, Neuseeland oder in die USA. Heute gibt es Millionen von Menschen auf der ganzen Welt, deren Vorfahren in Schottland lebten. Für viele ist die Suche nach ihren Wurzeln ein wichtiges Motiv für eine Schottland-Reise. Wer Nachforschungen anstellen will, sollte **General Register Office for Scotland** (wo alle Geburten, Todesfälle und Hochzeiten ab 1500 verzeichnet sind), die **Scottish Genealogy Society** oder die **National Archives of Scotland**, alle in Edinburgh, kontaktieren.

GÄLISCHE KULTUR

Der Nordwesten Schottlands ist das Zentrum des Gälischen, einer keltischen Sprache, die sich im 4. Jahrhundert v. Chr. vom europä-

ischen Festland nach Irland und Schottland ausbreitete. Die englischen Herrscher des 18. Jahrhunderts setzten Gälisch jedoch mit einem rebellischen Clan-System gleich, das man nach den Jakobitenaufständen von 1745 *(siehe S. 147)* ächtete. Gälisch wurde immer seltener gesprochen und kaum gepflegt.

In jüngster Zeit strebt man mit Fernseh- und Radioprogrammen sowie Unterricht in den Schulen eine Wiederbelebung des Gälischen an. **An Comunn Gaidhealach**, Schottlands Gälische Gesellschaft, organisiert das Royal National Mod *(siehe S. 38)*, einen Wettbewerb darstellender Künste. Weitere Gesellschaften sind **Comunn An Luchd Ionn-**

sachaidh und **Comunn na Gàidhlig**. **Sabhal Mor Ostaig** auf der Isle of Skye bietet Besuchern Gälischkurse an.

SCHOTTLAND FÜR GOURMETS

Schottland ist zu Recht für seine guten landwirtschaftlichen Erzeugnisse bekannt, und in den letzten Jahren wurden in Glasgow und Edinburgh viele gute Restaurants eröffnet. Edinburgh gilt heute in puncto Restaurantkultur nach London als Nummer zwei in Großbritannien.

Wer die schottische Küche testen will, kann einen Urlaub über **Connoisseurs Scotland** buchen. Arrangiert wird ein Aufenthalt in einem Landsitz mit erstklassiger Küche, z. B. dem Crinan Hotel in Argyll oder dem Gleneagles.

Die **Scotch Malt Whisky Society** bietet Informationen für Whisky-Liebhaber. Destillerien werden gerne besucht

Whisky, das »Wasser des Lebens« – Besuch einer Destillerie am Spey

(siehe S. 32f und S. 144). Manche, etwa die **Glenfiddich Distillery**, bieten Führungen an.

Edinburghs **Caledonian Brewery** erklärt die Herstellung von Ale. Eine Ausstellung in den **Inverawe Smokehouses** bei Taynuilt zeigt die Techniken des Fisch- und vor allem des Lachsräucherns.

TIERBEOBACHTUNG

Verglichen mit weiten Teilen Großbritanniens besitzt Schottland noch sehr viel unberührte Natur: große Moorgebiete, einsame Berglandschaften und eine lange, relativ unerschlossene Küste, an

Tümmlerbeobachtung auf der ruhigen Oberfläche eines Meeresarms

Wanderer im Glencoe, Heimat von Rotwild und Raubvögeln

der eine Vielfalt an Tieren lebt. Ranger des **Cairngorm Reindeer Centre** in den Bergen bei Aviemore leiten Wanderungen zu einer Rentierherde. Will man die Meeresfauna sehen, nimmt man am besten ein Boot der **Maid of the Forth Cruises**, die von South Queensferry bei Edinburgh aus Fahrten auf dem Forth anbieten, dem Habitat von Delfinen und Seehunden. Etwas abenteuerlicher sind die Walbeobachtungstouren, angeboten von **Sea Life Surveys**, die von der Isle of Mull aus starten.

Doch auch wer individuell wandert, kann in den High-

lands Raubvögel, in den Seen Otter und auf den Bergen Rotwild erspähen. In Schottland, wo viele Vögel heimisch sind, aber auch Zugvögel Station machen, gibt es eine Reihe wichtiger Vogelschutzgebiete. Das berühmteste liegt auf Handa Island vor Scourie an der Nordwestküste (*siehe S. 157*). St Abb's Head (*siehe S. 84*) östlich von Edinburgh und Baron's Haugh bei Motherwell (unweit Glasgow) liegen mehr in Stadtnähe.

Viele Tierbeobachtungen werden von Privatunternehmen organisiert, Informationen geben die Fremdenverkehrsbüros.

AUF EINEN BLICK

AHNENFORSCHUNG

General Register Office for Scotland
General Register House,
2 Princes St,
Edinburgh, EH1 3YY.
☏ 0131 535 13 14.
www.gro-scotland.gov.uk

National Archives of Scotland
New Register House,
3 West Register St,
Edinburgh, EH1 3YT.
☏ 0131 334 03 80.
www.nas.gov.uk

Scottish Genealogy Society
15 Victoria Terrace,
Edinburgh, EH1 2JL.
☏ 0131 220 36 77.
www.scotsgenealogy.com

GÄLISCHE KULTUR

An Comunn Gaidhealach
109 Church St,
Inverness, IV1 1EY.
☏ 01463 23 12 26.
www.ancomunn.co.uk

Comunn An Luchd Ionnsachaidh
Highland Rail House,
1–4 Academy St,
Inverness, IV1 1LE.
☏ (01463) 22 67 10.
www.cli.org.uk

Comunn na Gàidhlig
5 Mitchell's Lane,
Inverness, IV3 2AQ.
☏ 01463 23 41 38.
www.cnag.org.uk

Sabhal Mor Ostaig
Teangue, Sleat,
Isle of Skye, IV44 8RQ.
☏ 01471 88 80 00.
www.smo.uhi.ac.uk

SCHOTTLAND FÜR GOURMETS

Caledonian Brewery
42 Slateford Rd,
Edinburgh, EH11 1PH.
☏ 0131 337 12 86.
www.caledonian-brewery.co.uk

Connoisseurs Scotland
PO Box 26164,
Dunfermline KY11 9WQ.
☏ 01383 82 58 00.
www.connoisseurs-scotland.com

Glenfiddich Distillery
Dufftown, Keith,
Banffshire, AB55 4DH.
☏ 01340 82 03 73.
www.glenfiddich.com

Inverawe Smokehouses
Taynuilt, Argyll, PA35 1HU.
☏ 01866 82 24 46.

Scotch Malt Whisky Society
The Vaults,
87 Giles St,
Edinburgh, EH6 6BZ.
☏ 0131 554 34 51.
www.smws.co.uk

TIERBEOBACHTUNG

Cairngorm Reindeer Centre
Glenmore Aviemore,
PH22 1QU.
☏ 01479 86 12 28.

Maid of the Forth Cruises
Hawes Pier,
South Queensferry, EH30.
☏ 0131 331 50 00.

Sea Life Surveys
Ledaig, Tobermory,
Isle of Mull, PA75 6NU.
☏ 01688 30 29 16.

Überblick: Sport und Aktivurlaub

Nur wenige Seen und Küstengewässer werden von kommerziellen Boots- und Wassersportunternehmen genutzt, doch kann man viele kleinere Lochs in unerschlossenen Gebieten mit dem eigenen Boot befahren. In Schottland gibt es fünf organisierte Skizentren. Das Land besitzt zudem viele Hundert Golfplätze, die meisten liegen im Landesinneren und im Süden. Die Karte zeigt die Hauptzentren verschiedener beliebter Freizeitaktivitäten. Weitere Informationen zu einzelnen Sportarten finden Sie auf den Seiten 202–211.

Handa Island vor der Nordwestküste ist eines von zahlreichen Seevogel-Schutzgebieten.

Kletterer und Bergsteiger (siehe S. 208) *zieht es ins Glencoe, zu den Cairngorms und den Cuillin Hills auf Skye. Die Torridon-Kette und andere Gebirgszüge weiter nördlich sind ebenfalls sehr beliebt.*

Die fünf schottischen Skizentren (siehe S. 209) *sind White Corries (Glencoe), Nevis Range, Cairngorm, Glenshee und The Lecht. Die Skisaison beginnt gewöhnlich im Dezember und dauert bis April.*

Der West Highland Way ist der beliebteste Fernwanderweg Schottlands. Er führt durch abwechslungsreiches Terrain.

Culzean Castle

LEGENDE

🔷	Wassersport
🔷	Segeln
🔷	Golfplatz
🔷	Vogelbeobachtung
🔷	Bergwandern
🔷	Skipiste
🔷	Angelplatz
🔷	Reitstall
🔷	Wandergebiet
--	Fernwanderweg

Segeln (siehe S. 211) *kann man gut vor der Westküste und den Inseln. Das ruhige Wasser geschützter Buchten eignet sich für Anfänger; die offene See kann aufregend, aber auch tückisch sein. Auf dem Loch Ness kann man ebenfalls gut segeln.*

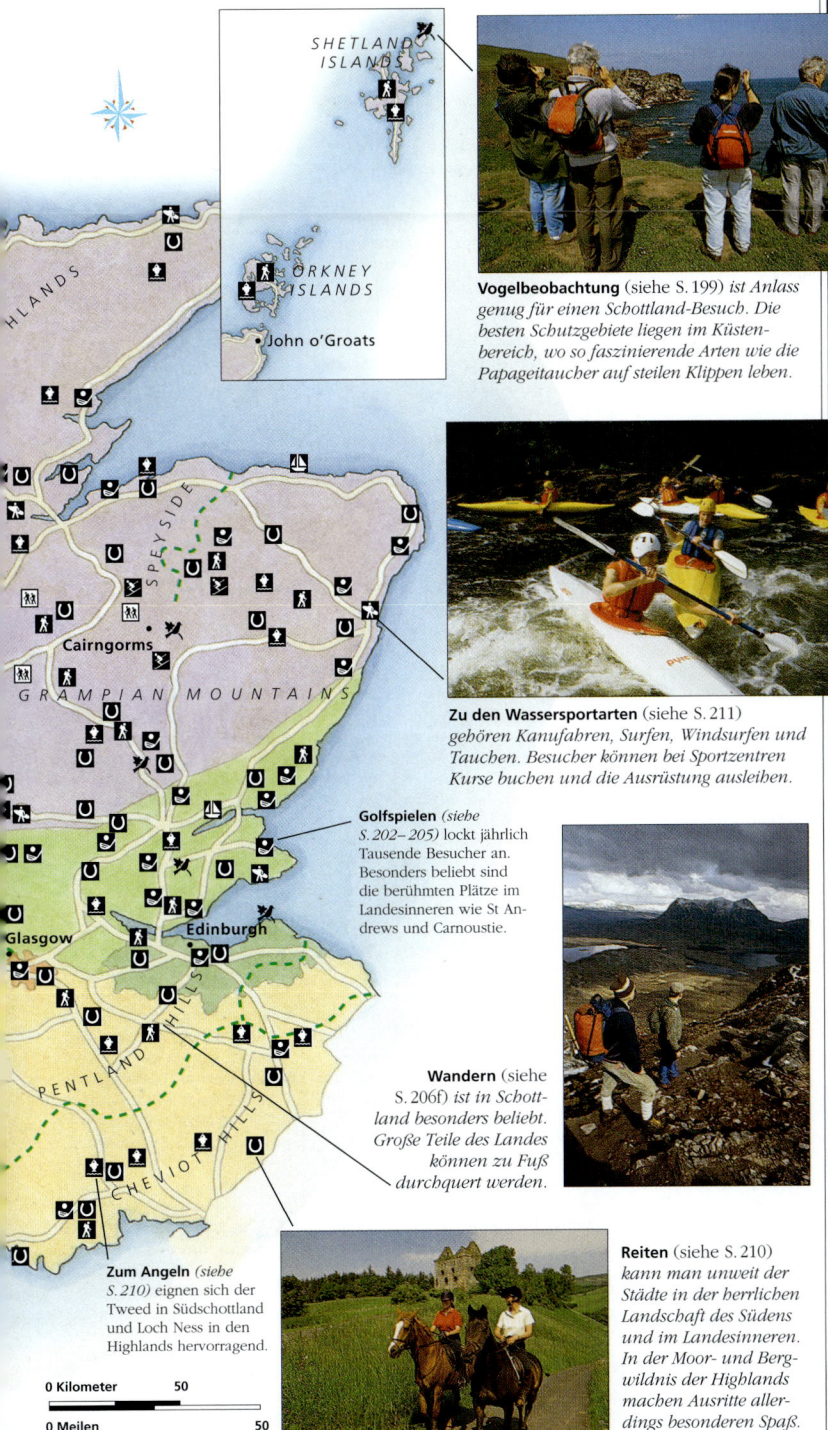

Vogelbeobachtung (siehe S. 199) *ist Anlass genug für einen Schottland-Besuch. Die besten Schutzgebiete liegen im Küstenbereich, wo so faszinierende Arten wie die Papageitaucher auf steilen Klippen leben.*

Zu den Wassersportarten (siehe S. 211) *gehören Kanufahren, Surfen, Windsurfen und Tauchen. Besucher können bei Sportzentren Kurse buchen und die Ausrüstung ausleihen.*

Golfspielen *(siehe S. 202–205)* lockt jährlich Tausende Besucher an. Besonders beliebt sind die berühmten Plätze im Landesinneren wie St Andrews und Carnoustie.

Wandern (siehe S. 206f) *ist in Schottland besonders beliebt. Große Teile des Landes können zu Fuß durchquert werden.*

Reiten (siehe S. 210) *kann man unweit der Städte in der herrlichen Landschaft des Südens und im Landesinneren. In der Moor- und Bergwildnis der Highlands machen Ausritte allerdings besonderen Spaß.*

Zum Angeln *(siehe S. 210)* eignen sich der Tweed in Südschottland und Loch Ness in den Highlands hervorragend.

SHETLAND ISLANDS

ORKNEY ISLANDS

• John o'Groats

HLANDS

SPEYSIDE

Cairngorms

GRAMPIAN MOUNTAINS

Glasgow

Edinburgh

PENTLAND HILLS

CHEVIOT HILLS

0 Kilometer 50

0 Meilen 50

Golf

Britische Tees

Golf, das uralte Spiel, ist so schottisch wie der Kilt und wird seit Jahrhunderten gespielt. Wo auch immer Sie hinreisen, stets werden Sie in der Nähe einen Golfplatz finden. Nur wenige Länder können Schottland hinsichtlich Anzahl – über 550 – Qualität und Vielfalt der Plätze das Wasser reichen. Und ebenso wenige können eine so schöne Landschaft bieten. Golf wird in Schottland von Menschen jeden Alters gespielt. Ob Sie sich an die legendären Meisterschaftsplätze heranwagen oder doch eher eine weniger große Herausforderung annehmen wollen – in Schottland gibt es den passenden Platz.

ANFÄNGE

Variationen des heutigen Golfspiels gab es in ganz Europa bereits im 14. Jahrhundert, möglicherweise sogar schon zur Zeit der Römer. Doch es waren die Schotten, die Golf als offizielles Spiel einführten und seine Verbreitung in der ganzen Welt förderten. In Schottland wurde die Leidenschaft für dieses Spiel geboren. Mitte des 16. Jahrhunderts war es zu einem beliebten Zeitvertreib der Reichen und Mächtigen geworden – James VI war ein passionierter Golfer, genauso wie seine Mutter Mary, Queen of Scots.

Ende des 19. Jahrhunderts folgte die gehobene Mittelschicht aus England dem Beispiel der königlichen Familie und verbrachte ihren Urlaub in Schottland. Erleichtert wurde ihnen das durch den verstärkten Ausbau des Bahnnetzes in Richtung Norden.

Die Engländer waren so vernarrt in das Golfspiel, dass sie es zu Hause einführten. 1744 verfassten die Gentlemen Golfers of Leith, angeführt von Duncan Forbes, die ersten *Articles & Laws in Playing at Golf*. Das damals aufgestellte Regelwerk wurde zwar später überarbeitet, bildete jedoch die Grundlage für das Golfspiel, wie es heute noch kennen.

AUSRÜSTUNG

Der Einfluss der Schotten auf das Golfspiel reichte allerdings noch weiter. Viele der damaligen Profis waren gleichzeitig Tischler und trugen selbst zur Entwicklung der Schläger und Bälle bei. Willie Park Senior, der Gewinner der ersten Scottish Open (1860), stellte erstklassige Schläger her. Old Tom Morris wurde dank seines grandiosen Spiels und seiner Handwerkskunst zu einer Golflegende. Bevor es Maschinen gab, fertigte man jeden Holzschläger ausschließlich von Hand, ebenso die ersten Köpfe aus Eisen sowie die Schläger mit Aluminiumköpfen, die sich nur wenig von den aktuellen unterscheiden. Der

harte, 1848 erfundene Ball ersetzte den teuren und leicht kaputtgehenden »fedrigen« Ball. Der heute verwendete Ball mit seinem Gummikern kam zu Beginn des 20. Jahrhunderts in Mode.

Gleneagles, einer der schottischen Meisterschaftsplätze

SPIELEN

Beinahe alle schottischen Golfclubs freuen sich über Besucher. Bei starkem Betrieb kann es allerdings manchmal zu Beschränkungen für Nichtmitglieder kommen. Die meisten Clubs sind mittlerweile online vertreten, bei manchen kann man über das Internet buchen, einige verlangen noch immer eine schriftliche Anmeldung. Auf jeden Fall sollten Sie weit im Voraus buchen. Eine Golfreise, bei der man auf den gewünschten Plätzen garantiert spielen kann, ist eine Alternative.

Die umfassende Liste aller Golfplätze *Official Golf Guide to Scotland* mit vielen hilfreichen Informationen kann man gratis bei VisitScotland (www.visitscotland.com) bestellen.

ETIKETTE

Man muss man kein Snob sein, um in Schottland Golf zu spielen, allerdings sind manche Clubs konservativer als andere. Einige rümpfen bei Jeans und Turnschuhen die Nase, aber nur wenige bestehen auf Jackett und Schlips im Clubhaus. Vergessen Sie nicht, einen Nachweis über Ihr Handicap mitzubringen.

Ein altes Eisenbahnposter zeigt die Verlockungen von St Andrews, einem Paradies für Golfer

SPIELZEITEN

Organisatorisch ist es einfacher (und preiswerter), unter der Woche und in der Nebensaison zu spielen. Die Golfsaison läuft eigentlich von April bis Mitte Oktober, doch die meisten Clubs haben das ganze Jahr geöffnet – besonders die in den klimatisch milden Küstenorten. Mai und September sind die idealen Monate zum Spielen: Die Temperatur ist angenehm, und die Landschaft steht in voller Blüte. Je nördlicher man reist, umso stärker variiert das Tageslicht. An Mittsommer kann man auf den Orkney und Shetland Islands noch um Mitternacht abschlagen.

GOLFVERANSTALTUNGEN

Viele begeisterte Golfer kombinieren einen Urlaub mit dem Besuch einer Golfveranstaltung. Neben der berühmten Open Championship, die jedes zweite Jahr stattfindet, ziehen auch die Barclays Scottish Open (im Sommer am Loch Lomond), die Dunhill Links Championship (Okt) sowie die beiden Meisterschaften für Frauen die Besucher an: die Women's British Open und die Ladies' Scottish Open. Für Amateure gibt es die St Andrews Links Trophy (Juni) und die Scottish Amateur Championship (Juli–Aug). Golfwochen werden in St Andrews (Apr), Royal Deeside und Machrihanish (beide Mai) sowie Pitlochry (Juni) veranstaltet. Die Fife, Ayrshire und Highland Classics sind bekannte Turniere an verschiedenen Austragungsorten.

Sonnenuntergang bei Royal Troon

EINRICHTUNGEN

In einer Übersicht mit dem Titel *Visiting Golfers Welcome* von VisitScotland erfährt man, welche Clubs was für Nichtmitglieder anbieten. Tüchtige stellen Unterkünfte auf dem Gelände bereit, die sehr luxuriös sein können, wie z. B. das **Gleneagles** oder das Skibo Castle vom **Carnegie Club**. Andere können B&Bs oder Hotels in der Nähe empfehlen, von denen viele den Golfern einen guten Preis für das Zimmer oder einen Rabatt auf die Greenfees gewähren. Häufig befinden sich auch Trockenräume im Haus, und es gibt auf Golfer abgestimmte Essenszeiten. Halten Sie bei der Suche nach einer Unterkunft nach dem »Golfers Welcome«-Logo Ausschau.

Schläger und Trolley können auf den meisten Plätzen gemietet werden. Wenn Sie einen Caddie brauchen, reservieren Sie lieber frühzeitig.

Claret-Jug-Trophäe

Buggies gibt es nur auf größeren Anlagen, in Schottland ist es noch immer die Norm zu laufen, es sei denn, man ist körperlich eingeschränkt.

LANGE TRADITION

Viele Golfplätze Schottlands sind geschichts- und traditionsträchtig. Ohne Zweifel liegt die Wiege des Golfs in **St Andrews** auf Fife, wo das Spiel im 15. Jahrhundert (Aufzeichnungen nennen das Jahr 1457) entstand. Der St Andrews Links Trust betreibt heute sieben Plätze auf dem heiligen Stück Boden am Meer, der ehrwürdigste unter ihnen ist natürlich der Old Course. Jeder Golfer träumt davon, einmal hier abzuschlagen. Wenn das Glück auf Ihrer Seite ist, wird Ihr Traum wahr. Unter kurzfristigen Besuchern wird mittels einer Ziehung über deren Spielwunsch abgestimmt. Kontaktieren Sie den Trust einen Tag, bevor Sie spielen wollen, und Sie sind bei der Ziehung dabei. Die erfolgreichen Anwärter werden auf der Website bekannt gegeben.

St Andrews heimischer Royal and Ancient Golf Club (R&A), wurde 1754 gegründet und bestimmt nun die Welt des Golfs. Der R&A organisiert die berühmten British Open, die traditionell alle fünf Jahre in St Andrews stattfinden. Tiger Woods hofft im Jahr 2010 auf seinen dritten Erfolg, nachdem er die Claret-Jug-Trophäe schon bei den zwei letzten Gelegenheiten gewonnen hat. Der Besuch des British Golf Museum gegenüber vom R&A-Clubhaus ist für jeden Golffan ein Muss.

Unweit von St Andrews residiert die **Crail Golfing Society**, die 1786 ins Leben gerufen wurde. Deren Balcomie-Platz ist wegen seiner Küstenlage ein harter Test. **Royal Burgess** von 1735 ist die weltweit älteste Golfgesellschaft. Sie besitzt einen hübschen mit Bäumen bewachsenen Kurs nördlich von Edinburgh. Besucher sind willkommen.

Barclays Scottish Open auf dem Golfplatz beim Loch Lomond

MEISTERSCHAFTSPLÄTZE

Weitere Plätze, auf denen Open Championships ausgetragen werden, sind **Carnoustie** in Angus, **Turnberry** und **Royal Troon**. **Prestwick** und **Royal Musselburgh** sind beeindruckend, werden aber nicht mehr für Meisterschaften genutzt, da man keine Möglichkeit hat, all die Zuschauer unterzubringen. Qualifikationen werden in **Gullane**, **North Berwick** und **Glasgow Gailes** gespielt. **Downfield** in Dundee veranstaltet ab und zu die Scottish Open in den Highlands. **Royal Dornoch** ist ein Klassiker, der von Tom Morris gestaltet wurde. Auch **Gleneagles**, ein Luxushotels mit vier Plätzen, ist berühmt. Hier findet alljährlich im Spätsommer The Johnnie Walker Championship statt.

GOLFPLATZ-ARCHITEKTEN

Carnoustie, Royal Musselburgh, der King's sowie der Queen's Course auf Gleneagles wurden von James Braid entworfen, der in den 1920er Jahren fünfmal die Open gewann. Auf dem nach ihm benannten Trail kann man einige der 250 Plätze erkunden, die er geplant oder umgestaltet hat. Braid war es auch, der Doglegs und Bunker einführte. Seine bekanntesten Kurse sind **Nairn**, **Boat of Garten**, **Crieff**, **Haggs Castle**, **Brora** und **Dalmahoy**. Braid lernte die Kunst des Golfens in **Elie**, seinem Geburtsort. Auf den jetzigen Platz dort hatte er allerdings wenig Einfluss.

Der Golfplatz bei Cruden Bay, nahe Aberdeen

Luftaufnahme von Machrihanish, einem Golfplatz am Atlantischen Ozean

Dave Thomas konnte vor nicht allzu langer Zeit Erfolge als Designer von Golfplätzen feiern. Unter seinen Projekten finden sich u.a. **Deer Park** in Livingston, **Roxburghe** in den Borders und der Meisterschaftsplatz **Spey Valley** vor der spektakulären Kulisse der Cairngorm Mountains.

LANDSCHAFT

Es ist eher selten, dass ein Golfplatz nicht zusätzlich durch seine Umgebung beeindruckt. **Elgin**, einer der besten Inlandplätze, wird von einer Parklandschaft umgeben, **Kingussie** liegt vor den fantastischen Cairngorms. **Pitlochry** ist der ideale Platz für ein kleines Spiel im Urlaub, und **Traigh** bietet an seinen neun Löchern eine unglaubliche Sicht auf die Inneren Hebriden. **Shiskine** auf Arran ist mit seinen 12 Löchern und seiner tollen Lage ein außergewöhnlicher Geheimtipp. Die **Isle of Skye** hat einen kleinen Kurs mit schönem Panorama zu bieten, **Stromness** auf den Orkney Islands verspricht ein anspruchsvolles Spiel mit bestem Blick auf Scapa Flow.

Trotzdem sind die klassischen, an der See und in den Dünen gelegenen Plätze wohl die typischsten. Sie bieten vielfältige Herausforderungen: einen dramatischen Abschlag über den Atlantik bei **Machrihanish** oder die Mondlandschaft von **Cruden Bay**. Einer der neuesten und besten Plätze ist **Kingsbarns** bei St Andrews, der im Jahr 2000 mit spektakulärer Aussicht aufs Meer eröffnet wurde.

AUSGABEN REDUZIEREN

Golf kann ein teures Hobby sein, aber es ist durchaus möglich, eine Runde für unter 20 £ zu spielen – z.B. auf **Braid Hills** in Edinburgh, einem herrlichen Kurs mit Blick auf die Stadt und das Castle, oder auf dem Platz **Merchants of Edinburgh**.

Golfen auf der Isle of Skye

Wenn Sie nicht so viel Geld auf Fifes **Leven Links** lassen wollen, spielen Sie doch den angrenzenden Platz **Lundin Ladies** mit neun Löchern. Er wurde von James Braid entworfen, das Greenfee kostet nur ein Drittel, und Besucher sind willkommen. Auch **Colvend** ist eine gute Alternative.

Eine andere Möglichkeit ist, sich bei einem der verschiedenen Anbieter, die man auch im *Official Guide to Golf* aufgelistet findet, einen Golfpass zu besorgen. Mit diesem kann man auf 21 Plätzen in den Borders spielen. Mit dem Aviemore & Cairngorms Golf Pass kann man sieben Tage lang acht verschiedene Plätze in den Highlands entdecken.

AUF EINEN BLICK

NÜTZLICHE WEBSITES

www.scotlands-golf-courses.com

www.scottishgolf.com

www.visitscotland.com/golf

GOLF-ORGANISATIONEN

Scottish Golf Union
☎ 01382 54 95 00.

Scottish Ladies Golfing Association
☎ 01738 44 23 57.

ANBIETER

Fairtime Touristik GmbH
☎ 0049 8142 418 61 23.
www.fairtime.de

Golf International
☎ 01292 31 33 88.
www.golfinternational.com

Hayes Golfreisen
☎ 0049 6192 96 19 65.
www.hayes-golfreisen.de

Links Golf St Andrews
☎ 01334 47 86 39.
www.linksgolfstandrews.com

Scottish Golf Tours
☎ 01316 52 00 07.
www.scottish-golftours.com

EDINBURGH UND SÜDSCHOTTLAND

Braid Hills
22 Braid Hills Approach, Edinburgh.
☎ 0131 447 66 66.
www.edinburghleisure.co.uk

Colvend
Sandyhills, Colvend, nahe Dalbeattie.
☎ 01556 63 03 98.
www.scottishgolfsouthwest.com

Dalmahoy
Marriott Hotel & CC, Kirknewton, Edinburgh.
☎ 0131 335 80 26.
www.marriotthotels.co.uk/edigs

Deer Park
Golf Course Road, Livingston, West Lothian.
☎ 01506 44 66 88.
www.deer-park.co.uk

Gullane
West Links Road, Gullane, East Lothian.
☎ 01620 84 23 27.
www.gullanegolfclub.com

Merchants of Edinburgh
10 Craighill Gardens, Edinburgh.
☎ 0131 447 12 19.
www.merchantsgolf.com

North Berwick
New Clubhouse, Beach Road, North Berwick.
☎ 01620 89 32 74.
www.northberwickgolfclub.com

Prestwick
2 Links Road, Prestwick, Ayrshire.
☎ 01292 44 72 55.
www.prestwickgc.co.uk

Roxburghe
Village of Heiton, Kelso, Borders. ☎ 01573 45 06 11. www.roxburghe.net

Royal Burgess
181 Whitehouse Road, Barnton, Edinburgh.
☎ 0131 339 37 12.
www.royalburgess.co.uk

Royal Musselburgh
Prestongrange House, Prestonpans, East Lothian.
☎ 01875 810276. www.royalmusselburgh.co.uk

Royal Troon
Craigend Road, Troon, Ayrshire.
☎ 01292 31 15 55.
www.royaltroon.com

Turnberry
Westin Turnberry Resort, Turnberry, Ayrshire.
☎ 01655 33 10 00.
www.westin.com/turnberry

GLASGOW UND ZENTRAL-SCHOTTLAND

Carnoustie
Links Parade, Carnoustie, Angus. ☎ 01241 85 37 89. www.carnoustiegolflinks.co.uk

Crail
Balcomie Clubhouse, Fifeness, Crail, Fife.
☎ 01333 45 04 16. www.crailgolfingsociety.co.uk

Crieff
Perth Road, Crieff, Perthshire. ☎ 01764 65 29 09.
www.crieffgolf.co.uk

Downfield
Turnberry Avenue, Dundee.
☎ 01382 82 55 95.
www.downfieldgolf.co.uk

Elie
Golf Course Lane, Elie, Fife. ☎ 01333 330895.
www.golfhouseclub.org

Glasgow Gailes
Gailes, Irvine.
☎ 01294 27 93 66.
www.glasgowgolfclub.com

Gleneagles
Gleneagles, Auchterarder, Perthshire.
☎ 01764 66 21 34.
www.gleneagles.com

Haggs Castle
70 Dumbreck Road, Dumbreck, Glasgow.
☎ 0141 427 11 57. www.haggscastlegolfclub.com

Kingsbarns
Kingsbarns, St Andrews, Fife. ☎ 01334 46 08 60.
www.kingsbarns.com

Leven Links
The Promenade, Leven, Fife. ☎ 01333 42 88 59.
www.leven-links.com

Lundin Ladies
Woodielea Road, Lundin Links, Fife.
☎ 01333 32 08 32.
www.lundinladies.co.uk

St Andrews Links
St Andrews Links Trust, Fife. ☎ 01334 46 66 66.
www.standrews.org.uk

Shiskine
Blackwaterfoot, Shiskine, Isle of Arran.
☎ 01770 86 02 26.
www.shiskinegolf.com

HIGHLANDS UND INSELN

Boat of Garten
Boat of Garten, Inverness-shire. ☎ 01479 83 12 82.
www.boatgolf.com

Brora
Golf Road, Brora, Sutherland. ☎ 01408 62 14 17.
www.broragolf.co.uk

Carnegie
Skibo Castle, Dornoch, Sutherland.
☎ 01862 89 46 00.
www.carnegieclub.co.uk

Cruden Bay
Aulton Road, Cruden Bay, Peterhead. ☎ 01779 81 22 85. www.crudenbaygolfclub.co.uk

Elgin
Hardhillock, Birnie Road, Elgin, Moray.
☎ 01343 54 23 38.
www.elgingolfclub.com

Isle of Skye
Sconser, Isle of Skye.
☎ 01478 65 04 14.
www.uk-golf.com/clubs/isleofskye

Kingussie
Gynack Road, Kingussie.
☎ 01540 66 16 00.
www.kingussie-golf.co.uk

Machrihanish
Campbeltown, Argyll.
☎ 01586 81 02 77.
www.machgolf.com

Nairn
Seabank Road, Nairn.
☎ 01667 45 32 08.
www.nairngolfclub.co.uk

Pitlochry
Golf Course Road, Pitlochry.
☎ 01796 47 27 92.
www.pitlochrygolf.com

Royal Dornoch
Golf Road, Dornoch, Sutherland.
☎ 01862 81 02 19.
www.royaldornoch.com

Spey Valley
Dalfaber Golf & Country Club, Dalfaber Village, Aviemore.
☎ 01479 81 17 25.
www.aviemoregolf.com

Stromness
Ness, Stromness, Orkney.
☎ 01856 85 07 72.
www.stromnessgc.co.uk

Traigh
Traigh Golf Club, Arisaig.
☎ 01687 45 03 37.
www.traighgolf.co.uk

Wandern

Thermosflasche

Schottland ist ein Wanderparadies. Die großartige und sehr abwechslungsreiche Landschaft reicht von zerklüfteten Bergen bis zu sanften Flusstälern, ganz zu schweigen von der eindrucksvollen Küste. In den vergangenen Jahren wurde eine Reihe neuer Wanderwege erschlossen. Das regionale Fremdenverkehrsbüro ist stets eine gute erste Anlaufstelle für Routenvorschläge. Oft verkauft man hier auch Wanderkarten der Gegend. Ob Sie nur eine Stunde lang spazieren oder den ganzen Tag unterwegs sein möchten: Sie werden bald feststellen, dass Schottland all Ihre Wünsche erfüllt.

Wanderstiefel

Wegweiser für den Fernwanderweg im Spey-Tal

WEGERECHT

Schottland verfügt über ein Wegerecht, das viele Erholungsgebiete mit einschließt. Die Wegerechtsgesetze des Scottish Outdoor Access Code von 2005 regeln die Wegbenutzung durch Wanderer und Grundbesitzer.

Aufgrund der langen Tradition des freien Zugangs sind nur wenige Wanderrouten in Karten erfasst (die historischen Wegerechte sind in der Regel eingezeichnet). **Scotways** bietet eine Reihe von Karten, in denen alle Routen berücksichtigt werden.

Wanderführer sind in gut sortierten Buchhandlungen wie etwa **WH Smiths**, **Borders** und **Waterstone's** erhältlich. Darin werden leichte Wanderrouten beschrieben, von denen viele gut ausgeschildert

sind. Zugangsbeschränkungen gibt es während der Jagdsaison (Aug–Okt), Gebiete, die dem **National Trust for Scotland** gehören, sind allerdings ganzjährig zugänglich.

KLEIDUNG UND AUSRÜSTUNG

Schottlands Wetter ist unbeständig: Im Juni kann es schneien und im Februar mild sein. Zudem schlägt das Wetter schnell um. Das macht es schwierig, die richtige Kleidung und Ausrüstung auszuwählen. Selbst im Sommer sollten Sie stets eine Regenjacke mitnehmen, bei Tageswanderungen auch eine Wasser abweisende Hose und einen wärmenden Pullover.

Kleiden Sie sich stets flexibel: Viele dünne Schichten sind immer besser als eine dicke. Denken Sie auch an einen Sonnenhut bzw. für kältere Tage eine Mütze. Für mehrstündige Touren sollte man Getränke und Snacks, auf Tagestouren kohlenhydratreiche Produkte und ausreichend zu trinken mitnehmen.

Gutes Schuhwerk ist unerlässlich – auch auf Feldwegen braucht man feste Schuhe oder Stiefel. Auf breiten Wegen oder Straßen reichen Turnschuhe,

doch auf unebenem Untergrund brauchen die Knöchel eine Stütze. Leichte Wanderstiefel sind hier ideal.

FLACHLANDWANDERUNGEN

Der Abschnitt befasst sich mit leichten Wanderungen. Die Seiten 208f informieren über anspruchsvollere Bergbesteigungen. Auskunft erteilt auch **Mountaineering Council of Scotland**.

In den letzten Jahren ist ein stark verbessertes Wanderwegnetz entstanden, einige Wege dank der **Paths for All Partnership**. Zu den schönsten gehören diejenigen in den Borders und im Gebiet um Galloway, in Perthshire (um Dunkeld und Pitlochry), in Aberdeenshire (bei Huntly), in Braemar und auf der Insel Bute. Hier findet der Besucher sichere und markierte Wege vor.

Gemeindeverwaltungen und andere Einrichtungen geben Wanderführer für entlegenere Gebiete, z. B. Wester Ross, die Western Isles, Shetland und Orkney heraus. Oft sind die Wanderungen mit einer Fährfahrt verbunden oder schließen Attraktionen wie Schlösser oder Wasserfälle mit ein. Die Strecken sind meist sechs bis zwölf Kilometer lang.

Sommerwanderung im Glen Etive

Über den Wolken in Knoydart: Blick auf die Cuillin Hills auf Skye

Einzelheiten erfahren Sie entweder in den Fremdenverkehrsbüros oder in der Broschüre *New Walking Scotland* von **VisitScotland**, die Wanderungen in allen Teilen Schottlands beinhaltet. Auch Wanderfestivals werden aufgeführt. Die Veranstaltungen, die bis zu einer Woche dauern, umfassen geführte Wanderungen und meist ein Programm für den Abend.

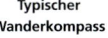

Typischer Wanderkompass

Das erste Festival fand 1995 in den Borders statt, inzwischen gibt es ähnliche Veranstaltungen in den Highlands, in Deeside und Perthshire – und jedes Jahr kommen neue hinzu.

Informationen zu organisierten Wanderungen gibt die **Ramblers' Association Scotland**. Allgemeine Auskünfte zu den unzähligen Waldpfaden und querfeldein führenden Wanderwegen erteilt die **Forestry Commission**.

Zu den längeren und leichteren Routen gehören der Fife Coastal Path, der Clyde Walkway und die Verlängerung des Speyside Way nach Aviemore. Alle können bequem in einem Tag zurückgelegt werden. Im Frühling und Herbst macht das Wandern in Schottland besonderen Spaß. Die Farbenpracht ist fantastisch, und man findet außerhalb der Saison auch leichter eine Unterkunft.

FERNWANDERWEGE

Schottland hat wenige offizielle Fernwanderwege, dafür aber unbegrenzte Möglichkeiten, eigene Routen zu planen. Die drei Hauptstrecken sind der 152 Kilometer lange West Highland Way von Glasgow nach Fort William, der 340 Kilometer lange Southern Upland Way von Portpatrick nach Cockburnspath und der Speyside Way (84 km), der von der Spey Bay nach Tomintoul führt.

Andere erschlossene Touren sind u. a. der St Cuthbert's Way (100 km) von Melrose nach Lindisfarne und der Fife Coastal Path von North Queensferry nach Tayport in der Nähe der Tay-Brücke, die nach Dundee führt.

Die drei Hauptrouten sind auf der Überblickskarte *(siehe S. 200f)* eingezeichnet. Informationen erteilen auch **Scottish Natural Heritage** und die Fremdenverkehrsbüros.

Wanderer genießen die Winterlandschaft in den Cairngorms

Bergwandern und Skifahren

Detailkarten

Obwohl Schottlands höchste Berge kaum mehr als 1300 Meter erreichen, stellen sie eine bergsteigerische Herausforderung dar. Die Gipfeltouren, die weltweit wegen ihrer Schönheit und Vielfalt gerühmt werden, verlangen Erfahrung in den Bergen. Das liegt nicht zuletzt an Schottlands wechselhaftem Wetter. Im Winter können die Bedingungen extrem sein. Die Wanderungen sind jedoch immer einmalig und bieten eine willkommene Erholung von der Hektik des modernen Alltags.

Rucksack für die Ausrüstung

den anspruchsvollsten der Welt. Auch wenn die Berge in Schottland keine extremen Höhen erreichen, sind das maritime, niederschlagsreiche Klima und das turbulente Wetter im Winter große Herausforderungen. Nur in der Zeit von August bis Ende Oktober, der Hirschjagdsaison, sind in einigen Bergregionen die Wandermöglichkeiten eingeschränkt. Die Broschüre *Heading for the Scottish Hills*, gemeinsam herausgegeben vom **Mountaineering Council of Scotland** und der Scottish Landowners' Federation, enthält Karten und Telefonnummern, über die man Auskünfte erhält. Einzelheiten zur Berginformation finden Sie auf der rechten Seite.

Helm und Sicherungsleinen – Grundausrüstung für das Klettern

SICHERHEIT IN DEN BERGEN

Die schottischen Berge darf man zu keiner Jahreszeit unterschätzen. Wichtig ist die richtige Vorbereitung. Folgendes sollten Sie stets mitnehmen: Wasser abweisende und warme Kleidung (einschließlich Mütze und Handschuhe), Proviant, eine Karte und einen Kompass. Feste Stiefel sind unabdingbar. Wer im Winter wandert, muss mit Eispickel und Steigeisen umgehen können. Die **Glenmore Lodge** in Aviemore bietet Kurse im Skifahren, Klettern und Bergsteigen an.

BERGSTEIGEN UND KLETTERN IN SCHOTTLAND

In den Bergen kann man sich auf vielfältige Weise erholen. Viele zieht es auf die *Munros* und *Corbetts* genannten höheren Berge, in die abgerundeten, heidebewachsenen Gipfel der Monadhliath Moutains, in die Southern Uplands oder zu den steilen,

felsigen Höhen im Westen, die oft herrliche Sicht bieten. Schmale Bergrücken wie der des Aonach Eagach über Glencoe und die der unvergleichlichen Cuillins of Skye sind eine besondere Herausforderung.

Normalerweise kann man die meisten Berge an einem Tag besteigen. Entlegenere Gipfel machen die Übernachtung in einem Zelt oder einer *bothy* (Hütte) erforderlich. Wer im Winter wandert, benötigt besondere Fertigkeiten, der Lohn ist eine atemberaubende Landschaft.

Seit über einem Jahrhundert ist das Klettern in Fels und Eis sehr beliebt. Die Hauptzentren, einschließlich des Glencoe, der Cairngorms und der Insel Skye, waren Trainingsgebiet vieler weltberühmter Kletterer. Die gewaltigen Steilwände auf der Nordseite des Ben Nevis *(siehe S. 135)* bieten eine Vielzahl unterschiedlich schwerer Aufstiege. In jüngster Zeit sind neue Gebiete, z. B. der äußerste Nordwesten und die Inseln, erschlossen worden. Auch die Techniken werden stets weiterentwickelt, sodass man immer schwierigere Routen bewältigen kann. Eistouren in den schottischen Bergen gehören zu

MUNROS UND CORBETTS

Schottische Berge, die höher als 914 Meter sind, werden nach Sir Hugh Munro, dem ersten Präsidenten des Scottish Mountaineering Club (SMC) oft *Munros* genannt. 1891 veröffentlichte Munro eine umfassende Liste dieser

Kletterer am Polldubh, Glen Nevis

Das wunderbare Gebirgspanorama in den nördlichen Highlands

Gipfel. Seitdem wird sie vom SMC gepflegt, und die Berge sind nun offiziell als *Munros* eingestuft. In der Regel nennt man die Hauptgipfel eines Berges *Munro*, die niedrigeren Gipfel *Tops*. 284 *Munros* stehen inzwischen auf der Liste.

Der erste bekannte *Munro*-Besteiger war 1901 Pfarrer A. E. Robertson. Als dieser seine Tour auf den Meall Dearg über Glencoe beendete, küsste er, so erzählt man sich, vor lauter Begeisterung zuerst den Gipfel und dann seine Frau.

In den 1920er Jahren veröffentlichte J. Rooke Corbett eine Liste der Berggipfel, die zwischen 760 und 915 Meter maßen. Die 221 *Corbetts*, wie man sie nennt, sind klarer definiert als die *Munros*: Sie dürfen nur einen Gipfel haben.

In einer dritten Liste geht es um die 610 bis 760 Meter hohen Berge, die *Grahams*. Alle Gipfel über 610 Meter sind kategorisiert und veröffentlicht. Routen sind in folgenden Führern beschrieben: im SMC-Führer *The Munros and The Corbetts, and other Scottish Hills*, in *The Munros Almanac* und in *The Corbetts Almanac*. Die dritte Kategorie findet man in der Publikation *The Grahams*.

SKI FAHREN

Schottland bietet fünf Skizentren: Die **White Corries** bei Glencoe, **The Lecht**, die **Nevis Range** *(siehe S. 135)*, **Cairngorm** *(siehe S. 140 f)* und **Glenshee**. The Lecht hat die sanftesten Abfahrten; die der White Corries sind die

steilsten. In diesen zwei Zentren geht es leerer zu als in den anderen. Nevis Range, Glenshee und Cairngorm bieten gute Anlagen und Abfahrten aller Schwierigkeitsgrade.

Die Skizentren sind, abhängig von der Schneemenge, meist von Dezember bis April geöffnet. Leider spielt das Wetter nicht immer mit, aber wenn es schneit, kann man in Schottland hervorragend Ski fahren. Hotels und Gasthäuser offerieren spezielle Angebote für Wochenenden, und in allen Zentren gibt es Skischulen. Beobachten Sie das Wetter und nutzen Sie die Chance, sobald sie sich Ihnen bietet.

Auch der Ski-Langlauf ist in Schottland sehr beliebt. Bei reichlichem Schneefall gibt es viele geeignete Gebiete, von den Southern Uplands bis zu den Hügeln im Norden und im Westen sowie auf den über ganz Schottland verstreuten kilometerlangen Waldpfaden.

Rasante Abfahrten im Tiefschnee

AUF EINEN BLICK

SICHERHEIT IN DEN BERGEN

Schottland hat ein gut organisiertes, dichtes Netz freiwilliger Rettungsteams. In Notfällen sollte man die Polizei unter **112** anrufen.

Wettervorhersagen
(Highlands)
☎ 0870 900 01 00.

Mountaineering Council of Scotland
The Old Granery, West Mill St, Perth PH1 5OP.
☎ 01738 49 39 42.
FAX 01738 44 20 95.
www.mcofs.org.uk

Berginformation
www.hillphones.info
Der Service bietet Bergsteigern in den Highlands vom 1. August bis zum 20. Oktober eine täglich aktualisierte Ansage des Mountaineering Council of Scotland, des Scottish Natural Heritage und von allen betroffenen Anwesen.

Athol/Lunde
☎ 01796 48 17 40.

Balmoral-Lochnagar
☎ 013397 555 32.

Callater/Clunie
☎ 013397 419 97.

Drumochter
☎ 01528 52 23 00.

Glen Clova
☎ 01339 74 55 32.

Glen Dochart/Glen Lochay
☎ 01567 82 08 86.

Glen Shee
☎ 01250 88 52 26.

Grey Corries/Mamores
☎ 01397 73 23 62.

Invercauld
☎ 013397 419 11.

North Arran
☎ 01770 30 23 63.

Paps of Jura
☎ 01496 82 03 23.

South Glen Shiel
☎ 01599 51 14 25.

Glenmore Lodge
Aviemore,
Inverness-shire PH22 1QU.
☎ 01479 86 12 56.

SKIZENTREN
www.visitscotland.com

Cairngorm
Aviemore, Inverness-shire.
☎ 01479 86 12 61.

Glenshee
Cairnwell, Aberdeenshire.
☎ 013397 413 20.

The Lecht
Strathden, Aberdeenshire.
☎ 01975 65 14 40.

Nevis Range
Torlundy, Inverness-shire.
☎ 01397 70 58 25.

White Corries
King's House,
Glencoe, Argyll.
☎ (01855) 85 12 26.

Weitere Outdoor-Aktivitäten

Dunkeld-Angelköder

Imposanter Fang aus dem River Tweed, Südschottland

Alle, die Schottland noch immer für ein altmodisches Reiseziel halten, werden überrascht sein. Nach wie vor sind traditionelle Sportarten wie die Hirschjagd oder der Lachsfang sehr beliebt, doch daneben geht man vielen neueren Freiluftvergnügen wie Mountainbiking und sogar Surfen nach. Von Nordsee und Atlantik umgeben, bietet Schottland viele Möglichkeiten zum Segeln, Windsurfen und Angeln. Zur Erkundung der abwechslungsreichen Landschaft eignen sich Reiten und Radfahren bestens.

Mountainbiking auf einfachen Wegen

RADFAHREN UND MOUNTAINBIKING

Auf Radtouren lässt sich das Land hervorragend entdecken. Die Pfade in den Highlands sind ein nahezu perfektes Mountainbike-Gelände. Zudem wurden viele Waldwege für Mountainbiker erschlossen – Informationen erteilt die **Forest Enterprise**. Landesweit gibt es ein ausgedehntes Radwegenetz.

Edinburgh hat ein Tourennetz entlang alter Bahnschienen zu bieten, dazu viele Radverleiher, z. B. **Edinburgh Central Cycle Hire**. Die **Scottish Cyclists Union** informiert über Veranstaltungen und Radrennen in und um Edinburgh. In vielen Touristenbüros ist die Broschüre *Cycling in Scotland* erhältlich. Über Touren informieren **C.T.C. National Cyclists Organisation** und **Scottish Cycling Holidays**.

ANGELN

Schottland verbindet man am ehesten mit Lachsfischen, doch ist das Angeln auf See, in Süßwasserrevieren und der Forellenfang möglich.

Über das Fischen informiert die **Salmon and Trout Association**; die Saison geht von Mitte Februar bis Ende Oktober. Für das Angeln in Seen ist die Genehmigung der Grundbesitzer erforderlich. Mehr erfahren Sie bei der **Scottish Federation for Coarse Angling** und der **Scottish Federation of Sea Anglers**. Allgemeinen Rat erteilt die **Scottish Anglers National Association**.

JAGEN

Die Tradition des Jagens als Freizeitsport lässt sich bis Mitte des 19. Jahrhunderts zurückverfolgen, als Queen Victoria und Prince Albert sich auf Balmoral niederließen. Unter britischen Aristokraten wurde es Mode, im Herbst in Schottland auf die Jagd zu gehen. Große Teile der Highlands wurden Jagd-

sportgebiete. In Europas bestem Revier für die Hirschjagd gibt es eine Vielzahl von Rotwild und Moorhühnern, in den Flüssen und Fjorden überwintern unzählige Vögel.

Während der letzten 30 Jahre hat der Jagdsport auch Besucher aus Übersee angelockt. Informationen zu Waffenscheinen und Jagdgebieten erteilt die **British Association for Shooting and Conservation**.

REITEN

Über Schottland verteilt gibt es mehr als 60 Reitzentren, die auf Anfänger und Könner eingestellt sind. Nur Letzteren werden Ausritte in die Highlands geboten. Manche Höfe bieten Unterkunft, Reitstunden und Ausritte, andere stundenweises Reiten an. Bei der **Trekking and Riding Society of Scotland** erhalten Sie eine Liste aller Reitzentren.

Pentland Hills Icelandics, südlich von Edinburgh, bietet Ausritte auf Islandponys an. Das **Glen Tanar Equestrian Centre** liegt am Dee. Besucher der Isle of Skye sollten beim **Skye Riding Centre** vorbeischauen.

Hoch zu Ross genießen diese Besucher die schottische Landschaft

SEGELN

Schottland ist reich an Fjorden, Inseln und Meeresarmen, die man am besten per Boot erkundet. Man muss kein erfahrener Segler sein, da einige Unternehmen Urlaube für Anfänger auf Schulungsbooten offerieren. Mit dem entsprechenden Segelschein kann man auch eine Yacht chartern. Zentren wie **Port Edgar Marina** nahe Edinburgh oder das **Scottish National Watersports Centre** auf Cumbrae im Firth of Clyde geben Anfängern Unterricht.

Erfahrene Segler werden an herrlichen Fleckchen entlang der Westküste und im Bereich der Inseln Anlegeplätze für ihre Boote vorfinden.

Kajaktour auf dem Loch Eil mit Ben Nevis im Hintergrund

Segelboot im Sund von Sleat, nahe der Isle of Skye

WASSERSPORT

Normalerweise wird das Land nicht mit Surfen assoziiert, doch erfreut sich der Sport großer Beliebtheit. Zentren sind die Pease Bay in East Lothian und Orte an der Nordküste, z. B. die Dunnet Bay bei Thurso und die Nordwestspitze von Lewis. September und Oktober sind die besten Zeiten zum Surfen. Über Windsurfmöglichkeiten informiert die **Royal Yacht Association**. Mekka ist die Insel Tiree, wo jedes Jahr im Oktober ein großer Surf-Wettbewerb stattfindet.

Seen und geschützte Buchten kann man mit Kanu oder Kajak erkunden. Für Fragen rund um das Thema Wasserski steht das **Scottish Water Ski Centre** zur Verfügung.

AUF EINEN BLICK

RADFAHREN UND MOUNTAINBIKING

C.T.C. National Cyclists Organisation
69 Meadrow, Godalming, Surrey GU7 3HS, England.
☎ 08708 73 00 60.
www.ctc.org.uk

Edinburgh Central Cycle Hire
13 Lochrin Place, Edinburgh EH3 9QX.
☎ 0131 228 63 33.
www.biketrax.co.uk

Forest Enterprise
1 Highlander Way, Inverness IV2 7GB.
☎ 01463 23 28 11.
www.forestry.gov.uk

Scottish Cycling Holidays
87 Perth St, Blairgowrie, Perthshire PH10 6DT.
☎ 01250 87 61 00.
www.scotcycle.co.uk

Scottish Cyclists Union
The Velodrome, Meadowbank Sports Centre, London Road, Edinburgh EH7 6AD.
☎ 0131 652 01 87.
www.scuonline.org

ANGELN

Salmon & Trout Association
National Game Angling Centre, The Pier, Loch Leven, Kinross KY13 8 UF, Perthshire PH15 2EE.
☎ 01577 86 11 16.
www.salmon-trout.org

Scottish Anglers National Association
National Game Angling Centre, The Pier, Loch Leven, Kinross KY13 8 UF, Perthshire PH15 2EE.
☎ 01577 86 11 16.
www.sana.org.uk

Scottish Federation for Coarse Angling
8 Longbraes Gardens, Kirkcaldy, Fife KY2 5YJ.
☎ 01592 64 22 42.
www.sfca.co.uk

Scottish Federation of Sea Anglers
Unit 28, Evans Business Centre, Mitchelston Industrial Estate, Kirkcaldy KY1 3NB.
☎ 01592 65 75 20.
www.fishpal.com

JAGEN

British Association for Shooting and Conservation (Scotland)
Trochry, Dunkeld, Perthshire PH8 0DY.
☎ 01350 72 32 26.
www.basc.org.uk

REITEN

Glen Tanar Equestrian Centre
Glen Tanar, Aboyne, Royal Deeside AB36 8XJ.
☎ 01339 88 64 48.
www.glentanar.co.uk

Pentland Hills Icelandics
Windy Gow Farm, Carlops, Midlothian EH26 9NL.
☎ 01968 66 10 95.
www.phicelandics.co.uk

Skye Riding Centre
Suladale, Portree, Isle of Skye IV51 9PA.
☎ 01478 58 24 19.

Trekking and Riding Society of Scotland (TRSS)
Druaich Na-H'Abhainne, Killin, Perthshire SK21 8TN.
☎ 01567 82 09 09.
www.ridinginscotland.com

SEGELN

Port Edgar Marina
South Queensferry, Edinburgh EH30 9SQ.
☎ 0131 331 33 30.
www.portedgar.co.uk

Scottish National Watersports Centre
Cumbrae KA28 0HQ.
☎ 01475 53 07 57.

WASSERSPORT

Royal Yacht Association
Caledonia House, South Gyle, Edinburgh EH12 9DQ.
☎ 0131 317 73 88.
www.ryascotland.org.uk

Scottish Water Ski Centre
Town Hill Loch, Townhill, Dunfermline KY12 0HT.
☎ 01383 62 01 23.
www.waterskiscotland.co.uk

GRUND-
INFORMATIONEN

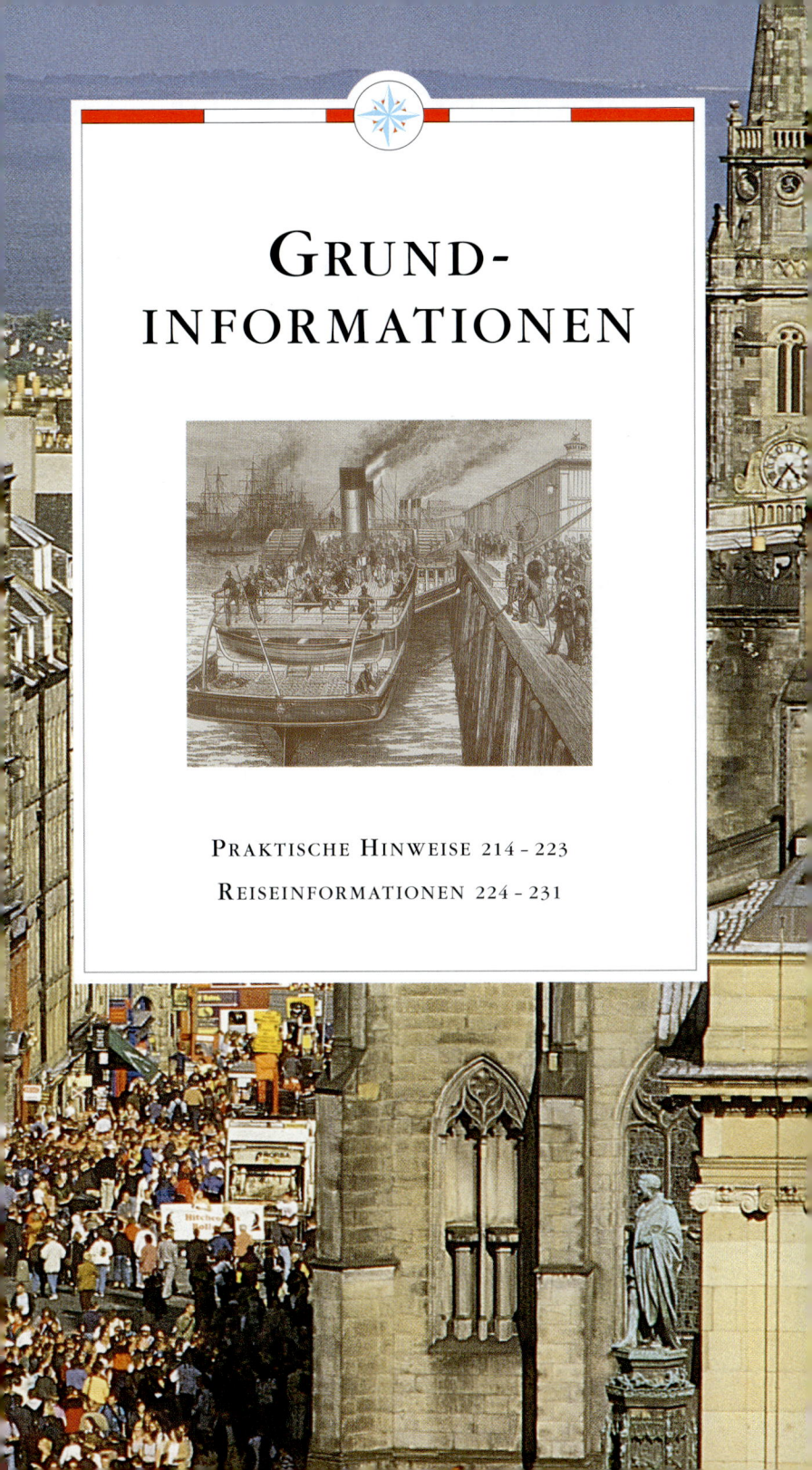

PRAKTISCHE HINWEISE

Logo von
VisitScotland

Um Schottland richtig genießen zu können, sollte man etwas über das Alltagsleben wissen. Die Auswahl an Angeboten für Besucher war nie besser, denn der Tourismus ist ein bedeutender Wirtschaftszweig, und VisitScotland arbeitet beständig an Verbesserungen der Dienstleistungen. Das Kapitel informiert über die beste Reisezeit, über Zoll und Einreisebestimmungen, Information, Banken und Kommunikation. Sie finden Hinweise zu Anlaufstellen in Problemfällen und Informationen zu den besten Reisemöglichkeiten mit privaten und öffentlichen Verkehrsmitteln, inklusive Inselfähren. Ob Schottland ein teures Land ist, hängt vor allem vom aktuellen Wechselkurs zwischen Pfund und Ihrer Währung ab. Besucher, die von London anreisen, werden jedoch feststellen, dass in Schottlands Hauptstadt die Preise niedriger sind. Ein noch besseres Preis-Leistungs-Verhältnis bietet Glasgow.

Besucherzentrum in Callander
im Herzen der Trossachs

BESTE REISEZEIT

Schottlands Wetter ist recht wechselhaft (siehe S. 36–39). Mai und Juni sind trockener als Juli und August, aber auch kühler. An der Westküste herrscht mildes und feuchtes Klima vor, an der Ostküste ein eher kühleres und trockeneres.

Schottlands Städte sind ganzjährige Reiseziele, doch viele Attraktionen sind nur zwischen Ostern und Oktober offen. In den Ferienmonaten Juli und August sowie um Feiertage (siehe S. 38) ist am meisten los. Zwischen Weihnachten und Neujahr sind die Hotels schnell ausgebucht, vor allem in Edinburgh wegen der Hogmanay-Straßenparty (siehe S. 39). Im Frühjahr und Herbst ist das Klima gemäßigt, es herrscht

dann auch wenig Betrieb. Zu jeder Jahreszeit sollte man auf jeden Fall per Fernsehen, Radio, Zeitung oder Telefonansage (siehe S. 209) den aktuellen Wetterbericht einholen, bevor man zu Fuß in entlegene Hügel- oder Bergregionen wandert. Tourengeher und Kletterer werden im Gebirge oft von schlechtem Wetter überrascht, in diesen Fällen muss häufig die Bergwacht alarmiert werden.

VERSICHERUNG

Es empfiehlt sich, vor der Reise eine Reiseversicherung abzuschließen, die Abbruch oder Stornierung der Reise, Diebstahl oder Verlust von Geld oder Gepäck sowie ärztliche Behandlung abdeckt (siehe S. 218). Zwischen Großbritannien und den anderen EU-Staaten bestehen Abkommen, die eine kostenlose Behandlung durch den National Health Service sichern. Privatbehandlungen müssen Sie vorstrecken, eine private Auslandskrankenversicherung erleichtert die Abrechnung von Sonderleistungen. EU-Bürger brauchen zum Autofahren nur

Logo der
Bergrettung

den nationalen Führerschein und – für den eigenen Wagen – den Kfz-Schein. Empfehlenswert ist die Grüne Versicherungskarte. Mietautos sind in der Regel vollkaskoversichert, jedoch mit Selbstbeteiligung bis zu einer vereinbarten Höhe.

RESERVIERUNG

In der Nebensaison findet man leicht eine Unterkunft oder Mietfahrzeuge, in der Hauptsaison sollten Sie dagegen früh reservieren. Informationen bekommen Sie von **VisitScotland**, unter www.visitscotland.com können Sie auch bequem buchen.

EINREISE UND ZOLL

Bürger aus EU-Staaten benötigen für die Einreise nach Großbritannien einen gültigen Reisepass oder Personalausweis. In Großbritannien gibt es keine weiteren Grenzformalitäten, wenn man zwischen Schottland, Wales, England und Nordirland hin- und herreist.

Bei der Einreise über einen internationalen Flug- oder Seehafen sehen Sie verschiedene Warteschlangen: für EU-Bürger und Angehörige anderer Staaten. Schottland ist Teil des EU-Staats Großbritannien, daher ist das Passieren der blauen Schleusen für EU-Bürger problemlos. Einreisende werden jedoch stichprobenartig nach unerlaubten Waren durchsucht. Es ist verboten, Drogen oder Waffen einzuführen. Für Jagd- und Sportwaffen gelten Sonderregelungen, die Sie beim National Advice Service von HM Revenue & Customs in Erfahrung

Hinweis auf Infostellen

◁ **Die lebhafte Royal Mile in Edinburgh (siehe S. 56–59), mit dem Firth of Forth im Hintergrund**

bringen können (Tel. 0845 010 9000 in UK, 0044 2920 501 261 von außerhalb Großbritanniens; www.hmrc.gov.uk). Ferner ist die Einfuhr von Pflanzen, Fleisch, Geflügel und Molkereiprodukten untersagt. Andere Waren für den persönlichen Gebrauch können innerhalb der EU ohne Grenzkontrollen ein- und ausgeführt werden. Für Tabak und Alkohol gelten Richtmengen, etwa 3200 Zigaretten und 10 Liter Spirituosen.

Infobroschüre

INFORMATION

Buchen können Besucher ihren Urlaub in Schottland u. a. über das Call Centre und die Website von **VisitScotland**, das auch eine Niederlassung in London unterhält.

Darüber hinaus hat jede schottische Region ihr eigenes Fremdenverkehrsamt, das Informationen über Unterkunft, Unterhaltung und regionale Sehenswürdigkeiten bereithält. Kleinere Fremdenverkehrsbüros finden sich in vielen Städten, an öffentlichen Plätzen sowie an wichtigen Orten aus historischem Interesse. Halten Sie nach dem blauen Symbol für »Tourist Information« Ausschau.

Eine gute Informationsquelle, von Landeskunde bis hin zu praktischen Tipps, bietet: **www.schottlandportal.de**

BEHINDERTE REISENDE

Das Angebot an behindertengerechten Einrichtungen in Schottland verbessert sich ständig. Immer mehr Hotels und Gästehäuser sind heute für Rollstuhlfahrer leicht zugänglich. Dieser Reiseführer weist in den Infoblöcken darauf hin.

First ScotRail *(siehe S. 227)* sowie Reisebegleiter auf Fähren oder Bussen (Überlandbusse), helfen behinderten Reisenden nach Voranmeldung. Fragen Sie im Reisebüro nach der *Disabled Persons Railcard*, die in ganz Großbritannien zu ermäßigten Bahnfahrten berechtigt.

Spezialveranstalter wie **Tourism for All** stimmen ihre Programme auf Körperbehinderte ab. Informationen erhalten Sie unter 0845 124 99 71 sowie im Internet unter: www.tourismforall.org.uk

Hertz Rent A Car vermietet ohne Preisaufschlag Autos mit Handapparaturen *(siehe S. 231)*. Benutzer von Behindertenparkplätzen müssen im Auto einen Berechtigungsausweis auslegen.

Wer sich über die Möglichkeiten für behinderte Reisende informieren möchte, findet unter myhandicap.de/reisen-mobilitaet.html viele nützliche Informationen und Adressen zum Thema.

Hafen von Tobermory, Isle of Mull

Glamis Castle, eines der Schlösser, die Eintrittsgeld verlangen

MIT KINDERN REISEN

Rund um Feiertage und während der Schulferien (Juli bis Mitte August) ist in puncto Kinderunterhaltung am meisten geboten. Vielerorts gibt es während der Weihnachtszeit Angebote für Kinder. Für Reisen, Theaterbesuche etc. sind ermäßigte Kinder- und Familienkarten erhältlich.

Kinderfreundliche Unterkünfte finden Sie auf den Seiten 166–181, auch Apartments für Selbstversorger sind anzuraten. Viele Hotels bieten einen Babysitter-Service oder ein Babyfon, manche stark ermäßigte oder freie Unterkunft für Kleinkinder. Auch viele Restaurants sind auf die Kleinen eingestellt, viele haben Kinderstühle und Kindermenüs *(siehe S. 182–197)*. In Begleitung von Erwachsenen dürfen Kinder auch in Pubs. Alkohol ist erst ab 18 Jahren erlaubt.

Interaktive Exponate in Edinburghs Museum of Childhood

EINTRITTSPREISE

Sie variieren stark, von einem symbolischen Betrag bis zu hohen Preisen für beliebte Attraktionen. Ermäßigungen gibt es oft für Gruppen, Studenten und Senioren. Die meisten Pfarrkirchen, Museen und Kunstgalerien verlangen keinen Eintritt, solange keine Sonderausstellung gezeigt wird, erwarten aber oft Spenden. Einige der Sehenswürdigkeiten werden als kommerzielle Unternehmen oder auf Spendenbasis privat geführt.

ÖFFNUNGSZEITEN

Viele Läden haben auch sonntags geöffnet, vor allem in den Stadtzentren. Montags bis freitags sind die Öffnungszeiten von 9 bis 18 Uhr, donnerstags meist auch länger und während des Festivals in Edinburgh häufig bis 22 Uhr. Museen und Sammlungen sind sonntags meist kürzer offen. Viele Sehenswürdigkeiten können auch an Feiertagen besichtigt werden.

MEHRWERTSTEUER

Mehrwertsteuer (VAT) von derzeit 17,5 Prozent wird auf viele Waren und Dienstleistungen erhoben, ausgenommen sind Bücher, Essen und Kinderkleidung. Bei der Ausreise können Nicht-EU-Bürger die VAT zurückerstatten lassen – eine recht komplizierte und zeitraubende Prozedur.

STUDENTEN

Studenten mit einem Internationalen Studentenausweis (ISIC) erhalten häufig Ermäßigungen. ISIC-Ausweise stellen **STA Travel** oder die **National Union of Students** aus. In den Trimesterferien kann man günstige Unterkünfte in den Studentenwohnheimen der Universitäten finden. Meist liegen sie sehr zentral. Der **Internationale Jugendherbergsausweis** berechtigt zur Unterkunft in einer der vielen Jugendherbergen. Adressen bekommen Sie von der **Scottish Youth Hostels Association**.

Studentenausweis

NATIONAL TRUST FOR SCOTLAND (NTS)

Viele historische Gebäude, Parks, Gärten und interessante Naturgebiete im Land

Charlotte Square, Edinburgh, Sitz des National Trust for Scotland

und an der Küste sind in der Hand des **National Trust for Scotland (NTS)** und werden von ihm instand gehalten und gepflegt. Die Eintrittspreise sind vergleichsweise hoch. Wenn Sie den Besuch mehrerer NTS-Sehenswürdigkeiten planen, kann es sinnvoll sein, für 45 £ pro Jahr Mitglied des NTS zu werden (17,50 £ für alle unter 26 Jahren, 31,50 £ für Menschen über 61). Als Mitglied haben Sie freien Eintritt zu allen NTS-Liegenschaften (auch in England, Wales und Nordirland). Die Mitgliedschaft können Sie bequem im Internet erwerben.

Zeitungsstand in Glasgow

MEDIEN

Die überregionalen Zeitungen gliedern sich in zwei Kategorien: seriöse Zeitungen, wie z.B. Edinburghs *The Scotsman* oder Glasgows *The Herald*, und die Boulevardpresse wie *The Sun* oder *The Daily Record*. Sonntagsausgaben wie *Scotland on Sunday* und *Sunday Herald* sind teurer als die Tagespresse und haben Beilagen zu den verschiedensten Themen wie Kunst, Restaurants, Unterhaltung, Reisen und Literatur.

Im Zeitschriftenhandel sind Spezialzeitschriften zu allen nur denkbaren Themen erhältlich. In größeren Städten, Bahnhöfen und Großbuchhandlungen kann man auch ausländische Zeitungen und Zeitschriften kaufen.

Die BBC (British Broadcasting Corporation) betreibt zwei TV-Kanäle ohne Werbeunterbrechungen. Die privaten Konkurrenten sind ITV, Channel 4 und Channel 5.

Schottische Zeitungen

Der BBC gehören auch einige Radiosender, vom Radio One über den Mainstream-Kanal Radio Four bis zum nationalen Sender BBC Radio Scotland. Außerdem gibt es auch viele schottische Lokalsender.

ELEKTRIZITÄT

Die Netzspannung beträgt 230 Volt Wechselstrom. Die Stecker weisen drei vierkantige Stifte auf. Wenn Sie ausländische Geräte, z.B. einen Föhn oder einen Rasierapparat, benutzen wollen, brauchen Sie einen Adapter. In den Badezimmern vieler Hotels findet man aber auch zweipolige Steckdosen.

RAUCHEN UND ALKOHOL

Rauchen ist an allen öffentlichen Orten verboten. Ein generelles Trinkverbot in der Öffentlichkeit gilt für den Großraum Glasgow und das Gebiet des Clyde Valley, jedoch gewöhnlich nicht für die Neujahrs-Straßenparty zu Hogmanay (31. Dezember).

ZEIT

Schottlands Uhren ticken im Winter nach der Greenwich Mean Time (GMT), der

MASSEINHEITEN

Zwar hat Schottland offiziell im Jahr 1995 auf das metrische System umgestellt, die alten Maße sind jedoch noch immer gebräuchlich.

Umrechnungswerte

1 inch = 2,5 Zentimeter
1 foot = 30 Zentimeter
1 mile = 1,6 Kilometer
1 ounce = 28 Gramm
1 pint = 0,6 Liter
1 gallon = 4,5 Liter
1 Millimeter = 0,04 inch
1 Zentimeter = 0,4 inch
1 Meter = 3 feet 3 inches
1 Kilometer = 0,6 mile
1 Gramm = 0,04 ounce
1 Kilogramm = 2,2 pound
0°Celsius = 32°Fahrenheit
10°Celsius = 50°Fahrenheit
20°Celsius = 68°Fahrenheit
30°Celsius = 86°Fahrenheit

unsere Mitteleuropäische Zeit (MEZ) um eine Stunde voraus ist. Im Sommer von Ende März bis Ende Oktober werden die Uhren eine Stunde auf Sommerzeit vorgestellt.

HAUSTIERE

Für mitgebrachte Haustiere ist der EU-Heimtierausweis vorzulegen. Dieser wird vom Tierarzt ausgestellt. Außerdem ist eine Kennzeichnung der Tiere erforderlich (durch eine Tätowierung oder durch einen Transponder).

AUF EINEN BLICK

National Trust for Scotland (NTS)
☎ 0844 493 21 00.
www.nts.org.uk

STUDENTEN

International Youth Hostel Federation
☎ 01707 32 41 70.
www.hihostels.com

National Union of Students
☎ 0131 556 65 98.
www.nusonline.co.uk/scotland

Scottish Youth Hostels Association
☎ 01786 89 14 00.
www.shya.org.uk

STA Travel
☎ 0870 160 05 99.
www.statravel.co.uk

BOTSCHAFTEN UND KONSULATE

Deutschland
Botschaft:
23 Belgrave Square, London
SW1X 8PZ. ☎ 020 78 24 13 00.
www.london.diplo.de

Generalkonsulat:
16 Eglinton Crescent,
Edinburgh EH12 5DG.
☎ 0131 337 23 23.
www.edinburgh.diplo.de

Österreich Generalkonsulat:
9 Howard Place,
Edinburgh EH3 5JZ.
☎ 0131 558 19 55. www.
aussenministerium.at/london

Schweiz Generalkonsulat:
255c Colinton Road,
Edinburgh EH14 1DW.
☎ 0131 441 40 44.
www.eda.admin.ch/london

Sicherheit und Notfälle

**Apotheken-
zeichen**

Wie in anderen Ländern gibt es auch in Schottland soziale Probleme. Opfer von Gewalt zu werden, ist jedoch ziemlich unwahrscheinlich. Falls Sie in Schwierigkeiten geraten, zögern Sie nicht, die Polizei um Hilfe zu bitten. Der National Health Service (NHS) bietet medizinische Betreuung – die EU-Staaten und die Schweiz haben ein bilaterales Abkommen mit Großbritannien geschlossen. Hier finden Sie einige Tipps für einen sorgenfreien Aufenthalt.

MEDIZINISCHE VERSORGUNG

Bürgern aus Mitgliedsstaaten der Europäischen Union gewährt der National Health Service kostenlose ärztliche Behandlung. Die Notfallbehandlung in einer NHS-Unfallstation ist auf jeden Fall kostenlos, bei weniger dringenden Fällen geht es manchmal sehr bürokratisch zu.

Die Europäische Krankenversichertenkarte (EHIC) ist identisch mit der normalen Krankenversichertenkarte einer (gesetzlichen) Krankenversicherung. Leistungen im Rahmen des National Health Service sind damit kostenlos. Der Abschluss einer zusätzlichen Auslands-/Reise-Krankenversicherung ist dennoch ratsam, da einige Therapien und beispielsweise der Krankenrücktransport damit zusätzlich abgedeckt sind.

Zahnarztbehandlungen müssen Sie eventuell zu einem großen Teil selbst bezahlen, falls die Leistung nicht als zahnärztliche Notbehandlung anerkannt wird.

Besucher aus Nicht-EU-Staaten sollten unbedingt eine Versicherung abschließen, die die Behandlung durch Fachärzte und in Krankenhäusern sowie den Rücktransport in die Heimat abdeckt.

APOTHEKEN

Eine breite Palette von Medikamenten ist rezeptfrei erhältlich. Boots ist der bekannteste und größte Drogeriemarkt mit Filialen in den meisten Städten. Für viele Arzneien sind dem Apotheker jedoch Rezepte vorzulegen.

Eine traditionelle Apotheke in Leith, Edinburgh

Wer auf ein Medikament angewiesen ist, sollte einen Vorrat mitbringen oder vom Arzt den internationalen pharmazeutischen Namen notieren lassen. Bei Anspruch auf NHS-Versorgung ist eine Rezeptgebühr, sonst der volle Preis zu zahlen. Verlangen Sie zur Kostenerstattung durch Ihre Versicherung eine Quittung.

Einige Apotheken sind bis 24 Uhr offen. Ärzte haben meist vormittags sowie am frühen Abend Sprechstunde. Notaufnahmen von Krankenhäusern kann man zu jeder Uhrzeit aufsuchen.

RISIKEN IN DER NATUR

Mückenstiche gehören zu den häufigsten Unannehmlichkeiten für Schottland-Reisende. Die Insekten sammeln sich vor allem an den Seen und an der Küste, da die Feuchtigkeit lieben. Sie brüten zwischen April und Oktober und sind bei Sonnenauf- und bei Sonnenuntergang am aufdringlichsten.

Es gibt keine Möglichkeit, Mücken vollständig aus dem Weg zu gehen. Eine geeignete Vorsichtsmaßnahme ist das Auftragen eines Insektenschutzmittels (z. B. Autan), außerdem sollten Sie Arme und Beine bedeckt halten und sich nach Einbruch der Dunkelheit nicht in hellem Lichtschein im Freien aufhalten. Für ungestörte Nächte kann ein Moskitonetz durchaus sinnvoll sein.

KRIMINALITÄT UND VORSICHTSMASSNAHMEN

Schottland ist kein gefährliches Reiseland, es ist sehr unwahrscheinlich, dass Ihr Aufenthalt durch ein Verbrechen getrübt wird. Gegen den Verlust von Eigentum kann man leicht Vorkehrungen tref-

Woman Police Constable   **Police Constable**   **Traffic Police Officer**

Streifenwagen der Polizei mit dem gelben Streifen und Blaulicht

fen. Lassen Sie Ihr Gepäck in der Öffentlichkeit nie unbeaufsichtigt, und sichern Sie vor allem in Menschenmengen Ihre Wertsachen. Legen Sie im Kino oder Theater Taschen auf den Schoß statt auf den Boden. Tragen Sie nicht zu viel Bargeld oder Schmuck bei sich, nutzen Sie lieber den Hotelsafe. Ideale Reviere für Taschendiebe sind überfüllte Märkte, Geschäfte und zu Stoßzeiten die öffentlichen Verkehrsmittel.

Größere Geldbeträge führt man am sichersten in Form von Reiseschecks mit sich *(siehe S. 220)*. Kleinere Geldsummen hebt man am besten an Bankautomaten (ATMs) ab.

Wenn Sie nachts allein unterwegs sind, meiden Sie verlassene und schlecht beleuchtete Gebäude und Orte wie Seitenstraßen und Parkplätze.

ALLEINREISENDE FRAUEN

Frauen, die ohne Begleitung unterwegs sind sowie Bars und Restaurants besuchen, sind in Schottland weder oft noch übermäßig gefährdet. Dennoch ist an einsamen Orten, vor allem im Dunkelheit, wie überall auf der Welt Vorsicht geboten. Meiden Sie öffentliche Verkehrsmittel, in denen nur ein Fahrgast oder eine Gruppe junger Männer sitzt. Nehmen Sie lieber ein Taxi *(siehe S. 231)*, als nachts durch einsame, Ihnen unbekannte Stadtgebiete zu gehen. Das Tragen von Angriffswaffen wie Messern, Pistolen und Tränengas ist illegal, selbst wenn sie der Selbstverteidigung dienen. Erlaubt sind Alarmsysteme zum persönlichen Schutz.

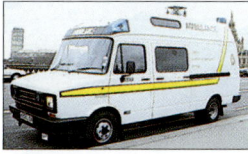

Krankenwagen

Feuerwehrauto

POLIZEI

Einen traditionellen Bobby mit hohem Helm sieht man heute nur noch selten, öfter jedoch den Streifenwagen mit heulenden Sirenen und Blaulicht. Den Polizisten vom alten Schlag gibt es jedoch vor allem in ländlichen Gegenden und geschäftigen Innenstädten noch immer: Er ist höflich, umgänglich und hilfsbereit. Im Gegensatz zu anderen Ländern tragen Polizisten in Großbritannien keine Schusswaffen. Haben Sie sich verirrt, tun Sie gut daran, sich an einen Polizisten zu wenden. Auch die Verkehrspolizisten helfen Ihnen meist bereitwillig weiter.

Unter den Rufnummern 112 und 999 erreichen Sie rund um die Uhr Polizei, Feuerwehr und Krankenwagen. Die Anrufe sind von öffentlichen wie privaten Telefonen gebührenfrei. In Küstenregionen werden Sie über die Nummer 999 auch mit dem freiwilligen Seenotrettungsdienst verbunden, der Royal National Lifeboat Institution (RNLI).

Logo der Royal National Lifeboat Institution

FUNDBÜROS

Verlust und Diebstahl sollten Sie sofort der nächsten Polizeiwache melden. Wer seine Diebstahlversicherung in Anspruch nehmen will, benötigt ein schriftliches Protokoll der örtlichen Polizei. Alle großen Bahn- und Busbahnhöfe haben Fundbüros. Viele Hotels haften nur für im Safe deponierte Wertgegenstände.

Es ist ratsam, Kopien von wichtigen Dokumenten wie Pass oder Reisepapieren anzufertigen. Den Verlust Ihres Ausweises oder Passes sollten Sie Ihrer Botschaft in London oder dem Konsulat in Edinburgh *(siehe S. 217)* melden.

AUF EINEN BLICK

POLIZEI, FEUERWEHR UND KRANKENWAGEN

☎ *112 oder 999 (gebührenfrei).*

UNFALL- UND NOTFALLKLINIKEN

Aberdeen Royal Infirmary
☎ 01224 55 22 37.

Edinburgh Royal Infirmary
☎ 0131 536 10 00.

Glasgow Royal Infirmary
☎ 0141 211 44 84.

Inverness Raigmore
☎ 01463 70 40 00.

Perth Royal Infirmary
☎ 01738 47 38 38.

ZAHNÄRZTLICHER NOTDIENST

Edinburgh Dental Hospital
☎ 0131 536 49 00.

HILFE FÜR BEHINDERTE

The Disability Helpline
☎ 01302 31 01 23.
www.dialuk.info

Banken und Währung

In Städten, auch in den meisten Kleinstädten, haben Besucher verschiedene Möglichkeiten, Geld zu tauschen oder Reiseschecks einzulösen. Banken, Reisebüros und Wechselstuben bieten den Service zu unterschiedlichen Kursen und Gebühren an. Fast überall gibt es Geldautomaten (ATM), an denen Sie mit Ihrer Maestro-Karte oder mit Kreditkarte plus PIN Geld abheben können. Außerdem bieten sich natürlich Kreditkarten zum Bezahlen größerer Summen an.

Eine der vielen Banken mit Geldwechselservice

WECHSELSTUBEN

Private Wechselstuben locken mit Service außerhalb der Banköffnungszeiten. Ein Vergleich lohnt, da Wechselkurse stark schwanken und teilweise hohe Gebühren anfallen. Angesehene Unternehmen wie **American Express**, **Thomas Cook** und **International Currency Exchange** bieten interessante Konditionen. International Currency Exchange hat nur eine Filiale an Edinburghs Flughafen, doch American Express und Thomas Cook unterhalten in ganz Schottland Filialen.

Schottische Banken

In fast allen Klein- und Großstädten Schottlands finden Sie Filialen der drei schottischen Bankhäuser Royal Bank of Scotland, Bank of Scotland und Clydesdale Bank. Filialen der englischen Bank NatWest gibt es nur in Großstädten. Bei den meisten können Sie Geld wechseln. Die Gebühren sind sehr unterschiedlich.

BANKEN UND GELDAUTOMATEN

Banken haben unterschiedliche Öffnungszeiten, die meisten haben montags bis freitags von 9.30 bis 15.30 Uhr geöffnet.

In allen Städten Schottlands gibt es Filialen zumindest einer der folgenden Banken: Bank of Scotland, Royal Bank of Scotland, Lloyds TSB Scotland, Girobank und Clydesdale. Bei praktisch jeder Bank können Sie am Geldautomaten (ATM) mit Ihrer Maestro- oder Kreditkarte unter Eingabe der PIN vom Konto

Bargeld abheben. Moderne Geräte bieten Anweisungen in mehreren Sprachen an. Geldautomaten finden sich außer an oder in Banken auch in Ladenstraßen, Einkaufszentren und manchmal sogar in Läden.

Kunden von englischen Großbanken wie NatWest, HSBC, Lloyds TSB oder Barclays können mit ihren Bankkarten an den entsprechenden Geldautomaten ohne Gebühren Bargeld ziehen.

Mit der EU-Standardüberweisung kann man bis zu 50 000 Euro innerhalb der EU zu günstigen Konditionen transferieren. Die Laufzeiten sind relativ kurz.

KREDITKARTEN

Kreditkarten werden außer in kleinen Läden, Cafés, Pubs und Gasthäusern in ganz Schottland akzeptiert, vor allem in praktisch allen Hotels. Zu den am weitesten verbreiteten Karten gehören **Visa**, **MasterCard**, **American Express** und **Diners Club**.

REISESCHECKS

Reiseschecks erhält man bei jeder Bank und kann sie in jeder Bank tauschen. Sie haben sich als sicheres Zahlungsmittel etabliert und besitzen in Schottland – auch außerhalb von Banken – große Akzeptanz. Die Filialen der Bank, die Ihre Schecks ausgestellt hat, erheben keine Gebühren. Bewahren Sie die Quittung mit den Schecknummern unbedingt getrennt von den Schecks auf, und melden Sie einen Verlust unverzüglich.

Logo der Bank of Scotland

Logo der Royal Bank of Scotland

Logo der NatWest

Logo der Clydesdale Bank

WÄHRUNG

Die britische Währung ist das Pfund Sterling (engl. Pound Sterling; £ bzw. lb, Standard-Währungscode GBP = Great Britain Pound), das wiederum aus 100 Pence (p) besteht. Sie können Bargeld in beliebiger Höhe ein- und ausführen. Devisenkontrollen werden nicht durchgeführt.

Schottland gibt seine eigenen Banknoten heraus. Diese gelten zwar offiziell in ganz Großbritannien (mit Ausnahme der 1-£-Note), werden aber in England nicht immer oder nur mit einem Murren akzeptiert. Noten der Bank of England werden hingegen überall in Schottland problemlos angenommen. Der Wechselkurs des Pfund zum Euro schwankt frei, den aktuellen Kurs finden Sie in der Tagespresse.

Mit einem Sonderdruck der Fünf-Pfund-Note der Royal Bank of Scotland (ohne Abbildung) wurde 2005 der Golfer Jack Nicklaus geehrt – als erste lebende Person nach der Queen.

Banknoten

Schottische Banknoten sind mit Werten von 1, 5, 10, 20, 50 und 100 £ in Umlauf. Lassen Sie sich kleine Scheine geben, da einige Läden hohe Beträge nicht wechseln. Die 1-£-Note gilt nur in Schottland, jedoch gelten in Schottland alle Noten der Bank of England.

100-£-Note *(Lord Ilay)*

20-£-Note *(Sir Walter Scott)*

10-£-Note *(Sir Walter Scott)*

1-£-Note *(Lord Ilay)*

5-£-Note *(Robert Burns)*

Münzen

Schottische Münzen gibt es im Wert von 2 £, 1 £, 50, 20, 10, 5, 2 und 1 p. Alle diese Münzen gelten im gesamten Vereinigten Königreich.

2 Pfund (£ 2)

1 Pfund (£ 1)

50 Pence (50 p)

20 Pence (20 p)

10 Pence (10 p)

5 Pence (5 p)

2 Pence (2 p)

1 Penny (1 p)

Kommunikation

Telefonzelle der BT

Für Nachrichten nach Hause stehen dem Besucher alle modernen Kommunikationsformen zur Verfügung – E-Mail, Internet und Mobiltelefon. Die in Europa gängigen GSM-Handys funktionieren problemlos. Zwar müssen Mobiltelefonierer im Ausland mehr und auch für Anrufe aus der Heimat bezahlen, doch die Roaming-Gebühren wurden deutlich reduziert. Darüber hinaus hat natürlich auch in Schottland das öffentliche Telefon noch lange nicht ausgedient.

TELEFONZELLEN

Telefonzellen funktionieren in der Regel mit Telefonkarten oder Münzen im Wert von 10p, 20p, 50p und 1£. Neuere Telefone akzeptieren auch 2-£-Münzen. Die Mindestgebühr beträgt 30p. Verwenden Sie möglichst kleine Münzstückelungen, da nicht der gesamte Restbetrag, sondern nur »ungenutzte« Münzen zurückgegeben werden.

Einige öffentliche Telefone akzeptieren auch Kreditkarten. Die Mindest-Grundgebühr für regionale und nationale Telefonate beträgt dabei 0,95 £. Die Grundgebühr für Anrufe ins Ausland und ins Mobilfunknetz beträgt 1,20 £.

MOBILTELEFONE

Der EU-Standardtarif (seit 1. Juli 2009) legt folgende Höchstgrenzen für Roaming-Gebühren (inkl. MwSt.) fest: 0,51 €/min für abgehende Gespräche, 0,23 €/min für ankommende Telefonate sowie 0,13 € für den Versand einer Kurzmitteilung (SMS).

KARTEN- UND MÜNZTELEFON

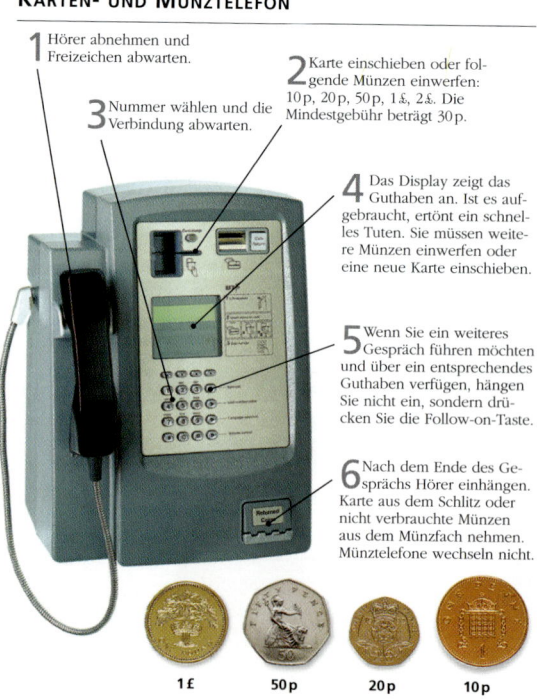

1 Hörer abnehmen und Freizeichen abwarten.

2 Karte einschieben oder folgende Münzen einwerfen: 10p, 20p, 50p, 1£, 2£. Die Mindestgebühr beträgt 30p.

3 Nummer wählen und die Verbindung abwarten.

4 Das Display zeigt das Guthaben an. Ist es aufgebraucht, ertönt ein schnelles Tuten. Sie müssen weitere Münzen einwerfen oder eine neue Karte einschieben.

5 Wenn Sie ein weiteres Gespräch führen möchten und über ein entsprechendes Guthaben verfügen, hängen Sie nicht ein, sondern drücken Sie die Follow-on-Taste.

6 Nach dem Ende des Gesprächs Hörer einhängen. Karte aus dem Schlitz oder nicht verbrauchte Münzen aus dem Münzfach nehmen. Münztelefone wechseln nicht.

1£   50p   20p   10p

GELBE SEITEN

Branchenverzeichnisse wie die *Yellow Pages* und *Thomson Local* liegen in Postämtern, Bibliotheken sowie in den meisten Hotels und B&Bs aus. Es gibt auch mehrere telefonische Auskunftsdienste.

INTERNET-ZUGANG

Viele Städte bieten guten Internet-Zugang, in Büchereien ist die PC-Benutzung oft sogar kostenlos. In Internet-Cafés wird meist im Minutentakt abgerechnet. Filialen der Kette EasyInternetcafé findet man in Edinburgh (58 Rose St und 98 West Bow) und Glasgow (Gibson St).

Internet-Zugang rund um die Uhr in einem Internet-Café

Post

**Unverkennbar:
das Postschild**

Neben den Hauptpostämtern, die sämtliche Postdienstleistungen anbieten, gibt es vor allem in abgelegenen Gegenden und Kleinstädten Poststellen in Läden und Informationszentren. Oft betreibt der einzige Dorfladen auch das Postamt. Postämter haben in der Regel montags bis freitags von 9 bis 17.30 Uhr, samstags bis 12.30 Uhr geöffnet. Briefkästen – in allen Formen und Größen, aber immer rot – gibt es flächendeckend in Städten und Dörfern.

Postbus auf dem Land

POSTDIENSTE

Briefmarken bekommen Sie in vielen Läden, im Supermarkt und an Tankstellen. Hotelrezeptionen haben oft Briefkästen. Versehen Sie die Adressen stets mit der Postleitzahl. Inlandsbriefe und -postkarten können Sie *first class* oder *second class* aufgeben, *First-class*-Sendungen

Luftpostbrief

1.-Klasse-Marke

2.-Klasse-Marke

**Sondermarken mit
Motiven von Kindermärchen**

kommen schneller an, *Second-class*-Sendungen brauchen in der Regel einen oder zwei Tage länger. Informationen über die verschiedenen Tarife finden Sie unter: **www.royalmail.com**

POSTLAGERNDE SENDUNG

Größere städtische Postämter bieten einen Postlagerungsservice an. Die Briefe werden mit dem Empfängernamen und dem Vermerk *poste restante* adressiert, gefolgt von der Anschrift des Postamts. Bei der Abholung der Briefe muss sich der Empfänger ausweisen.

Die Post lagert Sendungen einen Monat lang. Edinburghs Postamt mit der zentralsten Lage befindet sich im St James Centre, EH1, nahe dem Hauptbusbahnhof.

BRIEFKÄSTEN

Leuchtend rot sind beide, die frei stehenden *pillar boxes* und die Hängekästen. Manche Briefkästen haben zwei Einwurfschlitze, einen für Übersee- und *First-class*-Sendungen, einen anderen für *Second-class*-Sendungen. An den Initialen der Monarchen auf den Briefkästen kann man ihr teilweise hohes Alter ablesen.

Briefkästen sind häufig in die Wand des Postamts eingelassen. Die Leerungszeiten sind auf ihnen vermerkt. Wochentags wird mehrmals täglich geleert, samstags seltener und sonntags sowie an Feiertagen fast nie.

**Briefkasten auf dem Land, hübsch
von Efeu umwuchert**

AUSLANDSSENDUNGEN

Die meisten Sendungen innerhalb Europas werden als Luftpost verschickt. Eine Postkarte bzw. ein Luftpostbrief (bis 20 g) kosten derzeit 56 p. Ziele innerhalb Europas erreichen Sendungen in etwa drei bis vier Tagen, für die Zustellung in andere Länder ist mit vier bis sieben Tagen zu rechnen. Falls Ihre Postkarte den internationalen Standardmaßen nicht entspricht und damit unterfrankiert ist, wird sie automatisch auf dem Land-/Seeweg befördert. Es kann durchaus bis zu zwölf Wochen dauern, ehe sie am Zielort eintrifft.

»Pillar box«

Die meisten Hauptpostämter bieten einen Eilzustellservice per **Parcelforce International** an. Die Preise sind in etwa vergleichbar mit denen privater Firmen wie **DHL**, **UPS**, **Crossflight** oder **Expressair**.

Crossflight
☎ *0870 22 24 11 22.*

DHL
☎ *08701 10 03 00.*

Expressair
☎ *08450 77 55 33.*

Parcelforce International
☎ *0870 850 11 50.*

UPS
☎ *08457 87 78 77.*

REISEINFORMATIONEN

Schottland besitzt gute Anbindungen an den internationalen Flug- und Schiffsverkehr – nicht zuletzt via England. Vom europäischen Festland gibt es mehrere Direktflüge. Die Anreise per Fähre und Bus ist billig, aber zeitraubend, Bahnfahrten haben sich durch den Bau des Eurotunnels stark verkürzt. Reisen in Schottland selbst sind das reine Vergnügen: Inlandsflüge bedienen die Städte auf der Hauptinsel sowie die Inselgruppen, die durch Fähren miteinander verbunden sind. In den städtischen Regionen ist das Straßennetz sehr dicht. Die Intercity-Verbindungen sind in Schottland etwas seltener, doch gibt es zahlreiche Bahnstrecken in die ländlichen Regionen. Busse sind das preiswerteste Fortbewegungsmittel, sie fahren fast alle Städte an. Am nettesten reist man mit dem Postbus durch das Land.

Flugzeug der British Airways

Abflugschalter im internationalen Flughafen von Glasgow

INTERNATIONALE FLÜGE

Edinburgh und Glasgow haben die beiden größten Flughäfen Schottlands. Die vier anderen internationalen Flughäfen des Landes sind Aberdeen, Prestwick, Inverness und Sumburgh auf den Shetland Islands. Inverness hat den wichtigsten Flughafen in den Highlands – die beste Anlaufstelle für den Norden.

Nur ganz wenige Fluggesellschaften bieten direkte Flüge vom europäischen Festland nach Schottland an. Wer mit **Lufthansa**, **Austrian**, **Swiss**, **British Airways**, **bmi** (British Midland Airways), **Air France** oder **KLM** reist, muss in der Regel einen Zwischenstopp (oft in Paris oder London) einlegen. Billigfluglinien wie **easyJet** und **Ryanair** haben teilweise Direktflüge im Angebot, doch das ändert sich je nach Nachfrage. Glasgow und Edinburgh werden am häufigsten angeflogen.

Linienflüge sind vergleichsweise teuer. Eine deutlich preisgünstigere Lösung ist ein Flug nach London. Von dort bekommt man leicht einen billigen Inlandsflug nach Norden – bei früher Buchung gibt es Inlandsflüge schon für weniger als 30 £.

Die Flughäfen von Glasgow, Edinburgh und Aberdeen bieten den üblichen Komfort, etwa Bankschalter, Läden, Mietwagenschalter, Informationsbüros, Cafés, Restaurants, Hotels und Parkplätze. Der Flughafen von Edinburgh wurde 2001 umfassend renoviert und erweitert. Die Flughäfen von Edinburgh und Glasgow sollen ausgebaut werden.

INLANDSFLÜGE

Inlandsflüge zwischen Schottland und anderen Zielen Großbritanniens gibt es von allen internationalen Flughäfen der Hauptinsel. British Airways bietet Expressflüge von Heathrow und Gatwick (London), bmi fliegt ebenfalls von Heathrow.

Einige Airlines verbinden Schottland mit den englischen Flughäfen Luton, Stansted und London City. Weitere Direktflüge werden zu anderen wichtigen Städten des Königreichs wie Manchester, Newcastle upon Tyne, Leeds, Birmingham, Belfast und Cardiff angeboten. Selbst kleinere Flughäfen wie Bristol oder

Passagiere aus dem Ausland in der Ankunftshalle

FLUGHAFEN	ℹ INFORMATION	ENTFERNUNG ZUM ZENTRUM	TAXI ZUM ZENTRUM	ÖFFENTLICHE VERKEHRSMITTEL
Aberdeen	0870 040 00 06	11 km (7 Meilen)	12 £	Bus: 30 Min. Taxi: 20 Min.
Edinburgh	0870 040 00 07	13 km (8 Meilen)	16 £	Bus: 25 Min. Taxi: 20 Min.
Glasgow	0870 040 00 08	13 km (8 Meilen)	16,50 £	Bus: 25 Min. Taxi: 20 Min.
Prestwick	01292 51 11 15	47 km (29 Meilen)	40 £	Bahn: 45 Min Taxi: 40 Min.

Terminal des Glasgow International Airport

Southampton werden angeflogen. Dabei spart man zwar in den meisten Fällen eine ganze Menge Zeit, auf keinen Fall aber Geld.

Domestic departures
International departures
Airport information
Toilets

Hinweisschild auf Abflüge im Flughafengebäude

← ⚠ HM Customs enquiries

Hinweis auf die Informationsabteilung des Zolls

FLÜGE INNERHALB SCHOTTLANDS

Flüge sind auch innerhalb Schottlands eine schnelle, wenn auch nicht gerade preiswerte Fortbewegungsmöglichkeit. Es gibt gute Flugverbindungen von Edinburgh und Glasgow in die Highlands. Besonders zu den Inseln erweist sich Fliegen als gute Alternative zur Fähre. **Flybe** und **Loganair**, beide ursprünglich Tochterfirmen von British Airways, bieten regelmäßige Flüge von den großen Städten der Hauptinsel zu den Western Isles (Äußere Hebriden), Orkney Islands und Shetland Islands.

TRANSPORT VOM FLUGHAFEN

Schottlands große internationale Flughäfen liegen außerhalb der Stadtzentren von Glasgow, Edinburgh und Aberdeen. Alle Flughäfen sind jedoch gut an die Innenstädte angebunden.

Taxis sind das bequemste, aber auch teuerste Transportmittel. Busse sind wesentlich günstiger, doch wie Taxis stehen auch sie zu Stoßzeiten im Stau. **National Express** sowie **Scottish Citylink** (siehe S. 227) unterhalten Busverbindungen zwischen den größeren Flughäfen und zahlreichen Städten.

Prestwick International hat einen eigenen Bahnhof. Jede halbe Stunde fährt ein Zug ins Zentrum von Glasgow.

FLUGPREISE

Die Flugpreise nach Schottland sind von Juni bis September am höchsten und von November bis April am niedrigsten (ausgenommen ist die Weihnachtszeit).

Apex-Tickets (Advance Purchase Excursion) sind sehr günstig, allerdings muss man sie mindestens einen Monat im Voraus buchen und Einschränkungen (Mindest-, Höchstaufenthalt, keine Erstattung bei Stornierung) in Kauf nehmen. Noch billiger sind Charterflüge.

Es lohnt sich immer, bei Fluggesellschaften nach Sondertarifen zu forschen. Informieren Sie sich im Internet über die aktuellen Konditionen und Sonderangebote. Pauschalreiseveranstalter wer-

AVIS-Zweigstelle am Glasgow International Airport

ben oft in Zeitungen und Reisemagazinen mit Billigreisen. Studenten, Reisende unter 26 Jahren und Senioren können innerhalb Großbritanniens Ermäßigung erhalten. Kinder reisen ebenfalls zu billigeren Tarifen.

Buchen Sie Billigtickets nur bei seriösen Firmen, und lassen Sie die Buchung bei der Fluggesellschaft bestätigen. Pauschalreisen können sich auch für Individualreisende eignen. Viele Reiseveranstalter stellen individuelle Angebote zusammen – so können beispielsweise Mietwagen, Bahnfahrten oder auch Hotelaufenthalte inbegriffen sein. Solche Angebote strapazieren Ihren Geldbeutel oft weniger als eigenständige Arrangements vor Ort.

AUF EINEN BLICK

FLUGLINIEN

Air France
📞 0871 663 37 77 (in UK).
📞 0180 5 830 830 (in D).
www.airfrance.com

Austrian
📞 05 17 66 10 00 (in A).
📞 0870 124 26 25 (in UK).
www.aua.com

bmi
📞 0870 607 05 55 (in UK).
www.flybmi.com

British Airways
📞 0844 493 07 87 (in UK).
📞 01805 26 65 22 (in D).
www.britishairways.com

easy Jet
www.easyjet.com

Flybe
📞 01392 26 85 13.
www.flybe.com

KLM
📞 0870 5 074 074 (in UK).
📞 0180 521 42 01 (in D).
www.klmuk.com

Lufthansa
📞 01805 805 805 (in D).
📞 0871 945 97 47 (in UK).
www.lufthansa.com

Loganair
📞 0844 800 28 55.
www.loganair.co.uk

Ryanair
www.ryanair.com

Swiss
📞 0848 700 700 (in CH).
📞 0845 601 09 56 (in UK).
www.swiss.com

Mit Bahn und Bus unterwegs

Schottlands privatisierte Eisenbahn, ScotRail, verkehrt flächendeckend im ganzen Land. Edinburgh und Glasgow sind viertelstündlich verbunden, von beiden Städten verlaufen die Strecken sternförmig zu vielen schottischen Zielen, etwa nach Inverness (und weiter nach Thurso und Wick), Aberdeen, Mallaig, Oban und Stranraer). Die Fahrt London–Edinburgh dauert gut vier, London–Glasgow über fünf Stunden. Schottland hat ein gutes Fernreisebusnetz: Eine Busfahrt ist günstiger, aber langsamer als eine Zugfahrt. Wochenendausflüge mit Bus und Bahn sind beliebt, buchen Sie vorher.

The Flying Scotsman, einer der schnellen Intercity-Züge

Virgin-Superfast-Zug in Edinburghs Waverley-Bahnhof

BAHNFAHRKARTEN

Planen Sie genügend Zeit für den Fahrkartenkauf ein, fragen Sie stets nach Ermäßigungen. Erwachsenen werden vier Vergünstigungen angeboten: Apex- und Super-Apex-Tickets sind für einige Intercity-Strecken in begrenzter Zahl erhältlich. Super-Apex-Tickets müssen 14 Tage, Apex-Tickets mindestens eine Woche vorab erworben werden. Spartickets gelten an Wochenenden und den meisten Wochentagen außerhalb der Hauptverkehrszeiten, Superspartickets nicht freitags und zu Stoßzeiten nach, von und durch London. Die erste Klasse kostet etwa ein Drittel Aufschlag. Auf Fernstrecken sind zwei Einzelkarten mitunter billiger als eine Rückfahrkarte.

BAHNPÄSSE

Wer häufig mit dem Zug fährt, sollte sich einen Bahnpass zulegen, erhältlich z. B. bei **Rail Europe**. Die Pässe sind auf verschiedene Bedürfnisse zugeschnitten. Mit dem »Freedom-of-Scotland«-Pass können Sie in einem bestimmten Zeitraum unbegrenzt reisen. Der »Highland-Rover«-Pass gilt für die West-

Highland-Strecken und die Inverness-to-Kyle-Strecke. Der während des Edinburgh International Festival erhältliche »Festival-Cities-Rover«-Pass gilt zwischen der Queen Street in Glasgow und dem Waverley-Bahnhof in Edinburgh an drei von sieben aufeinanderfolgenden Tagen. Die Pässe gelten auch für manche Fähren und die U-Bahn von Glasgow (siehe S. 96).

Ein Drittel Preisermäßigung gibt es für alle 16- bis 25-Jährigen mit der »Young Person's Rail Card«. Die »Senior Railcard« und die »Disabled Railcard« gewähren Senioren bzw. Behinderten ein Drittel Rabatt. Kinder von 5 bis 15 Jahren reisen vergünstigt. Daneben werden für Familien auch reduzierte Tickets angeboten.

Broschüre über die Dampflok

ALLGEMEINE HINWEISE

Die schnellsten und komfortabelsten Züge verkehren auf den Intercity-Strecken. Rechtzeitige Platzreservierung ist vor allem an Hauptverkehrszeiten wie Freitagabend und Sonntagnachmittag anzuraten. Intercity-Züge halten nur an wichtigen Bahnhöfen.

Eine Fahrt von Edinburgh nach Glasgow dauert mit dem Intercity 50 Minuten.

An Sonn- und Feiertagen verkehren deutlich weniger Züge. Gepäckträger findet man auf den Bahnhöfen nur noch selten, dafür meist Kofferkulis, mit denen man sein Gepäck selbst transportieren kann.

Behinderte Reisende oder Menschen, die auf Hilfe angewiesen sind, sollten die Bahngesellschaft einen Tag vor Antritt der Fahrt benachrichtigen.

EISENBAHNNETZ IN SCHOTTLAND

LEGENDE

— Hauptstrecke
— Nebenstrecke
● Umsteigebahnhof
○ Bahnhof

Thurso
Wick
Lairg
Kyle of Lochalsh
Inverness
Inverurie
Aberdeen
Mallaig
Fort William
Carnoustie
Rannoch
Oban
Perth
Dundee
Stirling
Glasgow
Edinburgh
Dunbar
Troon
Kilmarnock
Stranraer
Dumfries
Newcastle
Durham
Carlisle

HISTORISCHE ZÜGE

Auf besonders schönen Bahnstrecken verkehren heute historische Züge mit Dampfloks. Freunde der Eisenbahnromantik erhalten Informationen über Strecken, Abfahrtszeiten sowie Tickets bei den regionalen Informationsbüros und an den Kartenschaltern der First ScotRail.

Über den spektakulären Viadukt von Glenfinnan können Sie im alten Dampfzug von Fort William nach Mallaig fahren. Eine schöne Möglichkeit ist auch die Strathspey Steam Railway von Aviemore nach Boat of Garten.

Jacobite-Dampflok auf der reizvollen Fahrt nach Mallaig

INTERNATIONALE FERNBUSSE

Obwohl die Fahrt im Fernreisebus preisgünstig ist, reist man damit nicht auf die bequemste Art durch Europa. Wenn Sie aber viel Zeit haben und die Reise gerne auch einmal unterbrechen, kann eine Busfahrt für Sie genau das Richtige sein. Die Fahrkarte gilt für sämtliche Streckenabschnitte inklusive Fähre und Eurotunnel.

NATIONALES ÜBERLANDBUSNETZ

Die bekanntesten Busunternehmen in Schottland sind **Scottish Citylink**, Stagecoach und **National Express**, die größere Städte und Ziele in Großbritannien anfahren. Reservieren Sie auf jeden Fall einen Platz.

Studenten und Personen unter 25 Jahren erhalten mit einem Buspass Ermäßigungen. Über 50-Jährige und Kinder von 5 bis 15 Jahren bekommen ebenfalls Rabatt. Kinder unter fünf Jahren reisen in Schottlands Bussen kostenlos. Wer in einem bestimmten

Zeitraum viel reisen will, fährt mit einem »Tourist Trail Pass« preiswerter. Er gilt für alle National-Express-Routen in Schottland sowie auf der ganzen Insel. Sie können den Pass in Großbritannien an Flughäfen, am Busbahnhof Buchanan in Glasgow und im Tourist Information Centre in Edinburgh kaufen. Den »Scottish-Explorer«-Pass (nur gültig in Schottland und mit den Linien von Scottish Citylink) gibt es bei Verkaufsstellen oder am Flughafen Glasgow.

BUSTOUREN

Die unzähligen in Schottland angebotenen Busreisen bieten eine Vielfalt unterschiedlicher Ziele für alle Interessens- und Altersgruppen an. Die Reisedauer variiert zwischen einigen Stunden bei einer Stadtrundfahrt und mehreren Tagen bei einer Rundreise durch ganz Schottland.

Mit **OctopusTravel.com** kann man Stadtrundfahrten und individuelle Fahrten durch Edinburgh, Glasgow und Inverness unternehmen. Aus Edinburgh kommt **Scotline Tours** mit Halb- und Ganztagestouren; **Prestige Tours** und **Rabbie's Trail Burners** offerieren Reisen von drei und mehr Tagen.

Informieren Sie sich im Hotel oder Fremdenverkehrsbüro über das Angebot an regionalen Bussen. Mit ihnen fährt man günstig. Viele größere Städte bieten Rundfahrten im Bus mit offenem Deck.

Entlegenere Gegenden wie die Western Isles (Äußere Hebriden) bedient **Royal Mail** mit dem Postbus. Reisende fahren hier einfach mit – eine der interessantesten Arten, um mit Schottland und seinen Bewohnern schnell in Kontakt zu kommen.

Der Postbus bedient auch abgelegenere Gebiete in den Highlands

Stadtrundfahrt mit offenem Deck in Edinburgh

AUF EINEN BLICK

WICHTIGE RUFNUMMERN

Informationen für Behinderte
☎ 08457 44 33 66.

Fundbüro
☎ 0141 335 32 76 (Glasgow).

Nationale Zugauskunft
☎ 08457 48 49 50.
www.nationalrail.com

Rail Europe
☎ 0870 837 13 71.
www.raileurope.co.uk

ScotRail Telesales
☎ 0845 601 59 29
(Reservierungen).
www.scotrail.co.uk

BUSTOUREN

National Express
☎ 08717 81 81 81.

OctopusTravel.com
☎ 0207 136 28 56.
www.octopustravel.com

Prestige Tours
☎ 0871 200 80 08.

Rabbie's Trail Burners
☎ 0131 226 31 33.

Royal Mail
☎ 08456 74 07 40.
www.royalmail.com

Scotline Tours
☎ 0131 557 01 62.

Scottish Citylink
☎ 08705 50 50 50.
www.citylink.co.uk

Mit der Fähre unterwegs

Mit welchem Verkehrsmittel Sie auch anreisen – Sie müssen immer den Ärmelkanal oder die Nordsee queren. Autofähren verbinden regelmäßig die Häfen des Festlands mit England. Mit dem Eurotunnel sind auch direkte Bahnverbindungen zwischen Frankreich bzw. Belgien und England möglich. Mittlerweile herrscht ein wahrer Preiskampf zwischen Fährgesellschaften und Eurotunnel. »Island Hopping« mit der Fähre ist eine angenehme Art, die Inseln vor der Küste Schottlands zu bereisen.

Logo einer Fährgesellschaft

Autofähre von Oban nach Lochboisdale auf South Uist

MIT DER FÄHRE NACH SCHOTTLAND

Die einzige Fährverbindung zwischen Schottland und dem europäischen Festland wird von der Reederei **Superfast Ferries** betrieben. Der Fährdienst verbindet Rosyth am Firth of Forth (gegenüber von Edinburgh) mit dem belgischen Zeebrügge. Eine Fahrt (über Nacht) dauert rund 18 Stunden.

Von Nordirland nach Schottland gibt es zwei verschiedene Fährrouten. **Seacat** verkehrt zwischen Belfast und Troon, **Stena Line** pendelt zwischen Belfast und Stranraer. Die **P&O Irish Sea Ferries** bieten täglich

gleich mehrere Überfahrten zwischen Larne (Nordirland) und Cairnryan, nördlich von Stranraer, an.

VOM FESTLAND NACH ENGLAND

Zahlreiche Fähren über die Nordsee und den Ärmelkanal stellen die Verbindung zwischen dem europäischen Festland und Großbritannien dar. Für Reisende nach Nordengland bietet **P&O North Sea Ferries** täglich Überfahrten von Rotterdam oder Zeebrügge nach Hull. **DFDS Seaways** verbindet Kristiansand, Göteborg und Amsterdam mit Newcastle.

Nicht gerade billig ist der Weg durch den Eurotunnel: Busse und Autos werden für die Zugfahrt auf den **Eurotunnel**-Zug verladen, die Passagiere bleiben während der 35 Minuten langen Fahrt von Coquelles (bei Calais) nach Folkstone in ihrem Fahrzeug. Der Hochgeschwindigkeitszug **Eurostar** verbindet Paris bzw. Brüssel mit London, befördert aber keine Autos.

»ISLAND HOPPING« IN SCHOTTLAND

Vor der schottischen Küste liegen 800 bewohnte und unbewohnte Inseln, deren zerklüftete Schönheit man wunderbar von der Fähre betrachten und genießen kann. Die Inseln lassen sich grob in zwei Gruppen aufteilen: die vor der Westküste gelegenen Inneren und Äußeren Hebriden (Western Isles) sowie die Orkney und Shetland Islands im Nordosten.

Die Reederei **Caledonian MacBrayne** besitzt 30 Schiffe, die zwischen 23 westlichen Inseln und Zentralschottland verkehren. Sie laufen Häfen an wie Arran, Islay, Mull, Barra, Lewis, Harris, Skye, Raasay, Coll, Tiree und Eigg. Der Sommerfahrplan gilt von Ostern bis Mitte Oktober, im restlichen Jahr ist der Service eingeschränkt. Die meisten Routen werden zwei- bis dreimal täglich bedient, manche auch nur einmal. Es gibt Einfach-, Rückfahr- und Fünf-Tages-Tickets.

Weiterhin gibt es zwei Sonderfahrkarten: »Island-Hopscotch«-Tickets gelten ab Reiseantritt einen Monat lang auf 15 Routen. Mit dem »Island Rover« kann man seine individuelle Inselroute auswählen. Das Ticket gilt ab Reiseantritt acht bzw. 15 Tage. Es wird auf allen Caledonian-Fähren akzeptiert, doch garantiert es keinen Platz auf einer bestimmten Fähre. Es ist ratsam, einen Pkw-Platz zu reservieren.

NorthLink Ferries bedient den Fährverkehr zwischen Zentralschottland und den Orkney und Shetland Islands. Die Fähren haben eine große Kapazität, es gibt Restaurants, bequeme Kabinen, kleine Läden und Spielmöglichkeiten für mitreisende Kinder. NorthLink verkehrt von Scrabster, nördlich von

Passagiere bei der Abfahrt aus Tobermory auf der Isle of Mull

Eine Caledonian-MacBrayne-Fähre verlässt den Hafen von Mallaig

Thurso, nach Stromness auf der Hauptinsel Orkney sowie von Aberdeen nach Orkney und Shetland. Auch zwischen den beiden Hauptinseln besteht ein Fährdienst.

Autofähren der **Pentland Ferries** verkehren auch zu den Orkney Islands. Die Route verläuft von Gill's Bay westlich von John o' Groats nach St Margaret's Hope auf South Ronaldsay. Diese Insel ist über den Churchill-Barrier-Damm mit der Hauptinsel Orkney verbunden. Um einen der 46 Auto-Stellplätze auf der älteren Fähre zu erhalten, sollten Sie reservieren.

Nur in den Sommermonaten betreibt **John O' Groats Ferries** einen Personenfährdienst nach Burwick auf South Ronaldsay. Die Überfahrt dauert etwa 40 Minuten. Von Burwick besteht eine Busverbindung nach Kirkwall auf der Insel Orkney Mainland.

Mehrere kleinere Personen- und Autofähren verbinden die neun abgelegeneren Inseln der Orkney Islands mit Orkney Mainland. Erkundigen Sie sich rechtzeitig vor Ort nach den Abfahrtszeiten und Reservierungsmöglichkeiten.

AUSFLUGSFAHRTEN

Schifffahrten machen Spaß: Caledonian MacBrayne bietet von einigen Orten an der Westküste eine Fahrt mit Übernachtung sowie Abendfahrten ohne Landgang.

John O' Groats Ferries hat Tagesfahrten nach Orkney Mainland von John o' Groats und Inverness im Programm. **Caledonian Discovery** veranstaltet luxuriöse Sechs-Tage-Kreuzfahrten auf dem Caledonian Canal von Fort William nach Inverness.

AUF EINEN BLICK

Caledonian Discovery
☎ *01397 77 21 67.*
www.fingal-cruising.co.uk

Caledonian MacBrayne
☎ *08705 65 00 00.*
www.calmac.co.uk

DFDS Seaways
☎ *08705 33 31 11.*
www.dfdsseaways.co.uk

Eurostar
☎ *08705 18 61 86.*
www.eurostar.com

Eurotunnel
☎ *08705 35 35 35.*
www.eurotunnel.com

John O' Groats Ferries
☎ *01955 61 13 53.*
www.jogferry.co.uk

NorthLink Ferries
☎ *0845 600 04 49.*
www.northlinkferries.co.uk

P&O Irish Sea Ferries
☎ *0871 66 44 999.*
www.poirishsea.com

P&O North Sea Ferries
☎ *0871 664 64 64.*
www.poferries.com

Pentland Ferries
☎ *01856 83 12 26.*
www.pentlandferries.co.uk

Seacat
☎ *0870 552 35 23.*
www.seacat.co.uk

Stena Line
☎ *0870 570 70 70.*
www.stenaline.co.uk

Superfast Ferries
☎ *0871 222 33 12.*
www.superfast.com

Fahrt auf Loch Ness mit der *Fingal of Caledonia* von Caledonian Discovery

AUTOFÄHRE	☎ INFORMATION	TAGE	CHECK-IN	FAHRZEIT
Aberdeen–Kirkwall (Orkney)	0845 600 04 49	zweitäglich	30 Min.	6:30 Std.
Aberdeen–Lerwick (Shetland)	0845 600 04 49	täglich	30 Min.	13:00 Std.
Ardrossan–Brodick (Arran)	01294 46 34 70	täglich	30 Min.	0:55 Std.
Gill's Bay–St Marg.'s Hope (Ork.)	01856 83 12 26	täglich	30 Min.	1:00 Std.
Kennacraig–Port Ellen (Islay)	01880 73 02 53	täglich	45 Min.	2:10 Std.
Kilchoan–Tobermory (Mull)	01688 30 20 17	Mo–So	30 Min.	0:35 Std.
Lerwick (Shet.)–Kirkwall (Ork.)	0845 600 04 49	zweitäglich	30 Min.	5:30 Std.
Mallaig–Armadale (Skye)	01687 46 24 03	täglich	30 Min.	0:30 Std.
Oban–Castlebay (Barra)	01631 56 66 88	tägl. außer Mi	45 Min.	5:15 Std.
Oban–Craignure (Mull)	01631 56 66 88	täglich	30 Min.	0:45 Std.
Scrabster–Stromness (Orkney)	0845 600 04 49	täglich	30 Min.	1:30 Std.
Uig (Skye)–Tarbert (Harris)	01470 54 22 19	Mo–Sa	30 Min.	1:35 Std.
Ullapool–Stornoway (Lewis)	01854 61 23 58	Mo–Sa	45 Min.	2:40 Std.

Mit dem Auto unterwegs

Auch in Schottland fährt man links. Entfernungen werden in Meilen angegeben. Im Süden und zwischen Edinburgh und Glasgow gibt es ein gebührenfreies Autobahnnetz, dessen Benutzung die Fahrzeiten erheblich verkürzen kann. In größeren Städten kann die Verkehrsdichte zu Staus führen, an Ferienwochenenden fließt der Verkehr in die Highlands nur zäh. Im ländlichen, landschaftlich schönen Schottland ist das Fahren angenehm, auch Straßen in abgelegenen Regionen sind meist in gutem Zustand.

Die A 68 führt von Northumbria nach Edinburgh

FAHRZEUGPAPIERE

Autofahrer benötigen in Schottland einen gültigen nationalen oder internationalen Führerschein und müssen den Fahrzeugschein bzw. den Vertrag für den Mitwagen mit den üblichen Versicherungsdokumenten bei sich führen.

Autobahnschild

STRASSEN

Die Rushhour dauert werktags von 8–9.30 und von 17–18.30 Uhr. Radio Scotland und lokale Radiostationen senden Verkehrsmeldungen. Sie können sich auch bei **Keep Moving** nach der Verkehrslage erkundigen. Außerhalb der Städte helfen gute Straßenkarten weiter, z. B. die übersichtlichen AA- oder RAC-Reiseatlanten, in abgele-

genen Gebieten die genauen Karten der Ordnance-Survey-Reihe. In ländlichen Regionen gibt es häufig nur einspurige Straßen mit oft schwer einsehbaren Kurven, die eine umsichtige Fahrweise erfordern. Auf allen Karten sind Autobahnen mit einem M für *Motorway* gekennzeichnet, gefolgt von einer Zahl (z. B. M 8). Die meist vierspurigen Hauptstraßen werden mit einem A bezeichnet, z. B. A 71. Nebenstrecken, die weniger befahren sind als A-Straßen, werden als B-Straßen bezeichnet. In den Highlands gibt es generell weniger Straßen.

Behinderten Fahrern erteilt die **AA Disability Helpline** detaillierte Fahrinformationen und gibt Tipps.

VERKEHRSSCHILDER

Verkehrsschilder entsprechen dem europäischen Standard, sind aber etwas kleiner. Wegweiser unterscheiden sich farblich: Blau verweist auf Autobahnen, Grün auf Haupt-, Weiß auf Nebenstraßen. In den Highlands und auf den Inseln ist die Beschilderung Englisch und Gälisch, in Zentralschottland nur Englisch. Braune Schilder (mit blauer Distel) weisen auf interessante Sehenswürdigkeiten hin. Warnschilder sind weißrote Dreiecke mit leicht verständlichen Symbolen. Auf Autobahnen wird elektronisch auf Straßenarbeiten, Unfallstellen oder sonstige Gefahren hingewiesen.

Bahnübergänge sind oft mit automatischen Warnschranken gesichert: Rotes Licht kündigt einen Zug an und gebietet Halt.

Absolutes Halteverbot

Geschwindigkeitsbegrenzung

Durchfahrt verboten

Rechtsabbiegen verboten

Bahnübergang

Vorfahrt beachten

Einbahnstraße

Steigung bzw. Gefälle (20 %)

VERKEHRSREGELN

Die Höchstgeschwindigkeit beträgt in Ortschaften 48–65 km/h (30–40 mph), auf Autobahnen und Schnellstraßen 112 km/h (70 mph). Sicherheitsgurte sind Pflicht. Ohne Freisprechanlage darf mit dem Handy im Auto nicht telefoniert werden. Wer alkoholisiert (Grenze: 0,8 Promille) fährt, muss mit harten Strafen rechnen.

PARKEN

Parkscheinautomaten sind in Städten weitverbreitet. Der Parkschein muss hinter die Windschutzscheibe gelegt werden. Einige Städte bieten »Park-and-ride«-Möglichkeiten, bei denen Busse Sie ins Zentrum bringen. In manchen Städten benötigt man eine Parkscheibe. Gelbe Doppelstreifen am Randstein bedeuten Parkverbot, bei einfachen gelben Streifen ist das Parken abends und am Wochenende erlaubt. Verkehrspolizisten stellen Strafzettel aus, lassen Krallen anbringen oder den Wagen abschleppen. Stellen

Sie im Zweifel Ihr Auto auf einen bewachten Parkplatz. Außerhalb von Innenstädten und touristisch beliebten Orten kann man meistens leicht parken.

Die Innenstadt Edinburghs meidet man mit dem Auto besser ganz, da nur wenige Autos eine Zugangsberechtigung haben. Zudem sind die meisten Sehenswürdigkeiten sehr gut zu Fuß erreichbar.

Natürlich können Sie auch ein Taxi nehmen. Die amtlich zugelassenen Wagen müssen ein »For-Hire«-Schild, Kleintaxis eine Karte mit der Identität des lizenzierten Fahrers mitführen. Falls Sie ein Taxi ohne Taxameter besteigen, sollten Sie sich auf jeden Fall vor der Fahrt nach dem Fahrpreis erkundigen.

Die stark befahrene M8 in den Außenbezirken von Glasgow

Schwarzes Taxi in Glasgow

TANKEN

An Autobahnen ist Tanken am teuersten, die großen Supermärkte bieten die günstigsten Preise für Benzin. Es werden drei verschiedene Arten von Treibstoff angeboten: Diesel, Super bleifrei und bleifreies (Normal-)Benzin.

An den meisten Tankstellen herrscht Selbstbedienung. Die Anweisungen an den Zapfsäulen sind leicht verständlich. Grüne Schläuche kennzeichnen bleifreies Benzin. Es wird nach Litern abgerechnet.

PANNENHILFE

Die beiden großen britischen Automobilclubs, **AA** (Automobile Association) und **RAC** (Royal Automobile Club), bieten flächendeckend rund um die Uhr Pannen- und Unfallhilfe. Der AA ist Partnerclub des **ADAC**.

An Autobahnen können Sie von Notrufsäulen aus die AA oder den RAC erreichen. Fast alle Autoverleiher haben einen umfassenden Versi-

RAC-Logo

cherungsschutz im Angebot, der die Mitgliedschaft in AA oder RAC für die Mietzeit beinhaltet. Folgen Sie den Empfehlungen in dem Mietvertrag. Die Pannenhilfe ist auch für ADAC-Mitglieder kostenpflichtig. Im Rahmen der ADACPlus-Mitgliedschaft wird ein Teil der Kosten erstattet.

Im Fall eines Unfalls, bei dem Sie oder Ihr Fahrzeug zu Schaden kommen, sollten Sie auf jeden Fall die örtliche Polizei rufen. Hilfreich ist bei einem Unfall mit dem eigenen Wagen sowohl die Internationale Grüne Versicherungskarte als auch das Europäische Unfallprotokoll, das Sie von Ihrer Autoversicherung bekommen bzw. auf deren Website finden.

AUTOVERMIETUNG

Mietwagen können teuer sein. Zu den günstigeren Verleihern zählt **Hire for Lower**. Weitere günstige Firmen sind **Arnold Clark**, **Budget**, **Hertz**, **Europcar** und **National Car Rental**. Führerschein und Ausweis sowie eine Kreditkarte sind vorzulegen, außerdem wird Bargeld als Kaution einbehalten. Das Mindestalter für das Mieten eines Autos liegt bei 21 Jahren, das Höchstalter beträgt in der Regel 70 Jahre. Verleiher finden Sie an Flughäfen, Bahnhöfen und in Stadtzentren. In kleineren Städten gibt es teils günstigere lokale Autovermieter.

Textregister

Danksagung und Bildnachweis

Dorling Kindersley bedankt sich bei allen, die bei der Herstellung dieses Buches mitgewirkt haben.

Projekt Editor Rosalyn Thiro
Art Editor Marisa Renzullo
Redaktion Felicity Crowe, Emily Green
Design Paul Jackson

Managing Editors Fay Franklin, Louise Bostock Lang
Managing Art Editor Annette Jacobs
Senior Editor Helen Townsend
Editorial Director Vivien Crump
Art Director Gillian Allan
Publisher Douglas Amrine

Picture Research Brigitte Arora
DTP Designers Maite Lantaron, Lee Redmond

Design und Assistenz
Ein besonderer Dank geht an Claire Baranowski, Hilary Bird, Claire Folkard, Alrica Green, Kathleen Greig, Carolyn Hewitson, Jessica Hughes, Donnie Hutton, Marie Ingledew, Elly King, Sue Megginson, Catherine Palmi, Clare Pierotti, Tom Prentice, Rada Radojicic, das Scottish Tourist Board (besonders Vineet Lal), Pamela Shiels, Susana Smith, Stewart Wild und Alice Wright.

Ergänzende Fotografien
Sarah Ashun, Joe Cornish, Andy Crawford, Philip Dowell, Chris Dyer, Andreas Einsiedel, Peter Gathercole, Steve Gorton, Paul Harris, Dave King, Cyril Laubscher, Brian D. Morgan, Ian O'Leary, Stephen Oliver, Tim Ridley, Kim Sayer, Karl Shore, Clive Streeter, Mathew Ward, Stephen Whitehorne.

Illustrationen
Aerographica: Patricia & Angus Macdonald; London Aerial Photo Library.

Fotografiererlaubnis
City of Edinburgh Council Heritage and Arts Marketing/ People's Story Museum; Royal Botanic Garden, Edinburgh; House for an Art Lover, Glasgow; Glasgow School of Art; Glasgow Botanic Gardens.

Bildnachweis
o = oben; ol = oben links; om = oben Mitte; or = oben rechts; mlo = Mitte links oben; mo = Mitte oben; mro = Mitte rechts oben; ml = Mitte links; m = Mitte; mr = Mitte rechts; mlu = Mitte links unten; mu = Mitte unten; mru = Mitte rechts unten; ul = unten links; u = unten; um = unten Mitte; ur = unten rechts, d = Detail.

Dorling Kindersley bedankt sich bei folgenden Personen, Firmen und Bildbibliotheken für die Druckerlaubnis folgender Abbildungen:

ABERDEEN TOURIST BOARD: 51mro; ABERDEEN UNIVERSITY LIBRARY: George Washington Wilson Collection 163o; ACTION PLUS: 14o; AEROGRAPHICA: Patricia & Angus Macdonald 16o/u, 17ol, 18mro; Alamy Images: Bertrand Collet 184ml; Bill Coster 16o/u; Tim Gainey 158or; Doug Houghton 160or; Nick Kirk 80m; Iain Masterton 99ul; David Robertson 8ur; Skyscan Photolibrary 204or; David Tipling 161mr; Worldwide Picture Library/Iain Sarjent 161ul; ALLSPORT: Craig Prentis 36u; T & R ANNAN & SON (D): 101ur; BANK OF SCOTLAND: 204 mu; BRIDGEMAN ART LIBRARY, London/New York: 27o, 146u, 147u (d); City of Edinburgh Museums & Galleries 28ul; Fine Art Society, London 101mlu; Robert Fleming Holdings Limited, London 43m; National Gallery of Scotland, Edinburgh 40; National Museet Copenhagen 42m; Collection of Andrew McIntosh Patrick, UK 101mlo; Smith Art Gallery and Museum, Stirling 120u; South African National Gallery, Cape Town 101mro; Trinity College Library, Dublin 42o; Britainonview.com: 203om; Duncan Shaw 9ur; BRITISH AIRWAYS: 224o; BT PAYPHONES: 222ul, 222ol; LAURIE CAMPBELL: 18mlu/ul, 127u, 157o/m; Peter Evans 140ol; Gordon Langsbury 141o; Hans Reinhard 116ol; Dr. Frieder Sauer 152o; DOUG CORRANCE: 12, 23ur, 29u, 30m, 30um, 31ur, 38o, 52, 90o, 108ml/u, 110, 133u, 139o, 144u, 146o, 147o, 200m, 201mo/mu/u, 206ur, 208ml, 210or/u, 214m, 228u; ERIC

CRICHTON PHOTOS: 23ml/mr; CROWN COPYRIGHT: Historic Scotland 60or/m, 61ul, 121m; Ordnance Survey/Photo, Scotland in Focus 208ol; EDINBURGH FESTIVAL FRINGE SOCIETY: 36o; EMPICS: 109r; ET ARCHIVE: Bibliothèque Nationale, Paris 6–7; MARY EVANS PICTURE LIBRARY: 7 (Einklinker), 26o/m/u, 44m, 45mr, 86ul, 88m, 123u, 153ur, 165 (Einklinker), 213 (Einklinker); FALKIRK WHEEL: 125u; LOUIS FLOOD: 28ur; GARDEN PICTURE LIBRARY: John Glover 22or; Getty Images: Stanley Chou 203m; Richard Heathcote 203ul; GLASGOW MUSEUMS: Art Gallery & Museum, Kelvingrove 102o, 134u, 150u; Burrell Collection 104–105 außer 104ol; Museum of Transport 24ur, 25ul; RONALD GRANT ARCHIVE: 27m; V. K. GUY LTD: Mike Guy 18mlo, 34ml, 133o, 3 (Einklinker); Paul Guy 2–3; Vic Guy 118–119; ROBERT HARDING PICTURE LIBRARY: 130o, 209u; Van der Hars 142o; Michael Jenner 162m; Julia K. Thorne 20ul; Adina Tovy 20ur; Andy Williams 126; Adam Woolfitt 140or; DENNIS HARDLEY: 34mr, 35o/mu, 80, 82, 84m/u, 90u, 91o, 113, 114o/u, 115u, 136u, 137u, 156u, 163u, 215u; GORDON HENDERSON: 19mro, 34o, 35mo/u, 148m, 157u, 162u, 229o; HOUSE OF LORDS RECORD OFFICE: Reproduced by permission of the Clerk of the Records 45o; HULTON GETTY COLLECTION: 25mro, 46o, 92ol, 117ur, 149m; © HUNTERIAN ART GALLERY, UNIVERSITY OF GLASGOW: 103ol; Mackintosh Collection 94, 101mru; HUTCHISON LIBRARY: Bernard Gerard 15o; ANDREW LAWSON: 22ul, 23ol/or, 156o; MUSEUM OF CHILDHOOD, EDINBURGH: 58u; NATIONAL GALLERIES OF SCOTLAND: Scottish National Gallery of Modern Art *Study For Les Constructeurs: The Team At Rest* by Fernand Léger 1950 © ADAGP, Paris und DACS, London, 1999 69o; NATURAL HISTORY PHOTOGRAPHIC AGENCY: Bryan & Cherry Alexander 37or; Laurie Campbell 13o, 19mlo, 36m; Manfred Danegger 19ur/ uro; Scottish National Portrait Gallery 63o; NATIONAL MUSEUMS OF SCOTLAND: 62u; NATIONAL PORTRAIT GALLERY, London: 64u; NATIONAL TRUST FOR SCOTLAND: 50u, 56u, 92or, 93ol/or/ur, 124u, 125m, 216mr; Lindsey Robertson 93ul; Glyn Satterley 100ur; NETWORK PHOTOGRAPHERS: Laurie Sparham 14u; ORTAK JEWELLERY, Edinburgh: 74mo, 106o. PA NEWS: 31o/ul; Chris Bacon 39m; Roslin Institute 25ur; © 1996 POLYGRAM FILMED ENTERTAINMENT: 27u; THE POST OFFICE: 223ol, 223mlo, 223mlu; Glyn Satterley 227u; POWERSTOCK/ZEFA: 20m; REX FEATURES: J. Sutton Hibbert 47m; ROYAL AUTOMOBILE CLUB (RAC): 231u; ROYAL BANK OF SCOTLAND: 220mu; ROYAL BOTANIC GARDEN, Edinburgh: 23ul; ROYAL COLLECTION © 1999, HER MAJESTY QUEEN ELIZABETH II: 29om; ROYAL PHOTOGRAPHIC SOCIETY: 25ol; SCIENCE PHOTO LIBRARY: M-SAT Ltd 10; SCIENCE & SOCIETY PICTURE LIBRARY: Science Museum 25mru; ALASTAIR SCOTT: 17u, 19mlo, 31mu, 207u, 211l; SCOTTISH HIGHLAND PHOTO LIBRARY: 19om, 135o; Scottish Viewpoint: 158m; Iain McLean 9ol; Ken Paterson 8mlo; Paul Tomkins 158m, VisitScotland 158ul; 204ul; VisitScotland/P. Tomkins 9m, 204mr; PHIL SHELDON GOLF PICTURE LIBRARY: 202or; James Shuttleworth: 227m; STILL MOVING PICTURE COMPANY: Gordon Allison 30ur; Marcus Brooke 17or; Wade Cooper 47o; Doug Corrance 30o, 81u, 130u, 199ml, 1206ml, 210m; Peter Davenport 18ur; Distant Images 89o; Derek Lairs 41m; Robert Lees 39u, 200o, 207o; Paisley Museum 89u; Ken Paterson 65o; David Robertson 22ml, 149u; Glyn Satterley 201o; Colin Scott 31ml; Scottish Tourist Board 30ul, 140ur, 141m, 198m, 199o; Paul Tomkins/ STB 162o, 198u, 200u; Stephen J. Whitehorne 117o; Harvey Wood 139u. STRATHCLYDE PASSENGER TRANSPORT (SPT): Richard McPherson 96ul. TRON THEATRE: Keith Hunter 108mr; CHARLIE WAITE: 131o; DAVID WARD: 134o; STEPHEN J. WHITEHORNE: 1, 19ol, 31mro, 34u, 37m, 62ol, 63m, 66u, 83, 111u, 115o, 132o, 148u, 163m, 183m, 198o, 208u, 209o, 211r, 221o, 223ml, 229m. Umschlaginnenseiten vorne: DOUG CORRANCE: ml, ur; ROBERT HARDING PICTURE LIBRARY: Andy Williams ol; DENNIS HARDLEY: ul; HUNTERIAN ART GALLERY, UNIVERSITY OF GLASGOW: Mackintosh Collection or.
Umschlag:
Vorderseite: ALAMY IMAGES: BL Images Ltd. Hauptbild; Stephen Whitehorn mlu. Rückseite: DK Images: Joe Cornish ol; Paul Harris mlo, Stephen Whitehorn ul; Linda Whitwham mlu. Bückrücken: Alamy Images: BL Images Ltd. o; Stephen Whitehorn u.

Alle anderen Bilder © Dorling Kindersley.
Weitere Informationen unter **www.dkimages.com**

Sprachführer Gälisch

Gälisch, eine keltische Sprache, gilt in den schottischen Highlands und auf den Western Isles noch heute als lebende Zweitsprache. Schätzungen zufolge sprechen landesweit noch etwa 80 000 Menschen Gälisch. Gefördert durch Behörden, Fernsehen und Radio, erlebt die Sprache seit einiger Zeit eine Renaissance. Besucher finden das Gälische jedoch eher auf Straßenschildern: Wörter wie *glen*, *eilean* und *kyle* werden noch häufig verwendet. Verkehrssprache Schottlands ist Englisch. Da Schottland jedoch über ein eigenes Erziehungs- und Rechtswesen sowie ein eigenes politisches und religiöses System verfügt, sind viele Wörter und umgangssprachliche Wendungen entstanden, die die schottische Kultur widerspiegeln. Das in Schottland gesprochene Englisch gliedert sich in vier Dialekte. Den von Zentralschottland hört man vom Zentralgürtel bis zum Südwesten. Die etwa ein Viertel der Bevölkerung nicht weiter als 32 Kilometer von Glasgow entfernt wohnt, ist West-Zentral-Schottisch der am meisten gesprochene Unterdialekt des Zentralschottischen. Südschottisch spricht man im Osten von Dumfries und Galloway sowie im Grenzland, Nordschottisch im Nordosten, Inselschottisch auf den Orkney und Shetland Islands.

AUSSPRACHE GÄLISCHER WÖRTER

Buchstabe	Beispiel	Aussprache
ao	craobhwird	ausgesprochen wie das **uh** in Kuh
bh	dubh	das »h« ist stumm, außer am Wortanfang, wo man es wie **w** in Wasser ausspricht
ch	deich	wird ausgesprochen wie das **ch** in Bach
cn	cnoc	wird ausgesprochen wie **kr** in Krieg
ea	leabhar	wird als **e** ausgesprochen wie in nett oder als **ä** wie in hätte
eu	sgeul	spricht man **ie** aus, wie in Bier
gh	taigh-òsda	gh ist stumm, außer am Wortanfang, wo man es als **g** wie in gut ausspricht
ia	fiadh	wird ausgesprochen als **ie** wie in hier
io	tiocaid	wird **ie** ausgesprochen wie in tief oder **u** wie in Zucker
rt	ceart	spricht man aus als **scht**
th	theab	am Wortanfang spricht man es als **h** aus wie in Haus
ua	uaine	wie **u** in nur

WÖRTER IN ORTSBEZEICHNUNGEN

ben	Berg
bothy	Hütte
brae	Hügel
brig	Brücke
burn	Bach
cairn	Steinpyramide oder Steinhügel
close	Wohnblock mit gemeinsamem Eingang und gemeinsamer Treppe
craig	steiler Gipfel
croft	kleines Stück Ackerland mit Katen in den Highlands
dubh	schwarz
eilean	Insel
firth	Meeresarm
gate/gait	Straße (bei Straßennamen)
glen	Tal
howff	Treffpunkt, gewöhnlich ein Pub
kirk	eine presbyterianische Kirche
kyle	Flussmündung
links	Golfplatz am Meer
loaning	Feld
loch	See
moss	Moor
Munro	Berg über 914 Meter
strath	Flusstal
wynd	Gasse
yett	Tor

ESSEN UND TRINKEN

Arbroath smokie	kleiner gesalzener und geräucherter Schellfisch
breid	Brot
clapshot	Kartoffel-Rüben-Brei
clootie dumpling	mächtiger Obstpudding
Cullen skink	Fischsuppe aus geräuchertem Schellfisch
dram	ein Glas Whisky
haggis	Schafsinnereien, Nierenfett, Hafermehl und Gewürze, gewöhnlich im Magen des Tieres gekocht
Irn-Bru	beliebter Softdrink
neeps	Rüben
oatcake	köstlicher Haferkeks
porridge	ein warmes Frühstück aus Haferflocken, Milch und Wasser
shortie	Shortbread
tattie	Kartoffel
tattie scone	eine Art Kartoffelpfannkuchen

KULTURELLE BEGRIFFE

Burns' Night	der 25. Januar ist der Geburtstag des Dichters Robert Burns, der mit einem Haggis-Essen gefeiert wird
Caledonia	Schottland
ceilidh	traditioneller Tanz- und Liederabend
clan	Großfamilie
first foot	die erste Person, die an Silvester nach Mitternacht ein Haus betritt
Highland dress	Tracht der Highlander, einschließlich des Kilts
Hogmanay	Silvester
kilt	knielanger Tartan-Faltenrock, getragen als Highland-Tracht
Ne'erday	Neujahrstag
pibroch	Dudelsackmusik
sgian-dubh	ein kleines Messer, das als Teil der traditionellen Highland-Tracht um das rechte Fußgelenk getragen wird
sporran	Tasche aus Dachsfell, die oder dem Kilt um die Hüfte getragen wird
tartan	bunt kariertes Wolltuch; jeder Clan trägt eine andere Farbe

UMGANGSSPRACHLICHE WENDUNGEN

auld	alt
auld lang syne	vor langer Zeit
Auld Reekie	Edinburgh
aye	ja
bairn	Kind
barrie	toll
blether	Schwätzchen
bonnie	hübsch
braw	klasse
dreich	nass (Wetter)
fae	aus/von
fitba	Fußball
hen	informelle Anrede einer Frau oder eines Mädchens
ken	kennen; wissen
lassie	junge Frau/Mädchen
lumber	Freund/Freundin
Nessie	legendäres Monster des Loch Ness
Old Firm	Celtic und Glasgow Rangers, Glasgows wichtigste Fußballmannschaften
wean	Kind
wee	klein

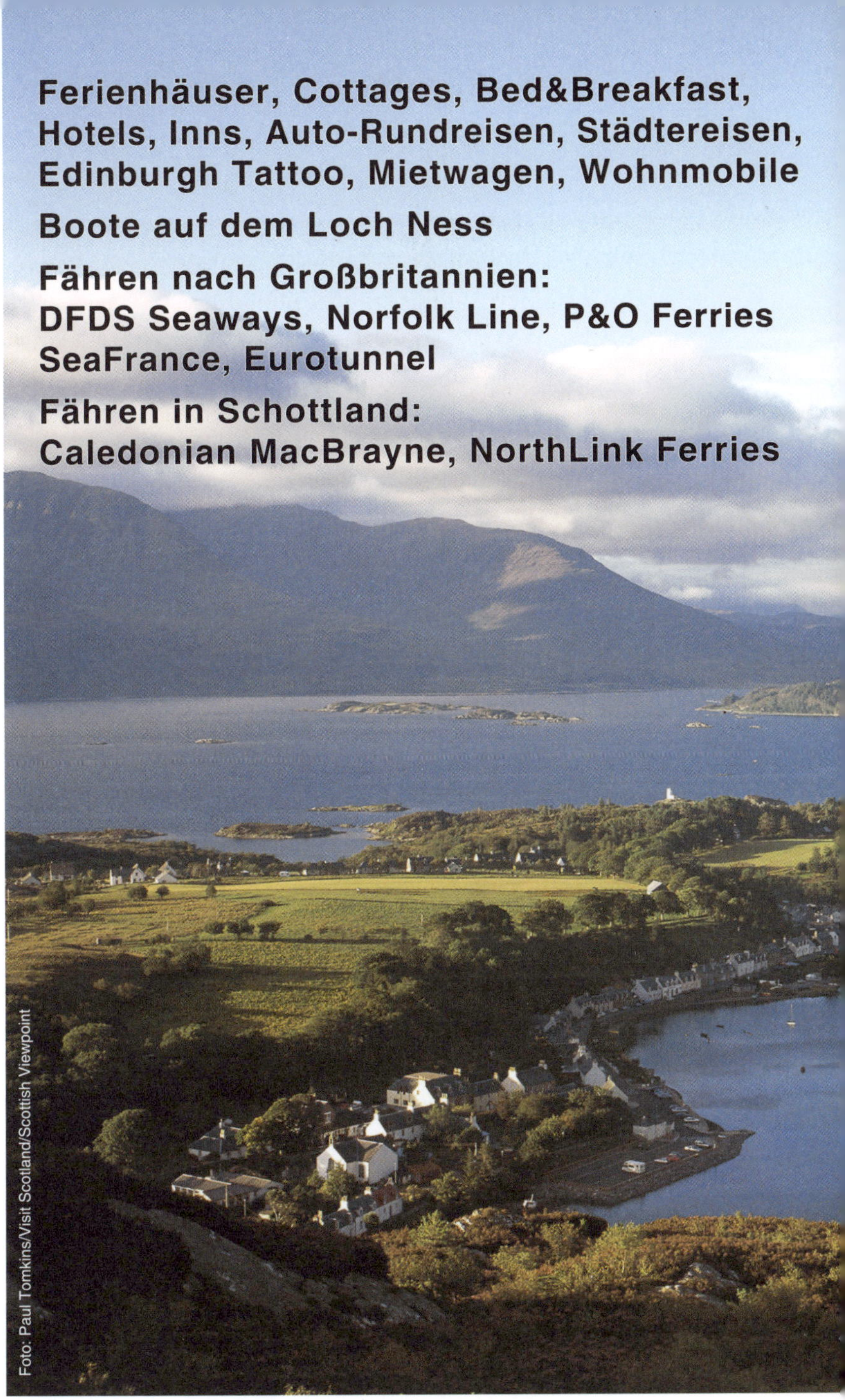

Ferienhäuser, Cottages, Bed&Breakfast, Hotels, Inns, Auto-Rundreisen, Städtereisen, Edinburgh Tattoo, Mietwagen, Wohnmobile

Boote auf dem Loch Ness

Fähren nach Großbritannien:
DFDS Seaways, Norfolk Line, P&O Ferries SeaFrance, Eurotunnel

Fähren in Schottland:
Caledonian MacBrayne, NorthLink Ferries

Foto: Paul Tomkins/Visit Scotland/Scottish Viewpoint

Straßenkarte Schottland

Cape Wrath

Port of Ness
Isle of Lewis
A857
Callanish
Seisiadar
Stornoway
A859

Durness
A838
Tongue
Scourie
Lochinver
Achiltibuie
Ullapool
Lairg
Altnaharra
Loch Shin
A836
A838

Harris
Tarbert
Scalpay
Rödel
Berneray
North Uist
Lochmaddy
Benbecula
South Uist
Lochboisdale

Little Minch
Staffin
Uig
Skeabost
Dunvegan
Raasay
Portree
Isle of Skye
nur im Sommer
Sconser
Broadford
Canna
Armadale
Rum
Eigg
Arisaig
Muck
Ardnamurchan
Kilchoan

Gairloch
Poolewe
Loch Maree
Achnasheen
Torridon
Shieldaig
Lochcarron
Kyle of Lochalsh
Kylerhea
Glen Shiel
Invergarry
Spean Bridge

Dingwall
Muir of Ord
Strathpeffer
Drumnadrochit
INVERNESS
Granto
Cror
Nai
Do.

A9
A835
A832
A890
A87
A830
A82
A887
Loch Ness
Aviemore
Whitebridge
Fort Augustus
Laggan

SCHO

Western Isles
A865
A863
A855
A851

Hebrides
Barra
Castlebay

Inner Hebrides
Coll
Arinagour
Tiree
Scarinish
Dervaig
Mull
Isle of Iona
Bunessan
Colonsay
Scalasaig
Ardlussa
Port Askaig
Feolin
Portnahaven
Bowmore
Islay
Port Ellen

Tobermory
Lochaline
Fishnish
Ledaig
Craignure
Oban
Kilninver
Inveraray
Kilmelford
Arduaine
Kilmartin
Strachur
Crinan
Lochgilphead
Dunoon
Rothesay
Bute
Millport
Gigha
Brodick
Lamlash
Isle of Arran

Corran
Strontian
Onich
Ballachulish
Appin
Taynuilt
Tyndrum
Crianlarich
Balquhidder
Loch Lomond
Tarbet
Aberfoyle
Drymen
Balloch
Helensburgh
Dumbarton
Greenock
Largs
Paisley
GLASGOW
Johnstone
Stewarton
Irvine
Prestwick
Troon
Ayr
Campbeltown

Fort William
Glencoe
Lochearnhead
Callander
Auchterarder
Falk
Stir
M80
Cun
M8
East Kilbride
Hamil
Kilmarnock
Mauchline
Sanquhar

Atlantischer Ozean

0 Kilometer   50
0 Meilen   50

Firth of Lorn
Sound of Jura
Firth of Clyde

Ballycastle (nur im Sommer)
Larne
Belfast

North Channel

Turnberry
Girvan
New Galloway
Newton Stewart
Castle Douglas
Stranraer
Portpatrick
Port William
Drummore
Whithorn
Kirkcudbright
Whitehave
Solw

Isle of Man
Douglas